VERERBEN UND ERBEN

VERERBEN UND ERBEN

Beate Backhaus

Stiftung Warentest

INHALTSVERZEICHNIS

GESETZLICHE ERBFOLGE

Immer wenn ein Verstorbener keine letztwillige Verfügung hinterlassen hat, tritt die gesetzliche Erbfolge ein. Sie ist im BGB in den §§ 1924 bis 1936 geregelt. Was diese Bestimmungen im Einzelnen bedeuten, erläutern die folgenden Abschnitte. Denn wer mit diesen Bestimmungen zufrieden ist, braucht überhaupt nichts zu tun: Nach seinem Tod gilt die gesetzliche Erbfolge.

WAS HEISST GESETZLICHE ERBFOLGE?

Unser Gesetz geht davon aus, dass der Durchschnittsbürger das, was er oder sie zum Zeitpunkt seines oder ihres Todes an Vermögen hat, denjenigen vererben will, die ihm oder ihr am nächsten stehen: den Kindern, dem Ehegatten, dem Lebenspartner, den Eltern, Geschwistern und anderen Verwandten. Wenn keine Kinder oder Enkelkinder leben und auch kein Ehegatte oder eingetragener Lebenspartner da ist, kommen der Reihe nach die nächsten Verwandten zum Zuge.

Unterhalt für die ersten 30 Tage

Wer mit dem Erblasser bis zu dessen Tod in einem gemeinsamen Haushalt gelebt und von ihm Unterhalt bezogen hat, kann, auch wenn er oder sie nicht Erbe oder Erbin wird, für die ersten 30 Tage nach dem Todesfall von den Erben weiter Unterhalt verlangen.

Er oder sie kann für diese Zeit in der Wohnung bleiben und alle Haushaltsgegenstände weiter benutzen (§ 1969 BGB). Wegen dieser Dreißig-Tage-Frist heißt der Anspruch Dreißigster.

Zum Hausstand gehören auch Pflegekinder und Stiefkinder, nach der neueren Rechtsprechung auch nichteheliche Lebensgefährten (siehe Seite 151) und Lebenspartner.

Nicht dazu gehören Hausangestellte, auch wenn sie im Haushalt gelebt haben, denn sie beziehen Arbeitslohn und nicht Unterhalt.

Der Erblasser kann diesen Dreißigsten durch ein Testament ändern: ihn erhöhen, verringern oder ausschließen.

Fortsetzung des Mietverhältnisses

Familienangehörige – dazu gehören seit dem 1. August 2001 auch Lebenspartner –, die mit der oder dem Verstorbenen in einer von ihr oder ihm gemieteten Wohnung gelebt haben, können das Mietverhältnis mit dem Vermieter fortsetzen, und zwar nicht nur für einen Monat, sondern auf Dauer (siehe Seite 192 ff.).

Wollen sie das nicht – etwa, weil die Wohnung ihnen zu teuer wird –, so können sie innerhalb eines Monats nach dem Tod des Erblassers dem Vermieter gegenüber erklären, dass sie ausziehen wollen (§ 563 BGB). Dieses Recht gilt für alle Personen, die mit dem Erblasser einen auf Dauer angelegten gemeinsamen Haushalt führten, zum Beispiel für nichteheliche Lebensgefährten (siehe Seite 192).

VERWANDTE

Für die Erbfolge unterteilt das Gesetz die Verwandten in Ordnungen. Dabei gilt der Grundsatz, dass nähere Verwandte entferntere ausschließen (§ 1930 BGB).

Erben der ersten Ordnung

Erben der ersten Ordnung sind die Abkömmlinge des Erblassers oder der Erblasserin: in erster Linie seine oder ihre leiblichen Kinder; wenn ein Kind nicht mehr lebt, dessen Abkömmlinge, also Enkel und Urenkel des oder der Verstorbenen.

Beispiel: Herr Meier (Erblasser) hinterlässt eine Tochter und einen Sohn. Nach seinem Tod werden sie zu gleichen Teilen Erben.

Ist der Sohn vor seinem Vater gestorben und hinterlässt er ebenfalls eine Tochter und einen Sohn, so treten seine Kinder, also die Enkel des Erblassers, an seine Stelle. Die Tochter von Herrn Meier erbt dann die Hälfte, die beiden Enkelkinder je ein Viertel.

Stiefkinder gehören nicht zu den gesetzlichen Erben der Stiefmutter oder des Stiefvaters. Stiefeltern erben auch nicht von ihren Stiefkindern.

Erben der zweiten Ordnung

Erben der zweiten Ordnung sind die Eltern des oder der Verstorbenen und ihre Abkömmlinge, also Mutter, Vater, Bruder, Schwester des oder der Verstorbenen. Sie kommen nur zum Zuge, wenn keine Erben der ersten Ordnung vorhanden sind.

Beispiel: Stirbt also Frau Müller unverheiratet und ohne Kinder, fällt ihr Vermögen an ihre Eltern und, falls diese nicht mehr leben, an ihre Geschwister. Wenn auch diese nicht mehr leben, fällt es an ihre Neffen und Nichten oder deren Abkömmlinge.

Erben der ersten Ordnung

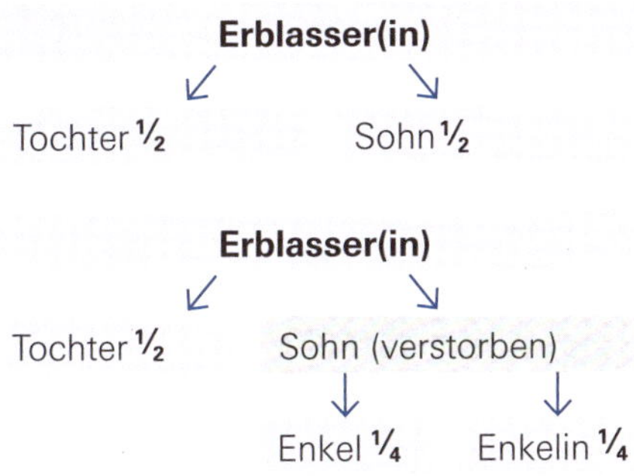

Erben der zweiten Ordnung

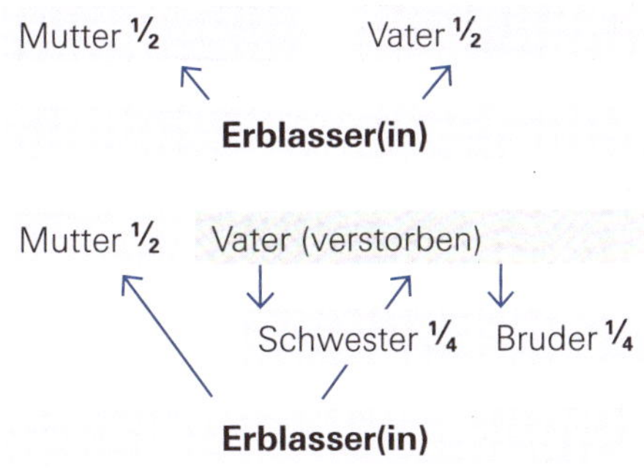

Erben der dritten Ordnung

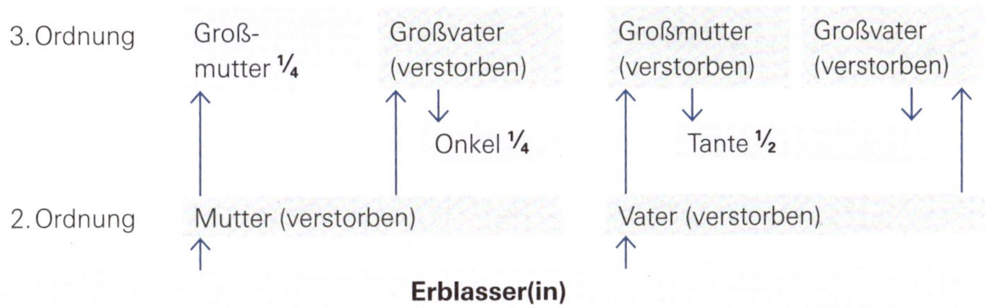

Erben der vierten Ordnung

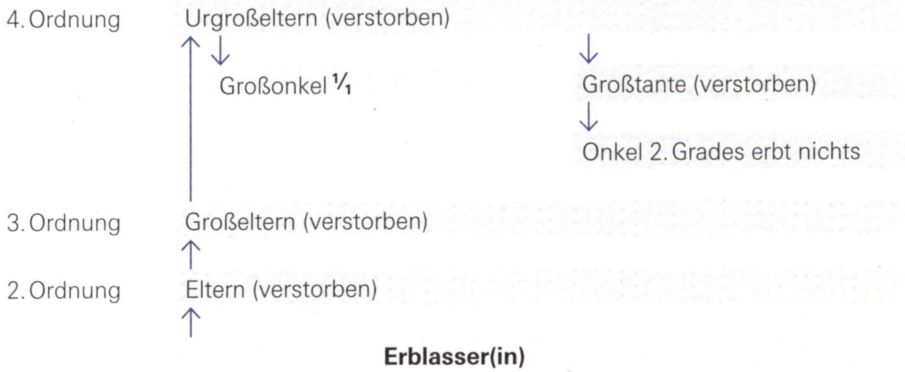

5. Ordnung — Weitere Voreltern
↑ ↓ Abkömmlinge

4. Ordnung — Urgroßeltern
↑ ↓ Abkömmlinge

3. Ordnung — Großeltern
↑ ↓ Onkel/Tante
↓ Vetter/Kusine
↓ Abkömmlinge

2. Ordnung — Eltern
↑ ↓ Geschwister
↓ Neffe/Nichte
↓ Abkömmlinge

Erblasser(in)
↓
1. Ordnung — Kinder
↓ Enkel
↓ Abkömmlinge

Lebt nur noch ein Elternteil, der andere aber nicht mehr, erbt der lebende Elternteil den ihm zustehenden Anteil; an die Stelle des verstorbenen Elternteils treten seine Abkömmlinge (§ 1925 BGB), also der Bruder und die Schwester des oder der Verstorbenen und deren Abkömmlinge.

Erben der dritten Ordnung

Erben der dritten Ordnung sind die Großeltern des oder der Verstorbenen und deren Abkömmlinge. Leben nur noch die Großeltern, erben sie allein und zu gleichen Teilen. Lebt ein Großelternteil nicht mehr, so treten an seine Stelle seine Abkömmlinge, also Onkel und Tanten und deren Abkömmlinge, also Vettern und Kusinen des oder der Verstorbenen.

Erben der vierten und weiterer Ordnungen

Erben der vierten Ordnung sind die Urgroßeltern des oder der Verstorbenen und deren Abkömmlinge. Ab der vierten Ordnung hat der Gesetzgeber die Erbfolge anders gestaltet als bei den Erben der ersten bis dritten Ordnung: An die Stelle eines verstorbenen Urgroßelternteils treten nicht automatisch dessen Abkömmlinge, sondern es erhöhen sich die Erbquoten der lebenden Urgroßelternteile anteilig, ohne dass es auf die Zugehörigkeit zu einer bestimmten Linie ankommen würde.

MEHRFACH VERWANDT

Ein Erbe kann mit dem Erblasser durchaus mehrfach verwandt sein, etwa dann, wenn die Eltern Vetter und Kusine zweiten Grades waren. Dann bekommt der Erbe auch mehrere Erbteile, wobei jeder Anteil als besonderer Erbteil gilt.

Wenn nur noch ein Urgroßelternteil lebt, wird dieser folglich Alleinerbe. Leben beispielsweise drei Urgroßelternteile, erbt jeder ein Drittel. Wenn kein Urgroßelternteil mehr lebt, erben diejenigen, die dem Verstorbenen am nächsten verwandt sind, zu gleichen Teilen. Lebt also nur ein einziges Kind eines Urgroßelternteils, schließt es Enkel und Urenkel aller Urgroßelternteile aus.

WAS NOCH WICHTIG IST

- Erben einer früheren Ordnung schließen alle Erben späterer Ordnungen aus.
- Innerhalb einer Erbenordnung erben zuerst die am nächsten verwandten Überlebenden: Kinder vor Enkeln (1. Ordnung), Eltern vor Geschwistern (2. Ordnung), Großeltern vor Onkeln und Tanten.
- Lebt die Ehefrau oder der Ehemann des Erblassers noch, erbt auch sie oder er. Das Erbrecht des Ehegatten besteht selbstständig neben dem der Verwandten. Das Gleiche gilt für eingetragene Lebenspartner.

EHEGATTEN UND LEBENSPARTNER

Lebenspartner sind erbrechtlich Ehegatten gleichgestellt. Dies gilt aber nur für gleichgeschlechtliche Paare, die ihre Lebenspartnerschaft vor der nach Landesrecht zuständigen Behörde begründet haben. Das ist die eingetragene Lebenspartnerschaft. Wenn das Gesetz von Lebenspartnern spricht, dann sind damit die Partner in einer eingetragenen Lebenspartnerschaft gemeint. Das gilt auch in diesem Buch.

Da die Lebenspartner ein dem gesetzlichen Erbrecht von Ehegatten entsprechendes gesetzliches Erbrecht haben, gelten die nachfolgenden Ausführungen gleichermaßen für Ehegatten und Lebenspartner, auch wenn dies nicht stets ausdrücklich erwähnt ist.

Wenn der Ehegatte oder Lebenspartner beim Tod des Erblassers oder der Erblasserin noch lebt, gehört er oder sie ebenfalls zu den gesetzlichen Erben. Die Höhe seines Erbteils hängt von dem Güterstand der Eheleute ab (siehe Seite 14). Die Höhe des gesetzlichen Erbteils von Verwandten ändert sich dann entsprechend.

„Voraus" – ein Sonderrecht

Jeder überlebende Ehe- oder Lebenspartner, der gesetzlicher Erbe wird – also nicht in einer letztwilligen Verfügung bedacht wurde –, erhält vorab und zusätzlich zu seinem Erbteil den sogenannten Voraus (§ 1932 BGB). Das sind die zum gemeinsamen Haushalt gehörenden Gegenstände wie zum Beispiel Möbel, Teppiche, Haushaltsgeräte, Bücher, Bilder (soweit sie nicht Teil einer Kunstsammlung sind) und auch das gemeinsam genutzte Familienauto. Nicht zum Voraus gehören Gegenstände, die dem persönlichen Gebrauch des Verstorbenen dienten, wie etwa Schmuck oder ein rein beruflich genutztes Auto. Zum Voraus gehören auch die Hochzeitsgeschenke. Voraussetzung ist aber immer, dass der überlebende Ehegatte gesetzlicher Erbe ist. Der Voraus entfällt also, wenn dieser in einem Testament oder einem Erbvertrag bedacht ist und auch, wenn er die Erbschaft ausschlägt oder enterbt ist. Gegenüber Abkömmlingen – auch solchen aus anderen Ehen – ist der Voraus eingeschränkt auf diejenigen Gegenstände, die der Ehegatte „zur Führung eines angemessenen Haushalts benötigt" (§ 1932 BGB). Was zum Voraus gehört, hängt also auch von den bisherigen Lebensverhältnissen der Eheleute oder Lebenspartner ab.

Ein sehr teures Auto kann zum Voraus gehören, wenn es sich bei dem Verstorbenen zum Beispiel um einen gutverdienenden Arzt handelte. War das gleiche Auto praktisch der einzige Wertgegenstand eines verstorbenen Facharbeiters, gehört es nicht zum Voraus.

Geschieden – auch vom Nachlass

Das Erbrecht des Ehegatten setzt immer eine rechtsgültige Ehe voraus. Es gilt also nicht für Geschiedene. Wer geschieden ist, hat am Nachlass des verstorbenen Ex-Ehepartners keinen Anteil mehr. Entsprechendes gilt bei Aufhebung der Lebenspartnerschaft.

ABER UNTERHALT VOM ERBEN?

Der geschiedene Ehegatte hat zwar kein gesetzliches Erbrecht mehr. War der Verstorbene ihm oder ihr gegenüber aber unterhaltspflichtig, müssen die Erben diesen Unterhalt in gewissen Grenzen weiter zahlen (siehe Seite 88 f.).

INFO Sorgerecht für Kinder

Nach einer Scheidung kann das Sorgerecht für gemeinsame minderjährige Kinder bei einem Elternteil allein liegen. Kraft des Sorgerechts hat dieser dann auch das Vermögen des Kindes zu verwalten. Nach seinem Tod wird der/die Ex-Ehepartner/in in der Regel sorgeberechtigt. Wenn Sie verhindern wollen, dass Ihr/e Ex-Ehepartner/in nach Ihrem Tod das Vermögen verwaltet, das Sie dem Kind hinterlassen, sollten Sie im Testament eine Testamentsvollstreckung anordnen (siehe Seite 231 ff.). Sie können Ihren geschiedenen Ehegatten in einer letztwilligen Verfügung auch ausdrücklich von der Verwaltung Ihres Nachlasses ausschließen (§ 1638 BGB). In diesem Fall muss dann ein Pfleger bestellt werden, der das Vermögen des Kindes bis zu dessen Volljährigkeit verwaltet. Diesen können Sie auch in Ihrem Testament benennen.

Tod des Ehepartners während des Scheidungsverfahrens

Schwieriger ist die Rechtslage während eines laufenden Scheidungsverfahrens, also dann, wenn der Todesfall noch vor der Scheidung eingetreten ist.

Hatte nur der überlebende Ehegatte einen Scheidungsantrag gestellt, der oder die Verstorbene aber nicht und hatte der oder die Verstorbene dem Scheidungsantrag auch nicht zugestimmt, so gilt das volle Erbrecht des überlebenden Ehegatten fort, ganz so, als hätte die Ehe weiter bestanden. Hatte aber der Verstorbene selbst die Scheidung beantragt oder dem Scheidungsantrag des Ehegatten zugestimmt und lagen auch die Voraussetzungen für eine Scheidung vor, so ist der überlebende Ehegatte vom Erbrecht ausgeschlossen (§ 1933 BGB). In solchen Fällen muss geprüft werden, ob die Ehe tatsächlich geschieden worden wäre, wenn der Erblasser noch lebte.

Die Einzelheiten des Scheidungsrechts können also bei der Frage, ob in solchen Fällen ein Erbrecht des überlebenden Ehegatten besteht, eine entscheidende Rolle spielen. Sie können hier nicht im Detail dargestellt werden.

Entsprechendes gilt während des Aufhebungsverfahrens für das Erbrecht der Lebenspartner.

Erbrecht Geschiedener nach Kindern

Zu beachten ist auch, dass nach einer Scheidung zwar das gesetzliche Erbrecht des Ehegatten entfällt, das Erbrecht des Ex-Ehegatten als Elternteil nach gemeinsamen Kindern als Erbe oder Erbin zweiter Ordnung aber bestehen bleibt.

Herr Schmitz ist geschieden. Mit seiner geschiedenen Frau hat er zwei Kinder. Herr Schmitz stirbt und wird von seinen beiden Kindern beerbt. Kurz darauf stirbt auch eines der Kinder bei einem Verkehrsunfall. Die geschiedene Frau Schmitz erbt jetzt als Mutter des verstorbenen Kindes zusammen mit dem überlebenden Kind je zur Hälfte das Vermögen des verstorbenen Kindes.

Wenn Sie dies nach einer Scheidung verhindern wollen, müssen Sie das in

INFO **Wenn es keine Kinder gibt**

Kinderlose Ehepaare sind häufig der Meinung, nach dem Tod eines Ehepartners sei der oder die Überlebende automatisch Alleinerbe.
Das ist aber nicht so: Eltern, Geschwister, Neffen und Nichten des oder der Verstorbenen erben mit.

Wenn weder Eltern noch Geschwister noch Abkömmlinge von Geschwistern vorhanden sind, erben sogar die Großeltern, sofern sie noch leben. Wenn Sie das nicht wollen, müssen Sie ein Testament machen oder einen Erbvertrag schließen.

einer letztwilligen Verfügung tun (siehe Seite 120 f.). Sie können Ihre Kinder zu Vorerben und Ihre Enkel oder andere Mitglieder Ihrer Familie zu Nacherben einsetzen (siehe Seite 104). Damit ist das Erbrecht Ihres geschiedenen Ehegatten nach Ihren Kindern ausgeschlossen.

Höhe des Erbteils

Die Höhe des Erbteils, also die Erbquote, des überlebenden Ehegatten oder Lebenspartners kann unterschiedlich ausfallen. Sie richtet sich zum einen danach, ob Verwandte des Verstorbenen ebenfalls erben, und welche Verwandten das sind. Zum anderen ist sie abhängig vom Güterstand.

Gesetzliche Regelung für Eheleute

Nach dem Gesetz erbt der Ehegatte neben Verwandten der ersten Ordnung ein Viertel des Nachlasses (§ 1931 BGB). Erben der ersten Ordnung sind die Abkömmlinge des oder der Verstorbenen, also Kinder, Enkel, Urenkel und so weiter. Dazu gehören auch Abkömmlinge aus früheren Ehen des oder der Verstorbenen sowie nichteheliche Kinder und Adoptivkinder (siehe Seite 20 ff.).

Neben Verwandten der zweiten Ordnung (das sind Eltern, Geschwister, Neffen und Nichten) und neben Großeltern erbt der überlebende Ehegatte die Hälfte. Wenn ein Großelternteil nicht mehr lebt oder aus einem anderen Grund nicht Erbe wird (zum Beispiel weil er die Erbschaft ausgeschlagen hat), also an sich die Abkömmlinge dieses Großelternteils erbberechtigt wären (Onkel, Tanten, Vettern, Kusinen usw.), so erhält der überlebende Ehegatte zusätzlich deren Anteil. Hat der verstorbene Großelternteil keine Abkömmlinge, dann geht sein Anteil an die anderen Großelternteile und nicht an den Ehegatten.

Sind weder Verwandte der ersten noch der zweiten Ordnung noch Großeltern vorhanden, erbt der überlebende Ehegatte oder Lebenspartner allein.

Bedeutung des Güterstands

Die Erbquote des überlebenden Ehegatten (siehe Seite 11) ist ferner abhängig davon, in welchem Güterstand die Eheleute zum Zeitpunkt des Todes des Erblassers gelebt haben.

Gesetzlicher Güterstand für Eheleute ist nach geltendem Recht die Zugewinngemeinschaft. Sie besteht immer dann, wenn sie nichts anderes bestimmt haben. Eine solche Vereinbarung muss vor einem Notar in einem Ehevertrag getroffen worden sein. Sie ist auch noch während der Ehe möglich. Dann gilt der vereinbarte Güterstand.

ZUGEWINNGEMEINSCHAFT IST DIE REGEL

Haben Eheleute keinen anderen Güterstand gewählt, so ist gesetzlicher Güterstand die Zugewinngemeinschaft.

Dabei sind für sogenannte Altehen Abweichungen zu beachten. In der früheren

Bundesrepublik (in den alten Bundesländern also) war bis zum 30. Juni 1958 der Ausschluss der Zugewinngemeinschaft durch einseitige Erklärung eines Ehegatten vor dem Amtsgericht möglich. Ist dies geschehen, so gilt für solche Ehen die Gütertrennung. In den neuen Bundesländern war bis zum 3. Oktober 1990 gesetzlicher Güterstand die Eigentums- und Vermögensgemeinschaft der Eheleute nach dem Familiengesetzbuch der DDR. Auch hier konnte jeder Ehegatte bis zum 3. Oktober 1992 gegenüber dem Kreisgericht erklären, dass er die Zugewinngemeinschaft nicht wolle. Für diese Ehen gilt dann weiter der Güterstand des DDR-FGB.

Zugewinngemeinschaft

Lebten die Eheleute beim Tod des Verstorbenen in Zugewinngemeinschaft, gelten für das gesetzliche Erbrecht des überlebenden Ehegatten eine Reihe von Besonderheiten. Um sie zu verstehen, muss man wissen, was die Zugewinngemeinschaft ist. Sie bedeutet, dass das Vermögen, das ein Ehegatte in die Ehe mitbringt, sein Eigentum bleibt. Erbschaften und Schenkungen werden diesem Vermögen hinzugerechnet, unabhängig davon, wann sie während der Ehe erfolgen. Wertsteigerungen des bei Eheschließung vorhandenen Vermögens und das in der Ehe neu erworbene Vermögen werden nach einer Auflösung der Ehe – also bei Scheidung oder Tod eines Ehegatten – geteilt. Der Ehegatte, dessen Vermögen größer geworden und höher ist als das des anderen Ehegatten, muss die Hälfte des Mehrwerts abgeben.

Nach einer Scheidung wird das genau ausgerechnet. Beim Tod eines Ehegatten hingegen hat das Gesetz eine sehr viel einfachere Lösung vorgesehen, sofern der oder die Überlebende gesetzlicher Erbe oder Erbin wird. In diesem Fall erfolgt der Zugewinnausgleich dadurch, dass sich der gesetzliche Erbteil des Ehegatten um ein Viertel erhöht (§ 1371 BGB).

Das bedeutet: Ein Ehegatte, dem neben Kindern und Enkeln des Verstorbenen ohnehin ein Viertel als gesetzlicher Erbe zusteht (siehe Seite 14), bekommt als pauschalen Zugewinnausgleich noch ein weiteres Viertel dazu, sein Erbteil beträgt also die Hälfte der Erbschaft. War die Ehe kinderlos, erhält er neben Erben der zweiten Ordnung (den Eltern und deren Abkömmlingen) und neben Großeltern drei Viertel, neben entfernteren Verwandten erbt er allein.

Beispiel: Herr Meier ist verwitwet und hat mit seiner verstorbenen Frau zwei Kinder. Er heiratet zum zweiten Mal eine jüngere Frau, die ebenfalls ein Kind mit in die Ehe bringt. Bei seinem Tod hinterlässt er ein Vermögen von 200 000 €. Erbin wird seine zweite Frau zur Hälfte (ein Viertel bekommt sie als gesetzliche Erbin, ein weiteres Viertel aus dem Zugewinnausgleich). Die beiden Kinder von Herrn Meier aus erster Ehe erben je ein Viertel. Die zweite Frau Meier erbt also 100 000 €, jedes der Kinder 50 000 €. Das Stiefkind, das Frau Meier mit in die Ehe gebracht hat, hat kein eigenes gesetzliches Erbrecht. Herr Meier kann es – wenn er das will – in einem Testament oder Erbvertrag bedenken.

Diese pauschalierte Aufstockung des gesetzlichen Erbteils des überlebenden Ehegatten um ein Viertel ist unabhängig davon, ob während der Ehe wirklich ein Zugewinn und ob er beim Verstorbenen entstanden ist. Das ist für den Durchschnittsfall einer langjährigen Ehe oftmals auch richtig und dürfte wohl dem mutmaßlichen Willen des oder der Verstorbenen entsprechen.

Problematisch ist diese Pauschalierung aber, wenn die Ehe nur kurz gedauert und der oder die Verstorbene ein größeres Vermögen mit in die Ehe gebracht hat. Problematisch ist sie auch dann, wenn der oder die Überlebende den größeren Zugewinn erwirtschaftet hat. In diesen Fällen erhält der Überlebende den pauschalierten erbrechtlichen Zugewinn für etwas, wofür er selbst praktisch keine Leistung erbracht hat.

Zudem beeinträchtigt der erbrechtliche Zugewinnausgleich die Interessen der Kinder aus einer früheren Ehe und von nichtehelichen Kindern. Denn ein Teil der Erbschaft geht an den (neuen) überlebenden Ehegatten und wird damit Kindern aus früheren Ehen entzogen.

So wird im vorherigen Beispiel den beiden Kindern aus erster Ehe die Hälfte der Erbschaft nach ihrem Vater entzogen. Die Stiefmutter erbt als Ehefrau 100 000 €, und dieses Vermögen geht nach ihrem Tod auf ihre Erben über. In diesem Fall erbt dann das Kind, das Frau Meier mit in die Ehe gebracht hat, aber nicht als Stiefkind von Herrn Meier, sondern als leibliches Kind seiner Mutter (der zweiten Frau Meier).

Ausbildungsanspruch der Kinder aus früheren Ehen: Die Interessen der Kinder des Erblassers, die nicht aus der Ehe mit dem überlebenden Ehegatten stammen,

INFO Pauschalierte Aufstockung

Wenn Sie die pauschalierte Aufstockung des gesetzlichen Erbteils nicht wollen, müssen Sie in einem Testament oder Erbvertrag etwas anderes bestimmen.

Im Beispiel auf Seite 15 könnte Herr Meier seine beiden Kinder aus erster Ehe zu seinen alleinigen Erben einsetzen. Dann bekäme seine zweite Frau nur den Pflichtteil. In diesem Fall wären das 25 000 €. Zusätzlich könnte sie von ihren Stiefkindern den konkret errechneten Zugewinnausgleich verlangen, soweit überhaupt ein Zugewinn vorhanden ist (zu den Einzelheiten siehe Seite 34).

werden aber auch vom Gesetz selbst geschützt: Der überlebende Ehegatte muss diesen Stiefkindern aus seinem zusätzlichen Viertel eine Ausbildung bezahlen (§ 1371 Abs. 4 BGB). Der Anspruch ist begrenzt auf das zusätzliche erbrechtliche Zugewinnausgleichsviertel und besteht nur dann, wenn das Stiefkind bedürftig ist, die Ausbildung also nicht aus seinem (reduzierten) Erbteil oder seinem sonstigen Vermögen bezahlen kann.

Beispiel: Frau Müller stirbt und hinterlässt ihre Lebenspartnerin Frau Blume sowie fünf Kinder aus ihrer geschiedenen Ehe. Das hinterlassene Vermögen beträgt 100 000 €. Die Lebenspartnerin erbt die Hälfte, also 50 000 € (ein Viertel als gesetzliche Erbin, ein weiteres Viertel als Zugewinnausgleich), die Kinder erben jeweils 10 000 €.

Wenn einem der Kinder (oder mehreren Kindern) dieser Betrag zur Ausbildung nicht reicht, muss Frau Blume einspringen. Das muss sie aber nur bis zum Gesamtbetrag von 25 000 €, ihrem zusätzlichem Viertel aus dem Zugewinnausgleich.

Nachteile des erbrechtlichen Zugewinnausgleichs: Der pauschalierte erbrechtliche Zugewinnausgleich kann unter Umständen für den überlebenden Ehegatten unter dem Strich auch weniger bringen: Wenn nach einer langjährigen Ehe praktisch das ganze Vermögen Zugewinn des Verstorbenen ist, beträgt der konkret errechnete Zugewinn ohnehin die Hälfte des hinterlassenen Vermögens, also genau das, was dem überlebenden Ehegatten neben Kindern als gesetzliches Erbteil zusteht.

Beispiel: Herr und Frau Wagner haben gemeinsam eine Arztpraxis aufgebaut. Sie haben eine Tochter. Herr Wagner stirbt. Wert der Praxis: 200 000 €. Frau Wagner erbt als gesetzliche Erbin neben ihrer Tochter die Hälfte (ein Viertel als gesetzliche Erbin, ein weiteres Viertel als pauschalierten erbrechtlichen Zugewinnausgleich), also 100 000 €. Da das Vermögen von Herrn Wagner vollständig während der Ehe erworben worden ist, beträgt der errechnete Zugewinnausgleich ebenfalls 100 000 €.

Frau Wagner kann – wenn sie die Erbschaft ausschlägt – Zugewinnausgleich fordern und von dem restlichen Vermögen noch ihren Pflichtteil verlangen. In diesem Fall wird dieser Pflichtteil nicht nach dem durch die Zugewinngemeinschaft erhöhten gesetzlichen Erbteil berechnet, sondern nach dem normalen gesetzlichen Erbteil von einem Viertel (sogenannter kleiner Pflichtteil siehe Seite 34). Der Pflichtteil beträgt demnach ein Achtel. Dieses Achtel wird berechnet von dem Vermögen, das nach Abzug des Zugewinnausgleichs übrig bleibt. Hier wären das 100 000 €.

Frau Wagner bekäme also, wenn sie diese Lösung wählt, außer ihrem Zugewinnausgleich von 100 000 € noch ein Achtel von den restlichen 100 000 € dazu: Das sind immerhin noch einmal 12 500 €.

AUSSCHLAGEN ODER NICHT?

Es kann sich durchaus lohnen, darüber nachzudenken, ob man beim Güterstand der Zugewinngemeinschaft die Erbschaft annimmt oder ausschlägt.
Für die Ausschlagung einer Erbschaft besteht allerdings eine kurze Frist von nur sechs Wochen (§ 1944 BGB; siehe Seite 180 ff.), gerechnet von dem Zeitpunkt an, in dem der Erbe vom Tod des Erblassers erfährt.

Gütertrennung

Bei Gütertrennung (siehe Seite 14) findet kein Zugewinnausgleich statt. Auch die pauschale Erhöhung des Erbteils des überlebenden Ehegatten oder des Lebenspartners um ein Viertel gibt es dann nicht. Dafür gilt eine andere Besonderheit. Wenn neben dem überlebenden Ehegatten ein oder zwei Kinder des Erblassers erbberechtigt sind, erben alle zu gleichen Teilen. Neben einem Kind erbt die Witwe oder der Witwer also die Hälfte, neben zwei Kindern jeder ein Drittel. Neben drei und mehr Kindern erbt der überlebende Ehegatte immer ein Viertel, die Kinder teilen sich den Rest. Lebt ein Kind nicht mehr, so treten an seine Stelle – falls vorhanden – seine Abkömmlinge. Zu den Kindern des Erblassers zählen auch seine Kinder aus früheren Ehen und seine nichtehelichen Kinder. Neben anderen Verwandten bleibt es bei der normalen gesetzlichen Erbfolge.

Gütergemeinschaft

Auch die Gütergemeinschaft muss durch einen Ehevertrag vereinbart worden sein. Das geschieht heute nur noch selten. Erbrechtlich bestehen keine Besonderheiten. Es bleibt beim normalen gesetzlichen Erbrecht des überlebenden Ehegatten ohne Zugewinnausgleich, also auch ohne erhöhtes gesetzliches Erbrecht.

Meist wird in diesen Fällen im Ehevertrag zusätzlich vereinbart, dass die Gütergemeinschaft auch nach dem Tod eines Ehegatten zwischen der oder dem Überlebenden und den gemeinschaftlichen Kindern fortgesetzt werden soll (fortgesetzte Gütergemeinschaft). Dann wird das gesamte Vermögen, das die Eheleute

INFO Steuerfreier Zugewinnausgleich

Berücksichtigen Sie auch die Erbschaftsteuer. Der Zugewinnausgleich ist immer erbschaftsteuerfrei (§ 5 ErbStG). Bei Gütertrennung gibt es aber keinen Zugewinnausgleich. Der überlebende Ehegatte oder Lebenspartner muss deshalb bei größeren Vermögen mehr Erbschaftsteuer zahlen (siehe Seite 277 ff.).

WAS EHEGATTEN UND LEBENSPARTNER ERBEN

Güterstand	neben Erben 1. Ordnung (Kinder, Enkel)	neben Erben 2. Ordnung (Eltern, Geschwister)	neben Erben 3. Ordnung (Großeltern)	neben Erben weiterer Ordnungen
Zugewinngemeinschaft	1/2	3/4	3/4**)	1/1
Gütertrennung	1/2 bei einem Kind 1/3 bei zwei Kindern 1/4 bei drei und mehr Kindern	1/2	1/2**)	1/1
Gütergemeinschaft	1/4	1/2	1/2**)	1/1
Eigentums- und Vermögensgemeinschaft der früheren DDR *)	1/4	1/2	1/2**)	1/1

*) Gilt nur für Bürger der früheren DDR, die vor dem 3. Oktober 1992 für diesen Güterstand votiert haben, und nur für Erbfälle nach dem 3. Oktober 1990.

**) Ist ein Großelternteil verstorben, erbt der überlebende Ehegatte anstelle seiner Abkömmlinge auch dessen Teil. Sind keine Abkömmlinge vorhanden, geht der Anteil an die anderen Großelternteile.

gemeinsam besessen haben (das sogenannte Gesamtgut), nicht vererbt, sondern bleibt gemeinschaftliches Eigentum des überlebenden Ehegatten und der gemeinsamen Kinder. Nur diejenigen Vermögenswerte, die dem Verstorbenen allein gehörten (sein Vorbehalts- und sein Sondergut), fallen in den Nachlass und werden vererbt.

Die fortgesetzte Gütergemeinschaft hat Vorteile für den überlebenden Ehegatten: Er braucht das bisher gemeinschaftliche Vermögen nicht mit seinen Kindern zu teilen und verwaltet es allein. Die Kinder erben erst, wenn auch der überlebende Ehegatte stirbt.

Eines ist aber auf jeden Fall zu beachten: Wird Gütergemeinschaft zwischen Eheleuten vereinbart – gleich ob bei der Heirat oder später –, gilt dies als Schenkung desjenigen Ehegatten, der mehr Vermögen hat, an denjenigen, der weniger besitzt. Das kostet Schenkungsteuer in den üblichen Grenzen (siehe Seite 291). Die steuerlichen Folgen sollten Sie bedenken. Dazu brauchen Sie die Hilfe eines Steuerberaters oder einer Steuerberaterin.

VEREINBARUNGEN ZU LEBZEITEN

Wenn Sie darüber nachdenken, ob Sie durch Vereinbarung der Gütergemeinschaft Ihre Ehefrau oder Ihren Ehemann schon zu Lebzeiten an Ihrem Vermögen beteiligen wollen, sollten Sie sich unbedingt notariell beraten lassen. Die Gütergemeinschaft ist kompliziert und recht unübersichtlich, kann aber je nach Vermögensverhältnissen auch sehr sinnvoll sein.

Eigentums- und Vermögensgemeinschaft in den neuen Bundesländern
Haben Eheleute in den neuen Bundesländern bis zum 3. Oktober 1990 im gesetzlichen Güterstand der früheren DDR, der Eigentums- und Vermögensgemeinschaft, gelebt, so gilt für sie von diesem Zeitpunkt an der gesetzliche Güterstand der Zugewinngemeinschaft mit allen dargestellten erbrechtlichen Folgen. Aber: Jeder Ehegatte konnte nach der deutsch-deutschen Einigung innerhalb von zwei Jahren – also bis zum 3. Oktober 1992 – einseitig gegenüber dem Kreisgericht erklären, dass es für seine Ehe beim bisherigen DDR-Güterstand bleiben solle. Dann leben die Eheleute, wenn ein Ehevertrag nichts anderes bestimmt, weiter im Güterstand der Eigentums- und Vermögensgemeinschaft. Die Erhöhung des gesetzlichen Erbteils des überlebenden Ehegatten (das zusätzliche Zugewinnausgleichsviertel, siehe tabellarische Übersicht Seite 19) gibt es also nicht.

NICHTEHELICHE KINDER UND IHRE VÄTER

Nichteheliche Kinder haben gegenüber ihrer Mutter schon immer ein gesetzlich es Erbrecht in demselben Umfang wie eheliche Kinder. Gegenüber ihren Vätern haben nichteheliche Kinder seit 1970 nach und nach erbrechtliche Ansprüche erworben. Den ehelichen Kindern geichgestellt sind sie, unabhängig von ihrem Geburtsdatum, aber erst durch ein Gesetz vom April 2011. Dieses gilt rückwirkend für alle Erbfälle seit dem 29. Mai 2009.

Für Erbfälle vor dem 29. Mai 2009 gilt das alte Recht. Danach waren vor dem 1. Juli 1949 geborene nichteheliche Kinder von der Erbfolge nach ihrem Vater ausgeschlossen, es sei denn, der Vater lebte am 2. Oktober 1990 in der DDR. Bei Erbfällen vor 1998 trat in den alten Bundesländern der Erbersatzanspruch an die Stelle des gesetzlichen Erbrechts.

Bitte beachten Sie: Ist der Erbfall vor dem 29. Mai 2009 eingetreten, wird er nach altem Recht beurteilt. Solche Erbfälle werden auch nicht neu abgewickelt.

Voraussetzung für das Erbrecht zwischen nichtehelichen Kindern und ihren Vätern ist immer, dass die Abstammung geklärt ist, das heißt, es muss rechtlich verbindlich klargestellt sein, dass der nichteheliche Vater wirklich der Vater des Kindes ist. Das kann durch Anerkennung oder auch durch gerichtliche Vaterschaftsfeststellung geschehen. Nur dann besteht ein Verwandtschaftsverhältnis zwischen Vater und Kind und damit auch ein gegenseitiges Erbrecht. Das bedeutet, nichteheliche Kinder erben wie eheliche Kinder. Sind mehrere Erben vorhanden, werden sie Mitglied einer Erbengemeinschaft. Will der Erblasser eine Erbengemeinschaft zwischen seinem nichtehelichen Kind und seinen sonstigen Erben verhindern, muss er tätig werden und entsprechende testamentarische Anordnungen treffen. Er kann das nichteheliche Kind auf den Pflichtteil setzen oder ihm ein Vermächtnis im Wert des gesetzlichen Erbteils aussetzen.

Die rückwirkende erbrechtliche Gleichstellung für alle nichtehelichen Kinder kann zu einer Neuabwicklung bereits abgeschlossener Erbfälle führen.

Beispiel: Der verwitwete Herr König stirbt am 10. Juni 2010 in München und hinterlässt einen am 9. Januar 1949 geborenen nichtehelichen Sohn Jürgen und eine eheliche Tochter Renate. In seinem Testament hat er Renate als Alleinerbin eingesetzt. Renate beantragt und erhält einen Erbschein, der sie als Alleinerbin ausweist. Der nichteheliche Sohn Jürgen ist, da vor dem 1. Juli 1949 geboren, im Jahr 2010 noch von der gesetzlichen Erbfolge ausgeschlossen und hat damit auch keinen Pflichtteilsanspruch. Dies ändert sich im April 2011, denn jetzt ist gesetzlich geregelt, dass auch vor dem 1. Juli 1949 geborene nichteheliche Kinder ein gesetzliches Erbrecht haben und zwar rückwirkend für alle Erbfälle ab dem 29. Mai 2009. Jürgen ist zwar durch das Testament von der Erbfolge ausgeschlossen, er kann aber jetzt seinen Pflichtteilsanspruch gegen seine Halbschwester Renate geltend machen. Eines kann er allerdings nicht: Als neu hinzugetretener Pflichtteilsberechtigter das Testament seines Vaters anfechten. Das hat der Gesetzgeber ausgeschlossen (Art. 12 I § 10 Abs. 3 NEhelG; zur Anfechtung siehe Seite 177).

ADOPTIVKINDER

Für das Erbrecht von Adoptivkindern muss unterschieden werden zwischen der Adoption Minderjähriger und Volljähriger.

Adoption Minderjähriger

Normalerweise wird ein minderjähriges Kind, häufig ein Baby, adoptiert. Durch die Adoption erlangt das Kind die volle rechtliche Stellung eines ehelichen Kindes. Auf das Erbrecht bezogen, bedeutet das: Ein Adoptivkind erbt wie ein eheliches Kind.

Die Wirkung der Adoption Minderjähriger erstreckt sich auch auf die Abkömmlinge des Adoptivkindes und auf die Verwandten der Adoptiveltern. Ebenso erben diese (Adoptiv-)Verwandten vom angenommenen Kind. Bisherige Verwandtschaftsverhältnisse erlöschen. Das adoptierte Kind erbt also nicht von seinen „richtigen", blutsverwandten Eltern und diese auch nicht von ihm.

Wird ein Minderjähriger durch einen mit ihm im 2. oder 3. Grad Verwandten –

INFO **Stichtag 1. Januar 1977**

Das Adoptionsrecht des BGB ist seit dem 1. Januar 1977 in Kraft. Für davor abgeschlossene Adoptionsverträge gelten für Adoptivkinder, die zu diesem Zeitpunkt volljährig waren, die Bestimmungen über die Annahme Volljähriger. War das Adoptivkind am 1. Januar 1977 minderjährig, konnten die Adoptiveltern bis zum 31. Dezember 1977 gegenüber dem Amtsgericht Berlin-Schöneberg erklären, dass auch für diese Fälle die Vorschriften über die Volljährigenadoption angewendet werden sollen.

das sind zum Beispiel Großeltern, Geschwister, Onkel und Tante — oder Verschwägerten adoptiert, dann erlischt nur die Verwandtschaft zu den leiblichen Eltern und deren Abkömmlingen, den Geschwistern und ihren Nachkommen. Alle übrigen verwandtschaftlichen Beziehungen , zum Beispiel zu den Großeltern, bestehen weiter und können erbrechtliche Ansprüche begründen. Wird ein Stiefkind von dem Stiefelternteil adoptiert, so erlöschen seine Verwandtschaftsverhältnisse zu den Verwandten seines verstorbenen Elternteils nicht, wenn dieser Elternteil sorgeberechtigt war. Der Enkel bleibt weiter mit seinen Großeltern, den Eltern seines verstorbenen Vaters oder seiner Mutter verwandt und tritt trotz Adoption an die Stelle des verstorbenen Elternteils.

Adoption Volljähriger

Die Wirkung einer Adoption Volljähriger ist nicht so weitreichend wie die Adoption von Minderjährigen. Vor allem erstreckt sich das Annahmeverhältnis nicht auf die Verwandten des Annehmenden, ist also beschränkt auf Adoptivkind und Adoptiveltern.

Es gibt kein Erbrecht des angenommenen Kindes gegenüber den Verwandten seiner Adoptiveltern; es besteht aber ein Erbrecht des Adoptivkindes und seiner Abkömmlinge nach den Adoptiveltern und umgekehrt.

STIEFKINDER UND STIEFELTERN

Stiefkinder sind mit dem Stiefelternteil nicht verwandt und gehören daher nicht zu den gesetzlichen Erben des Stiefelternteils. Sie erben nur von ihrem leiblichen Elternteil. Ebenso werden Stiefeltern nicht gesetzliche Erben ihrer Stiefkinder, auch sie erben nur nach ihren leiblichen Kindern.

Beispiel: Herr Hansen ist geschieden. Seine beiden Kinder aus der geschiedenen Ehe leben bei der Mutter. Er heiratet wieder, und seine zweite Frau bringt zwei Kinder mit in die Ehe. Nach dem Tod von Herrn Hansen erben die zweite Ehefrau sowie die beiden Kinder aus seiner ersten Ehe.

Die beiden Stiefkinder, die seine zweite Frau mit in die Ehe brachte, erben nichts. Auch das Erbrecht der ersten Ehefrau von Herrn Hansen ist mit der Scheidung entfallen.

Stiefeltern, die ihren Stiefkindern nach ihrem Tod etwas zukommen lassen wollen, können sie in einem Testament oder Erbvertrag bedenken, sie als Erben oder Vermächtnisnehmereinsetzen

Es ist auch möglich, dass Stiefeltern ihr Stiefkind adoptieren. Dann erbt es ein leibliches Kind.

BESONDERHEITEN

Das Höferecht

In den meisten alten Bundesländern hat sich regional zum Teil recht unterschiedliches Erbrecht für bäuerliche Höfe erhalten. Die Absicht solcher Sondervorschriften war und ist es, einen Hof und sein Zubehör als Ganzes zu erhalten. Der Hof soll nur auf einen Erben übergehen, die anderen erhalten Ausgleichsansprüche, werden aber nicht Miterben des Hofes. Solche Sonderregelungen gibt es in Bremen, Hessen, Rheinland-Pfalz und Baden-Württemberg; in der ehemals britischen Zone der alten Bundesrepublik (Hamburg, Niedersachsen, Nordrhein-Westfalen und Schleswig-Holstein) gilt die Höfeordnung. All diese Sonderregelungen gelten anstelle der gesetzlichen Erbfolge des BGB. Sie schließen aber nicht aus, dass der Erblasser und Hofeigentümer durch letztwillige Verfügung anderes bestimmt. Eine anwaltliche Beratung ist in solchen Fällen dringend zu empfehlen.

Das Erbrecht des Staates

Kann kein Erbe ermittelt werden, erbt der Staat (das Gesetz spricht von Fiskus, § 1964 BGB). Das heißt, das Nachlassgericht stellt dann fest, dass kein anderer Erbe als der Staat vorhanden ist.

Wer dennoch glaubt, erbberechtigt zu sein, kann diesen Beschluss des Gerichts anfechten. Er oder sie muss dann das Verwandtschaftsverhältnis zum Verstorbenen oder die Existenz eines ihn oder sie begünstigenden Testaments nachweisen können.

Wer keine gesetzlichen Erben hat und das Erbrecht des Staates für sein Vermögen ausschließen will, kann dies in einem Testament oder Erbvertrag tun (siehe Seite 65 ff.).

ZUWENDUNGEN ZU LEBZEITEN

Es kommt häufig vor, dass Eltern ihren Kindern oder Großeltern ihren Enkeln schon zu Lebzeiten Zuwendungen machen. Sie helfen bei der Finanzierung eines Hauses, sie beteiligen sich beim Kauf einer Praxis oder finanzieren die Grundausstattung einer Wohnung. Das kann zu Ungerechtigkeiten führen, wenn dies nicht bei allen Kindern der Fall war. Elternteile versuchen auf diese Weise auch, Kinder aus ihrer zweiten Ehe gegenüber denjenigen aus der ersten Ehe zu bevorzugen. Das macht das Gesetz nicht mit und sieht deshalb in § 2050 BGB vor, dass solche Zuwendungen, die vor dem Tod des Erblassers erfolgten, ausgeglichen werden. Dadurch kann sich der Wert des Erbteils eines Abkömmlings verändern.

Voraussetzungen für den Ausgleich

Diese Ausgleichspflicht besteht aber nur unter bestimmten Voraussetzungen. Zunächst einmal gilt sie nur für Abkömmlinge, also für Kinder, Enkel, Urenkel und andere Abkömmlinge. Andere Erben – Verwandte des Erblassers und der überlebende Ehe- oder Lebenspartner – sind davon nicht betroffen, sie sind nicht ausgleichspflichtig.

Hat also eine vermögende Mutter einzelnen Kindern oder Enkeln zu Lebzeiten größere Beträge zukommen lassen, so sind diese untereinander ausgleichspflichtig. Hat sie ihrem Ehemann ein Haus oder eine wertvolle Kunstsammlung geschenkt, so ist dieser nicht ausgleichspflichtig.

Was ausgleichspflichtig ist

Ausgleichspflichtig sind aber nicht alle Zuwendungen, die der Verstorbene zu Lebzeiten gemacht hat. Zunächst unterliegt der Ausgleichspflicht das, was der Abkömmling als Ausstattung erhalten hat, also das, was einem Kind mit Rücksicht auf seine Heirat oder auf eine selbstständige Lebensstellung von einem Elternteil zugewendet worden ist (§ 1624 BGB). Dazu gehört die Finanzierung einer Wohnung oder der Kauf eines Betriebs oder die Einrich-

INFO **Für wen gilt die Ausgleichspflicht?**

Die Ausgleichspflicht gilt immer für gesetzliche Erben, also nur dann, wenn der oder die Verstorbene keine letztwillige Verfügung (Testament oder Erbvertrag) hinterlassen hat. Ausnahmsweise besteht die Ausgleichspflicht auch bei einer Erbeinsetzung durch Testament oder Erbvertrag, wenn der Verstorbene seine Abkömmlinge in der letztwilligen Verfügung genau mit dem bedacht hat, was ihr gesetzlicher Erbteil wäre (§ 2052 BGB, siehe Seite 7 ff.).

tung einer Praxis. Ferner sind ausgleichspflichtig Zuschüsse zum Lebensunterhalt und Aufwendungen für die Berufsausbildung, soweit sie über das Maß hinausgegangen sind, das nach den Lebensverhältnissen des Verstorbenen üblich ist.

AUSSCHLUSS DER AUSGLEICHSPFLICHT

Wollen Eltern diese Ausgleichspflicht ausschließen und damit ein Kind stärker begünstigen als die Geschwister, dann können sie diesen Ausschluss bei der Zuwendung bestimmen.

Was nicht ausgleichspflichtig ist

Zuwendungen, die keine Ausstattung sind oder die der üblichen Berufsausbildung dienen, sind normalerweise nicht ausgleichspflichtig. Schenken also Eltern einem Kind einen Teil ihres Vermögens schon zu Lebzeiten, dann wird diese Schenkung später nicht auf den Erbteil angerechnet, es sei denn, die Eltern haben dies bei der Schenkung ausdrücklich bestimmt. Grenzen setzt hier allerdings das Pflichtteilsrecht (siehe Seite 29).

Diese etwas verwirrende gesetzliche Regelung hat zwei Gründe. Zum einen haben Kinder (und andere Abkömmlinge) im Rahmen der Unterhaltspflicht einen gleichen Anspruch auf eine Ausstattung und eine Berufsausbildung. Wurde ein Kind bevorzugt, so soll dies im Zweifel beim Erbfall ausgeglichen werden. Zum anderen aber kann jeder mit seinem Vermögen machen, was er will. Ist die Bevorzugung eines Kindes wirklich gewollt, so akzeptiert das der Gesetzgeber auch.

Immer muss die Bestimmung über die Anrechnung spätestens mit der Schenkung getroffen werden. Der Erblasser muss sich also frühzeitig und endgültig festlegen. Dies ist auch durch die Reform des Erbrechts entgegen der ursprünglichen Absicht nicht geändert worden. Will der Erblasser oder die Erblasserin getroffene oder unterlassene Anordnungen über die Anrechnung ändern, ist dies nur noch durch die letztwillige Anordnung von Vorausvermächtnissen oder Teilungsanordnungen möglich (siehe Seite 104). In einem solchen Fall ist unbedingt fachlicher Rat zur Gestaltung des Testaments einzuholen.

TIPP Ausstattung: Eine Frage der Größe

Es ist nicht immer leicht festzustellen, ob eine bestimmte Zuwendung als Ausstattung anzusehen ist oder nicht, und es kann auch zweifelhaft sein, ob ein bestimmter Geldbetrag die Vermögensverhältnisse übersteigt. Bei größeren Zuwendungen sollten Eltern und Großeltern deshalb von vornherein festlegen, ob diese Zuwendung später ausgeglichen werden soll oder nicht. Dadurch lässt sich mancher Erbschaftsstreit vermeiden.

Berechnung des Ausgleichs

Maßgebend ist der Wert des Zugewendeten zur Zeit der Zuwendung. Spätere Wertsteigerungen und -minderungen bleiben außer Betracht (§ 2055 Abs. 2 BGB). Berücksichtigt wird aber nach der Rechtsprechung der Kaufkraftschwund des Geldes. Gerechnet wird folgendermaßen: Zunächst wird der Wert des Zugewendeten dem gemeinsamen Erbteil aller Abkömmlinge hinzuaddiert, dann wird nach den Regeln der gesetzlichen Erbfolge geteilt, und danach wird der Wert des Zugewendeten beim Empfänger abgezogen.

Beispiel: Herr Bauer hinterlässt seine Frau und zwei Kinder. Die Erbschaft beträgt 800 000 €. Die Witwe bekommt (bei Zugewinngemeinschaft) die Hälfte, also 400 000 €. Die Tochter hat bei ihrer Heirat 200 000 € zum Erwerb einer Eigentumswohnung bekommen. Der Sohn hat für ein Auslandsstudium 40 000 € erhalten. Für die Teilung werden dem gemeinsamen Erbteil der Kinder von 400 000 € die Vorausempfänge hinzugerechnet:

gemeinsamer Erbteil der Kinder:	400 000 €
+ Eigentumswohnung der Tochter:	200 000 €
+ Auslandsstudium des Sohnes:	40 000 €
= gemeinsame Erbmasse	640 000 €

Erbquote für jedes Kind ist die Hälfte, also 320 000 €. Die Tochter erhält 120 000 € (320 000 € – 200 000 €), der Sohn 280 000 € (320 000 € – 40 000 €).

Mitarbeit im Beruf und in der Pflege

Ausgeglichen werden auch die Mitarbeit im Haushalt, Beruf oder Geschäft des Verstorbenen und die Pflege des Erblassers. Diese ist ab 1. Januar 2010 bei der gesetzlichen Erbfolge unabhängig davon auszugleichen, ob wegen der Pflegeleistung auf eigenes berufliches Einkommen verzichtet wird oder nicht. Auszugleichen sind Leistungen, die Kinder üblicherweise ihren Eltern gegenüber erbringen, wenn sie im Haushalt ihrer Eltern leben oder die Eltern

INFO Höhe des Ausgleichs für Pflege

Maßgebend für die Höhe des Ausgleichs sind Dauer und Umfang der Leistungen. Langjährige Pflege eines alten, kranken oder behinderten Erblassers oder langjährige Mitarbeit in einem Betrieb kann deshalb zu erheblichen Ausgleichsansprüchen führen. Der Ausgleich ist ausgeschlossen, wenn der Abkömmling für seine Tätigkeit angemessen bezahlt wurde. War ein Entgelt versprochen, wurde es aber nicht gezahlt, besteht keine Ausgleichspflicht, wohl aber ein Anspruch gegenüber Miterben auf Nachzahlung.

pflegen. Die Vorschrift gilt aber auch für mitarbeitende Töchter und Söhne in handwerklichen und mittelständischen Betrieben, wenn sie kein Gehalt beziehen. Immer gilt: Ein Ausgleichsanspruch setzt voraus, dass die gesetzliche Erbfolge unter den Abkömmlingen zum Zuge kommt (siehe Kasten links).

Für die Berechnung des Ausgleichs wird zunächst der Nachlasswert für alle Abkömmlinge errechnet. Davon wird der Ausgleichsbetrag abgezogen, dann wird geteilt und beim Ausgleichsberechtigten der ihm zustehende Ausgleichsbetrag zum Erbteil hinzugerechnet.

Beispiel: Herr Peters hinterlässt seine Ehefrau, einen Sohn und eine Tochter. Der Wert des Nachlasses beträgt 20 000 €. Die Witwe erhält – bei Zugewinngemeinschaft – die Hälfte, also 10 000 €. Die Erbquote für beide Kinder zusammen beträgt ebenfalls 10 000 € (je ein Viertel). Die Tochter hat den Vater während der letzten Lebensmonate gepflegt und deshalb nur halbtags gearbeitet. Das Gericht setzt den Wert der Pflege auf 3 000 € fest. Dieser Betrag wird vom Erbteil der Kinder abgezogen und nach der Teilung bei der Tochter später wieder hinzugerechnet. Also: 10 000 € – 3 000 € = 7 000 €. Der Erbteil beträgt für jedes Kind 3 500 €. Die Tochter bekommt als Ausgleich für die Pflege 3 000 € dazu. Im Ergebnis erhält also der Sohn 3 500 €, die Tochter 6 500 € vom Nachlass des Vaters.

Im Beispiel hat die Tochter wegen der Pflege nur noch halbtags gearbeitet. Seit dem 1. Januar 2010 hat sie den Ausgleichsanspruch aber auch, wenn sie die Pflege ohne Einschränkung ihrer Berufstätigkeit ausgeführt hätte. Der Gesetzgeber hat bei der Reform des Erbrechts den Verzicht auf berufliches Einkommen als Voraussetzung für den Ausgleichsanspruch abgeschafft (§ 2057 a BGB n. F.), aber auf eine gesetzliche Festlegung der Höhe der Vergütung verzichtet. Einigen sich die Kinder nicht, muss das Gericht entscheiden. Wird die Pflege vom Ehe- oder Lebenspartner, Geschwistern oder sonstigen Dritten übernommen, erhalten diese nur dann eine Vergütung aus dem Nachlass, wenn der Erblasser dies letztwillig festgelegt hat.

TIPP FÜRS TESTAMENT

In seinem/ihrem Testament sollte der Erblasser/die Erblasserin für den Fall der Pflegebedürftigkeit eine Zuwendung für denjenigen vorsehen, der die Pflege unentgeltlich übernimmt. Streit zwischen den Erben und der dritten Person wird vermieden, wenn die Pflegeleistungen bereits zu Lebzeiten vergütet werden. Dies setzt aber voraus, dass Erblasser zum Zeitpunkt der Pflege zu einer Regelung noch in der Lage sind. Trifft der/die Erblasser/in weder zu Lebzeiten noch für den Erbfall in einem Testament oder Erbvertrag eine Regelung, gehen die Personen leer aus, die nicht zu den Kindern oder sonstigen Abkömmlingen des/der Erblassers/in gehören.

DER PFLICHTTEIL

Das Pflichtteilsrecht gewährt bestimmten gesetzlichen Erben eine Mindestbeteiligung am Nachlass des Erblassers. Es kommt nur dann zum Zuge, wenn bestimmte Erben durch letztwillige Verfügung von der Erbfolge ausgeschlossen sind. Will der Erblasser andere als seine pflichtteilsberechtigten Verwandten als Erben einsetzen, muss er die Grenzen berücksichtigen, die das Pflichtteilsrecht setzt.

VORAUSSETZUNGEN DES PFLICHTTEILSANSPRUCHS

Sie haben im vorherigen Kapitel gesehen, wie sich der Gesetzgeber die gesetzliche Erbfolge vorstellt: Das vererbte Vermögen soll an die nächsten Familienangehörigen fallen. Zugleich bleibt es aber jedem überlassen, dies in einem Testament oder einem Erbvertrag anders zu regeln (siehe Seite 65).

Was geschieht aber, wenn der oder die Verstorbene einen Teil oder auch das gesamte Vermögen einem Dritten zuwendet und damit den Erbteil seiner Familienangehörigen vermindert oder einen seiner nächsten Angehörigen besonders begünstigt und dadurch die anderen benachteiligt?

In der Praxis ist es häufig so, dass der zweite Ehegatte begünstigt wird und dies zulasten der Kinder aus der früheren Ehe geht, was zu erbitterten Streitigkeiten vor Gericht führen kann. Es kommt aber auch nicht selten vor, dass der Erblasser eine Person, die ihn bis zum Tode gepflegt hat, zum Alleinerben einsetzt, etwa einen nichtehelichen Lebensgefährten.

Das Pflichtteilsrecht sucht in einer solchen Konfliktsituation nach einem Ausgleich. Es setzt der Verfügungsfreiheit des Erblassers Grenzen und sichert den allernächsten Familienangehörigen ein Mindesterbrecht – eben ihren Pflichtteil –, das der Erblasser nur in besonderen Ausnahmefällen entziehen kann (siehe Seite 60 f.).

Pflichtteilsberechtigte sind nicht am Nachlass beteiligt, werden also nicht Miterben mit den anderen Erben. Sie haben lediglich einen Geldanspruch gegen den oder die Erben in Höhe der Hälfte des Wertes ihres gesetzlichen Erbteils.

Das Bundesverfassungsgericht hat im Jahre 2005 entschieden, dass das Pflichtteilsrecht von Kindern des Erblassers als bedarfsunabhängige wirtschaftliche Mindestbeteiligung von der Erbrechtsgarantie des Grundgesetzes in Art. 14 GG gewährleistet wird.

Das Pflichtteilsrecht wird von der Verfassung garantiert und schränkt die Testierfreiheit des Erblassers ein. Eine vollständige Abschaffung des Pflichtteilsrechts von Kindern ist damit nicht möglich.

NEUREGELUNG DES PFLICHTTEILSRECHTS

Die Vorschriften über das Pflichtteilsrecht (§ 2303–2338 BGB) sind außerordentlich kompliziert und nicht nur für den juristischen Laien schwer nachvollziehbar. Die Erbrechtsreform hat das Pflichtteilsrecht in einigen Punkten neu gestaltet und vereinfacht. Damit wird die Anwendung der Vorschriften erleichtert. Die Neuregelung führt aber auch zu einer Einschränkung der Ansprüche eines pflichtteilsberechtigten Erben, der je nach Fallgestaltung weniger als nach der alten Rechtslage erhält (siehe Seite 43 ff.).

Das neue Recht gilt für alle Erbfälle ab dem 1. Januar 2010. Die Änderungen beziehen sich auf die Pflichtteilsentziehung, die Pflichtteilsergänzung nach Geschenken, die Stundung des Pflichtteilsanspruchs und die Wahl des Pflichtteils anstelle des Erbteils.

Wer ist pflichtteilsberechtigt?

Pflichtteilsberechtigt sind nur die nächsten Familienangehörigen des Erblassers: seine Abkömmlinge (Kinder, Enkel, Urenkel und so weiter), seine Eltern, sein überlebender Ehegatte (§ 2303 BGB) oder sein eingetragener Lebenspartner (§ 10 Abs. 6 LPartG). Dazu zählen ebenfalls nichteheliche und adoptierte Kinder, soweit sie erbberechtigt sind (siehe Seite 20 ff.), und ein zur Zeit des Todes noch nicht geborenes, aber bereits gezeugtes Kind. Nicht dazu gehören Stiefkinder und Stiefeltern.

Nicht pflichtteilsberechtigt sind entferntere Verwandte wie Geschwister, Onkel, Tanten, Neffen und Nichten und auch nicht der nichteheliche Lebensgefährte.

Voraussetzung für den Pflichtteilsanspruch ist immer, dass der- oder diejenige auch erbberechtigt wäre. Wenn Abkömmlinge des Erblassers leben und erben, haben seine Eltern keinen Pflichtteilsanspruch. Sie sind Erben der zweiten Ordnung und werden durch Erben der ersten Ordnung (wozu Kinder und andere Abkömmlinge gehören) von ihrem Erbrecht ausgeschlossen (siehe Seite 8 ff.).

Bei laufenden Scheidungsverfahren hat der überlebende Ehegatte nur dann einen Pflichtteilsanspruch, wenn er auch ein Erbrecht hätte (siehe Seite 13).

Nichteheliche Kinder sind nach ihrer Mutter immer voll erb- und deshalb auch pflichtteilsberechtigt. Für das gesetzliche Erbrecht und damit auch das Pflichtteilsrecht nach dem nichtehelichen Vater muss danach unterschieden werden, wann der Erbfall eingetreten ist (siehe Seite 21). Bei allen Erbfällen ab dem 29. Mai 2009 sind nichteheliche Kinder gesetzliche Erben ihres Vaters und damit auch pflichtteilsberechtigt. Bei Erbfällen vor dem 29. Mai 2009 ist zu differenzieren (siehe Seite 21).

Beispiel: Jürgen Müller ist geschieden und hat wieder geheiratet. Er stirbt und hinterlässt seine (zweite) Ehefrau und zwei Kinder aus erster Ehe. In seinem Testament setzt er seine zweite Frau als Alleinerbin ein.

Darin liegt zugleich eine Zurücksetzung seiner Kinder. Sie sind pflichtteilsberechtigt und haben deshalb einen Pflichtteilsanspruch gegen die Stiefmutter.

Wer kann einen Pflichtteil verlangen?

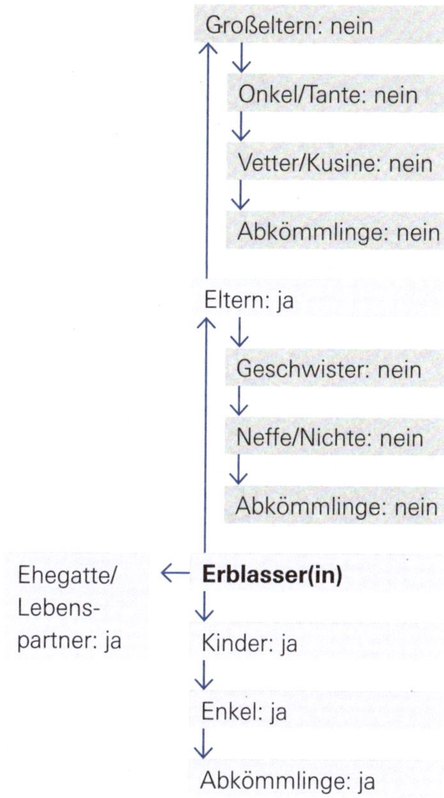

INFO Voraussetzungen für den Anspruch – Enterbung

Ein Pflichtteilsanspruch entsteht, wenn der- oder diejenige, der oder die den Anspruch geltend macht, durch Testament oder Erbvertrag von der gesetzlichen Erbfolge ausgeschlossen ist (§ 2303 BGB). Das kann direkt oder indirekt geschehen.
Der Erblasser kann bestimmen: „Mein Sohn Stefan soll nicht Erbe werden." Oder er setzt einfach andere Personen als seine Erben ein – das Ergebnis ist dasselbe: Stefan wird nicht Erbe. Als Sohn (Abkömmling) hat er dann einen Pflichtteilsanspruch.
Sehr oft geschieht dies, wenn Eheleute, die gemeinsame Kinder oder Kinder aus früheren Ehen haben, sich in einem gemeinschaftlichen Testament gegenseitig zu Erben einsetzen (siehe Seite 72). Damit sind die Kinder nach dem Tod des zuerst versterbenden Ehegatten von der gesetzlichen Erbfolge ausgeschlossen, sind also pflichtteilsberechtigt.

Beispiel: Kati Zeller zieht Konsequenzen aus ihrer gescheiterten Ehe. Sie stellt einen Scheidungsantrag und macht ihr Testament: Erben sollen ihre drei Kinder sein.

Ihr Ehemann ist nicht erbberechtigt und hat keinen Pflichtteilsanspruch, die Kinder erben allein (siehe Seite 13). Auch die Eltern von Frau Zeller haben keinen Pflichtteilsanspruch, weil die Kinder (ihre Enkel) sie von der Erbfolge ausschließen.

Auskunftspflicht des Erben

Wer pflichtteilsberechtigt ist, kann seinen Pflichtteilsanspruch gegen den Erben oder die Erbengemeinschaft nur berechnen, wenn er oder sie darüber informiert ist, was zum Nachlass gehört und welchen Wert er hat. Das Gesetz gibt Pflichtteilsberechtigten einen Auskunftsanspruch (§ 2314 BGB).

Wer Erbe wird, muss deshalb Pflichtteilsberechtigte darüber unterrichten, was im Nachlass vorhanden ist. Dafür genügt ein Verzeichnis der Nachlassgegenstände und -schulden. Auch Schenkungen des Verstorbenen während der letzten zehn Jahre und alle Schenkungen an den Ehegatten gehören dazu, ebenso ausgleichs- und anrechnungspflichtige Zuwendungen an andere Pflichtteilsberechtigte. Wenn es kein Misstrauen zwischen Pflichtteilsberechtigten und Erben gibt, wird ein vom Erben selbst erstelltes Verzeichnis genügen. Der Pflichtteilsberechtigte kann aber auch verlangen, an der Aufstellung des Verzeichnisses beteiligt zu werden. Er oder sie kann zusätzlich fordern, dass eine Amtsperson – meist ein Notar – hinzugezogen wird, der darüber wacht, dass das Verzeichnis ordnungsgemäß erstellt wird.

TAKTISCHES VORGEHEN DES PFLICHTTEILSBERECHTIGTEN

Meist genügt es, wenn der Pflichtteilsberechtigte den Erben oder die Erbengemeinschaft um die Aufstellung eines Nachlassverzeichnisses bittet. Das sollte schriftlich geschehen. Bestehen Zweifel, ob das Verzeichnis vollständig ist, kann Ergänzung oder auch eine eidesstattliche Versicherung des Erben gefordert werden, in der er versichert, dass es vollständig ist. Notfalls kann der Pflichtteilsberechtigte sein Auskunftsrecht vor Gericht einklagen.

Wertermittlung durch Sachverständige

Bei größeren und schwer einschätzbaren Vermögen – zum Beispiel bei einer Kunstsammlung, die zum Nachlass gehört – hat der Pflichtteilsberechtigte einen Anspruch auf Wertermittlung durch einen Fachmann. Dies geschieht in aller Regel durch Gutachten von Sachverständigen. Die Kosten für die Wertermittlung trägt „der Nachlass". Ob sich das lohnt, sollte man sich rechtzeitig überlegen.

Das Sachverständigengutachten ist für die Wertermittlung ohnehin nur ein Anhaltspunkt. Es ist nicht verbindlich. Vor allem soll es den Pflichtteilsberechtigten in die Lage versetzen, sich ein Bild über den Wert des Nachlasses zu machen und sich entscheiden zu können, ob er sich auf einen Prozess einlassen will.

HÖHE DES PFLICHTTEILS

Der Pflichtteilsanspruch ist – wie bereits erwähnt – ein Geldanspruch, der sich gegen die Erben des oder der Verstorbenen richtet. Er beträgt die Hälfte des gesetzlichen Erbteils. Es muss also immer erst festgestellt werden, wie hoch der gesetzliche Erbteil wäre. Dieser ist wiederum abhängig davon, wie viele Erbberechtigte es gibt und welche das sind (siehe Seite 8 ff.). Das Gesetz legt das für die Berechnung des Pflichtteils im Einzelnen fest.

Bei der Berechnung wird mitgezählt, wer wegen Enterbung, Ausschlagung der Erbschaft oder Erbunwürdigkeit nicht Erbe geworden ist (§ 2310 BGB; zur Ausschlagung, siehe Seite 40 f.; zur Erbunwürdigkeit siehe Seite 166). Mitgezählt wird auch, wer nur auf seinen Pflichtteil (nicht aber auf sein Erbrecht) verzichtet hat. Das hat zur Folge, dass die Pflichtteilsquote jedes Pflichtteilsberechtigten geringer wird. Denn: Je mehr Erben es gibt, umso geringer ist der gesetzliche Erbteil und damit auch der Pflichtteil des Einzelnen.

Nicht mitgezählt wird hingegen, wer auf sein Erbrecht verzichtet hat. Der Grund dafür ist, dass ein Erbverzicht in aller Regel gegen eine finanzielle Abfindung erfolgt (siehe Seite 168), das hinterlassene Erbe also schon zu Lebzeiten des Erblassers vermindert worden ist. Bei einer Enterbung, bei der Ausschlagung der Erbschaft oder bei Erbunwürdigkeit eines Erben ist dies gerade nicht der Fall. Nichteheliche Kinder und Väter, die 1998 durch vorzeitigen Erbausgleich (Geldzahlung oder Übertragung von Vermögen) für ihr künftiges Erbrecht abgefunden wurden, werden deshalb ebenfalls nicht mitgezählt.

Beispiel: Herr Hansen hinterlässt vier Kinder. In seinem Testament setzt er seinen ältesten Sohn Jan zum Alleinerben ein. Tochter Petra hat ein Haus geschenkt bekommen und deshalb vertraglich auf ihren Erbteil verzichtet. Die zweite Tochter Vera ist für erbunwürdig erklärt worden. Der zweite Sohn Max soll nach dem Willen des Vaters nichts bekommen.

Die Pflichtteilsquote jedes der vier Kinder beträgt an sich ein Achtel (die Hälfte des gesetzlichen Erbteils von einem Viertel). Bei der Berechnung zählt Vera (Erbunwürdigkeit) mit, Petra (Erbverzicht) hingegen nicht. Für die Berechnung des Pflichtteils des enterbten Sohnes werden also drei Kinder gezählt. Sein Pflichtteilsanspruch gegen den älteren Bruder, der Alleinerbe wird, beträgt ein Sechstel (die Hälfte des gesetzlichen Erbteils von einem Drittel).

PLICHTTEILSVERZICHT STATT ERBVERZICHT

Geringer, nämlich nur $1/8$ statt einem $1/6$, wäre die Pflichtteilsquote des enterbten Sohnes, wenn Vater und Tochter neben der Schenkung nur einen Pflichtteilsverzicht anstelle des Erbverzichts vereinbart hätten. Das Ergebnis für die Tochter bleibt dasselbe, sie erbt nichts, da sie im Testament nicht bedacht ist, aber der auf den Pflichtteil gesetzte Sohn erhält weniger.

Bei Ehepaaren mit Zugewinngemeinschaft

Für die Höhe des Pflichtteils des überlebenden Ehegatten kommt es darauf an, in welchem Güterstand die Eheleute beim Tod des Partners oder der Partnerin gelebt haben. Denn: Das gesetzliche Erbrecht des Ehegatten ist abhängig vom Güterstand (sieheSeite14), und der Pflichtteilsanspruch richtet sich wiederum nach dem gesetzlichen Erbrecht. Bei der Zugewinngemeinschaft erhöht sich der gesetzliche Erbteil des Ehegatten durch den pauschalierten erbrechtlichen Zugewinnausgleich um ein Viertel (siehe Seite 15 ff.).

Großer Pflichtteil – kleiner Pflichtteil

Es gibt – bei der Zugewinngemeinschaft – einen „großen" und einen „kleinen" Pflichtteil. Der große Pflichtteil wird unter Einbeziehung des zusätzlichen Viertels aus dem Zugewinnausgleich berechnet, der kleine Pflichtteil beträgt die Hälfte des gesetzlichen Erbteils des Ehegatten ohne dieses zusätzliche Viertel.

Beispiel: Herr Schulte hinterlässt seine Ehefrau und zwei Kinder sowie ein Vermögen von 200 000 €. Einen Ehevertrag haben die Eheleute nicht abgeschlossen. Da kein Testament vorliegt, gilt die gesetzliche Erbfolge mit Zugewinnausgleich. Die Witwe erhält ein Viertel als gesetzliche Erbin und ein weiteres Viertel als Zugewinnausgleich, insgesamt also die Hälfte, mithin 100 000 €. Ihr kleiner Pflichtteil beträgt ein Achtel – die Hälfte des gesetzlichen Erbteils –, also 25 000 €, ihr großer Pflichtteil ein Viertel, also 50 000 €.

Je nachdem, wie hoch der Zugewinn in der Ehe im konkreten Fall ist, kann die pauschalierte erbrechtliche Lösung für den überlebenden Ehegatten vorteilhaft sein oder auch nicht. Er hat immer auch die Möglichkeit, statt seines gesetzlichen Erbteils oder dessen, was der verstorbene Ehegatte ihm im Testament vermacht hat, den konkret errechneten Zugewinnausgleich und daneben den kleinen Pflichtteil zu verlangen. Um dies zu entscheiden, muss der Ehegatte ausrechnen, wie hoch sein Zugewinn ist.

Berechnung des Zugewinnausgleichs

Die Höhe des Zugewinns muss durch einen Vergleich der Vermögen beider Ehegatten zu Anfang und am Ende der Ehe berechnet werden. Wer weniger erwirtschaftet hat, hat nach Auflösung der Ehe (in diesem Fall durch den Tod seines Ehepartners) einen Anspruch auf die Hälfte des Überschusses als Zugewinn. Besteht der gesamte Nachlass des verstorbenen Ehegatten aus Zugewinn, weil zu Beginn der Ehe kein Vermögen vorhanden war, kann der pauschalierte Erbausgleich durch das zusätzliche erbrechtliche Viertel für den überlebenden Ehegatten ungünstiger sein als der errechnete (echte) Zugewinn plus kleinem Pflichtteil.

INFO Ein wichtiges Datum

Die Berechnung des Zugewinns hat sich zum 1. September 2009 geändert. Jetzt werden auch Schulden beim Anfangs- und Endvermögen in weiterem Maße berücksichtigt. Sowohl das Anfangs- als auch das Endvermögen können negativ sein. Auch wer im Laufe der Ehe nur seine Schulden vermindert, hat einen Zugewinn erzielt. Die Berechnung ist dadurch gerechter, aber auch komplizierter geworden.
Vor seiner Entscheidung sollte der überlebende Ehegatte sich fachkundig beraten lassen.

Beispiel: Frau Albers hinterlässt ihren Ehemann und drei gemeinsame Kinder. Der Nachlass beträgt 200 000 €. Kein Ehevertrag, kein Testament, also gesetzliche Erbfolge mit Zugewinnausgleich. Der Erbteil des Ehemannes beträgt die Hälfte (ein Viertel als gesetzliches Erbrecht, ein weiteres Viertel als pauschalierten Zugewinnausgleich), also 100 000 €. Der Ehemann hat selbst keinen Zugewinn. Für ihn ist die erbrechtliche Lösung ungünstig. Seine Zugewinnausgleichsforderung beträgt ohnehin die Hälfte, dazu kann er ein weiteres Achtel (den kleinen Pflichtteil) vom restlichen Erbteil verlangen. In diesem Fall wären das 12 500 €.

Wahlmöglichkeiten von Witwe oder Witwer

Lebten die Eheleute bis zum Tod des Erblassers oder der Erblasserin im Güterstand der Zugewinngemeinschaft, hat die oder der Überlebende eine Reihe von Wahlmöglichkeiten:

- Wenn der Ehegatte Alleinerbe ist: Wird der Ehegatte Alleinerbe – ganz gleich ob durch gesetzliche Erbfolge oder als testamentarischer Erbe –, wird es meistens keine Probleme geben. Er bekommt ohnehin erst einmal alles. Es kann aber sein, dass der Erblasser im Testament Vermächtnisse und Auflagen oder auch Vor- und Nacherbfolge angeordnet hat, die den Ehegatten in seinem Erbrecht erheblich einschränken (siehe Seite 96 ff.). Dann kann er die Erbschaft ausschlagen, den konkret errechneten Zugewinn fordern und dazu den kleinen Pflichtteil verlangen (der dann ohne das erbrechtliche Zusatzviertel berechnet wird).
- Wenn der Ehegatte gesetzlicher Erbe wird: Wird der Ehegatte gesetzlicher Erbe (siehe Seite 11) und gibt es Kinder, Enkel oder Urenkel des Verstorbenen aus einer anderen Ehe, werden diese durch das erhöhte Erbrecht mit dem pauschalierten Zugewinnausgleich von einem Viertel benachteiligt. Das Gesetz gibt ihnen deshalb gegen den Stiefvater oder die Stiefmutter einen Anspruch auf eine „angemessene Ausbildung" (siehe Seite 16).

  Es kann durchaus vorkommen, dass dieses Zusatzviertel durch die Ausbildungskosten für die Stiefkinder völlig aufgezehrt wird. Der überlebende Ehegatte muss sich also überlegen, ob er diese Verpflichtung, die letztlich auch auf eine Belastung seines Erbes hinausläuft, übernehmen oder lieber den konkret berechneten echten Zugewinnausgleich plus kleinen Pflichtteil wählen will.
- Wenn der Ehegatte Miterbe neben anderen wird: Wird der Ehegatte Miterbe neben anderen – sei es als gesetzlicher Erbe oder durch Erbeinsetzung durch den Verstorbenen –, kann er sein Erbe entweder so annehmen, wie es ist, oder er kann die Erbschaft ausschlagen und den konkret errechneten Zugewinn plus kleinen Pflichtteil verlangen.

Beispiel: Herr Lang setzt seine Ehefrau zu einem Fünftel und seine beiden Kinder zu je zwei Fünfteln zu seinen Erben ein. Die Eheleute leben im Güterstand der Zugewinngemeinschaft, der Nachlasswert beträgt 400 000 €.

Der gesetzliche Erbteil von Frau Lang beträgt ein Halb (siehe Seite 14), der große Pflichtteil damit ein Viertel. Dies wären 100 000 €. Nach dem Testament erhält Frau Lang nur 80 000 € und kann weitere 20 000 € als Zusatzpflichtteil verlangen. Der Zusatzpflichtteil kann nach der Reform des Erbrechts zum 1. Januar 2010 geringer ausfallen als früher. Ist der Erbteil des Ehegatten durch Belastungen, zum Beispiel. ein Vermächtnis, gemindert, wird dies bei der Berechnung des Zusatzpflichtteils nicht mehr berücksichtigt (siehe Seite 43 ff.).

Beispiel: Herr Lang bestimmt noch, dass seine Ehefrau aus ihrem Erbteil ein Vermächtnis in Höhe von 10 000 € an eine Umweltschutzorganisation zu zahlen hat.

Jetzt erhält Frau Lang im Ergebnis nur 90 000 €, nämlich aus ihrem Erbteil 70 000 € und 20 000 € als Zusatzpflichtteil, während nach der Rechtslage vor dem 1. Januar 2010 das Vermächtnis weggefallen ist, sie also tatsächlich den vollen Wert des Pflichtteils von 100 000 € erhalten hätte.

- Wenn der Ehegatte durch Belastungen beschwert ist: Ist der Ehegatte zwar als testamentarischer Erbe eingesetzt worden, ist er aber aufgrund von Vermächtnissen oder Auflagen beschwert oder durch Testamentsvollstreckung, Teilungsanordnung, Vor- oder Nacherbschaft in seiner Entscheidung beschränkt, dann hat er als pflichtteilsberechtigter Erbe nach der Reform des Erbrechts nur noch die Wahl, den belasteten Erbteil anzunehmen oder aber die Erbschaft auszuschlagen und den kleinen Pflichtteil nebst Zugewinnausgleich zu verlangen. Neben dem Erbteil kann er einen Anspruch auf ein Zusatzpflichtteil haben (siehe vorstehendes Beispiel). Seit dem 1. Januar 2010 fallen aber anders als früher in keinem Fall die Beschränkungen und Beschwerungen mehr weg (siehe Seite 40 ff.).

- Wenn der Ehegatte in einem Testament bedacht ist: Ist der Ehegatte in einem Testament bedacht, hat er noch eine dritte Möglichkeit: Soweit das ihm Zugewendete weniger ist als der nach dem erhöhten gesetzlichen Erbteil errechnete Pflichtteil – der große Pflichtteil –, kann er eine Aufstockung bis zur Höhe dieses Pflichtteils verlangen.

- Wenn der Ehegatte im Testament übergangen wurde: Ist der Ehegatte in einem Testament des Partners völlig übergangen worden, hat er nach der derzeitigen Rechtsprechung keinen Anspruch auf den großen Pflichtteil, kann jedoch den konkret errechneten Zugewinn und den kleinen Pflichtteil verlangen.

Beispiel: Herr Müller setzt in seinem Testament seine beiden Kinder als Alleinerben ein. Seine Ehefrau erwähnt er nicht.

Nach seinem Tod werden die beiden Kinder Alleinerben. Frau Müller kann – falls vorhanden – Zugewinnausgleich und den kleinen Pflichtteil (ein Achtel) fordern. Einen Anspruch auf den großen Pflichtteil (der ein Viertel betragen würde) hat sie nicht.

Für den überlebenden Ehegatten ergibt sich also beim Güterstand der Zugewinngemeinschaft eine komplizierte Situation. Er muss sehr genau rechnen und vergleichen: Was ist günstiger? Gesetzliche oder testamentarische Erbfolge oder Pflichtteil plus Zugewinnausgleich?

Für die Berechnung des Zugewinns muss festgestellt werden, welches Vermögen jeder der Ehegatten zu Beginn der Ehe hatte, was dazugekommen ist und wie hoch die Schulden sind. Die Geldentwertung ist abzurechnen. Erbschaften und Schenkungen gelten als Anfangsvermögen und gehören deshalb nicht zum Zugewinn. Vor allem bei langjährigen Ehen ist daher häufig nicht leicht festzustellen, wie hoch der konkrete Zugewinnausgleich nun eigentlich ist. Dies muss der überlebende Ehegatte aber wissen, um die richtige Entscheidung zu treffen.

ZUGEWINNGEMEINSCHAFT FÜR LEBENSPARTNER

Auch Lebenspartner leben im Güterstand der Zugewinngemeinschaft, wenn sie ihn nicht vertraglich ausgeschlossen haben. Für ihre Pflichtteilsansprüche gelten damit gleichermaßen die obigen Ausführungen.

Fristen für die Entscheidung

Wer eine Erbschaft ausschlagen will, muss dies innerhalb von sechs Wochen tun, nachdem er oder sie vom Tod des Erblassers oder von der Existenz einer letztwilligen Verfügung erfahren hat (§ 1944 BGB). Danach ist eine Ausschlagung nicht mehr möglich.

Wer im Testament nicht zum Erben eingesetzt wurde, aber mit einem – möglicherweise recht hohen – Vermächtnis bedacht ist, braucht meist nicht so schnell zu reagieren. Der Erbe kann den Bedachten aber auffordern, innerhalb einer angemessenen Frist (in der Regel ebenfalls mindestens sechs Wochen) zu erklären, ob er das Vermächtnis annehmen oder ausschlagen will (§ 2307 BGB). Antwortet der mit dem Vermächtnis bedachte Ehegatte innerhalb dieser Frist nicht, gilt das Vermächtnis als ausgeschlagen. Dann ist Zugewinnausgleich plus kleiner Pflichtteil seine einzige Alternative.

FACHLICHE BERATUNG ZAHLT SICH AUS

Bei mittleren und größeren Vermögen empfiehlt es sich dringend, möglichst bald nach dem Tod des Erblassers oder der Erblasserin fachkundigen Rat eines Notars oder Anwalts einzuholen.
Das komplizierte Geflecht der erb- und güterrechtlichen Bestimmungen ist nur schwer zu durchschauen.

BEWERTUNG DES NACHLASSES

Die Höhe des Pflichtteilsanspruchs ist einerseits abhängig davon, wie viele Personen erbberechtigt sind, und andererseits davon, wie hoch der Nachlass ist. Für diese Berechnung müssen zunächst alle Vermögenswerte, die zum Nachlass gehören, bewertet werden. Danach werden die Schulden, die der Verstorbene hinterlassen hat, abgezogen. Das Gesetz hält dafür eine ganze Reihe von Einzelvorschriften bereit.

Bewertung des Vermögens

- Immobilien

Grundstücke werden grundsätzlich mit dem Verkehrswert angesetzt (also mit dem auf dem freien Markt erzielbaren Geldwert).

Für das selbst genutzte Einfamilienhaus oder die selbst genutzte Eigentumswohnung wird nach dem Sachwertverfahren vorgegangen, das sich an den Herstellungskosten orientiert. Es muss also gefragt werden, was es heute kosten würde, dieses Haus oder diese Wohnung zu bauen. Danach ist dann das Alter des Hauses oder der Eigentumswohnung wertmindernd zu berücksichtigen.

Ein Mietshaus, das als Vermögensanlage zum Nachlass gehört, wird nach dem Ertragswertverfahren bewertet, das auf die erzielte Rendite (die eingehenden Mieten) abstellt. In besonderen Fällen legt die Rechtsprechung auch einen Mischwert zugrunde.

Bei unbebauten Grundstücken wird der Wert durch Vergleich der Kaufpreise für benachbarte Grundstücke ermittelt (Bodenrichtwert).

- Wertpapiere

Wertpapiere werden mit dem Kurswert am Todestag des Erblassers angesetzt. Gab es an diesem Tag größere Kursschwankungen, ist ein mittlerer Tageskurs zu bilden.

- Gesellschaftsanteile

Gesellschaftsanteile sind grundsätzlich, soweit der Gesellschaftsvertrag nichts anderes vorsieht, mit ihrem vollen tatsächlichen Wert zu berücksichtigen, mit dem Wert also, den ein Außenstehender normalerweise als Kaufpreis zahlen würde.

TIPP **Vermögensschätzung**

Häufig wird es notwendig sein, den Wert des Vermögens durch Schätzung zu ermitteln. Dafür werden in aller Regel Sachverständigengutachten eingeholt, die in ihren Ergebnissen durchaus unterschiedlich ausfallen können, was wiederum zu jahrelangen Streitigkeiten vor Gericht führen kann.
Wenn irgend möglich, sollten die Erben solche kostspieligen Streitigkeiten vermeiden und sich über die Bewertung einigen.

Dieser ist meist nicht ohne weiteres feststellbar und muss durch Sachverständige ermittelt werden.

- Handelsgeschäft oder Praxis

Gehören diese zum Nachlass, ist ihr Verkehrswert zu ermitteln. Dieser setzt sich aus den Sachwerten, den stillen Reserven und dem „good will" zusammen. Nach welcher Methode der Sachwert bestimmt wird, richtet sich dann danach, ob der Betrieb oder die Praxis fortgeführt oder liquidiert werden. Zur Bestimmung des Verkehrswerts wird meistens ein Sachverständigengutachten notwendig sein.

- Lebensversicherungen

Lebensversicherungen sind nur unter bestimmten Bedingungen dem Nachlass zuzurechnen, und zwar dann, wenn der oder die Verstorbene selbst bezugsberechtigt war. Sie gehören dagegen nicht in den Nachlass, wenn der oder die Versicherte der Versicherung einen Dritten als Bezugsberechtigten benannt hat. Dann steht die Versicherungssumme demjenigen zu, der im Versicherungsvertrag eingetragen ist, und die Leistung erfolgt aufgrund des Versicherungsvertrags, nicht aufgrund des Erbrechts.

Vom Nachlass abzuziehen

- Geldschulden

Vom Nachlasswert abzuziehen sind zunächst alle Geldschulden des Verstorbenen. Das kann ein überzogenes Girokonto bei der Bank sein, eine Darlehensschuld oder die nicht bezahlte Einkommensteuer.

- Zugewinnausgleichsforderung

Abgezogen wird auch die Zugewinnausgleichsforderung des überlebenden Ehegatten, wenn dieser sie geltend macht.

- Kosten, die mit dem Erbfall entstehen

Abgezogen werden auch alle Kosten, die mit dem Erbfall entstehen. Dazu gehören die Kosten der Beerdigung und der Grabstätte, nicht aber die laufende Grabpflege. Weiter sind abzusetzen die Kosten einer Nachlassverwaltung, einer Nachlasssicherung inklusive der Nachlasspflegschaft. Auch Kosten für die Feststellung des Umfangs und des Werts des Nachlasses sind abzuziehen, denn sie entstehen auch im Interesse des Pflichtteilsberechtigten. Dies gilt auch für die mit der Feststellung des Nachlassbestands verbundenen Prozess- und Sachverständigenkosten.

- Voraus

Abgezogen wird bei der Berechnung des Pflichtteils von Abkömmlingen und Eltern des Verstorbenen der Voraus (siehe Seite 11). Eine Ehefrau kann also – wenn sie gesetzliche Erbin ist – Möbel und sonstige Haushaltsgegenstände und die Hochzeitsgeschenke vorab behalten. Die Pflichtteilsansprüche von Eltern und Abkömmlingen vermindern sich dadurch.

- Erstattung von Sozialhilfe

Sind die Erben nach § 102 SGB XII zur Erstattung von Kosten der Sozialhilfe verpflichtet, die der Erblasser erhalten hat, so ist auch der Erstattungsanspruch vom Nachlass abzuziehen und mindert den Pflichtteilsanspruch.

Vom Nachlass nicht abzuziehen

- Der Dreißigste

Nicht abgezogen wird der „Dreißigste" (siehe Seite 7). Pflichtteilsansprüche werden also nicht vermindert.

- Vermächtnisse und Auflagen

Nicht abgezogen werden Vermächtnisse und Auflagen, die der Verstorbene verfügt hat (siehe Seite 96 ff.), auch nicht die Pflichtteils- und Pflichtteilsergänzungs ansprüche von Pflichtteilsberechtigten und der Erbersatzanspruch nichtehelicher Kinder und Väter bei Erbfällen vor dem 1. April 1998.

- Kosten, die nur die Erben betreffen

Die Kosten der Testamentseröffnung oder der Erteilung eines Erbscheins sind ebenso wenig abzuziehen wie die Kosten von Auseinandersetzungen der Miterben untereinander. Auch die Kosten der Testamentsvollstreckung belasten in der Regel nur die Erben. Ausnahmsweise kann dies anders sein, wenn durch die Testamentsvollstreckung Kosten der Sicherung und Feststellung des Nachlasses erspart werden, denn diese wären ja auch absetzbar gewesen.

- Erbschaftsteuer

Nicht abgezogen wird die Erbschaftsteuer des jeweils Erb- oder Pflichtteilsberechtigten. Sie fällt beim Erben an und ihre Höhe ist abhängig davon, wer erbt und wie hoch die Erbschaft ist (siehe Seite 253 ff.). Zu beachten ist aber: Andere Steuerschulden, nämlich solche des Erblassers selbst, die im Zeitpunkt des Todes bereits bestanden haben, werden abgezogen, vermindern also das hinterlassene Vermögen und damit auch die Ansprüche von Pflichtteilsberechtigten.

PFLICHTTEIL STATT BELASTETEN ERBTEIL WÄHLEN?

Die Interessen des Erblassers und die des pflichtteilsberechtigten Erben, etwa seiner Abkömmlinge, können durchaus unterschiedlich sein. Der Erblasser will in seinem Testament seine Vorstellungen von der Verteilung seines Vermögens nach seinem Tod verwirklichen. Er will häufig den überlebenden Ehepartner vor sofort zu erfüllenden Pflichtteilsansprüchen bewahren und auch seine Erben nach seiner Einschätzung vor unbedachten Handlungen schützen. Mancher Erbe hat dagegen andere Vorstellungen als der Erblasser und will frei über seinen Nachlassanteil verfügen können. Das Gesetz sieht in bestimmten Fällen vor, dass der pflichtteilsberechtigte Erbe den ihm durch letztwillige Verfügung zugewandten Erbteil ausschlagen und stattdessen seinen Pflichtteil verlangen kann. Die Voraussetzungen für die Ausschlagung, die Geltendmachung des Pflichtteils statt des Erbteils und die Berechnung des Pflichtteils sind zum 1. Januar 2010 geändert worden.

Voraussetzungen

Der pflichtteilsberechtigte Erbe hat unter bestimmten Voraussetzungen die Wahl zwischen einem belasteten Erbteil oder dem Pflichtteilsanspruch. Der ihm durch Testament oder Erbvertrag zugewandte Erbteil muss durch eine Beschränkung oder Beschwerung belastet sein. Solche Beschränkungen und Beschwerungen sind die Anordnung

- der Vor- und Nacherbfolge,
- einer Testamentsvollstreckung,
- einer Teilungsanordnung,
- eines Vermächtnisses,
- einer Auflage.

Die Beschränkung oder Beschwerung muss sich auf den Erbteil beziehen, der dem pflichtteilsberechtigten Erben zugewandt worden ist. Nur dann gibt es für den Erben die Wahlmöglichkeit.

Beispiel: Mia Freund setzt ihre beiden Töchter Anja und Lea je zur Hälfte zu ihren Erbinnen ein. Für Anja ordnet sie Testamentsvollstreckung an. Der Nachlasswert beträgt 200 000 €.

Hier betrifft die Beschränkung durch Testamentsvollstreckung nur die Tochter Anja. Lea erhält einen unbelasteten Erbteil, über den sie frei bestimmen kann.

Folgen

Ist ein Erbteil durch eine der obigen Anordnungen beschränkt oder beschwert, so hat der als Erbe eingesetzte Pflichtteilsberechtigte seit 1. Januar 2010 die Wahl:

- er kann die Erbschaft ausschlagen und den Pflichtteil verlangen oder
- er kann den ihm zugewandten Erbteil mit allen angeordneten Belastungen annehmen.

INFO **Größe des Erbteils unerheblich**

Seit dem 1. Januar 2010 muss der pflichtteilsberechtigte Erbe sich entscheiden und handeln. Dies unabhängig davon, ob sein Erbteil kleiner, gleich groß oder größer ist als sein Pflichtteil. Beschränkungen und Belastungen des Erbteils fallen in keinem Fall mehr wie vor dem 1. Januar 2010 weg, sie bleiben unabhängig von der Größe des Erbteils vielmehr bestehen. Dafür ist die neue Regelung klar und einfacher handhabbar. Der Erbe hat nur noch die Wahl zwischen zwei Möglichkeiten: den Erbteil, so wie vom Erblasser angeordnet, anzunehmen oder den Pflichtteil zu verlangen.
Wenn ein im Testament oder Erbvertrag bedachter Erbe durch keine der oben genannten Beschwerungen oder Beschränkungen belastet ist, dann kann er zwar die Erbschaft ausschlagen, aber nicht zugleich seinen Pflichtteil verlangen. Er erhält dann überhaupt nichts.

Im Beispiel muss Anja sich jetzt entscheiden. Ihr gesetzlicher Erbteil beträgt ein Halb, ihr Pflichtteil mithin ein Viertel des Nachlasses. Schlägt sie die Erbschaft aus und verlangt stattdessen ihren Pflichtteil, dann hat sie einen Anspruch auf Zahlung von 50 000 €. Über diese Summe kann sie frei verfügen. Akzeptiert sie den Erbteil von ein Halb, dann erhält sie an Werten mehr, nämlich 100 000 €. Sie kann aber über ihren Anteil am Nachlass wegen der Testamentsvollstreckung nicht frei verfügen, dieser wird vielmehr von dem Testamentsvollstrecker verwaltet. Anja will das Geld sofort haben. Sie schlägt die – höhere – Erbschaft binnen der Sechs-Wochen-Frist aus (Ausschlagung Seite 180 ff.) und verlangt die Zahlung ihres Pflichtteils von 50 000 €.

Ist der zugewandte Erbteil größer als der Pflichtteil, so kann der Erbe den belasteten Erbteil akzeptieren oder die Erbschaft ausschlagen und den niedrigeren Pflichtteil verlangen.

Nur dieses Wahlrecht hat der pflichtteilsberechtigte Erbe nach neuem Recht auch dann, wenn der ihm zugedachte Erbteil genauso groß wie der Pflichtteil ist.

Beispiel: Mia Freund setzt ihre Tochter Anja zu einem Viertel und ihre Tochter Lea zu drei Vierteln zu ihren Erbinnen ein. Für Anjas Erbteil ordnet sie Testamentsvollstreckung an.

In diesem Beispiel entspricht der testamentarische Erbteil genau dem Pflichtteilsanspruch der Tochter von einem Viertel des Nachlasswerts von 200 000 €, mithin 50 000 €. Seit dem 1. Januar 2010 hat Anja auch hier wieder die Wahl. Sie kann den mit der Testamentsvollstreckung belasteten Erbteil akzeptieren, dann ist sie neben ihrer Schwester Miterbin zu einem Viertel und an allen Nachlassgegenständen beteiligt (siehe Erbengemeinschaft, Seite 213 ff.) oder sie kann die Erbschaft ausschlagen und die Zahlung ihres Pflichtteils von 50 000 € verlangen.

Aber der Erbe muss sich entscheiden, und wenn er anstelle des Erbteils ohne Einschränkungen über Geld verfügen will, muss er handeln. Er steht dabei unter einem gewissen Zeitdruck, denn die Ausschlagung ist fristgebunden und muss in der Regel binnen sechs Wochen nach dem Erbfall erklärt werden (siehe Seite 180 ff.).

AUSNAHME: ZUGEWINNGEMEINSCHAFT

Bei der Zugewinngemeinschaft gibt es eine Besonderheit: Der Ehegatte kann das, was ihm der verstorbene Ehepartner durch Testament oder Erbvertrag zugewendet hat, ausschlagen und den konkret errechneten Zugewinn sowie den „kleinen" Pflichtteil verlangen. Dieser berechnet sich in diesem Fall nach dem nicht erhöhten gesetzlichen Erbteil. Er kann dies auch, wenn ihm nach den erbrechtlichen Bestimmungen nach einer Ausschlagung kein Pflichtteil zustünde (§ 1371 Abs. 3 BGB).

ZUSATZPFLICHTTEIL

Das Recht auf den Pflichtteil ist eine Art Mindesterbrecht und der Verfügung des Erblassers weitgehend entzogen, sieht man einmal von dem Recht ab, einem Erben auch den Pflichtteil zu entziehen. Ein Pflichtteilsentzug ist aber nur in engen Grenzen möglich (siehe Seite 60 f.).

Daher wird oft versucht, die Pflichtteilsberechtigten – über das gesetzliche Mindesterbrecht hinaus – zu „enterben". Zum Beispiel indem der Erblasser demjenigen, der nach dem Gesetz pflichtteilsberechtigt ist, im Testament zwar etwas hinterlässt, aber etwas, was dem Wert nach unterhalb des Pflichtteilsanspruchs liegt. Manche Erblasser versuchen auch, Teile ihres Vermögens schon zu Lebzeiten auf diejenigen zu übertragen, die sie gern als Erben sehen würden (siehe Seite 47 ff.). In beiden Fällen schränkt das Gesetz die Verfügungsfreiheit des Erblassers ein und schützt damit die Interessen der Pflichtteilsberechtigten. Der Pflichtteilsberechtigte kann sich damit gegen die Benachteiligung wehren.

Die Reform des Erbrechts hat zum 1. Januar 2010 sowohl die Berechnung des Zusatzpflichtteils als auch die Frist für die Anrechnung von Schenkungen (siehe Seite 47 ff.) geändert und zwar im Ergebnis zulasten des Pflichtteilsberechtigten und zugunsten der Testierfreiheit des Erblassers.

Erbteil unterhalb der Pflichtteilsquote

Wurde ein Pflichtteilsberechtigter im Testament zwar bedacht, bleibt das, was ihm oder ihr hinterlassen wurde, aber wertmäßig unterhalb der Pflichtteilsquote, hat er oder sie gegen die Erben einen Anspruch auf Auszahlung des Zusatzpflichtteils (§ 2305 BGB). Wer im Testament bedacht ist, kann also die Erbschaft annehmen und wird insoweit auch Erbe, also Mitglied der Erbengemeinschaft, kann aber zusätzlich von seinen Miterben den Ausgleichsbetrag bis zur Höhe seines Pflichtteils verlangen.

Beispiel: Frau Klar hinterlässt ein Vermögen von 100 000 €. In ihrem Testament setzt sie ihre einzige Tochter Lena zu einem Fünftel und ihre Freundin, mit der sie die letzten Lebensjahre verbracht hat, zu vier Fünfteln als Erbinnen ein.

Die Tochter und die Freundin werden gemeinsam Erbinnen, die Tochter Lena ist an dem Nachlass zu einem Fünftel beteiligt, dies entspricht einem Wert von 20 000 €; sie hat aber zusätzlich gegen die Freundin einen Anspruch auf einen Zusatzpflichtteil in Höhe von 30 000 €. Dieser Zusatzpflichtteil ist ein reiner Geldanspruch gegen die Freundin, den die Tochter notfalls vor Gericht einklagen muss. In Höhe ihres Erbteils ist die Tochter hingegen Miterbin neben der Freundin der Mutter.

Wer in einem Testament unterhalb seiner Pflichtteilsquote bedacht ist, behält den Anspruch auf den Zusatzpflichtteil auch, wenn er die Erbschaft ausschlägt. Es bleibt ihm dann aber nur dieser, nicht der volle Pflichtteilsanspruch. Im Beispiel zuvor kann die Tochter also das Erbe ausschlagen und von der Freundin 30 000 € Zusatzpflichtteil verlangen. Sie kann aber nicht ausschlagen und ihren vollen Pflichtteil von 50 000 € verlangen.

TIPP: ANNEHMEN UND FORDERN

Wer in einem Testament oder Erbvertrag zwar bedacht ist, aber weniger als seine Pflichtteilsquote erhält, muss seinen Erbteil annehmen und zusätzlich den Zusatzpflichtteil geltend machen. Schlägt er die Erbschaft aus, erhält er nur den Zusatzpflichtteil.
Merke: Der Zusatzpflichtteil wird auch als Restpflichtteil bezeichnet.

Beschränkungen und Beschwerungen des Erbteils

Die Berechnung des Zusatzpflichtteils hat sich zum 1. Januar 2010 dann geändert, wenn der durch letztwillige Verfügung zugewandte Erbteil noch durch Beschwerungen und Beschränkungen zusätzlich belastet ist.

Beispiel: Frau Klein setzt ihren einzigen Sohn Ben zu einem Viertel und ihren Lebensgefährten Philip zu drei Vierteln zu ihren Erben ein. Ben macht sie zur Auflage, zulasten seines Erbteils 5 000 € an ein Kunstmuseum seiner Wahl zu spenden. Frau Klein verfügt bei ihrem Tod über ein Vermögen von 500 000 €.

Ohne Testament wäre Ben der gesetzliche Alleinerbe. Sein Pflichtteil beträgt daher ein Halb, mithin 250 000 €. Nach dem Testament erhält er nur ein Viertel. Das sind 125 000 €, die sich noch um die Spende

INFO Anspruch auf Zusatzpflichtteil

Wird der pflichtteilsberechtigte Erbe mit einem Erbteil unterhalb der Pflichtteilsquote letztwillig bedacht, hat er einen Anspruch auf den Zusatzpflichtteil. Bestehen darüber hinaus noch Beschwerungen und Beschränkungen zu seinen Lasten, dann hat der Erbe die Wahl: Er kann die Erbschaft, so wie vom Erblasser verfügt, annehmen und den Zusatzpflichtteil verlangen oder er kann wegen der Belastungen die Erbschaft ausschlagen und seinen Pflichtteilsanspruch geltend machen. Entscheidet sich der Erbe für die Annahme der Erbschaft und den Zusatzpflichtteil, dann bleiben die Belastungen bestehen und können zu einer Minderung seines Erbanteils führen. Diese Minderung wird nicht durch den Zusatzpflichtteil ausgeglichen.

von 5 000 € an das Museum vermindern. Ben nimmt dennoch die Erbschaft an und verlangt seinen Zusatzpflichtteil. Dieser beträgt ein Viertel und damit 125 000 €. Die Auflage, 5 000 € zu spenden, bleibt seit dem 1. Januar 2010 wie alle Belastungen bestehen. Im Ergebnis erhält Ben daher mit 245 000 € weniger als seinen Pflichtteil von 250 000 €. Will er dies nicht, hat er die Möglichkeit, den Erbteil auszuschlagen und den Pflichtteil zu verlangen.

Entscheiden muss sich nach der neuen Rechtslage jeder pflichtteilsberechtigte Erbe, dessen Erbteil aufgrund von Beschwerungen oder Belastungen geringerer als der Pflichtteil ist. Er hat die Wahl zwischen belastetem Erbteil und Zusatzpflichtteil oder seinem Pflichtteil.

Beispiel: Der verwitwete Ulf Lang hat sich mit seinem Sohn Jan entzweit und setzt ihn in seinem Testament nur zu einem Viertel als seinen Erben ein und seinen Freund Helmut zu seinem Erben zu drei Vierteln. Er ordnet weiter an, dass Jan aus seinem Erbteil ein Vermächtnis von 5 000 € an eine Kinderschutzorganisation zu erfüllen hat. Der Nachlasswert beträgt 200 000 €.

Nach dem Testament erbt Jan ein Viertel. Das sind 50 000 €; vermindert um das Vermächtnis von 5 000 € erhält er als Erbe letztlich 45 000 €. Sein Pflichtteilsanspruch beläuft sich dagegen auf 100 000 €. Da er der einzige Erbe erster Ordnung (siehe Seite 8) ist, wäre er ohne eine letztwillige Verfügung der Alleinerbe, sein Pflichtteil beträgt daher fünfzig Prozent des Nachlasses (Hälfte des gesetzlichen Erbteils, siehe Seite 33).

Jan kann und muss sich jetzt binnen sechs Wochen nach dem Erbfall entscheiden, ob er das Erbe ausschlägt und stattdessen seinen Pflichtteilsanspruch von 100 000 € geltend macht oder ob er das geringere Erbe und die Belastung mit dem Vermächtnis akzeptiert. Nimmt er das Erbe an, dann hat er noch einen Anspruch auf einen Zusatzpflichtteil.

Die Berechnung dieses Zusatzpflichtteils hat sich zum 1. Januar 2010 durch die Reform des Erbrechts geändert und zwar im Ergebnis zuungunsten des Pflichtteilsberechtigten. Im Beispiel hat Jan einen Pflichtteilsanspruch von 100 000 € und nach dem Testament seines Vaters einen Erbteil von 50 000 €, der um das zulasten seines Erbteils angeordnete Vermächtnis von 5 000 € noch gemindert wird.

Nach dem bis zum 31. Dezember 2009 geltenden Recht belief sich sein Zusatzpflichtteil auf 50 000 € und das Vermächtnis fiele weg. Diese Berechnung hat sich zum 1. Januar 2010 geändert. Jan muss aus seinem Erbteil das Vermächtnis von 5 000 € erfüllen und erhält trotzdem nur einen Zusatzpflichtteil von 50 000 €. Im Ergebnis erhält er als Erbe „nur" 95 000 €. Schlägt er die Erbschaft aus und macht seinen Pflichtteilsanspruch geltend, ist er zwar nicht Erbe, erhält aber eine Zahlung von 100 000 €.

ZUSATZPFLICHTTEIL KANN GERINGER AUSFALLEN

Ab 1. Januar 2010 werden Beschwerungen und Beschränkungen bei der Berechnung des Zusatzpflichtteils nicht mehr berücksichtigt (§ 2305 BGB n. F.). Das heißt, sie können im Ergebnis den Zusatzpflichtteil mindern. Folge ist, dass der Erbe, der seinen Pflichtteil unter Ausschlagung des Erbteils geltend macht, mehr erhält.

Pflichtteil statt Vermächtnis

Ist der pflichtteilsberechtigte Erbe nur mit einem Vermächtnis bedacht, so hat er die Wahl. Er kann das Vermächtnis annehmen oder statt des Vermächtnisses seinen Pflichtteil verlangen.

Beispiel: Frau Bischof setzt in ihrem Testament ihre Nachbarin zu ihrer Alleinerbin ein. Ihren beiden Kindern, die sich in den letzten Jahren nicht um sie gekümmert haben, setzt sie Vermächtnisse aus. Tochter Lena vermacht sie Schmuck im Wert von 50 000 € und dem Sohn Kai Aktien im Wert von 40 000 €. Ihr Nachlass hat einen Wert von 200 000 €.

Ohne Testament wären die Kinder gesetzliche Erben je zur Hälfte. Ihr Pflichtteil beträgt ein Viertel. Das sind 50 000 €. Lena hat jetzt die Wahl. Sie kann den Schmuck im Wert von 50 000 € als Vermächtnis annehmen oder sie schlägt das Vermächtnis aus. Dann kann sie ihren Pflichtteil geltend machen und die Zahlung von 50 000 € von der Nachbarin als Alleinerbin verlangen.

Kai kann wählen zwischen dem Pflichtteil von 50 000 € oder dem Vermächtnis, hier den Aktien im Wert von 40 000 €. Nimmt er das Vermächtnis an, hat er noch einen Anspruch auf einen Zusatzpflichtteil von 10 000 €, da der Wert des Vermächtnisses geringer als sein Pflichtteil ist.

INFO Besonderheiten bei der Zugewinngemeinschaft

Wer mit seinem verstorbenen Ehe- oder Lebenspartner im Güterstand der Zugewinngemeinschaft gelebt hat, kann die Erbschaft ausschlagen, den kleinen Pflichtteil und den konkret errechneten Zugewinnausgleich verlangen (siehe Seite 35 ff.).
Bleibt das ihm im Testament oder Erbvertrag hinterlassene Vermögen wertmäßig unterhalb des großen Pflichtteils, kann er wahlweise auch die Erbschaft annehmen und den Zusatzpflichtteil bis zu dieser Höhe verlangen. Der Anspruch auf den errechneten konkreten Zugewinnausgleich entfällt dann.
Eines allerdings kann der überlebende Ehe- oder Lebenspartner, der in einem Testament bedacht ist, nicht: Er kann nicht die Erbschaft ausschlagen und den großen, durch das zusätzliche Viertel bei Zugewinngemeinschaft erhöhten Pflichtteil verlangen (§ 1371 Abs. 3 BGB).

INFO **Und beim Vermächtnis?**

Wie beim Erbteil (siehe Seite 44 ff.) bleiben auch beim Vermächtnis Beschränkungen und Beschwerungen unberücksichtigt. Diese können zu einer Minderung des Werts des Vermächtnisses im Vergleich zum Pflichtteil führen.

Beispiel: Frau Bischof hat Kai noch testamentarisch aufgegeben, 5 000 € an eine Kinderschutzorganisation zu spenden.

Dies ändert an der Wahlmöglichkeit nichts. Kai kann das Vermächtnis akzeptieren, muss dann 5 000 € spenden und kann einen Zusatzpflichtteil von 10 000 € geltend machen. Er kann stattdessen auch seinen Pflichtteil von 50 000 € verlangen. Wählt er das Vermächtnis, so erhält er aber im Ergebnis 5 000 € weniger.

Das Gesetz sieht für die Ausschlagung eines Vermächtnisses keine Frist vor. Der Erbe, der das Vermächtnis zu erfüllen hat, kann aber dem pflichtteilsberechtigten Erben eine angemessene Frist für die Annahme des Vermächtnisses setzen.

Erklärt sich der Pflichtteilsberechtigte nicht, gilt das Vermächtnis mit Ablauf der Frist als ausgeschlagen. Dann kann der Pflichtteilsberechtigte statt des Vermächtnisses nur noch den Pflichtteil verlangen.

PFLICHTTEILSERGÄNZUNG NACH SCHENKUNGEN

Häufig versuchen Erblasser, den Pflichtteilsanspruch von erbberechtigten Verwandten und Ehegatten dadurch zu unterlaufen, dass sie Teile des Vermögens schon zu Lebzeiten an diejenigen verschenken, die sie gern als Erben sehen würden. Das kann die nichteheliche Lebensgefährtin sein, ein Kind, das der Vater oder die Mutter besonders mag, oder ein Freund oder eine Freundin, die ihm oder ihr besonders nahestanden (siehe Seite 131).

Auch hier setzt das Pflichtteilsrecht Grenzen und schützt die nächsten Angehörigen davor, benachteiligt zu werden. Die meisten Schenkungen, die der Erblasser in den letzten zehn Jahren vor seinem Tod gemacht hat, werden dem Nachlass hinzugerechnet (§ 2325 BGB) und erhöhen damit den Pflichtteilsanspruch anderer Pflichtteilsberechtigter. Seit dem 1. Januar 2010 werden Schenkungen, die in den letzten zehn Jahren vor dem Tod des Erblassers erfolgt sind, in abnehmender Höhe angerechnet (siehe Seite 49), je nachdem, wie viele Jahre seit der Schenkung vergangen sind.

Die Berücksichtigung bedeutet allerdings nicht, dass die Schenkung als solche rückgängig gemacht wird. Sie bleibt vielmehr wirksam. Ein Pflichtteilsberechtigter, dessen Pflichtteil durch solche Schenkungen verringert wurde, hat aber einen Anspruch auf Ergänzung seines Pflichtteils. Dieser Anspruch richtet sich in erster Linie gegen den oder die Erben und nur in zweiter Linie gegen die beschenkte Person selbst (siehe Seite 53).

Gehört der oder die Beschenkte selbst zu den Pflichtteilsberechtigten (siehe Seite 30), wird das Geschenk auf seinen Pflichtteilsanspruch angerechnet, wenn der Erblasser oder die Erblasserin dies bei der Schenkung bestimmt hat (siehe Seite 53).

Was ist eine Schenkung?

Rechtlich ist die Schenkung in § 516 BGB definiert: Der oder die Beschenkte wird „bereichert", und die Zuwendung durch den Schenker erfolgt unentgeltlich. Nach der etwas umständlichen juristischen Fachsprache ist aufseiten des Schenkers eine Entreicherung, aufseiten des Beschenkten eine Bereicherung erforderlich. In manchen Fällen kann es schwierig sein zu entscheiden, ob denn nun eine Schenkung vorliegt oder nicht.

Beispiel: Frau Hoffmann verkauft ihrer Tochter aus dem elterlichen Haushalt eine wertvolle antike Silberschale für 1 000 €, die Schale ist aber nach Schätzung eines Fachmanns auf jeden Fall gut 10 000 € wert.

Einerseits liegt ein Kaufvertrag vor, andererseits hat die Tochter einen Vermögensvorteil erhalten, der den Erbteil anderer Miterben vermindert. Wenn beide Seiten sich klar darüber waren, dass die Tochter den übrigen Miterben gegenüber bevorzugt werden sollte, handelt es sich um eine „gemischte Schenkung". Der geschenkte Betrag – in diesem Fall 9 000 € – wird als Schenkung behandelt und muss gegenüber anderen Miterben ausgeglichen werden. Das setzt allerdings voraus, dass derjenige Miterbe, der Pflichtteilsergänzung verlangt, beweisen kann, dass eine Bevorzugung der Tochter gewollt war. Ein solcher Beweis ist nicht einfach.

Schenkungen an den Ehepartner

Schwierigkeiten bei der Feststellung, ob eine Schenkung vorliegt oder nicht, gibt es häufig auch, wenn Eheleute einander etwas zuwenden (schenken?), ohne dabei etwas Besonderes vertraglich festzulegen. Juristen sprechen hier von „unbenannten Zuwendungen" unter Ehegatten.

Beispiel: Herr Sommer verdient gut und kauft ein Haus, das er aus seinem Arbeitseinkommen bezahlt. Er lässt aber seine Ehefrau als Miteigentümerin im Grundbuch eintragen.

Eine Schenkung? Oder eher eine Zuwendung, die ihren Grund darin hat, dass seine Frau durch Haushaltsführung und Kindererziehung ebenfalls – wenn auch nicht

TIPP **Alles schriftlich**

Wenn Sie Ihrem Ehemann oder Ihrer Ehefrau einen größeren Betrag „schenken" und dadurch die Ansprüche pflichtteilsberechtigter Verwandter vermindern, tun Sie gut daran, schriftlich festzulegen, dass Sie damit den Unterhalt oder die Altersversorgung Ihres Ehepartners sichern wollen. Lassen Sie sich vor der Schenkung kompetent beraten.

finanziell – zur ehelichen Lebensgemeinschaft beigetragen hat?

Im Schenkungsrecht werden solche unbenannten Zuwendungen unter Eheleuten in aller Regel nicht als Schenkungen angesehen, wenn sie der ehelichen Lebensgemeinschaft dienen. Anders im Erbrecht: Hier gibt es vor allem dann Probleme, wenn ein verwitweter oder geschiedener Ehegatte wieder geheiratet hat und den neuen Ehegatten zulasten der Kinder aus erster Ehe beschenkt. Nach der Rechtsprechung sind unbenannte Zuwendungen zwischen Eheleuten im Erbrecht als Schenkung anzusehen, wenn sie nicht der Unterhalts- oder Alterssicherung oder zum Ausgleich der Mitarbeit des anderen Ehegatten dienen sollen. Ob die Übertragung eines Grundstücks, eines Wertpapierdepots oder von Bargeld im konkreten Einzelfall dieser Sicherung dient, kann also durchaus zweifelhaft sein und zu langwierigen Streitigkeiten führen.

Schenkungen, „durch die einer sittlichen Pflicht oder einer auf den Anstand zu nehmenden Rücksicht entsprochen wird", begründen keinen Pflichtteilsergänzungsanspruch (§ 2330 BGB). Dazu gehören normale Geburtstags- und Weihnachtsgeschenke und Geschenke zu ähnlichen Gelegenheiten. Ist die Schenkung im Wert übermäßig hoch, ist der das normale Maß übersteigende Betrag ausgleichspflichtig. Was normal und angemessen ist, hängt von den Einkommens- und Vermögensverhältnissen der Beteiligten ab. Bei sehr vermögenden Leuten kann die Schenkung eines Hauses angemessen, in einfachen Verhältnissen dagegen die Schenkung eines Autos übertrieben sein.

Frist für die Berücksichtigung

Schenkungen der oder des Verstorbenen an Dritte bleiben unberücksichtigt, wenn beim Tod des Erblassers oder der Erblasserin zehn Jahre verstrichen sind (§ 2325 Abs. 3 BGB). Bei dieser Regelung bleibt es für alle Erbfälle vor 2010. Seit dem 1. Januar 2010 gilt anstelle der starren Ausschlussfrist eine stufenweise Anrechnung. Je mehr Zeit seit der Schenkung vergangen ist, umso weniger wird die Schenkung berücksichtigt. Ist die Schenkung im Jahr des Todes des Erblassers erfolgt, wird ihr Wert in voller Höhe der

Berechnung des Pflichtteilsergänzungsanspruchs zugrunde gelegt.

Beispiel: Herr Noll schenkt seiner Lebensgefährtin im September 2009 100 000 €. In seinem Testament enterbt er seinen einzigen Sohn Max und setzt seinen Freund Paul zu seinem Alleinerben ein. Der Nachlass beträgt 300 000 €. Im Februar 2010 stirbt er.

Max als einziger gesetzlicher Erbe hat zunächst einen Pflichtteilsanspruch von ein Halb des Nachlasses. Das sind hier 150 000 €. Wegen der Schenkung an die Lebensgefährtin kann er auch noch die Ergänzung dieses Pflichtteils verlangen. Da seit der Schenkung bis zum Erbfall noch kein Jahr vergangen ist, berechnet sich dieser Ergänzungsanspruch nach dem vollen Wert der Schenkung. Von den 100 000 € steht Max die Hälfte als Pflichtteilsergänzung zu. Paul verbleiben von dem Nachlass dann letztlich nur 100 000 €.

Die Anrechnung einer Schenkung vermindert sich für jedes Jahr, das seit der Schenkung vergangen ist, um ein Zehntel. Der Pflichtteilsergänzungsanspruch wird damit seit 1. Januar 2010 für jedes seit der Schenkung vergangene Jahr um zehn Prozent gekürzt. Sind zehn Jahre vergangen, entfällt damit eine Anrechnung.

Beispiel: Die Schenkung von 100 000 € an die Lebensgefährtin von Herrn Noll erfolgte schon im September 2006. Jetzt sind beim Eintritt des Erbfalls im Februar 2010 bereits drei Jahre vergangen.

Der Wert der Schenkung wird um drei Zehntel gekürzt. Die Pflichtteilsergänzung wird nach den verbleibenden 70 Prozent berechnet, das sind hier 70 000 €. Davon erhält Max ein Halb, mithin 35 000 € statt 50 000 wie bei einer Schenkung im Jahr 2009. Ist die Schenkung dagegen bereits im September 1999 und damit 10 Jahre vor dem Erbfall im Februar 2010 erfolgt, dann steht Max gar kein Pflichtteilsergänzungsanspruch mehr zu.

Das Alles-oder-nichts-Prinzip der Anrechnung von Geschenken ist damit ab 1. Januar 2010 durch eine gleitende Pro-Rata-Temporis-Regelung abgelöst worden. Damit wird den Interessen des Beschenkten und des Erblassers nach Rechtssicherheit der Vorzug gegeben, der Pflichtteilsberechtigte hat das Nachsehen.

Die Frist beginnt, wenn der verschenkte Gegenstand Eigentum des Beschenkten geworden ist. Bei beweglichen Sachen und Geld ist dies die Übergabe des geschenkten Gegenstands oder der Eingang des Betrags auf dem Konto des Beschenkten.

Bei Grundstücken ist die Schenkung mit der Eintragung des Beschenkten im Grundbuch vollzogen. Fraglich ist dies aber, wenn sich der Schenker Rechte (den Nießbrauch, ein Wohnrecht) an dem verschenkten Gegenstand vorbehält.

Dies geschieht häufig, wenn Eltern einem Kind ein Haus schenken und dies trotz der Schenkung noch selbst weiter nutzen wollen. Dann ist das Kind zwar rechtlich der Eigentümer des Hausgrundstücks, aber wirtschaftlich bestimmen nach wie vor die Eltern. Sie wohnen in dem Haus und können es auch vermieten.

Beispiel: Der Witwer Hans Klein schenkt sein Zweifamilienhaus seiner Tochter Steffi. In dem notariellen Schenkungsvertrag behält er sich den Nießbrauch an dem gesamten Haus vor. Zwölf Jahre nach der Schenkung stirbt er. Der enterbte Sohn Jan will wegen der Schenkung Pflichtteilsergänzungsansprüche geltend machen. Er meint, die Zehnjahresfrist sei schon deshalb nicht abgelaufen, weil sein Vater trotz der Schenkung Grundstück und Haus nutzen konnte, wie er wollte.

Jan hat recht. Behält sich der Schenker den Nießbrauch an dem gesamten Grundstück vor, kann er dies wirtschaftlich wie ein Eigentümer nutzen. Deshalb beginnt die Zehnjahresfrist noch nicht zu laufen. Folge ist, das Pflichtteilsergänzungsansprüche bestehen können.

Anders ist dies, wenn der Erblasser sich bei der Schenkung eines Zwei- oder Mehrfamilienhauses nur ein Wohnrecht an einer Wohnung vorbehält, im Übrigen aber die Beschenkten – meist sind es die Kinder oder ein Kind – über das Haus bestimmen und es vermieten oder selbst nutzen können.

Beispiel: Witwer Hans Klein bewohnt in seinem Zweifamilienhaus die kleinere Parterrewohnung, seine Tochter Steffi mit ihrer Familie das Ober- und Dachgeschoss. So soll es auch nach der Schenkung bleiben, deshalb behält sich Hans Klein nur das Wohnrecht an der Erdgeschosswohnung vor, Tochter Steffi darf den Rest nutzen, aber nicht vermieten. Steffi wird als Eigentümerin im Grundbuch eingetragen. Zwölf Jahre später stirbt Hans Klein. Der enterbte Sohn Jan will einen Pflichtteilsergänzungsanspruch geltend machen.

INFO **Rechte des Schenkenden**

Ob eine Schenkung schon vorliegt oder noch nicht, ist immer dann schwierig zu entscheiden, wenn der Schenker sich Rechte vorbehält. Von der Entscheidung hängt aber häufig ab, ob noch Pflichtteilsergänzungsansprüche geltend gemacht werden können oder nicht. Die Verhinderung solcher Ansprüche durch rechtzeitige Schenkung ist meist auch einer der Gründe für eine Grundstücksschenkung. Deshalb muss eine solche Schenkung sorgfältig geplant werden. Die damit zusammenhängenden Rechtsprobleme erfordern auf jeden Fall fachkundigen Rat.

Bei dieser Gestaltung geht die Rechtsprechung davon aus, dass die Schenkung mit der Eintragung der Tochter im Grundbuch vollzogen ist. Der Schenker hat sich nur die Nutzung einer Wohnung vorbehalten, die er auch nur selbst bewohnen und nicht vermieten kann. Das übrige Haus nutzt die Tochter.

Auch wirtschaftlich führt diese Fallgestaltung daher zu einem spürbaren Verlust für den Eigentümer und damit auch zu der für eine Schenkung notwendigen Schmälerung des Vermögens des Erblassers. Folge ist, die Zehnjahresfrist ist abgelaufen. Jan hat keinen Pflichtteilsergänzungsanspruch mehr (So das OLG Karlsruhe in einem ähnlich gelagerten Fall in FamRZ 2008,1377).

Bei Schenkungen an den Ehegatten beginnt die Zehnjahresfrist erst mit der Auflösung der Ehe. Bei geschiedenen Eheleuten ist dies der Zeitpunkt der Scheidung, bei Eheauflösung durch Tod beginnt die Frist erst mit dem Tod des Erblassers. Das hat zur Folge, dass Geschenke an den überlebenden Ehegatten nach dem Tod des Erblassers zehn Jahre lang immer ausgleichspflichtig sind. Geschenke an Kinder und andere Verwandte sind hingegen nicht ausgleichspflichtig, wenn sie mehr als zehn Jahre, gerechnet vom Tod des oder der Verstorbenen, zurückliegen.

Beispiel: Herr Franzen ist geschieden und hat wieder geheiratet. Aus der ersten Ehe stammen zwei Kinder. Er schenkt seiner zweiten Ehefrau eine Eigentumswohnung und bestimmt sie im Testament zur Alleinerbin. Die beiden Kinder aus erster Ehe setzt er auf den Pflichtteil. 20 Jahre nach der Schenkung stirbt er und hinterlässt ein Vermögen von 500 000 €.

Die Schenkung ist ausgleichspflichtig, weil die Zehnjahresfrist erst mit seinem Tod beginnt.

Die Kinder aus der ersten Ehe können den Pflichtteilsergänzungsanspruch geltend machen. Das müssen sie innerhalb von drei Jahren tun, denn sonst ist ihr Anspruch verjährt.

Wer kann Pflichtteilsergänzungen fordern?

Pflichtteilsergänzung kann nur verlangen, wer selbst pflichtteilsberechtigt ist. Ist einem Pflichtteilsberechtigten in einem Testament oder Erbvertrag die Hälfte des gesetzlichen Erbteils (also sein Pflichtteil) hinterlassen, so kann er oder sie dennoch Pflichtteilsergänzung fordern (§ 2326 BGB), wenn der oder die Verstorbene zu Lebzeiten diesen Pflichtteilsanspruch durch Geschenke vermindert hat.

Hat der Verstorbene ihm oder ihr weniger als die Hälfte des gesetzlichen Erbteils hinterlassen, hat er oder sie sowohl einen Anspruch auf den Zusatzpflichtteil als auch einen Anspruch auf Pflichtteilsergänzung.

Wurde ihm oder ihr mehr als die Hälfte des gesetzlichen Erbteils hinterlassen, ist der Pflichtteilsergänzungsanspruch ausgeschlossen, soweit der Wert des im

INFO **Wenn der Beschenkte selbst pflichtteilsberechtigt ist**

Wenn derjenige, der zu Lebzeiten des Erblassers ein Geschenk erhalten hat, selbst pflichtteilsberechtigt ist, muss auch dieses Geschenk dem Nachlass hinzugerechnet werden, bevor die volle Pflichtteilsquote ausgerechnet werden kann (§ 2327 BGB). Das gilt auch dann, wenn der Pflichtteilsberechtigte alleiniger Erbe ist und sein Erbe durch Schenkungen zu Lebzeiten des Verstorbenen vermindert worden ist. In Höhe seines Pflichtteilsanspruchs ist also jeder geschützt. Ausnahmen gibt es nur in den ganz eingeschränkten Fällen der wirksamen Entziehung des Pflichtteils (siehe Seite 60 ff.).

Testament oder Erbvertrag hinterlassenen Vermögens dem Pflichtteil entspricht. Sinn des Gesetzes ist es, den Pflichtteilsanspruch zu sichern. Wenn der oder die Verstorbene dies im Testament oder Erbvertrag sichergestellt hat, besteht kein Anspruch auf Pflichtteilsergänzung. Ist das nur teilweise der Fall, mindert sich der Pflichtteilsanspruch entsprechend.

Wer zahlt die Pflichtteilsergänzung?

Der Pflichtteilsergänzungsanspruch richtet sich in erster Linie gegen den Nachlass, er ist eine Nachlassverbindlichkeit. Schuldner ist also zunächst einmal der Erbe oder bei mehreren Erben die Erbengemeinschaft. Die Schenkung selbst bleibt wirksam: Wer beschenkt worden ist, kann das Geschenk behalten. Ist jedoch der beschenkte Erbe selbst pflichtteilsberechtigt, kann er die Ergänzung des Pflichtteils verweigern, wenn dadurch sein eigener Pflichtteils- oder Pflichtteilsergänzungsanspruch vermindert würde (§ 2326 BGB). Der Erbe braucht dann nicht zu zahlen.

In diesem Fall kann sich der Pflichtteilsergänzungsberechtigte in zweiter Linie auch an den Beschenkten halten und von ihm Herausgabe des Geschenks verlangen. Der oder die Beschenkte kann allerdings den zum vollen Pflichtteil fehlenden Betrag auch in Geld zahlen (§ 2329 BGB).

Berechnung des Pflichtteilsergänzungsanspruchs

Für die Berechnung des Pflichtteilsergänzungsanspruchs wird das Geschenk dem Nachlass hinzugerechnet. Das bedeutet: Das Geschenk wird so behandelt, als habe es sich zur Zeit des Erbfalls noch im Vermögen des oder der Verstorbenen befunden. Dennoch bleibt die Schenkung selbst wirksam.

Nach der (fiktiven) Hinzurechnung wird der erhöhte Pflichtteil berechnet. Davon ist der Wert des erhaltenen Erbteils abzuziehen. Die Differenz bildet den Pflichtteilsergänzungsanspruch.

Beispiel: Herr Brüning hinterlässt ein Vermögen von 200 000 €. Erben sollen laut Testament seine zweite Ehefrau und seine beiden Kinder aus erster Ehe sein. Kurz vor seinem Tod hat er seiner Frau ein Sparbuch mit einem Guthaben von 100 000 € übertragen.

Bestand während der Ehe Zugewinngemeinschaft, erbt die Ehefrau 100 000 € und jedes der Kinder 50 000 €. Wird das Geschenk an die Ehefrau dem Nachlass hinzugerechnet, beläuft sich der Nachlasswert auf 300 000 €. Der Erbteil der Ehefrau beträgt dann 150 000 €, der Erbteil jedes der beiden Kinder 75 000 €, der Pflichtteil der Kinder also jeweils 37 500 €. Da der hinterlassene Erbteil von 50 000 € höher ist als der nach Hinzurechnung der

Schenkung berechnete Pflichtteil, besteht kein Pflichtteilsergänzungsanspruch.

Hätte der Erblasser im obigen Beispiel seine zweite Ehefrau zur Alleinerbin eingesetzt, die beiden Kinder aber auf den Pflichtteil gesetzt, sähe die Rechnung anders aus. Der Pflichtteil der Kinder betrüge 25 000 € für jeden (die Hälfte des gesetzlichen Erbteils), der nach Hinzurechnung des geschenkten Betrags errechnete Pflichtteil aber 37 500 €. Jedes Kind hätte also einen Pflichtteilsergänzungsanspruch von 12 500 €.

Komplikationen vermeiden

Die Berechnung des Pflichtteilsergänzungsanspruchs kann besonders bei größeren Vermögen und bei Schenkungen unterschiedlicher Vermögensteile sehr kompliziert werden. Wenn möglich, sollten Erben und Pflichtteilsberechtigte versuchen, sich gütlich zu einigen. Im Streitfall aber sollte fachlicher Rat eingeholt werden.

Einzelheiten der Berechnung

Im Einzelnen kann die Berechnung recht kompliziert werden: Verbrauchbare Sachen werden mit dem Wert angesetzt, den sie zur Zeit der Schenkung hatten. Das gilt vor allem bei Geldbeträgen und beim Erlass von Schulden. Hat der oder die Verstorbene in einem Lebensversicherungsvertrag einen Dritten als widerruflich Bezugsberechtigten eingesetzt (zum Beispiel die Ehefrau oder einen nichtehelichen Lebensgefährten), war früher strittig, ob die geleisteten Prämien als unentgeltliche Zuwendung angesehen werden oder aber die beim Tod des Erblassers ausgezahlte Versicherungssumme. Jetzt ist der Rückkaufswert unmittelbar vor dem Tod des Erblassers maßgeblich (siehe Seite 114. Alle anderen Gegenstände werden mit dem Wert zur Zeit des Erbfalls angesetzt. Dazu gehören vor allem Immobilien (Grundstücke, Häuser, Eigentumswohnungen), Möbel, Schmuck, Antiquitäten und Ähnliches. Hat der geschenkte Gegenstand nach der Schenkung beträchtlich an Wert gewonnen, wird ein niedrigerer Wert angesetzt (§ 2325 Abs. 2 BGB): Es wird zunächst der Wert zur Zeit des Erbfalls ermittelt und dann der Wert zum Zeitpunkt der Schenkung. Letzterer wird unter Berücksichtigung des Kaufkraftschwunds des Geldes korrigiert und mit dem Wert zur Zeit der Erbschaft verglichen. Für die Berechnung des Pflichtteilsergänzungsanspruchs wird der niedrigere Wert zugrunde gelegt. Juristen nennen dies das Niederstwertprinzip. Es soll verhindern, dass verschenkte Teile des Vermögens beim Erbfall mit einem Wert angesetzt werden, den sie zur Zeit der Schenkung nicht hatten oder jetzt nicht mehr haben.

ANRECHNUNG UND AUSGLEICHUNG VON GESCHENKEN

Oft haben Schenkungen nicht den Sinn, Pflichtteilsansprüche auszuhöhlen oder zu vermindern, sondern Kinder, den Ehepartner, einen nichtehelichen Lebensgefährten oder erbberechtigte Verwandte zu unterstützen und durch Zuwendungen zu Lebzeiten künftige Auseinandersetzungen zu vermeiden. Der oder die Schenkende will damit den Beschenkten aber nicht auf Kosten anderer Erben bevorzugen, sondern ihm lediglich zu einem Zeitpunkt etwas zukommen lassen, zu dem er die Zuwendung besonders gut gebrauchen kann.

Anrechnung auf den Pflichtteil

Wenn der Erblasser dies bei der Zuwendung bestimmt hat, muss diese auf den Pflichtteil angerechnet werden (§ 2315 BGB). Der oder die Schenkende muss also gleichzeitig mit der Schenkung festlegen, dass der geschenkte Geldbetrag oder der Wert des Gegenstands auf den Pflichtteil angerechnet werden soll. Es empfiehlt sich eine ausdrückliche – möglichst schriftliche – Erklärung zum Zeitpunkt der Schenkung, damit Streit vermieden wird. In einem späteren Testament ist dies nicht mehr möglich. Denn: Der oder die Beschenkte soll die Möglichkeit haben, die Schenkung zurückzuweisen, wenn er oder sie mit der Anrechnung nicht einverstanden ist.

Die Berechnung geschieht dann folgendermaßen: Das Geschenk wird dem Nachlass hinzugerechnet. Danach wird der Pflichtteil aus dem so erhöhten Nachlass errechnet und das Geschenk wieder abgezogen.

Beispiel: Herr Nowack hinterlässt zwei Kinder, Anja und Frank. Der Nachlass hat einen Wert von 60 000 €. Frank ist zum Alleinerben eingesetzt, Anja hat zu Lebzeiten des Verstorbenen einen Betrag von 20 000 € erhalten, der auf den Pflichtteil angerechnet werden soll. Der Nachlass beträgt: 60 000 € + 20 000 € = 80 000 €.

Der gesetzliche Erbteil jedes Kindes beläuft sich also auf 40 000 €, der Pflichtteil auf die Hälfte davon, also 20 000 €. Anja hat sich den geschenkten Betrag von 20 000 € anrechnen zu lassen und hat in diesem Fall keinen Pflichtteilsanspruch mehr.

INFO **Stillschweigende Anrechnung**

Eine Anrechnung der Schenkung auf den Pflichtteil kann zwar auch stillschweigend vereinbart worden sein, wenn sich aus den näheren Umständen ergibt, dass die Beteiligten sich darüber einig waren. Dies ist allerdings oft schwer zu beweisen – spätere Auseinandersetzungen sind vorprogrammiert.

War die Schenkung im Wert höher als der Pflichtteil, besteht allerdings keine Herausgabepflicht. Das Gesetz spricht nur von einer Anrechnung. Der den Pflichtteil übersteigende Betrag muss also nicht herausgegeben werden, soweit nicht andere einen Pflichtteilsergänzungsanspruch geltend machen können (siehe Seite 52).

Pflichtteil nach Ausgleichung

Abkömmlinge müssen Zuwendungen, die sie zu Lebzeiten als Ausstattung erhalten haben, untereinander ausgleichen, wenn sie gesetzliche Erben werden und der Verstorbene nichts anderes bestimmt hat (siehe Seite 24). Anders als die Anrechnung, die vom Erblasser ausdrücklich anzuordnen ist, besteht die Ausgleichspflicht kraft Gesetzes. Sie gilt aber nur für Abkömmlinge (Kinder, Enkel, Urenkel), nicht für andere gesetzliche Erben (Ehegatten, Lebenspartner, Eltern, Geschwister).

KOMPLIZIERTES VERFAHREN ERFORDERT BERATUNG

Bei Geschenken, die lange zurückliegen, und bei größeren Nachlässen ist die Berechnung von Anrechnungs- und Ausgleichspflicht oft sehr kompliziert. Dies gilt erst recht, wenn mehrere Abkömmlinge anzurechnende oder auszugleichende Schenkungen erhalten haben.
Auf fachkundigen Rat sollte dann nicht verzichtet werden. Wer Streit unter seinen Erben vermeiden will, tut gut daran, bei der Schenkung festzulegen, ob sie anrechnungspflichtig sein soll oder nicht.

Auch die Ausgleichung von Vorausempfängen unter Geschwistern und anderen

INFO Noch einmal zusammengefasst

Den Zusatzpflichtteil kann ein Pflichtteilsberechtigter verlangen, wenn er im Testament oder Erbvertrag bedacht ist, das Hinterlassene aber geringer ist als sein Pflichtteil. Der vom Erben zu zahlende Betrag wird dadurch höher.
Ein Pflichtteilsergänzungsanspruch besteht, wenn der Erblasser oder die Erblasserin Teile des Vermögens verschenkt und dadurch die Erbschaft vermindert hat. Der Pflichtteilsanspruch gegen den oder die Erben wird dadurch höher.

Die Anrechnung von Geschenken auf den Pflichtteil des oder der Beschenkten muss bei der Schenkung vom Erblasser angeordnet worden sein. Der Pflichtteilsanspruch des oder der Beschenkten wird dadurch geringer.
Zur Ausgleichung sind kraft Gesetzes nur Abkömmlinge (Kinder, Enkel, Urenkel) verpflichtet und nur für das, was sie vom Erblasser als Ausstattung erhalten haben. Der Pflichtteilsanspruch des oder der Ausgleichspflichtigen wird dadurch geringer.

Abkömmlingen wirkt sich auf den Pflichtteil aus (§ 2316 BGB). Die Berechnung des Nachlasswerts geschieht folgendermaßen: Die geschenkte Ausstattung wird dem Nachlass hinzugerechnet, erhöht also den Nachlasswert (§ 2050 BGB), Dienst- und Betreuungsleistungen werden abgezogen (§ 2057 a BGB) und mindern den Nachlass (siehe Seite 26). Danach wird der Pflichtteil berechnet.

Wenn der oder die Verstorbene bei einem Geschenk an einen ausgleichspflichtigen Abkömmling zugleich Anrechnung auf den Pflichtteil angeordnet hat, wird zunächst der Pflichtteil unter Berücksichtigung der Ausgleichspflicht errechnet, das Geschenk dann aber nur mit der Hälfte seines Wertes vom Pflichtteil abgezogen (§ 2316 Abs. 4 BGB). Dadurch wird ein doppelter Abzug des Geschenks vermieden.

Der Grund: Die Ausgleichspflicht von Abkömmlingen vermindert „nur" das gesetzliche Erbrecht, also nur zur Hälfte den Pflichtteilsanspruch. Ist vom Erblasser Anrechnung auf den Pflichtteil angeordnet, wird der geschenkte Betrag – wie beschrieben – vom Pflichtteil direkt abgezogen. Ein doppelter Abzug wäre aber ungerecht.

VERJÄHRUNG UND STUNDUNG DES PFLICHTTEILSANSPRUCHS

Pflichtteilsanspruch: Verjährung

Für die Verjährung erbrechtlicher Ansprüche einschließlich des Pflichtteilsanspruchs gelten seit 2010 neue Fristen. Der Pflichtteilsanspruch verjährt nach wie vor in drei Jahren. Die Frist beginnt ab 1. Januar 2010 aber erst mit dem Schluss des Kalenderjahres zu laufen, in dem der Erbfall eingetreten ist und der Pflichtteilsberechtigte um seinen Anspruch weiß. Der Pflichtteilsberechtigte hat Kenntnis vom Erbfall, sobald er weiß, dass der Erblasser gestorben ist. Er muss weiter wissen, dass er durch eine letztwillige Verfügung enterbt ist. Alle Einzelheiten muss er nicht kennen. Es reicht, wenn er weiß, dass er nicht der Erbe ist, und er muss wissen, wer erbt (siehe Auskunftspflicht der Erben, Seite 32). Dies ist Voraussetzung dafür, dass er seinen Pflichtteilsanspruch auch geltend machen kann.

Beispiel: Ina Meyn setzt ihren langjährigen Lebensgefährten Uwe Berg zu ihrem Alleinerben ein. Ihr Sohn Leo lebt mit unbekanntem Aufenthalt in Asien. Ina Meyn stirbt. Fünf Jahre nach ihrem Tod kehrt Leo aus Asien zurück und erfährt vom Tod und Testament seiner Mutter.

Die dreijährige Verjährungsfrist ist noch nicht abgelaufen. Sie beginnt erst nach

TIPP **Dreijahresfrist**

Wer meint, pflichtteilsberechtigt zu sein, sollte sich also möglichst bald nach dem Todesfall, spätestens aber innerhalb von drei Jahren an den Erben wenden. Es empfiehlt sich notfalls rechtlichen Rat einzuholen und – wenn erforderlich – vor Gericht zu klagen. Ist der Pflichtteilsanspruch verjährt, braucht der Erbe nicht zu zahlen.

Rückkehr des Sohnes und erst mit Ablauf des Kalenderjahres zu laufen. Leo Meyn kann seinen Pflichtteilsanspruch gegen Uwe Berg geltend machen. Kommt Leo dagegen erst nach 32 Jahren nach Deutschland zurück, kann er seinen Pflichtteil nicht mehr verlangen. 30 Jahre nach dem Erbfall sind unabhängig von der Kenntnis alle Pflichtteilsansprüche verjährt.

Ein paar Besonderheiten sind bei der Verjährung noch zu beachten: Der Kenntnis der Umstände, die zu einem Pflichtteilsanspruch führen, steht die grob fahrlässige Unkenntnis gleich. Richtet sich der Anspruch des Pflichtteilsberechtigten gegen den beschenkten Dritten (siehe Seite 53), tritt die Verjährung immer schon drei Jahre nach dem Erbfall ein, auch wenn der Pflichtteilsberechtigte keine Kenntnis von der Schenkung hatte (§ 2332 BGB n. F.).

Was zu tun ist

Wer als Pflichtteilsberechtigter vom Erbfall erfährt und seinen Anspruch rechtzeitig geltend machen will, muss entweder vor Gericht Klage einreichen oder eine Erklärung des Erben verlangen, in der dieser den Pflichtteilsanspruch akzeptiert. Die Aufforderung zur Zahlung oder zur Anerkennung des Pflichtteilsanspruchs reicht nicht. Das Anerkenntnis des Erben sollte schriftlich vorliegen. Es kann sich im Einzelfall aber auch aus den Umständen ergeben. Etwa dann, wenn eine Auskunft des Erben über die Höhe des Nachlasses eindeutig darauf schließen lässt, dass er den Pflichtteilsanspruch erfüllen will.

Stundung des Pflichtteilanspruchs

Der Anspruch auf den Pflichtteil ist, wie wir gesehen haben, ein Geldanspruch und richtet sich gegen den oder die Erben. Er entsteht mit dem Erbfall – also beim Tod des Erblassers – und ist sofort fällig. Das kann für die Erben sehr hart sein und sie unter Umständen dazu zwingen, Sachwerte zu verkaufen.

Beispiel: Herr Bauer hinterlässt seine Ehefrau und zwei Kinder. Seine Frau hat er zur Alleinerbin eingesetzt, die Kinder hat er nicht bedacht. Sein Vermögen besteht ausschließlich in einem Einfamilienhaus, in dem das Ehepaar bis zu seinem Tod gelebt hat. Wert: 400 000 €. Wenn beide Kinder ihren Pflichtteil von jeweils

50 000 € verlangen, kann es durchaus sein, dass Frau Bauer das Haus nicht halten kann, in dem sie ihren Lebensabend verbringen wollte, und es verkaufen muss.

In solchen Fällen besteht die Möglichkeit, den Pflichtteilsanspruch zu stunden. Das geht auch nach der Reform des Erbrechts zum 1. Januar 2010 nur in engen Grenzen (siehe § 2331 a BGB n. F.). Anders als früher kann jetzt aber jeder Erbe, und nicht nur der selbst pflichtteilsberechtigte Erbe, die Stundung verlangen. Diese Möglichkeit hat nach der Reform zum Beispiel auch ein nichtehelicher Lebensgefährte oder der im Testament als Erbe eingesetzte familienfremde Dritte, wie Freunde oder Mitarbeiter.

Eine Stundung des Pflichtteilsanspruchs ist nur möglich, wenn die sofortige Erfüllung des gesamten Anspruchs den Erben unbillig hart treffen würde. Dies kann dann der Fall sein, wenn der Erbe das Familienheim veräußern muss, um den Pflichtteilsanspruch sofort erfüllen zu können. Die Stundung soll den Verlust des Familienheims ebenso verhindern wie die Veräußerung eines Betriebs, der die Lebensgrundlage für den Erben darstellt. Im obigen Beispiel würde die sofortige Erfüllung zum Verkauf des Hauses führen, das Frau Bauer auch nach dem Tod ihres Ehemannes weiter bewohnen möchte. Hat sie kein eigenes Vermögen, das sie zur Auszahlung des Pflichtteils verwenden kann, kann sie von ihren Kindern die Stundung verlangen. Bestünde der Nachlass des Herrn Bauer neben dem Einfamilienhaus noch aus Wertpapieren, dann müsste sie diese verkaufen, um die Pflichtteilsansprüche zu erfüllen. Dies unabhängig davon, wie günstig oder ungünstig der Kurs der Wertpapiere zurzeit ist. Anders kann dies wiederum sein, wenn Frau Bauer auf die Erträge aus den Wertpapieren dringend für ihren Lebensunterhalt angewiesen ist.

Einigen sich Erbe und Pflichtteilsberechtigte, meist sind es die Kinder des Erblassers, nicht über die Stundung, dann kann der Erbe eine Entscheidung durch das Nachlassgericht beantragen. Bei seiner Entscheidung berücksichtigt das Gericht angemessen die Interessen des Pflichtteilsberechtigten. Es prüft, welche Auswirkungen eine Stundung auf die Einkommens- und Vermögensverhältnisse des Pflichtteilsberechtigten hat. Das Gericht kann die Stundung unter Berücksichtigung der Interessen von Erbe und Pflichtteilsberechtigten ganz oder teilweise genehmigen, Ratenzahlungen bewilligen und die Verzinsung des gestundeten (Rest-)Betrags anordnen. Auf Antrag des Pflichtteilsberechtigten ordnet das Gericht eine Sicherheitsleistung an. Auch die Zugewinnausgleichsforderung des überlebenden Ehegatten (§ 1382 BGB) kann gestundet werden.

PFLICHTTEILSENTZUG UND PFLICHTTEILSVERZICHT

Entziehung des Pflichtteils

Das Pflichtteilsrecht ist ein durch das Grundgesetz garantiertes Mindesterbrecht, das einem Pflichtteilsberechtigten trotz Enterbung eine gewisse Teilhabe am Nachlass sichert.

Von diesem Grundsatz gibt es Ausnahmen. Bei Vorliegen bestimmter Umstände kann der Pflichtteil entzogen werden. Durch die Erbrechtsreform sind die Pflichtteilsentziehungsgründe neu gestaltet worden. Seit dem 1. Januar 2010 regelt § 2333 BGB n.F. inhaltlich die Voraussetzungen für den Pflichtteilsentzug für alle Pflichtteilsberechtigten gleich:

- Kinder und weitere Abkömmlinge,
- Eltern,
- Ehegatten und Lebenspartner.

Gründe für den Pflichtteilsentzug

Ein Pflichtteilsentzug setzt voraus, dass der Pflichtteilsberechtigte

- dem Erblasser, dem Ehe- oder Lebenspartner des Erblassers, einem Abkömmling oder – und das ist neu – einer dem Erblasser ähnlich nahestehenden Person nach dem Leben getrachtet hat oder ein Verbrechen oder ein vorsätzlich schweres Vergehen gegen den Erblasser oder eine andere ihm nahestehende Person begangen hat (zu diesen nahestehenden Personen zählen Stief- und Pflegekinder und der nichteheliche Lebensgefährte),
- seine gesetzliche Unterhaltspflicht gegenüber dem Verstorbenen böswillig verletzt hat,
- wegen einer vorsätzlichen Straftat zu einer Freiheitsstrafe von mindestens einem Jahr ohne Bewährung rechtskräftig verurteilt worden ist und es deshalb dem Erblasser unzumutbar ist, den Pflichtteilsberechtigten an seinem Nachlass zu beteiligen. Der Verurteilung steht die Unterbringung in einem psychiatrischen Krankenhaus oder in einer Entziehungsanstalt gleich. Diese Regelung ersetzt den früheren Entziehungsgrund des ehrlosen oder unsittlichen Lebenswandels, der in der Praxis keine Bedeutung mehr hatte.

FACHBERATUNG TUT NOT

Wer Anlass hat, die Entziehung eines Pflichtteils anzuordnen, sollte sich rechtzeitig über Form und Inhalt des Pflichtteilsentzugs kompetent beraten lassen. Unvollständige Formulierungen im Testament können sehr leicht einen wirksamen Pflichtteilsentzug zunichtemachen.

Form der Pflichtteilsentziehung

Die Entziehung kann nur durch ein Testament oder einen Erbvertrag erfolgen. Der Entziehungsgrund muss in der letztwilligen Verfügung genau und konkret umschrieben werden, zum Beispiel die begangene Straftat und die Gründe für die Unzumutbarkeit der Teilhabe. Das Strafurteil selbst

INFO **Pflichtteilsentziehung und Erbunwürdigkeit**

Die Folgen von Pflichtteilsentziehung und Erbunwürdigkeit sind die gleichen: Wer als gesetzlicher Erbe oder aufgrund eines Testaments oder eines Erbvertrags hätte erben sollen, bekommt nichts. Die Entziehung des Pflichtteils muss aber immer von dem oder der Verstorbenen selbst in einem Testament oder Erbvertrag angeordnet worden sein. Die Erbunwürdigkeit hingegen kann erst nach dem Tod des oder der Vererbenden durch andere mögliche Erben geltend gemacht werden.

muss zu diesem Zeitpunkt noch nicht vorliegen oder rechtskräftig sein.

Pflichtteilsbeschränkung in guter Absicht

Gelegentlich kommt es vor, dass Eltern ihren Kindern oder anderen Abkömmlingen den Pflichtteil nicht gänzlich entziehen, sondern nur dafür sorgen wollen, dass sie das Vermögen selbst nicht antasten können, aber die Erträge aus dem Pflichtteil behalten. Das Gesetz ermöglicht auch dies. Wenn ein Abkömmling sich „in einem solchen Maße der Verschwendung ergeben hat oder in solchem Maße überschuldet" ist, dass sein Lebensunterhalt gefährdet ist, kann Vater oder Mutter „in guter Absicht" die Verfügungsmöglichkeit des Kindes über den Pflichtteil einschränken und ihm damit die Einkünfte aus dem vererbten Vermögen erhalten (§ 2338 BGB).

In solchen Fällen kann im Testament oder Erbvertrag angeordnet werden, dass der pflichtteilsberechtigte Abkömmling

INFO **Verzeihung**

Das Recht zur Entziehung des Pflichtteils erlischt, wenn der oder die Verstorbene dem pflichtteilsberechtigten Abkömmling, Elternteil oder Ehegatten die Verfehlung verziehen hat.

Die Verzeihung kann auch formlos (nicht schriftlich), also durch schlüssiges Verhalten erfolgen. Das setzt voraus, dass der oder die Verstorbene zu Lebzeiten zu erkennen gegeben hat, dass er oder sie dem Pflichtteilsberechtigten die Verfehlung nicht mehr nachträgt. Dadurch wird eine im Testament oder Erbvertrag ausgesprochene Pflichtteilsentziehung unwirksam (§ 2337 BGB).

Wer die Tatsachen, aus denen sich die Verzeihung des Verstorbenen ergibt, gegenüber den Erben beweisen kann, behält also den Pflichtteilsanspruch.

Vorerbe wird und nach seinem Tod dessen gesetzliche Erben das ihm Hinterlassene als Nacherben erhalten sollen. Dem Pflichtteilsberechtigten bleiben dann die Einkünfte aus dem hinterlassenen Vermögen, er kann aber nicht selbst über das Vermögen in einem Testament oder Erbvertrag verfügen. Der Verstorbene kann außerdem für die Lebenszeit des Abkömmlings Testamentsvollstreckung anordnen, dem Kind also auch die Verwaltung des hinterlassenen Vermögens entziehen und ihm damit nur den Reinertrag zukommen lassen.

Beide Möglichkeiten – Vor- und Nacherbfolge und Testamentsvollstreckung – können einzeln angeordnet oder auch miteinander verbunden werden. Die Vorschrift dient dem Schutz des pflichtteilsberechtigten Erben und mittelbar auch dem Erhalt des Vermögens über mehrere Generationen. Sie hat keine große praktische Bedeutung.

Verzicht auf den Pflichtteil

Selbstverständlich kann, wer pflichtteilsberechtigt ist, auf seinen Pflichtteil auch verzichten, und zwar einfach dadurch, dass er den Pflichtteilsanspruch nicht geltend macht. Der Pflichtteilsanspruch ist ja ein Geldanspruch gegen den oder die Erben; wer den Pflichtteil nicht verlangt, bekommt eben nichts.

Pflichtteilsverzicht durch Vertrag

In aller Regel verzichten Pflichtteilsberechtigte aber durch eine vertragliche Vereinbarung noch zu Lebzeiten des künftigen Erblassers, und zwar entweder gegen eine Abfindung oder weil der Erblasser oder die Erblasserin dem oder der Verzichtenden dafür Vorteile im Testament oder Erbvertrag einräumt. Ein solcher Vertrag muss vom Erblasser persönlich abgeschlossen und von einem Notar beurkundet werden. Es gelten die Regeln über den Erbverzicht (siehe Seite 168).

Sehr häufig möchten Eltern sicherstellen, dass nach dem Tod des Ehepartners das Vermögen dem anderen Partner verbleibt und die Kinder ihren Pflichtteilsanspruch nicht geltend machen. Dafür wenden sie ihnen entweder schon zu Lebzeiten bestimmte Vermögensteile zu oder bestrafen ein Kind, das den Pflichtteil dennoch beansprucht, dadurch, dass es nach dem Tod auch des zweiten Ehegatten Vermögensnachteile in Kauf nehmen muss.

Beispiel: Die Eheleute Hans und Susanne Mayer setzen sich im Testament gegenseitig als Vorerben, ihre gemeinsamen Kinder, Tina und Kai, als Nacherben ein. Zugleich verfügen sie, dass ein Kind, das nach dem Tod eines der Ehegatten seinen Pflichtteil verlangt, nach dem Tod des zuletzt Versterbenden nichts erhalten soll. Herr Mayer stirbt.

Vorerbin von Herrn Mayer wird seine Ehefrau, die Kinder sind Nacherben. Sie erben nach dem Tod des Vaters zunächst einmal nichts. Tina überlegt, ob sie ge-

WIE MAN SICH GEGEN AUSSCHLUSS UND VERRINGERUNG DES PFLICHTTEILS WEHREN KANN	
Entziehung des Pflichtteils	Prüfen, ob die Pflichtteilsentziehungsgründe vorliegen (§ 2333 BGB). Wenn nein: Pflichtteil verlangen. Prüfen, ob Verzeihung vorliegt (§ 2337 BGB). Wenn ja: Pflichtteil verlangen.
Schenkungen zu Lebzeiten an andere	Pflichtteilsergänzung fordern (§ 2325 BGB). Zehnjahresfrist beachten.
Erbeinsetzung niedriger als Pflichtteil	Zusatzpflichtteil verlangen (§ 2305 BGB). Für Ehegatten mit Zugewinngemeinschaft: Ausschlagen und Zugewinnausgleich plus kleinen Pflichtteil verlangen; oder annehmen und großen Pflichtteil verlangen (§§ 1371, 1931 BGB).
Erbeinsetzung unter Beschränkungen und Belastungen	Wahl zwischen belastetem Erbteil und Pflichtteil: entweder belasteten Erbteil akzeptieren oder Erbe ausschlagen und Pflichtteil verlangen. Für Ehegatten mit Zugewinngemeinschaft: Ausschlagen und Zugewinnausgleich plus kleinen Pflichtteil verlangen (§§ 1371, 1931 BGB).

genüber ihrer Mutter ihren Pflichtteilsanspruch geltend machen soll. Tut sie das, erbt sie auch nach dem Tod ihrer Mutter nichts.

Beispiel: Herr Kurtz schenkt seiner Tochter Nina aus erster Ehe zu Lebzeiten einen größeren Geldbetrag und schließt gleichzeitig einen notariellen Vertrag mit ihr, in dem sie auf ihr Erbrecht und auf den Pflichtteil verzichtet. In seinem Testament setzt er seine zweite Frau und die Kinder aus zweiter Ehe zu seinen Erben ein.

Nach dem Tod ihres Vaters ist Nina weder erb- noch pflichtteilsberechtigt.

FLEXIBLE PFLICHTTEILSSTRAFKLAUSEL

Folge der Pflichtteilsstrafklausel ist, dass der Nach- oder Schlusserbe im ersten und zweiten Erbfall nur seinen Pflichtteil erhält. Davon kann im ersten Erbfall auch nicht bei Einverständnis aller Beteiligten abgesehen werden, um zum Beispiel auch im ersten Erbfall die Steuerfreibeträge für die Abkömmlinge auszunutzen. Diese starre Folge kann durch eine testamentarische Anordnung vermieden werden, dass die Pflichtteilsstrafklausel keine Anwendung findet, wenn die Ansprüche im ersten Erbfall im Einvernehmen mit dem überlebenden Ehegatten geltend gemacht werden.

Eigenhändig!
Eigenhändig!
MEIN LETZTER WILLE

TESTAMENT UND ERBVERTRAG

Sie wissen nun, wer Ihr Erbe wird, wenn Sie es bei der Erbfolge belassen, die das Gesetz vorsieht (siehe Seite 7 ff.). Sie sind mit diesem Ergebnis nicht zufrieden und möchten über Ihren Nachlass anderweitig bestimmen. Das können Sie durch die Errichtung einer letztwilligen Verfügung. Dabei müssen Sie das Pflichtteilsrecht berücksichtigen und sowohl formelle als auch inhaltliche Vorschriften beachten.

TESTIERFÄHIGKEIT

Ein Testament kann grundsätzlich jeder errichten, der volljährig und voll geschäftsfähig ist. Für Minderjährige gilt: Nur diejenigen, die das 16. Lebensjahr vollendet haben, also 16 Jahre alt geworden sind, können ein Testament errichten, sind also „testierfähig". Sie brauchen dazu nicht die Zustimmung ihrer Eltern oder sonstiger gesetzlicher Vertreter. Allerdings: Sie können nur ein notarielles Testament in einer bestimmten Form errichten (siehe Seite 68).

GRUNDSÄTZLICH GILT: TESTIERFREIHEIT

Ihre Freiheit, über Ihren Nachlass zu bestimmen, kann nur durch ein gemeinschaftliches Testament oder einen Erbvertrag eingeschränkt werden. Ein Vertrag, in dem Sie sich verpflichten, ein Testament zu errichten oder bestimmte Verfügungen erbrechtlichen Inhalts zu unterlassen, ist nichtig.

Wer kein Testament errichten kann

Ein Testament kann nicht errichten, wer

- aufgrund seines Gesundheitszustands – zum Beispiel nach einem schweren Schlaganfall – die Bedeutung seiner Willenserklärung nicht erkennen und deshalb auch nicht verständig handeln kann. Der Erkrankte weiß also zum Beispiel nicht, was er erklärt, oder kann Bedeutung und Inhalt seiner Erklärung zurzeit nicht nachvollziehen. Ändert sich der Gesundheitszustand (entfällt zum Beispiel die Bewusstseinstrübung), ist der Erkrankte wieder voll testierfähig.
- noch nicht 16 Jahre alt ist.

INFO **Eine Vertretung ist ausgeschlossen**

Ihre Verfügung von Todes wegen, also Ihr Testament oder Ihren Erbvertrag, können Sie nur höchstpersönlich errichten. Eine Vertretung ist ausgeschlossen.

Testierfähigkeit von Betreuten

Seit dem 1. Januar 1992 sind Entmündigung und vorläufige Vormundschaft abgeschafft und durch die Anordnung einer Betreuung ersetzt worden.

Der Betreute ist unbeschränkt testierfähig, es sei denn, die Testierfähigkeit ist aufgrund seines Gesundheitszustands ausgeschlossen. Der Betreute bedarf zur Errichtung einer letztwilligen Verfügung auch keiner Einwilligung seines Betreuers.

ÄRZTLICHES GUTACHTEN

Wenn Sie befürchten, dass Dritte Zweifel an Ihrer Testierfähigkeit anmelden, sollten Sie ein ärztliches Gutachten einholen. Beraten Sie sich mit Ihrer Hausärztin oder mit Ihrem Hausarzt.

Das „Testament" eines Testierunfähigen

Fehlt zum Zeitpunkt der Errichtung die Testierfähigkeit, wird das Testament nicht von selbst wirksam, wenn später Testierfähigkeit vorliegt. Hat also ein 15-Jähriger oder ein vor dem 1. Januar 1992 Entmündigter ein Testament errichtet, wird dieses nicht mit der Vollendung des 16. Lebensjahres bzw. der Anordnung der Betreuung wirksam, es ist auch nicht genehmigungsfähig. Der jetzt Testierfähige muss vielmehr ein neues Testament errichten.

Wer trägt die Beweislast?

Im Erbfall muss derjenige, der sich auf die Unwirksamkeit des Testaments beruft, die fehlende Testierfähigkeit nachweisen. In Zweifelsfällen kann also ein entsprechendes ärztliches Attest entscheidend sein, um Ihre Vorstellungen für die Regelung Ihres Nachlasses durchzusetzen!

VERSCHIEDENE TESTAMENTSFORMEN

Das Gesetz unterscheidet zwischen ordentlichen Testamentsformen und Nottestamenten. Letztere kommen praktisch nicht vor. Die üblichen Formen sind:

- eigenhändiges Testament
- öffentliches Testament.

Eigenhändiges Testament

Letztwillige Verfügungen werden in der Praxis meistens in der Form des eigenhändigen Testaments verfasst. **Hierbei müssen Sie Ihren letzten Willen mit der Hand schreiben, und zwar von der** ersten bis zur letzten Zeile Ihrer Anordnungen. Die Verwendung einer Schreibmaschine führt ebenso zur Unwirksamkeit Ihres Testaments wie der Einsatz eines Computers oder die Aufnahme auf ein Tonband. Eigenhändig heißt also: von Ihnen selbst mit der Hand geschrieben! Wenn Sie nicht (mehr) schreiben können, können Sie kein eigenhändiges Testament errichten, sondern nur noch ein notarielles (siehe nachfolgend).

Mit vollständigem Namen unterzeichnen

Sie müssen Ihr eigenhändiges Testament auch selbst unterschreiben, und zwar grundsätzlich mit Ihrem Vor- und Familiennamen. Wenn Sie Ihr Testament nur mit einem Namenskürzel oder einer Familienbezeichnung („Eure Mutter") unterzeichnen, können Zweifel an der Identität und Ernsthaftigkeit Ihrer Erklärung entstehen. Die Gültigkeit Ihrer Verfügung kann damit infrage gestellt sein. Ihre Unterschrift muss unter dem Text stehen. Nur so sind sämtliche Anordnungen eindeutig von Ihrem Testierwillen umfasst. Die Erwähnung Ihres Namens irgendwo mitten im Text reicht für die Wirksamkeit nicht aus.

KEINEN DRITTEN SCHREIBEN LASSEN

Wenn Sie Ihre Erklärung durch einen Dritten schreiben lassen, liegt ein unwirksames Testament vor, und zwar auch dann, wenn Sie es selbst unterschreiben. Eine Heilung der Formunwirksamkeit ist ausgeschlossen.

Was sonst beachtet werden muss

Sie sollten Ihr Testament mit Orts- und Datumsangabe versehen. Diese Angaben sind zwar nicht Voraussetzung für die Wirksamkeit, erleichtern aber bei Vorliegen mehrerer Testamente die Entscheidung darüber, welches das gültige ist (siehe Seite 71).

Ob Sie Ihr Testament auf einem Briefbogen oder auf einem Rezeptblock verfassen, ist für die Wirksamkeit ohne Belang – wenn Sie die Formvorschriften einhalten.

Schreibfehler können Sie in Ihrem Testament berichtigen. Änderungen und Ergänzungen sollten Sie stets in Nachträgen vornehmen, für die ebenfalls alle zuvor dargestellten Formvorschriften gelten. Das heißt: selbst mit der Hand schreiben, mit Ort und Datum versehen und unterschreiben.

SEITENZAHLEN NICHT VERGESSEN

Wenn Ihr Testament mehr als eine Seite umfasst, sollten Sie die Seiten nummerieren und zusammenheften. Die Unterschrift unter dem Text auf der letzten Seite ist zur Wirksamkeit ausreichend.

Öffentliches (notarielles) Testament

Das öffentliche Testament errichten Sie durch Erklärung vor einem Notar Ihrer Wahl. Die gebräuchlichste Form ist die mündliche Erklärung Ihres letzten Willens, die der Notar dann schriftlich niederlegt.

INFO Nicht nur mündlich

Durch die Erweiterung der Erklärungsform – nicht nur mündlich, sondern in jeder für den Notar nachvollziehbaren Form – ist die Entscheidung des Bundesverfassungsgerichts vom 19. Januar 1999 umgesetzt worden. Jetzt können auch Schreib- und Sprechunfähige ihr Testament vor dem Notar erklären. Wann der Notar bei der Beurkundung Zeugen oder einen zweiten Notar hinzuziehen muss, ist in §§ 22 ff. Beurkundungsgesetz geregelt.

Der Notar liest Ihnen die Niederschrift vor, die, wenn keine Änderungen mehr vorzunehmen sind, von Ihnen und dem Notar unterschrieben wird.

Seit dem 1. August 2002 ist die mündliche Erklärung nicht mehr zwingend vorgeschrieben. Damit können auch Sprechunfähige durch Erklärung – zum Beispiel durch Gebärden mithilfe eines Gebärdendolmetschers – ein notarielles Testament errichten und nicht nur durch Übergabe einer Schrift. Ein 16 Jahre alter Minderjähriger kann nur durch Erklärung oder Übergabe einer offenen Schrift ein notarielles Testament errichten.

Ein notarielles Testament können Sie auch in der Form errichten, dass Sie dem Notar eine offene oder verschlossene Schrift, die nicht von Ihnen eigenhändig geschrieben sein muss, mit dem Hinweis übergeben, diese Schrift enthalte Ihren letzten Willen. Eine Beratung durch den Notar entfällt bei der Übergabe einer Schrift.

Ob Testierfähigkeit vorliegt und die zulässige Form gewählt ist, prüft der Notar in jedem Einzelfall und nimmt das Ergebnis in das notarielle Testament mit auf. Dies gibt Ihnen die Sicherheit, dass Ihr Testament auch Bestand hat.

Aufbewahrung

… des eigenhändigen Testaments

Ihr eigenhändiges (privatschriftliches) Testament können Sie an einem beliebigen Ort verwahren, zum Beispiel in Ihrem Banksafe, einer Schreibtischschublade oder einem Schuhkarton, der Ihre persönlichen Papiere enthält. Sie sollten aber sicherstellen, dass es im Falle Ihres Todes gefunden und beim Nachlassgericht abgeliefert wird.

Die Gefahr, dass ein nicht bedachter gesetzlicher Erbe ein ihm unliebsames Testament vernichtet, ist nicht von der Hand zu weisen. Folge ist, dass Ihr letzter Wille nicht ausgeführt wird.

… des notariellen Testaments

Das vor dem Notar errichtete öffentliche Testament wird immer bei dem Amtsgericht, das für den Sitz des Notars zuständig ist, verwahrt.

Wenn Sie sich Ihr notarielles Testament vom Amtsgericht aushändigen lassen, wird es unwirksam. Es gilt wieder die gesetzliche Erbfolge. Wenn Sie dies nicht wollen, müssen Sie umgehend ein neues Testament errichten.

Durch die Verwahrung des Testaments beim Amtsgericht entstehen Kosten, die sich nach dem Geschäftswert richten. Dieser berechnet sich nach dem Wert des Vermögens. Verbindlichkeiten werden abgezogen. Es wird eine Gebühr in Höhe eines Viertels der vollen Gebühr nach der Kostenordnung erhoben (Tabellen dazu unter www.test.de/notargebuehren).

DER HINTERLEGUNGSSCHEIN

Sie können Ihr handschriftliches Testament bei einem Amtsgericht Ihrer Wahl hinterlegen und erhalten einen Hinterlegungsschein. Diesen sollten Sie ebenfalls an sicherer Stelle aufbewahren. Sie brauchen den Hinterlegungsschein, wenn Sie das Testament aus der amtlichen Verwahrung zurücknehmen wollen. Im Erbfall dagegen wird das Nachlassgericht auf amtlichem Wege über hinterlegte Testamente und Erbverträge informiert. Seit dem 1. Januar 2012 werden alle für den Erbfall erforderlichen Daten der amtlich oder notariell verwahrten Urkunden bundesweit im Zentralen Testamentsregister von der Bundesnotarkammer erfasst. Das gilt zunächst einmal für alle ab dem 1. Januar 2012 in notarielle oder amtliche Verwahrung genommene Urkunden. Notare und Gerichte sind verpflichtet, entsprechende Daten auf elektronischem Weg zu liefern.
Die Standesämter melden jeden Sterbefall ab 1. Januar 2012 ebenfalls elektronisch dem Zentralen Testamentsregister. Dieses wiederum benachrichtigt das zuständige Nachlassgericht über registrierte Verwahrdaten und die beteiligten Verwahrstellen über den Sterbefall. So können die verwahrten Urkunden an das Nachlassgericht übermittelt werden.
Für die Registrierung im Zentralen Testamentsregister werden über den beurkundenden Notar oder das Gericht 15 € an Gebühren erhoben, die der Erblasser zu zahlen hat. Das zentrale, automatisierte elektronische Verfahren soll zur schnelleren Nachlassabwicklung führen.
Die bisher bei den Standesämtern auf Karteikarte geführten Testamentsverzeichnisse werden bis 2016 nach und nach in das Zentrale Testamentsregister übernommen. Bis zur Übernahme geben die Standesämter die Daten für Altfälle an die Nachlassgerichte weiter.

Was geschieht bei Rücknahme eines Testaments?

Die Rücknahme des notariellen Testaments aus der amtlichen Verwahrung führt automatisch zum Widerruf Ihrer letztwilligen Verfügung. Anders ist dies bei der Rücknahme Ihres privatschriftlichen Testaments aus der amtlichen Verwahrung. Das privatschriftliche eigenhändige Testament bleibt in vollem Umfang wirksam.

WIDERRUF, ÄNDERUNGEN UND ERGÄNZUNGEN

Ein einmal wirksam errichtetes Testament behält grundsätzlich seine Gültigkeit, auch wenn die tatsächlichen Umstände sich erheblich geändert haben. Sie sollten daher den Inhalt von Zeit zu Zeit überprüfen und den veränderten Umständen anpassen.

Ihr Vermögen, das Sie vererben, kann sich ebenso wie der Kreis derjenigen, die Sie bedenken wollen, verändert haben. Kommen Sie zu dem Ergebnis, dass Sie Ihr Testament ändern wollen, dann müssen Sie Folgendes beachten:

Änderungen nur höchstpersönlich

Sie müssen den Widerruf höchstpersönlich vornehmen, und Sie müssen natürlich testierfähig sein.

Vernichten Sie Ihr Testament!

Wollen Sie Ihr eigenhändiges Testament widerrufen, dann ist es am sichersten, es zu zerreißen und wegzuwerfen. Damit ist in jedem Fall ein Streit darüber ausgeschlossen, ob das alte Testament wirklich ernsthaft aufgehoben worden ist oder nicht. Wird das Testament nur durchgestrichen und mit einem Vermerk „ungültig" versehen, kann im Erbfall Streit darüber entstehen, ob diese Streichung auch tatsächlich von Ihnen stammt.

Wollen Sie das Testament nicht vernichten, dann stellen Sie Ihren Willen, das gesamte Testament aufzuheben, durch die Errichtung eines Widerrufstestaments eindeutig klar.

Widerruf durch ein Widerrufstestament

Wenn Sie lediglich das bereits errichtete Testament aufheben möchten, ohne zugleich neue Verfügungen treffen zu wollen, dann errichten Sie ein Widerrufstestament. Es hat nur die Aufhebung der früheren letztwilligen Verfügung zum Inhalt – mit der Folge, dass wieder die gesetzliche Erbfolge gilt.

Welche Form Sie für das Widerrufstestament wählen, ist Ihnen überlassen. Sie können ein privatschriftlich errichtetes Testament durch ein weiteres privatschriftliches oder durch ein notarielles widerrufen und umgekehrt.

Beispiel:

Mein Testament

Mein am 2. April 2004 errichtetes Testament widerrufe ich hiermit.

Köln, den 10. Mai 2008, Ruth Müller

Widerruf eines notariellen Testaments

Ein notarielles Testament wird bereits dadurch widerrufen, dass Sie es aus der amtlichen Verwahrung nehmen, es sich also vom Amtsgericht gegen Rückgabe des Hinterlegungsscheins aushändigen lassen. Ein notarielles Testament kann aber, auch wenn es in amtlicher Verwahrung bleibt, durch ein weiteres Testament in der Form des eigenhändigen oder notariellen Testaments widerrufen werden.

TIPP **Ordnung ist sehr wichtig**

Liegen mehrere Testamente vor und widerspricht sich der Inhalt vielleicht sogar, ist im Erbfall oft unklar, welche testamentarischen Anordnungen wirksam sind. Sind alle unwirksam, dann tritt das ein, was die Erblasserin oder der Erblasser gerade nicht wollte: die gesetzliche Erbfolge.
Sorgen Sie deshalb für eine eindeutige Anordnung, indem Sie bei Widerruf, Änderungen und Ergänzungen stets ein neues Testament verfassen, das alle testamentarischen Verfügungen enthält, und in dem Sie vorsorglich alle früher errichteten Testamente ausdrücklich als aufgehoben erklären. Diese vernichten Sie am besten. Damit können Sie auch Streit zwischen Ihren früher und den jetzt eingesetzten Erben vermeiden.

Testamente mit widersprüchlichem Inhalt

Liegen zwei Testamente vor und widerspricht sich der Inhalt, dann gilt allein das später errichtete. Das erste Testament ist durch das zweite widerrufen, da nicht beide nebeneinander zur Ausführung kommen können.

Beispiel: Der kinderlose, unverheiratete Rolf Knecht will nicht, dass seine Geschwister Anna und Jörg ihn beerben. Er enterbt sie mit folgendem Testament:

Mein Testament
Ich, Rolf Knecht, setze zu meiner Alleinerbin meine Nichte, Christiane Knecht, ein.
Bonn, den 1. April 2000, Rolf Knecht

Später verträgt sich Rolf Knecht mit seiner Schwester Anna ausgezeichnet. Er vergisst, dass er bereits ein Testament errichtet hat, und schreibt ein neues:

Mein Testament
Ich, Rolf Knecht, setze meine Schwester Anna Leicht, geborene Knecht, zu meiner Alleinerbin ein.
Bonn, den 2. Mai 2009, Rolf Knecht

Rolf Knecht stirbt. Wer erbt? Er kann nicht zwei Alleinerben haben. Es gilt das spätere Testament. Das frühere, zugunsten von Christiane, ist durch das spätere Testament widerrufen. Anna wird Alleinerbin.

Sie sehen, warum es so wichtig ist, das Testament mit einer Zeitangabe – dem Tag der Errichtung – zu versehen: Nur dann kann problemlos festgestellt werden, welches Testament gilt.

Widerruf durch Änderungen und Ergänzungen

Ändern und ergänzen können Sie Ihr Testament jederzeit. Sie müssen aber prüfen, ob und inwieweit Sie dadurch bereits getroffene Anordnungen in Ihrem früheren Testament widerrufen.

Widerruf des Widerrufs

Wenn Sie das Widerrufstestament oder das spätere neue Testament widerrufen, dann gilt im Zweifel das frühere Testament wieder.

Handelt es sich bei dem früheren Testament jedoch um ein notarielles Testament, welches Sie aus der amtlichen Verwahrung genommen haben, bleibt es unwirksam.

GEMEINSCHAFTLICHES TESTAMENT

Das gemeinschaftliche Testament enthält zwei Testamente in einem Schreiben, nämlich die beiden Verfügungen eines Paares. Ein solches Testament konnten früher nur Ehepartner errichten, aber seit dem 1. August 2001 haben auch eingetragene Lebenspartner die Möglichkeit, ihren gemeinsamen letzten Willen in einem gemeinschaftlichen Testament niederzulegen. Nach wie vor können dies aber Verlobte oder ohne Trauschein zusammenlebende Paare nicht. Das gemeinschaftliche Testament kann sowohl als eigenhändiges privatschriftliches als auch als notarielles errichtet werden.

Es wird eigenhändig von einem der Partner geschrieben und von beiden jeweils persönlich mit Ort und Datum versehen und unterschrieben (siehe nebenstehendes Beispiel). Das gemeinschaftliche notarielle Testament errichten Sie gemeinsam vor einem Notar Ihrer Wahl (siehe Seite 67 f.).

Auch Ihr privatschriftliches gemeinschaftliches Testament können Sie zu Hause aufbewahren oder in amtliche Verwahrung geben. Die Rücknahme aus der amtlichen Verwahrung ist nur durch beide Ehepartner/Lebenspartner gemeinsam und persönlich möglich. Die Aufbewahrungskosten sind – berechnet nach dem Wert des gesamten Nachlasses – ein Viertel der vollen Gebühr (siehe Seite 83, unter www.test.de/notargebuehren finden Sie Gebührentabellen).

Beispiel:

Unser Testament
Wir setzen uns gegenseitig als Alleinerben ein. Erben des Längstlebenden sind unsere gemeinsamen Kinder Olaf und Luise.

Köln, den 5. Mai 2005, Ruth Müller
Köln, den 5. Mai 2005, Hans Müller

Bindungswirkung

Das gemeinschaftliche Testament bedeutet nicht nur eine besondere Form der Errichtung – einer schreibt, beide unterschreiben –, sondern führt bei wechselbezüglichen Verfügungen auch zu einer Bindung der beiden Partner an den einmal erklärten letzten Willen. Wenn sie sich gegenseitig als Erben einsetzen, dann liegt eine solche wechselbezügliche Verfügung vor. Dies sind Verfügungen, von denen die eine nicht ohne die andere getroffen worden wäre. Es besteht also eine Abhängigkeit der einen Verfügung von der anderen. Gegenseitig bindende testamentarische Verfügungen sind nur die Erbeinsetzung, das Vermächtnis und die Auflage (siehe Seite 94 ff.).

Ein gemeinschaftliches Testament ändern

Sind sich die Partner über die Aufhebung oder Änderung des gemeinschaftlichen Testaments einig, können sie dies in einem neuen gemeinschaftlichen Testament erklären.
Sind sie sich nicht einig, ist ein Widerruf durch einen Partner nur in der notariellen Form möglich, das heißt, er muss vor dem Notar erklärt werden. Diese Erklärung wird erst wirksam, wenn sie dem anderen Partner zugegangen ist. Beauftragen Sie den Notar, die ordnungsgemäße Zustellung zu veranlassen.

Folge des wirksamen Widerrufs der wechselbezüglichen Verfügung durch einen der Partner ist automatisch die Unwirksamkeit der entsprechenden Verfügungen des anderen Partners. Hat Hans Müller die Erbeinsetzung seiner Ehefrau im Testament vom 5. Mai 2005 (siehe Seite 72) widerrufen, ist er damit auch nicht mehr Erbe von Ruth Müller.

Ist einer der Partner gestorben, kann der andere nicht mehr widerrufen und auch wechselbezügliche Verfügungen nicht mehr ändern. Der überlebende Partner hat nur die Möglichkeit, die Erbschaft oder ein ihm zugewandtes Vermächtnis auszuschlagen. Er wird dann nicht Erbe oder Vermächtnisnehmer des Verstorbenen, hat seinerseits aber wieder die Möglichkeit, über seinen eigenen Nachlass testamentarisch neu und anders zu verfügen.

Beispiel: Nach dem Tod seiner Frau erkennt Hans Müller, dass er doch nicht beide Kinder als seine Erben einsetzen möchte, sondern seinen Sohn Olaf als Alleinerben.

In dem gemeinschaftlichen Testament (siehe Seite 72) hatten sich Ruth und Hans Müller gegenseitig zu Alleinerben eingesetzt, die gemeinsamen Kinder sollten die Erben des überlebenden Ehepartners sein. Diese Erbeinsetzungen sind für Hans Müller bindend, denn er wäre nicht zum Erben eingesetzt worden, wenn er nicht auch die beiden Kinder zu seinen Erben bestimmt hätte. Folglich müsste er die Erbschaft ausschlagen, um die Möglichkeit zu haben, nur seinen Sohn als seinen Erben einzusetzen. Hans Müller hat bei Ausschlagung aber Anspruch auf den kleinen Pflichtteil und auf Zugewinnausgleich (siehe Seite 34 ff.).

Einseitige, also nicht wechselbezügliche Verfügungen, die in einem gemeinschaftlichen Testament enthalten sind, können auch einseitig von jedem Partner durch eine testamentarische Verfügung widerrufen werden.

Abänderungsklausel eröffnet Gestaltungsmöglichkeiten

Wie Sie gelesen haben, ist die Schlusserbeneinsetzung in einem gemeinschaftlichen Testament als wechselbezügliche Verfügung regelmäßig bindend. D. h., der überlebende Ehegatte kann nach dem ersten Erbfall an der Erbeinsetzung nichts mehr ändern. Das gilt unabhängig davon, wie viel Zeit nach dem ersten Erbfall vergeht und ob und wie sich die Verhältnisse ändern. Denkbar sind dabei nach dem ersten Erbfall viele zukünftige Entwicklungen, die eine Abänderung der Schlusserbeneinsetzung sinnvoll und wünschenswert machen:

- Ein Kind wird behindert oder aus sonstigen Gründen betreuungsbedürftig.
- Ein Kind wendet sich von dem überlebenden Elternteil ab.
- Ein Kind übernimmt die Pflege und Versorgung des überlebenden Elternteils, die anderen kümmern sich nicht.
- Zwischenzeitlich geborene Enkelkinder sollen berücksichtigt werden.
- Freunde oder Nachbarn, die sich um die Betreuung des überlebenden Elternteils kümmern, sollen bedacht werden.

Soll der überlebende Ehegatte bei der Schlusserbeneinsetzung auf solche und andere Änderungen der Lebensumstände eingehen können, dann müssen die Eheleute einen Änderungsvorbehalt in ihr gemeinschaftliches Testament aufnehmen. Welche Änderungen der überlebende Ehegatte vornehmen kann, ergibt sich dann aus dem Inhalt des Vorbehalts. Diesen müssen die Ehepartner in ihrem Testament formulieren. Die folgenden Beispiele veranschaulichen dies.

Beispiele:

Unser Testament
Wir setzen uns gegenseitig zu Alleinerben ein. Schlusserben des Längstlebenden von uns sind unsere gemeinsamen Kinder Rita, Ulf und Lea, und zwar zu gleichen Teilen.
Der Überlebende von uns ist befugt, diese Schlusserbeneinsetzung frei zu ändern.

Folge dieser Klausel ist, dass der überlebende Ehepartner über den gesamten Nachlass durch ein neues Testament frei verfügen kann.

Die erbrechtliche Situation der Kinder ist ungesichert, dies führt wahrscheinlich bereits im ersten Erbfall zur Geltendmachung von Pflichtteilsansprüchen durch die Kinder.

Oder:

Der Überlebende von uns kann die Schlusserbeneinsetzung unserer Kinder bis zur Höhe des Pflichtteils herabsetzen und für die frei werdenden Quoten andere Schlusserben einsetzen.

Die Kinder erhalten so mindestens einen Erbteil in Höhe des Pflichtteils, ferner können andere Personen als Erben eingesetzt oder mit einem Vermächtnis bedacht werden.

Oder

Der Überlebende von uns kann die Schlusserben, die beim Tod des zunächst von uns Versterbenden Pflichtteilsansprüche geltend machen, für den zweiten Erbfall ebenfalls auf den Pflichtteil setzen.

Oder:

Der Überlebende von uns kann die Schlusserbeneinsetzung unserer Kinder ändern, indem er die Quoten einzelner Kinder herauf- beziehungsweise herabsetzt. Er darf aber keine anderen Erben einsetzen.

Oder:

Der Überlebende von uns kann Testamentsvollstreckung anordnen, die Erbquoten unter unseren Kindern bis zur Höhe des Pflichtteils verschieben, Vorausvermächtnisse für die Kinder und Vermächtnisse zugunsten unserer Enkelkinder anordnen oder Freunden Erinnerungstücke vermachen.

Oder:

Der Überlebende von uns ist befugt, seine eigenen testamentarischen Verfügungen in diesem Testament ganz oder teilweise zu ändern.

Folge dieser Klausel ist, dass der überlebende Ehegatte nur bezüglich seines eigenen Vermögens neu testieren und andere Erben einsetzen kann. Für den zweiten Erbfall muss dann aber auch feststehen, welches Vermögen von dem zuerst verstorbenen Ehegatten und welches von dem zuletzt verstorbenen stammt, sonst ist Streit zwischen den Erben vorprogrammiert.

Oder:

Der Überlebende von uns ist berechtigt, Vermächtnisse für unsere Enkelkinder im Wert bis zu 10 000 € pro Enkelkind und für dritte Personen mit einem Gesamtwert von bis zu 30 000 € zulasten unserer Schlusserben anzuordnen.

Welche dieser Varianten oder andere Gestaltungsmöglichkeiten Sie wählen, hängt davon ab, was Sie erreichen wollen und wie Ihre Lebensumstände sind. Um die für Sie richtige Formulierung zu finden, sollten Sie sich beraten lassen.

Scheidung führt zur Unwirksamkeit

Wird die Ehe vor dem Tod eines der Ehepartner rechtskräftig geschieden, aufgehoben oder für nichtig erklärt, wird grundsätzlich auch das gemeinschaftliche Testament insgesamt unwirksam. Ist das Scheidungsverfahren noch nicht rechtskräftig abgeschlossen, gilt: Hatte der Erblasser die Scheidung beantragt oder ihr zugestimmt (siehe Seite 12 ff.), wird die wechselbezügliche Verfügung ebenfalls unwirksam. Die Unwirksamkeit tritt in diesen Fällen aber nur ein, wenn keine Anzeichen dafür vorliegen, dass der Erblasser die testamentarischen Verfügungen auch im Fall der Scheidung getroffen hätte. Wer sich darauf beruft, muss dies im Streitfall beweisen. Diese Regelungen gelten auch bei der Aufhebung einer Lebenspartnerschaft.

WENN SICH IHRE PERSÖNLICHEN VERHÄLTNISSE ÄNDERN

Überprüfen Sie bei einer Änderung Ihrer persönlichen Verhältnisse Ihre testamentarischen Verfügungen, und widerrufen Sie ein gemeinschaftliches Testament in der erforderlichen notariellen Form. Testieren Sie dann neu, und errichten Sie, wenn Sie Ihren (früheren) Partner trotz des eingeleiteten Verfahrens oder der vollzogenen Scheidung/Trennung noch bedenken wollen, ein neues Testament mit dem entsprechenden Inhalt.

ERBVERTRAG

Testamente sind einseitige letztwillige Verfügungen einer einzelnen Person und von dieser jederzeit frei widerrufbar.

Ein gemeinschaftliches Testament (siehe Seite 72) enthält zwei Testamente, entfaltet bei wechselbezüglichen Verfügungen eine gewisse Bindungswirkung, ist aber ebenfalls grundsätzlich, solange beide Partner leben, von jedem der Partner frei widerrufbar.

Ein Erbvertrag dagegen ist ein Vertrag zwischen zwei oder mehreren Personen, in dem zumindest eine Person letztwillige Verfügungen trifft, die – da ein Vertrag vorliegt – nicht einfach von dem Testierenden einseitig geändert werden können.

Wer kann einen Erbvertrag schließen?

Einen Erbvertrag können Sie mit einem beliebigen Dritten schließen. Voraussetzung für den Abschluss ist also weder eine bestehende Ehe noch ein Verwandtschaftsverhältnis.

Ein Erbvertrag wird zwischen mindestens zwei Personen geschlossen. Derjenige, der in einem Erbvertrag letztwillige Verfügungen trifft, muss unbeschränkt geschäftsfähig sein, also volljährig und nicht geschäftsunfähig. Geschäftsunfähig ist, wer infolge von Geisteskrankheit oder Geistesschwäche nicht mehr frei seinen Willen bestimmen kann.

Hiervon gibt es eine Ausnahme: Minderjährige Ehepartner und Verlobte können, obwohl sie in der Geschäftsfähigkeit beschränkt sind, einen Erbvertrag schließen. Dieser bedarf aber zur Wirksamkeit der Zustimmung des gesetzlichen Vertreters, üblicherweise der Eltern des minderjährigen Erblassers. Ist der gesetzliche Vertreter ein Vormund, ist zusätzlich die Genehmigung des Vormundschaftsgerichts erforderlich.

Treffen in einem Erbvertrag beide Vertragschließenden erbrechtliche Verfügungen, dann müssen beide diese Voraussetzungen erfüllen. Trifft einer der Vertrag-

TIPP **Nichteheliche Lebensgemeinschaften**

Der Erbvertrag ist für Partner nichtehelicher Lebensgemeinschaften nach wie vor die einzige Möglichkeit, gemeinsam erbrechtliche Verfügungen zu treffen (siehe Seite 154 ff.).

schließenden dagegen keine testamentarischen Verfügungen, wird er also von dem Vertragspartner lediglich bedacht und hat dadurch ausschließlich rechtliche Vorteile, dann reicht zur Wirksamkeit die beschränkte Geschäftsfähigkeit aus. Beschränkt geschäftsfähig ist, wer sieben Jahre alt ist. Will der Großvater seinen zehnjährigen Enkel zu seinem Alleinerben einsetzen, kann er mit ihm einen Erbvertrag schließen. Da der Enkel lediglich Erbe wird, ohne eine Gegenleistung zu übernehmen, ist der Erbvertrag für ihn nur vorteilhaft.

Form und Verwahrung

Der Erbvertrag ist vor dem Notar bei gleichzeitiger Anwesenheit aller Vertragspartner abzuschließen. Derjenige, der letztwillige Verfügungen trifft, muss also persönlich anwesend sein, diejenigen, die keine erbrechtlichen Verfügungen treffen, können sich durch einen Bevollmächtigten vertreten lassen. Für den Abschluss gelten dieselben Formvorschriften wie für die Errichtung eines notariellen Testaments (mündliche Erklärung oder Übergabe einer Schrift siehe Seite 67 f.).

Der Notar veranlasst die amtliche Verwahrung des Erbvertrags. Die Vertragschließenden können diese durch Erklärung gegenüber dem Notar ausschließen. Dann verwahrt der Notar den Erbvertrag und meldet dies dem zentralen Testamentsregister (siehe Seite 69). Die Vertragsparteien erhalten über die Hinterlegung einen Hinterlegungsschein.

WAS BEI EINER RÜCKNAHME DES ERBVERTRAGS GESCHIEHT

Mit der Rücknahme aus der amtlichen oder notariellen Verwahrung wird der Erbvertrag unwirksam.

Vertragsmäßige und einseitige Verfügungen

In einem Erbvertrag können vertragsmäßige, also bindende, und einseitige Verfügungen getroffen werden. Mindestens eine Verfügung eines der Vertragspartner muss vertragsmäßig sein, sonst liegt kein Erbvertrag vor.

INFO **Was generell gilt**

Der Erblasser, also jeweils derjenige, der erbrechtlich verfügt, kann den Erbvertrag nur persönlich abschließen, eine Stellvertretung ist ausgeschlossen.

TIPP Sichergehen!

Dass der Erbvertrag tatsächlich so ausgelegt wird, wie Sie ihn haben abschließen wollen, erreichen Sie am sichersten durch ausdrückliche Klarstellung im Erbvertrag selbst. Sprechen Sie den Inhalt des Erbvertrags daher auch unter diesem Gesichtspunkt mit dem beurkundenden Notar ab.

Bindende Verfügungen können nur in der Anordnung einer Erbeinsetzung, eines Vermächtnisses oder einer Auflage bestehen. Aber: Nicht jede Erbeinsetzung, Auflage oder jedes Vermächtnis muss eine den Erblasser bindende Verfügung sein. Die Frage ist also: Wann liegt eine bindende und wann eine einseitige, vom Erblasser widerrufbare Verfügung vor?

Diese Entscheidung liegt zunächst einmal bei Ihnen, indem Sie die Verfügungen, an die Sie gebunden sein wollen, ausdrücklich als vertragsmäßige Verfügung im Erbvertrag bezeichnen. Dann ist ein Streit über die Auslegung ausgeschlossen.

Liegt dagegen keine ausdrückliche Bestimmung vor, ist nach allgemeinen Vertragsauslegungsregeln zu ermitteln, ob und inwieweit eine gegenseitige Bindung oder freie Widerrufbarkeit von den Vertragschließenden gewollt war, und zwar bei Abschluss des Vertrags.

Die gegenseitige Erbeinsetzung von Ehegatten oder die Zuwendung an einen Dritten, an der der Erblasser ein eigenes Interesse hat, wird als bindende Verfügung angesehen.

Beispiel: Anna und Jochen Reich schließen einen Erbvertrag. Sie setzen sich gegenseitig zu Alleinerben ein. Erben des Längstlebenden sind jeweils zur Hälfte Jochens Bruder und Annas Nichte Kathrin. Jochen stirbt. Kann Anna andere Erben einsetzen?

Haben Anna und Jochen Reich in dem Erbvertrag nicht vereinbart, ob die Erbeinsetzung für den zweiten Erbfall bindend sein soll oder nicht, gilt Folgendes: Jochen hat ein Interesse daran, dass ein Teil des Nachlasses auch an seine Verwandten, hier seinen Bruder, geht. Die Erbeinsetzung des Bruders wird als vertragsmäßige Verfügung angesehen. Anna kann daher nur über die andere Hälfte des Nachlasses frei testieren, also statt Kathrin einen anderen Erben zur Hälfte einsetzen.

Was nach Abschluss noch möglich ist

Haben Sie in einem Erbvertrag bindend über Ihr Vermögen oder Teile davon für den Erbfall verfügt, dann können Sie darüber in einer letztwilligen Verfügung nicht mehr anderweitig bestimmen, also kein späteres Testament mehr errichten. Dieses wäre unwirksam. Unwirksam wird mit Abschluss des Erbvertrags auch eine früher errichtete letztwillige Verfügung, die den bindenden Vereinbarungen im Erbvertrag widerspricht.

Freie Verfügbarkeit zu Lebzeiten

Sie können aber zu Lebzeiten über Ihr Vermögen grundsätzlich weiter frei verfügen (§ 2286 BGB), das heißt, Sie können Teile Ihres Vermögens verbrauchen und veräußern. Aber: Der durch eine bindende Verfügung begünstigte Erbe oder Vermächtnisnehmer ist bei Schenkungen in gewissem Umfang geschützt. Nimmt der Erblasser die Schenkung in der Absicht vor, dadurch seine Ansprüche zu beeinträchtigen, hat der Erbe oder Vermächtnisnehmer im Erbfall gegen den Beschenkten einen Herausgabeanspruch nach Bereicherungsrecht (siehe Seite 142 ff.).

Einvernehmliche Aufhebung

Wenn sich nach Abschluss eines Erbvertrags die Sachlage völlig geändert hat, stellt sich die Frage, welche Möglichkeiten es gibt, ihn den neuen Umständen anzupassen. Sie wissen, nur nicht bindende Verfügungen können Sie einseitig durch anderweitige testamentarische Verfügungen ändern, aber Sie wollen ja gerade die bindenden Verfügungen, die Sie getroffen haben, aufheben oder durch andere Verfügungen ersetzen.

Sind sich die Parteien über die Aufhebung des Erbvertrags einig, müssen sie einen notariellen Aufhebungsvertrag schließen. Der Erblasser muss höchstpersönlich anwesend sein, der andere Teil kann sich in der notariellen Verhandlung vertreten lassen. Ausgeschlossen ist die Aufhebung dann, wenn einer der Vertragschließenden bereits gestorben ist. Ehepartner und Lebenspartner können einen Erbvertrag auch durch ein gemeinschaftliches Testament aufheben, und zwar auch durch ein gemeinschaftliches privatschriftliches.

Ist eine einvernehmliche Aufhebung des Erbvertrags nicht möglich, dann hilft nur ein Rücktrittsrecht.

Rücktrittsrecht des Erblassers

Der Erblasser ist berechtigt, vom Erbvertrag zurückzutreten, wenn er sich auf ein gesetzliches Rücktrittsrecht berufen kann oder sich den Rücktritt vertraglich vorbehalten hat. Das Gesetz sieht für zwei Fallgruppen ein gesetzliches Rücktrittsrecht vor:

- Der Erblasser könnte dem vertragsmäßig Bedachten, wenn dieser pflichtteilsberechtigt wäre, wegen einer Verfehlung den Pflichtteil entziehen (siehe Seite 60 f.).
- Die Verpflichtung des vertragsmäßig Bedachten, eine Gegenleistung zu erbringen – etwa Zahlung von Unterhalt oder Versorgung –, wird vor dem Tod des Erblassers aufgehoben. Dann ist auch der Erblasser nicht mehr verpflichtet, an dem Erbvertrag festzuhalten.

Ein gesetzliches Rücktrittsrecht besteht aber nicht bei Schlechterfüllung, also zum Beispiel nicht bei nur mangelhafter Ver-

INFO Wann zum Rücktritt berechtigt?

In diesen und allen anderen vom gesetzlichen Rücktrittsrecht nicht erfassten Fällen ist der Erblasser nur dann zum Rücktritt berechtigt, wenn er sich diesen im Erbvertrag vorbehalten hat.

Das Rücktrittsrecht kann auf einzelne vertragsmäßige Verfügungen beschränkt sein oder sich auf den Erbvertrag insgesamt beziehen. Lassen Sie sich dazu von einem Notar beraten.

sorgung oder wenn der versprochene Unterhalt nicht gezahlt wird.

Beispiel: Klara Sand setzt ihren Neffen Klaus in einem Erbvertrag 2005 zu ihrem Alleinerben ein. Klaus verpflichtet sich, seine Tante im Alter zu versorgen und zu pflegen. Klara Sand wird 2009 pflegebedürftig, Klaus kümmert sich aber nicht um sie.

Klara Sand hat kein gesetzliches Rücktrittsrecht, da die Verpflichtung zur Pflege weiter besteht, der Neffe sie nur nicht erfüllt. Ob sie sich durch Anfechtung von dem Erbvertrag lösen kann, hängt von den Umständen des Einzelfalls ab und ist unsicher. Solche Fälle der Schlechterfüllung kommen häufig vor und sollten bei der Gestaltung des Erbvertrags bedacht werden.

Lassen Sie sich zur Vereinbarung eines Rücktrittsrechts vom Notar beraten. Der Rücktritt erfolgt durch eine höchstpersönliche Erklärung des Erblassers vor dem Notar. Diese Erklärung muss dem Vertragspartner zugestellt werden.

Folgen des Rücktritts

Haben beide Vertragspartner bindende Verfügungen getroffen und tritt einer der Vertragspartner aufgrund eines Rücktrittsvorbehalts von dem Erbvertrag zurück, wird der Vertrag insgesamt unwirksam. Der Rücktritt kann in diesem Fall nur bis zum Tod eines der Vertragspartner erklärt werden. Nach dem Tod hat der andere nur noch die Möglichkeit, durch Ausschlagung des Zugewendeten seine Testierfreiheit wiederzugewinnen. Hat nur der überlebende Erblasser bindend verfügt, kann er die Verfügung nach dem Tod des Vertragspartners durch ein Testament aufheben.

Anfechtung

Vertragsmäßige Verfügungen können Sie als Erblasser anfechten, allerdings nur in folgenden Fällen:

- Sie befanden sich bei Abschluss des Erbvertrags im Irrtum über den Inhalt oder die Bedeutung Ihrer Erklärung oder sind widerrechtlich durch Drohung zu der Erklärung veranlasst worden. Folge der Anfechtung ist, dass die angefochtene Erklärung unwirksam wird. Steht sie in Zusammenhang mit der erbrechtlichen Verfü-

TIPP **Anfechtung: Wichtiger Hinweis**

Sind Sie der Meinung, dass einer der hier dargestellten Fälle auf Ihren Erbvertrag zutreffen könnte, sollten Sie unbedingt Rechtsrat einholen, denn die Einzelheiten sind kompliziert und können hier nur verkürzt dargestellt werden. Beachten Sie dabei auch die Einjahresfrist für die Anfechtung.

gung des Vertragspartners, wird der gesamte Erbvertrag unwirksam. Kann Jochen Reich die Erbeinsetzung seiner Ehefrau (siehe Seite 78) wegen eines Irrtums anfechten, wird auch seine Erbeinsetzung ungültig. Jochen und Anna Reich können beide durch ein Testament wieder frei über ihr Vermögen verfügen.

- Nach Abschluss des Erbvertrags hat sich der Kreis Ihrer Pflichtteilsberechtigten vergrößert, den jetzt neu hinzugekommenen Pflichtteilsberechtigten, zum Beispiel ein weiteres Kind, einen neuen Ehepartner, haben Sie im Erbvertrag nicht berücksichtigen können.

Liegt einer dieser Gründe vor, sind Sie zur Anfechtung berechtigt, der Erbvertrag wird insgesamt unwirksam. Die Anfechtung muss der Erblasser persönlich vornehmen, und zwar vor dem Notar und innerhalb einer Frist von einem Jahr ab Beendigung der Drohung beziehungsweise ab Kenntnis des Irrtums oder des übergangenen Pflichtteilsberechtigten.

Abänderungsklausel

Der Erblasser kann sich im Erbvertrag statt des oder neben dem Rücktritt auch Änderungen vorbehalten. Dazu gelten dieselben Überlegungen und Formulierungen wie beim gemeinschaftlichen Testament von Ehegatten (siehe Seite 74 f.).

Aber eines geht beim Erbvertrag nicht: Der Erblasser kann nicht den ganzen Vertrag zur Disposition stellen, zumindest eine vertragsmäßige Verfügung muss unantastbar sein. Diese Voraussetzung ist gewahrt, wenn sich Eheleute im Erbvertrag gegenseitig zu Alleinerben einsetzen und sich mögliche Abänderungen nur auf die Schlusserbeneinsetzung beziehen.

Scheidung und Aufhebung

Haben Verlobte oder Ehepartner einen Erbvertrag geschlossen, wird dieser bei Aufhebung des Verlöbnisses oder einer rechtskräftigen Scheidung der Ehe unwirksam.

Ist das Scheidungsverfahren noch nicht abgeschlossen, wird der Erbvertrag ebenfalls unwirksam, sofern der Erblasser die Scheidung beantragt oder ihr zugestimmt hat (siehe Seite 13). Wird die Aufhebung einer Lebenspartnerschaft beantragt oder ist diese rechtskräftig durchgeführt, gilt Entsprechendes.

NICHTEHELICHE LEBENSGEMEINSCHAFT

Schließen Partner einer nichtehelichen Lebensgemeinschaft einen Erbvertrag, wird dieser bei Trennung der Partner dagegen nicht von selbst unwirksam. Für diesen Fall muss im Vertrag ein Rücktrittsrecht vereinbart werden!

Wann ist ein Erbvertrag sinnvoll?

Einen Erbvertrag sollten Sie schließen, wenn Sie für die Zukunft auch für Ihre Erben bindende Vereinbarungen über die Gestaltung der Erbfolge treffen wollen – unter Umständen verknüpft mit einem Pflichtteilsverzichtsvertrag (siehe Seite 62). Nur durch die letztgenannte Vereinbarung können Sie Ihren Vertragserben wirksam vor der Geltendmachung von Pflichtteilsansprüchen schützen! Aber Sie haben keinen Anspruch darauf, dass einer Ihrer Pflichtteilsberechtigten einen solchen Vertrag abschließt, der ihn ja letzten Endes benachteiligt. Der Erbvertrag sollte also einen Inhalt haben, der die verschiedenen Interessen, zum Beispiel mehrerer Kinder, zum Ausgleich bringt.

Ihre Pläne sollten Sie zunächst mit einem/einer Notar/in und dann mit Ihren Erben besprechen.

KOSTEN UND PRAKTISCHE HINWEISE

Welche Kosten werden fällig?

Die Errichtung eines Testaments oder eines Erbvertrags vor einem Notar kostet Geld, ebenso wie die gerichtliche Aufbewahrung von Testament oder Erbvertrag oder die anwaltliche Beratung. Auch wenn Ihnen die Kosten hoch erscheinen, ist es kein „hinausgeworfenes Geld". Es macht sich bezahlt, da Sie bei fachlicher Beratung sichergehen können, dass Ihr letzter Wille auch das enthält, was Sie wollen, und zwar mit zulässigem Inhalt und in wirksamer Form.

Kosten des Notars/der Hinterlegung

Die Kosten für die Errichtung eines notariellen Testaments, eines Erbvertrags und für die Hinterlegung (siehe Seite 69) richten sich nach der Kostenordnung. Maßgeblich für die Berechnung ist der Verkehrswert des zu vererbenden Vermögens abzüglich der Schulden des Erblassers bzw. des vermachten Gegenstands.

Die Höhe der Gebühren richtet sich dann nach der Art der Tätigkeit des Notars. Die Kostenordnung unterscheidet dabei zwischen vollen Gebühren und Bruchteilen davon in Höhe von einem Viertel oder der Hälfte. Aus den Tabellen – zu finden unter www.test.de/notargebuehren – können Sie, wenn Sie den Wert des zu vererbenden Vermögens überblicken, die jeweiligen konkreten Kosten ersehen.

GEBÜHREN FÜR DIE BEURKUNDUNG

Notarielles Einzeltestament	1/1 Gebühr
Gemeinschaftliches Testament	2/1 Gebühr
Erbvertrag	2/1 Gebühr
Widerruf eines gemeinschaftlichen Testaments	1/2 Gebühr
Aufhebung eines Erbvertrags durch den Erblasser	1/2 Gebühr
Anfechtung eines Erbvertrags	1/4 Gebühr
Rücktritt vom Erbvertrag	1/2 Gebühr

zuzüglich Auslagen und Mehrwertsteuer

WIDERRUF UND NEUERRICHTUNG

Wird der Widerruf mit der Errichtung eines neuen notariellen Testaments über denselben Nachlass verbunden, entstehen grundsätzlich nur Kosten für die Neuerrichtung, nicht jedoch für den Widerruf.

Kosten der anwaltlichen Beratung

Die Kosten richten sich nach dem Rechtsanwaltsvergütungsgesetz. Seit dem 1. Juli 2006 gilt: Das Anwaltshonorar für eine Beratung ist Verhandlungssache. Das Beratungshonorar muss zwischen dem Rechtssuchenden und dem Rechtsanwalt vereinbart werden. Anders als bis zum 30. Juni 2006 gibt es für eine Beratung keine festen Gebührensätze mehr. Sie müssen daher vor der Beratung mit ihrem Rechtsanwalt oder ihrer Rechtsanwältin darüber sprechen, was die Beratung kosten wird.

Möglich ist die Vereinbarung eines Pauschalhonorars. Das gibt Ihnen die Sicherheit, vorab zu wissen, wie teuer die Beratung wird. Wenn Umfang, Schwierigkeit und Dauer der Beratung sich nicht abschätzen lassen, wird ihr anwaltlicher Berater die Vereinbarung eines Stundenhonorars vorziehen. Auch dies ist zulässig. Wird nach Zeitaufwand und Stundensatz abgerechnet, sollte ausdrücklich eine zeitnahe Zwischenabrechnung vereinbart werden. So behalten Sie den Überblick über die entstehenden Kosten. Um Missverständnisse auszuschließen, sollten Umfang der Tätigkeit, Stundensätze, Nebenkosten, Nachweispflichten und Abrechnungshäufigkeit vor Beginn der Beratung schriftlich vereinbart werden.

Wird keine Honorarvereinbarung abgeschlossen, ist die Höhe des Honorars bei Verbrauchern (siehe § 13 BGB) gesetzlich begrenzt. Für eine Beratung kann der

TIPP Abrechnungsmodalitäten

Die Gebühren einer anwaltlichen Beratung sind deutlich höher als die für das notarielle Testament, bei dessen Errichtung Sie auch den fachlichen Rat des Notars erhalten. Sie müssen also, wenn Sie einen Notar beauftragen, der gleichzeitig auch Rechtsanwalt ist, vor der Beratung klarstellen, wie diese abgerechnet wird:

- nach der Kostenordnung oder
- nach dem Rechtsanwaltsvergütungsgesetz.

Rechtsanwalt höchstens eine Gebühr von 250 € in Rechnung stellen. Findet nur eine Erstberatung statt, beschränkt sich die Gebühr auf 190 € (§ 34 RVG). Hinzu kommen jeweils die Auslagenpauschale von derzeit 20 € und die Mehrwertsteuer.

Praktische Hinweise

Wie sollen Sie nun entscheiden, welche Form der Testamentserrichtung für Sie die richtige ist? Grundsätzlich gilt: Unabhängig davon, ob Sie ein eigenhändiges oder ein notarielles Testament errichten wollen – auf eine rechtliche Beratung, gegebenenfalls verbunden mit einer steuerrechtlichen, sollten Sie nur in ganz einfach gelagerten Fällen verzichten. Und die gibt es kaum. Denken Sie daran: Die überwiegende Zahl der privatschriftlich verfassten Testamente ist in sich widersprüchlich, fehlerhaft und unwirksam.

Vor- und Nachteile eines eigenhändigen Testaments

Die Vorteile eines eigenhändigen Testaments sind offensichtlich: Es ist schnell zu errichten, zu ergänzen und zu ändern, und zwar ohne Kostenaufwand. Gegen das Unterdrücken des Testaments oder das Nichtauffinden im Erbfall können Sie sich und die eingesetzten Erben durch Hinterlegung beim Amtsgericht schützen; es entstehen aber Hinterlegungskosten in derselben Höhe wie beim notariellen Testament. Die formellen und inhaltlichen Vorschriften, die Sie einhalten müssen, damit Ihr Testament wirksam ist, sind allerdings vielfältig. Hier liegen die Schwierigkeiten eines privatschriftlichen Testaments: Sie können sie ausräumen, indem Sie Rechtsrat einholen. Die anfallenden Kosten sollten Sie nicht scheuen.

Das notarielle Testament ersetzt den Erbschein, den Ihre Erben zum Nachweis ihres Erbrechts brauchen, für das eigenhändige Testament gilt das nicht. Das bedeutet, dass Ihre Erben nach dem Erbfall beim Nachlassgericht einen Erbschein beantragen müssen, dessen Vorlage zum Beispiel für die Eintragung der Erbnachfolge bei Grundstücken unabdingbar ist. Die Beantragung des Erbscheins verursacht Kosten für Ihre Erben (siehe Seite 250 f.). Auch Kreditinstitute begnügen

INFO **Errichtung einer letztwilligen Verfügung im Ausland**

Halten Sie sich als deutscher Staatsbürger im Ausland auf, können Sie Ihr Testament nach den dargestellten Formvorschriften errichten. Ein öffentliches Testament oder einen Erbvertrag müssen Sie vor einem deutschen Konsulat beurkunden lassen.

Ihre so errichteten testamentarischen Verfügungen sind für Ihr in Deutschland befindliches Vermögen maßgeblich. Haben Sie aber auch Vermögen im Ausland, dann lesen Sie im Abschnitt: Erbfälle mit Auslandsbezug nach (siehe Seite 291 ff.).

sich in der Regel mit der Vorlage des notariellen Testaments. Liegt nur ein eigenhändiges Testament vor, sind Ihre Konten bis zur Erteilung des Erbscheins gesperrt. Dies können Sie dadurch umgehen, dass Sie einem oder mehreren Erben bereits zu Lebzeiten Kontovollmachten erteilen.

Vor- und Nachteile eines notariellen Testaments

Für die Errichtung eines notariellen Testaments spricht, dass durch die damit verbundene Beratung Ihre Vorstellungen wirksam umgesetzt werden.

Außerdem wird gleichzeitig Ihre Testierfähigkeit festgestellt. Die notwendige amtliche Verwahrung verursacht dieselben Kosten wie beim privatschriftlichen Testament. Bei Rücknahme aus der amtlichen Verwahrung wird das notarielle Testament zwingend unwirksam. Das bedeutet erneute Kosten, wenn Sie ein neues notarielles Testament errichten. Ihre Erben können in der Regel die Kosten für die Beantragung eines Erbscheins sparen (siehe Seite 241 f.).

Erbvertrag oder gemeinschaftliches Testament?

Erbverträge legen Sie fest. Einen Erbvertrag können Sie nicht ohne weiteres ändern, wenn sich Ihre Vorstellungen darüber ändern, wer Ihre Erben sein sollen. Auch die Zusammensetzung Ihres Vermögens kann sich ändern und eine andere Verteilung auf Ihre Erben bedingen. Der Abschluss eines Erbvertrags kann dann die geeignete Form Ihrer letztwilligen Verfügung sein, wenn komplizierte Vermögens- oder Familienverhältnisse vorliegen und zum Beispiel die Unternehmensnachfolge geregelt werden soll.

Ist der Erblasser noch jung und im Vermögensaufbau begriffen, kann eine Festlegung des letzten Willens durch Erbvertrag zu früh sein. Dann ist für Ehepaare das gemeinsame Testament vorzuziehen. Es entfaltet auch eine Bindungswirkung bei wechselbezüglichen Verfügungen.
Es hat aber den Vorteil, das es zu Lebzeiten der Eheleute leichter als ein Erbvertrag abzuändern ist.

BERLINER TESTAMENT

INHALT LETZTWILLIGER VERFÜGUNGEN

Formvorschriften müssen Sie einhalten, damit Ihre letztwillige Verfügung wirksam ist (siehe Seite 65 ff.). Um Ihre Vorstellungen von der Verteilung Ihres Vermögens zu verwirklichen, müssen Sie aber auch wissen, welche inhaltlichen Gestaltungsmöglichkeiten das BGB bietet. Wie wird vererbt und wie wird vermacht? Erklärungen dazu finden Sie in den nachfolgenden Ausführungen.

WAS GEHÖRT ZUM NACHLASS?

Mit dem Tod der Erblasserin oder des Erblassers geht – so sieht es das Gesetz vor – ihr oder sein Vermögen als Ganzes auf einen oder mehrere Erben über (Gesamtrechtsnachfolge). Zum Vermögen und damit zum Nachlass gehören zum Beispiel Grundstücke, Rechte an Grundstücken (Hypotheken, Grundschulden), Wertpapiere, Anteile an Gesellschaften (siehe Seite 173 ff.), Bankkonten, Forderungen (wenn der Erblasser Geld „verliehen" hat), Schmuck, Bilder, Hausrat.

Verschaffen Sie sich also einen Überblick! Bevor Sie Ihre Erben bestimmen, sollten Sie zusammenstellen, über welches Vermögen Sie verfügen und welche Schulden bestehen.

Da sich beides im Laufe der Zeit ändern kann, ist auch dies für Sie ein Grund, Ihre testamentarischen Verfügungen im Abstand von einigen Jahren zu überprüfen und gegebenenfalls den veränderten Umständen anzupassen.

Lebensversicherung

Der ausgezahlte Betrag aus einer Lebensversicherung fällt dann nicht in den Nachlass und steht damit nicht den Erben zu, wenn die Bezugsberechtigung auf einen bestimmten Dritten lautet, der auch Erbe sein kann. Ist das der Fall, erhält dieser die Leistungen aus dem Lebensversicherungsvertrag, und es erfolgt keine Anrechnung auf seinen Erbteil. Ist der Bezugsberechtigte der geschiedene Ehepartner, wird ihm trotz Scheidung die Summe ausbezahlt, weil die Bezugsberechtigung bei Scheidung nicht automatisch unwirksam wird. Sie sollten daher von Zeit zu Zeit prüfen, ob Sie die Bezugsberechtigung ändern wollen.

WIDERRUF DER BEZUGSBERECHTIGUNG

Den Widerruf der Bezugsberechtigung Ihrer Lebensversicherung müssen Sie der Gesellschaft anzeigen. Erklären Sie ihn nur im Testament, ist dies nach den Versicherungsbedingungen meist nicht wirksam. Hat der Erblasser seine Ansprüche aus der Lebensversicherung als Sicherheit beispielsweise für einen Kredit an seine Bank abgetreten und dazu die Bezugsberechtigung widerrufen, fällt die an die Bank ausgezahlte Versicherungssumme in den Nachlass. Dasselbe gilt für noch offene Kreditschulden.
Bleibt es bei der Bezugsberechtigung, erhält der Bezugsberechtigte außerhalb des Nachlasses nur den nicht von der Bank beanspruchten Teil der Versicherungssumme.

Guthaben auf Konten

Ist der Erblasser alleiniger Kontoinhaber, gehört das gesamte Guthaben zum Nachlass. Der Erbe kann aber erst dann Geld abheben, wenn er einen Erbschein oder zumindest ein eröffnetes notarielles Testament vorlegen kann. Ist zum Beispiel der überlebende Ehepartner Erbe und etwa für die Zahlung der Wohnungsmiete auf das Guthaben angewiesen, kann es unter Umständen zu Zahlungsschwierigkeiten kommen. Hier hilft eine vom Erblasser erteilte Bankvollmacht (siehe Seite 111).
Bei Gemeinschaftskonten steht das Guthaben dem Erben und dem anderen Kontoinhaber im Zweifel zu gleichen Teilen zu, also je zur Hälfte, es sei denn, zwischen dem Erblasser und dem anderen Kontoinhaber besteht eine nachweisbare andere Vereinbarung über die Aufteilung.

WER KANN ÜBER DAS KONTO VERFÜGEN?

Gemeinschaftskonten sind meist Oder-Konten – dann kann jeder Kontoinhaber einzeln unterzeichnen, also zum Beispiel Geld abheben. Seltener sind Und-Konten, bei denen immer beide Kontoinhaber zusammen unterzeichnen müssen.

Schulden

Auch Verbindlichkeiten gehören zum Nachlass, beispielsweise die Schulden bei der Bank.

„Höchstpersönliche Rechte"

Nicht in den Nachlass fallen höchstpersönliche, also an die Person des Erblassers gebundene Rechte, wie etwa die Mitgliedschaft in Vereinen, das Altenteil, das Wohnrecht, Renten (etwa eine Rente von der Deutschen Rentenversicherung oder eine Pension) und Unterhaltsansprüche.

Unterhaltsverpflichtungen

Grundsätzlich erlöschen Unterhaltsverpflichtungen des Erblassers. Ausnahmen gelten gemäß § 1586 b BGB für Ansprüche des geschiedenen unterhaltsberechtigten Ehepartners. Der Unterhaltsanspruch bleibt bestehen und richtet sich nun als Nachlassverbindlichkeit gegen die Erben. Er ist jedoch der Höhe nach begrenzt auf den Betrag, den der geschiedene Partner als kleinen Pflichtteil erhielte, wenn die Ehe nicht geschieden worden wäre (siehe Seite 34).

Maßgeblich für die Berechnung ist das Vermögen zum Zeitpunkt des Todes des Erblassers, nicht zum Zeitpunkt der Scheidung. Pflichtteils- oder Erbansprüche eines neuen Ehepartners bleiben bei der Berechnung des Anspruchs des früheren Partners unberücksichtigt (das heißt, sie werden nicht vom Nachlass abgezogen) und führen damit auch nicht zu einer Verkürzung seines Anspruchs.

Die gleichen Ausnahmen gelten gemäß § 16 Abs. 1 LPartG für Ansprüche des Lebenspartners nach Aufhebung der Partnerschaft. Der Anspruch des unterhaltsberechtigten geschiedenen Ehegatten oder des Lebenspartners kann aber entfallen, wenn dieser aufgrund des Todes des Erblassers durch Erwerb von Rentenansprüchen angemessen versorgt ist, sodass die Bedürftigkeit entfällt.

AUSGESTALTUNG IHRER LETZTWILLIGEN VERFÜGUNG

Ihr Grundstück, bebaut mit einem Einfamilienhaus, soll Ihr Ehepartner erhalten, Ihren Handwerksbetrieb Ihr Sohn, und die Tochter soll später das Grundstück bekommen. Ihr Dackel, den Ihr Ehepartner nicht mag, Ihr Neffe aber ins Herz geschlossen hat, soll versorgt werden, und Ihre langjährigen Freunde sollen Ihre Bilder erhalten.

Wenn Sie dies als Ihren letzten Willen so niederschreiben, dann ist nach dem Gesetz fraglich, was und wie es gemeint ist. Handelt es sich bei den Zuwendungen an den Ehepartner und den Sohn um Erbeinsetzungen oder Vorausvermächtnisse, ist damit über den gesamten Nachlass verfügt oder gilt daneben die gesetzliche Erbfolge, haben Sie dem Neffen den Dackel als Vermächtnis zugedacht, verbunden mit der Auflage, für ihn gut zu sorgen, und wer sind Ihre langjährigen Freunde? Fragen, die durch Erforschung Ihres wahren Willens und anhand von Auslegungsregeln beantwortet werden müssen, wobei im Ergebnis nicht unbedingt das herauskommen muss, was Sie sich vorgestellt haben. Diese Schwierigkeiten können Sie vermeiden, indem Sie die erbrechtlichen Gestaltungsmöglichkeiten, die das BGB zur Verfügung stellt, richtig anwenden.

Allgemeine Auslegungsregeln für Testamente

Ein Testament enthält Ihren persönlichen letzten Willen. Sie müssen entscheiden, was Sie wollen, und gemäß § 2065 BGB können Sie die Geltung Ihres Testaments nicht von der Zustimmung eines Dritten abhängig machen oder die Bestimmung der bedachten Personen oder der zugewandten Gegenstände einem Dritten überlassen. Tun Sie das trotzdem, ist Ihr Testament grundsätzlich unwirksam. Sie müssen insbesondere Ihren Erben selbst bestimmen. Für die Anordnungen von Vermächtnissen (siehe Seite 96 ff.) und Auflagen (siehe Seite 100 ff.) gibt es Ausnahmen.

Auch für ein Testament gilt gemäß § 133 BGB, dass der wirkliche Wille des Erklärenden, auch wenn er so in der Erklärung nicht zum Ausdruck gekommen ist, zu erforschen ist. Es gilt ergänzend, dass bei mehreren Auslegungsmöglichkeiten im Zweifel diejenige anzuwenden ist, die zur Wirksamkeit der Verfügung führt. Der Gesetzgeber will damit erreichen, dass ein Testament möglichst Bestand hat. Dazu dient auch die Regel, dass die Unwirksamkeit einer Verfügung nicht automatisch zur Unwirksamkeit des gesamten Testaments führt. Dies ist nur dann der Fall, wenn anzunehmen ist, dass der Erblasser die anderen Verfügungen nicht ohne die unwirksame Verfügung getroffen hätte.

INDIVIDUELLE BERATUNG LOHNT SICH!

Haben Sie Zweifel, ob Sie Ihr Testament eindeutig formuliert haben, sollten Sie sich beraten lassen, denn das Gesetz enthält noch weitere Auslegungsregeln, die nur in einzelnen Fällen einmal praktisch werden.

Auslegungsregeln für allgemeine Bezeichnungen

Weitere Auslegungsregeln hält das Gesetz für den Fall bereit, dass sich der Erblasser bei der Auswahl der Bedachten nur in allgemeinen Begriffen ausdrückt.

Beispiel:

Mein Testament
Zu meinen Erben setze ich meine gesetzlichen Erben ein.
Dresden, den 8. März 2005
Hans Meier

TIPP Sorgen Sie für Klarheit

Zur Klarstellung ist zu empfehlen, dass Sie in ein längeres Testament mit vielen verschiedenen Anordnungen eine ausdrückliche Regelung darüber aufnehmen, was Sie wollen, falls einzelne Verfügungen unwirksam sind. Dazu dient folgende handschriftliche Formulierung: „Sollten eine oder mehrere meiner Verfügungen unwirksam sein, so bleiben die übrigen wirksam."

Hier hat der Erblasser die beim Erbfall vorhandenen gesetzlichen Erben zu den ihrem gesetzlichen Erbteil entsprechenden Quoten eingesetzt. Setzt er stattdessen „seine Verwandten" ein, so gilt: Die Verwandten, die zum Zeitpunkt des Erbfalls seine gesetzlichen Erben sind, sind seine Erben. Dazu gehört nicht der Ehepartner und auch nicht der Lebenspartner, da sie nach dem Gesetz keine Verwandten sind.

Auslegungsregeln liefert das BGB auch für die Einsetzung von Kindern und deren Abkömmlingen: Hat der Erblasser einen bestimmten Abkömmling zu seinem Erben eingesetzt, also zum Beispiel seinen Sohn namentlich bezeichnet, und stirbt dieser vor dem Erblasser, oder schlägt er die Erbschaft aus, treten dessen Kinder (und weitere Abkömmlinge) an seine Stelle. Sie werden gemäß § 2069 BGB als Ersatzerben testamentarische Erben, soweit sie bei gesetzlicher Erbfolge zum Zuge kämen. Eine ausdrückliche Bestimmung im Testament ist nicht notwendig – jedoch sinnvoll.

Beispiel: Der verwitwete Rudi Müller hat zwei Söhne, Klaus und Peter. Peter hat eine Tochter Christa. Rudi Müller schreibt sein Testament:

Mein Testament
Ich setze meine Söhne Klaus und Peter zu meinen Erben je zur Hälfte ein.
Köln, den 5. Mai 1998
Rudi Müller

Sohn Peter verunglückt am 2. März 2005 tödlich. Herr Müller ändert sein Testament nicht und verstirbt am 10. Juni 2005. Wer wird Erbe?

Rudi Müller hat seine Söhne zu seinen Erben berufen. Da Peter nach der Errichtung des Testaments vom 5. Mai 1998 im Jahre 2005 stirbt, tritt dessen Tochter Christa als Abkömmling an seine Stelle. Sie erbt als Ersatzerbin für ihren Vater die Hälfte des Nachlasses. Die andere Hälfte geht an Klaus als testamentarischen Erben.

Die Rechtsprechung hat diese Regel noch erweitert: Auch Abkömmlinge von

INFO **Wichtig: Problemen vorbeugen**

Der Ersatzerbe wird nur im Zweifel Erbe, also nur dann, wenn kein anderer Wille des Erblassers bekannt ist. Das kann zu Auslegungsschwierigkeiten und Streit führen. Stellen Sie deshalb vorsorglich in Ihrem Testament klar, ob Sie wollen, dass die Abkömmlinge ihrer Erben Ersatzerben werden oder nicht. Und wenn Sie dies ausschließen, dann sollten Sie vorsorglich andere Ersatzerben für den Fall benennen, dass Ihre eingesetzten Erben vor Ihnen versterben oder die Erbschaft ausschlagen.

eingesetzten und dann weggefallenen Ehegatten, nahen Angehörigen oder nahestehenden dritten Personen gelten als Ersatzerben, auch wenn eine ausdrückliche Anordnung fehlt.

Testament mit einer Bedingung

Erfolgt die Zuwendung im Testament unter einer aufschiebenden Bedingung, gilt dies im Zweifel nur, wenn der Bedachte den Eintritt der Bedingung erlebt.

Beispiel:

Mein Testament
Mein Enkelkind Andrea erhält, wenn es sein Studium erfolgreich vor seinem 26. Geburtstag abschließt, ein Geldvermächtnis in Höhe von 20 000 Euro.
Leipzig, den 5. Mai 1999
Rolf Klein

Rolf Klein stirbt 2001, Andrea beendet, gerade 23 Jahre alt, am 2. Februar 2002 ihr Studium. Sie kann, da die Bedingung erfüllt ist, von dem Erben 20 000 € verlangen.

Hat der Erblasser die Zuwendung unter der Bedingung gemacht, dass der Bedachte sich in bestimmter Weise verhält oder bestimmte Handlungen unterlässt, so ist das eine Zuwendung unter einer auflösenden Bedingung. Das heißt, solange der Bedachte sich bedingungsgemäß verhält, bleibt ihm die Zuwendung.

Beispiel: Hans Müller setzt seinen Neffen Jörg als Erben unter der Bedingung ein, dass Jörg nicht vor Vollendung seines 25. Lebensjahres heiratet.

Beim Tod von Hans Müller ist Jörg 20 Jahre alt, er wird Erbe. Heiratet Jörg, bevor er 25 ist, hat er die Erbschaft an die gesetzlichen Erben herauszugeben.

WER KANN ERBE WERDEN?

Erbfähigkeit

Erbe kann jede natürliche Person werden, die zum Zeitpunkt des Erbfalls lebt. Stirbt der gesetzliche oder testamentarische Erbe vor dem Erbfall, wird er nicht Erbe. Wer dann Erbe wird, richtet sich nach den testamentarischen Anordnungen oder der gesetzlichen Erbfolge.

Sterben der Erblasser und einer oder mehrere seiner möglichen Erben zum Beispiel bei einem Verkehrsunfall und lässt sich nicht feststellen, wer wen überlebt hat, wird gemäß § 11 Verschollenheitsgesetz vermutet, dass der Tod gleichzeitig eingetreten ist.

Beispiel: Hans und Ruth Müller machen mit ihren Kindern Ulla und Wulf einen Sonntagsausflug. Es kommt zu einem Verkehrsunfall. Als der Rettungswagen ein-

INFO **Stiftungen, die nach dem Tod anerkannt werden**

Wenn der Erblasser eine Stiftung gegründet hat, die aber erst nach seinem Tod von der zuständigen staatlichen Stelle anerkannt wird, gilt eine Ausnahme: Sie wird so behandelt, als sei die Anerkennung vor dem Tod erteilt worden mit der Folge, dass die Stiftung Erbin werden kann.
Auch die von dem Erblasser in der letztwilligen Verfügung erst geplante Stiftung kann Erbin werden (siehe Seite 149).

trifft, sind Hans, Ruth und Wulf tot, Ulla überlebt schwerverletzt.

In welcher Reihenfolge der Tod eingetreten ist, lässt sich nicht feststellen. Wer beerbt wen?

Hans, Ruth und Wulf Müller gelten als gleichzeitig verstorben, da sich nicht feststellen lässt, in welcher Reihenfolge ihr Tod eingetreten ist. Sie scheiden daher alle drei gegenseitig als Erben aus. Ulla als einziger noch lebender Abkömmling wird gesetzliche Alleinerbin nach ihren Eltern Hans und Ruth, als einzige Schwester auch Alleinerbin nach ihrem Bruder Wulf.

Embryonen

Erbe kann auch werden, wer bei Eintritt des Erbfalls noch nicht geboren, aber bereits gezeugt worden ist. Voraussetzung ist, dass das Kind lebend zur Welt kommt.

Gesellschaften, Vereine, Stiftungen

Erbfähig sind ebenfalls juristische Personen des Privatrechts und des öffentlichen Rechts. Juristische Personen sind Zusammenschlüsse von Personen oder Vermögensgegenständen, denen die Rechtsordnung eine eigene Rechtsfähigkeit verleiht. Daraus ergibt sich die Erbfähigkeit.

Der eingetragene Verein, eine Gesellschaft mit beschränkter Haftung, eine Aktiengesellschaft, eine Stiftung sind erbfähige juristische Personen des Privatrechts. Sie müssen aber zum Zeitpunkt des Erbfalls bereits wirksam entstanden sein, um Erbe werden zu können.

Juristische Personen des öffentlichen Rechts sind zum Beispiel der Bund, die einzelnen Bundesländer, Kirchen, Universitäten, Anstalten und Stiftungen. Erbfähig sind auch, obwohl sie keine juristischen Personen sind, der nicht rechtsfähige Verein, eine Gesellschaft bürgerlichen Rechts, eine offene Handels- und eine Kommanditgesellschaft.

Wer kann nicht Erbe werden?

Andere als die oben aufgeführten Zusammenschlüsse natürlicher oder juristischer Personen sind nicht erbfähig. Eine Miterbengemeinschaft kann daher nicht als Erbe eingesetzt werden. Auch ein zum

Zeitpunkt des Erbfalls noch nicht gezeugter Mensch kann nicht Erbe werden. Wird er dennoch als Erbe eingesetzt, gilt die Einsetzung als Nacherbe; Vorerben werden die gesetzlichen Erben (siehe Seite 105).

TIERE SIND NICHT ERBFÄHIG

Wenn Sie ein Tier nach Ihrem Tod versorgt wissen möchten, dann sollten Sie den Erben testamentarisch eine entsprechende Auflage machen (siehe Seite 100 f.)

EINEN ODER MEHRERE ERBEN EINSETZEN

Einsetzung zu Bruchteilen

Als Erstes gilt: Wenn Sie jemanden zu Ihrem Erben einsetzen, muss sich diese Erbeinsetzung entweder auf den gesamten Nachlass – das ist der Fall des Alleinerben – oder auf einen Bruchteil – die Hälfte, ein Viertel und so weiter – beziehen. Das BGB kennt keine Erbeinsetzung hinsichtlich einzelner Gegenstände; sie können nur durch die Anordnung von Vermächtnissen zugewandt werden (siehe Seite 96 ff.).

Es muss aber einen Erben geben, der die Gesamtrechtsnachfolge antritt, der also zum Beispiel auch für Ihre Verbindlichkeiten zuständig ist. Haben Sie in Ihrem Testament nur einzelne Vermächtnisse angeordnet, dann gilt für den Rest Ihres Vermögens die gesetzliche Erbfolge.

Setzen Sie mehrere Erben ein, ohne Bruchteile zu bestimmen, erben sie im Zweifel zu gleichen Teilen. Wenn Sie mehrere Erben einsetzen, überlegen Sie genau, zu welchen Bruchteilen diese erben sollen.

Anwachsung oder Einsetzung eines Ersatzerben

Fällt ein testamentarisch eingesetzter Erbe weg, erhalten der oder die anderen Erben diesen Erbteil. Er wächst ihm bzw. ihnen im Verhältnis ihrer Erbteile zu (§ 2094 BGB). Will der Erblasser dies nicht, kann er die Anwachsung ausschließen; dann gilt für diesen Erbteil die gesetzliche Erbfolge.

Beispiel: Rolf Stau setzt seine Freunde Ulf Müller und Ulla Klar zu seinen Erben je zur Hälfte ein. Rolf stirbt. Ulf schlägt die Erbschaft aus. Wer erbt?

Ulla Klar wird Alleinerbin. Als testamentarisch eingesetzte Erbin wächst ihr der Erbanteil von Ulf Müller zu, der die Erbschaft ausgeschlagen hat.

Will der Erblasser für den Fall, dass ein im Testament eingesetzter Erbe wegfällt, dass ein Dritter für diesen Teil sein Erbe wird, so muss er dies ausdrücklich anordnen. Er muss einen Ersatzerben benennen. Das Testament von Rolf Stau würde dann so aussehen:

Beispiel:

Mein Testament
Ich setze meine Freunde Ulf Müller und Ulla Klar zu meinem Erben je zur Hälfte ein.
Als Ersatzerben bestimme ich für meine Erben jeweils meinen Freund Holger Marx.

Bonn, den 6. Juni 2004
Rolf Stau

Schlägt Ulf Müller die Erbschaft aus, wird Holger Marx als eingesetzter Ersatzerbe neben Ulla Klar Erbe zur Hälfte.

Der Ersatzerbe tritt an die Stelle des zunächst berufenen Erben, wenn dieser vor dem Erbfall stirbt oder die Erbschaft ausschlägt. Ist ein Ersatzerbe im Testament eingesetzt, tritt bei Wegfall von Erben keine Anwachsung ein. Dem eingesetzten Ersatzerben stehen die als Ersatzerben gemäß § 2069 BGB nachrückenden Abkömmlinge gleich (siehe Seite 91f.).

Testamentarischer Ausschluss eines Erben

Wenn Sie einen Ihrer gesetzlichen Erben von der Erbfolge ausschließen wollen, können Sie dies durch ausdrückliche Anordnung in Ihrem Testament erreichen. Gehört dieser gesetzliche Erbe zu den Pflichtteilsberechtigten, genügt für die Ausschließung auch die Anordnung, dass dieser Erbe nur seinen Pflichtteil erhalten soll.

Beispiel:

Mein Testament
Mein Kind Jörn schließe ich als gesetzlichen Erben aus. Der Ausschluss erstreckt sich auch auf seine Abkömmlinge.

Rostock, den 2. März 2006
Hans Müller

Oder formulieren Sie:

„... setze ich auf seinen Pflichtteil ...“

Weitere Verfügungen brauchen Sie in Ihrem Testament nicht zu treffen, wenn es im Übrigen bei der gesetzlichen Erbfolge bleiben soll.

Wenn der Ausschluss eines Ihrer Kinder betrifft, sollten Sie aber klarstellen, ob er sich auch auf dessen Abkömmlinge beziehen soll. Wenn Sie aber mit dem Ausschluss eines Ihrer gesetzlichen Erben gleichzeitig die gesetzliche Erbfolge durch die Einsetzung anderer Erben abändern wollen, dann müssen Sie neben den Hinweisen zum Inhalt einer letztwilligen Verfügung in diesem Kapitel auch die Formvorschriften (siehe Seite 65) beachten, damit Ihr Testament auch wirksam ist.

Anregungen zur Gestaltung finden Sie auch in den Tipps und Mustertestamenten (siehe Seite 112).

VERMÄCHTNIS

Wer als Erbe eingesetzt ist, tritt in die Fußstapfen des Erblassers; der gesamte Nachlass geht im Wege der Gesamtrechtsnachfolge auf den Erben über. Soll einem Dritten dagegen ohne weitere Verpflichtungen nur ein einzelner Gegenstand zugewandt werden, dann ist die Anordnung eines Vermächtnisses das richtige testamentarische Mittel. Vermachen und vererben sind zwei völlig unterschiedliche letztwillige Anordnungen.

Das Vermächtnis begründet lediglich einen Anspruch des Vermächtnisnehmers – des Bedachten – auf Übertragung des zugewandten Gegenstands. Der Bedachte wird also mit dem Eintritt des Erbfalls nicht von selbst Eigentümer des ihm Vermachten, sondern muss seinen Anspruch gegen den Beschwerten, also gegen denjenigen, der nach dem Willen des Erblassers das Vermächtnis erfüllen muss, durchsetzen.

Wer kann Vermächtnisnehmer sein?

Jede natürliche oder juristische Person, zum Beispiel ein rechtsfähiger Verein oder eine Stiftung, kann mit einem Vermächtnis bedacht werden. Stirbt der Bedachte vor Eintritt des Erbfalls, wird das Vermächtnis unwirksam.

Dagegen muss – anders als bei der Erbeinsetzung – der Bedachte zum Zeitpunkt des Erbfalls noch nicht gezeugt sein. Auch erhoffte Enkel können bedacht werden.

Wann ist das Vermächtnis fällig?

Mit dem Erbfall erwirbt der Berechtigte den Anspruch, von dem Beschwerten den vermachten Gegenstand zu verlangen.

Ist das Vermächtnis erst zu einem nach dem Erbfall liegenden Zeitpunkt zugewandt oder die Bedingung für die Zuwendung noch nicht eingetreten, kann es erst dann geltend gemacht werden.

Was kann vermacht werden?

Alles kann vermacht werden: das Grundstück, das Klavier, Tiere, der Betrieb, der Darlehensrückzahlungsanspruch gegen einen Dritten, die Mieteinnahmen aus einem Mehrfamilienhaus oder die Zinseinnahmen aus einem Wertpapierdepot. Es kann auch auf eine Forderung verzichtet werden (der Bedachte muss zum Beispiel das vom Erblasser gewährte Darlehen nicht mehr zurückzahlen).

Verschaffungsvermächtnis

Es kann auch ein Gegenstand zugewandt werden, der nicht zum Nachlass gehört (Verschaffungsvermächtnis). Der Erblasser, der nie Eigentümer eines Pkw war, wendet dem Bedachten ein Auto der Klasse X zu. Folge ist, dass der Bedachte gegen den mit dem Vermächtnis Beschwerten einen Anspruch auf Verschaffung und Übereignung eines entsprechenden Pkw hat. Kann der Beschwerte den Gegenstand nicht oder nur mit unverhältnismäßig hohem Aufwand beschaffen, hat der

Bedachte einen Anspruch auf Zahlung des Wertes.

Ist dagegen der vermachte Gegenstand nur nicht (mehr) im Nachlass vorhanden, fällt das Vermächtnis ersatzlos weg.

Wahlvermächtnis

Der Erblasser kann ein Vermächtnis auch in der Weise anordnen, dass der Bedachte von mehreren Gegenständen wahlweise einen erhalten soll (Wahlvermächtnis). Aus der Gemäldesammlung wird dem Bedachten ein Bild zugewandt. Der Erblasser kann testamentarisch auch bestimmen, wer die Wahl treffen soll: der Bedachte selbst, ein Dritter – zum Beispiel der Testamentsvollstrecker – oder der Beschwerte. Fehlt eine derartige Anordnung, steht das Wahlrecht dem Beschwerten zu.

Zweckvermächtnis

Hat der Erblasser den Zweck des Vermächtnisses und den Bedachten festgelegt, dann kann er die Bestimmung der Leistung dem billigen Ermessen eines Dritten oder des Beschwerten, nicht jedoch dem Bedachten selbst überlassen.

Beispiel: Herr Müller möchte sicherstellen, dass sein gerade ein Jahr altes Enkelkind aus seinem Nachlass ausreichende finanzielle Mittel für ein späteres Universitätsstudium erhält:

Mein Testament

Meinem am 3. Januar 2004 geborenen Enkelkind Ulf vermache ich einen zum Zwecke seines Universitätsstudiums ausreichenden Geldbetrag. Die Höhe des Geldbetrages bestimmt mein Testamentsvollstrecker.

Köln, den 4. Mai 2005

Hans Müller

Studiert das Enkelkind nicht, fällt das Vermächtnis ersatzlos weg.

Dieses Beispiel führt für den Testamentsvollstrecker dann zu erheblichen Bestimmungsschwierigkeiten, wenn zwischen dem Eintritt des Erbfalls und dem möglichen Beginn des Studiums eine längere Zeitspanne liegt. In diesem Fall muss der Testamentsvollstrecker schätzen, welcher Betrag zur Finanzierung des Studiums in der Zukunft notwendig sein wird, und ihn bei der Verteilung des Nachlasses zurückhalten. Zur Vermeidung von Streitigkeiten über die Angemessenheit von Aufwendungen, die erst in weiter Zukunft liegen, sollte der Erblasser überlegen, von vornherein eine bestimmte Geldsumme zuzuwenden.

Belastungen gehen mit

Die auf einem vermachten Gegenstand oder einer Sache ruhenden Belastungen gehen im Zweifel auch auf den Bedachten über – also zum Beispiel die auf dem Grundstück ruhenden Hypotheken oder Grundschulden; zu ihrer Beseitigung ist der Beschwerte also nicht verpflichtet.

Zeitliche Begrenzung

Für die Abwicklung von Vermächtnissen gibt es eine zeitliche Begrenzung. Der noch nicht gezeugte Vermächtnisnehmer muss innerhalb von 30 Jahren nach dem Erbfall geboren sein, sonst wird das Vermächtnis grundsätzlich unwirksam. Die Begrenzung von 30 Jahren gilt auch für den Eintritt einer aufschiebenden Bedingung oder die Bestimmung eines Termins für den Anfall des Vermächtnisses. Ausnahmen von dieser Regel sieht das BGB für natürliche Personen in zwei Fällen vor:

Erster Fall: Das Vermächtnis ist für den Fall angeordnet, dass in der Person des Bedachten oder des Beschwerten ein bestimmtes Ereignis eintritt, wobei der Beschwerte oder der Bedachte zum Zeitpunkt des Erbfalls bereits leben muss. Beispielsweise muss der beschwerte Ehepartner bei Wiederheirat ein bestimmtes Hausgrundstück an einen Vermächtnisnehmer übertragen. Oder: Ein Vermächtnisnehmer ist bei Eintritt von Berufsunfähigkeit berechtigt, von dem Beschwerten eine bestimmte Geldsumme zu fordern.

Zweiter Fall: Die Begrenzung gilt auch dann nicht, wenn ein Erbe, ein Nacherbe oder ein Vermächtnisnehmer mit einem Vermächtnis zugunsten noch nicht geborener Geschwister beschwert ist.

Vorausvermächtnis

Auch dem Erben, und zwar sowohl dem Alleinerben als auch einem oder mehreren Miterben, kann ein Vermächtnis zugewandt werden: das Vorausvermächtnis. Dieses Vorausvermächtnis erhält der Erbe dann ohne Anrechnung auf seinen Erbteil zusätzlich vorab aus dem Nachlass. Die Erbquoten werden nach dem verbleibenden Nachlass ohne den vorab vermachten Gegenstand berechnet. Der Erbe erhält das Vorausvermächtnis auch dann, wenn er die Erbschaft im Übrigen ausschlägt.

SOLL EIN ERBE BEVORZUGT WERDEN?

Wollen Sie also einen Ihrer Erben gegenüber den anderen bevorzugen und ihm einen bestimmten Gegenstand zuwenden, müssen Sie ein Vorausvermächtnis anordnen.

Nachvermächtnis

Der Erblasser kann einem Vermächtnisnehmer den Gegenstand auch nur für eine bestimmte Dauer überlassen. In diesem Fall muss er ein Nachvermächtnis anordnen.

Das heißt, er legt fest, dass mit Eintritt eines Ereignisses – der Vermächtnisnehmer heiratet – oder zu einem bestimmten Zeitpunkt – der Vermächtnisnehmer wird 25 Jahre alt – der zugewandte Gegenstand vom Vermächtnisnehmer an den Nachvermächtnisnehmer herauszugeben ist. Damit vermachen Sie einen Gegenstand nacheinander zwei Personen.

Bestimmung durch einen Dritten

Bei der Anordnung eines Vermächtnisses kann der Erblasser festlegen, dass ein

Dritter oder der Beschwerte aus dem Kreis der Bedachten den Vermächtnisnehmer oder, wenn mehrere Vermächtnisnehmer eingesetzt sind, deren Anteil am Vermächtnis bestimmt. Der Kreis der Bedachten muss bestimmbar sein. Wann dies im Einzelfall zutrifft, ist eine Frage der Auslegung, daher sollten Sie den Kreis genau beschreiben – zum Beispiel die Mitarbeiter in Ihrem Betrieb zum Zeitpunkt des Erbfalls oder Ihre Kinder. Sind mehrere Vermächtnisnehmer wahlweise bedacht – einer von mehreren Benannten soll das Vermächtnis erhalten –, hat im Zweifel der Beschwerte die Auswahl zu treffen.

Die Verlagerung der Auswahl des Bedachten auf einen Dritten, kombiniert mit der Bestimmung eines Zeitpunkts, der etliche Zeit nach dem Erbfall liegen kann, gibt Ihnen die Möglichkeit, Ihre Vorstellungen über die Verteilung Ihres Vermögens künftigen Entwicklungen anzupassen. Sie müssen genau überlegen, wem Sie das Bestimmungsrecht übertragen. Legen Sie das im Testament fest.

Beispiel: Hans Müller hat drei minderjährige Kinder. Eines der Kinder soll so bald wie möglich im Erbfall den Handwerksbetrieb übernehmen; der übrige nicht unbeträchtliche Nachlass soll allen drei Kindern zu gleichen Teilen zugewandt werden.

Seine Frau will Herr Müller durch einen Nießbrauch an seinem Vermögen (mit Ausnahme des Handwerksbetriebs) sichern. Dadurch bleibt ihr die Nutzung des Vermögens. Herr Müller schreibt sein Testament folgendermaßen:

Mein Testament
Zu meinen Erben setze ich meine drei Kinder Ulf, Beate und Knut ein. Sie erhalten jeder ein Drittel meines Nachlasses. Ich ordne an, dass dasjenige meiner Kinder, das zur Weiterführung meines Handwerksbetriebs am geeignetsten ist, als Vorausvermächtnis ohne Anrechnung auf seinen Erbteil meinen Handwerksbetrieb erhält.
Die Bestimmung, welches meiner Kinder das ist, nimmt mein langjähriger Mitarbeiter Kurt Schneider vor.
Meiner Ehefrau vermache ich den Nießbrauch an meinem gesamten Vermögen mit Ausnahme des Handwerksbetriebs.
Köln, den 3. März 2000
Hans Müller

AUFLAGEN

In einem Testament oder Erbvertrag kann der Erblasser auch in Form von Auflagen verfügen. Sie verpflichten den Erben und/ oder Vermächtnisnehmer zu einer Leistung an Dritte oder zu einem bestimmten Tun oder Unterlassen. Sie können folgende Auflagen machen:

Beispiel:

1. Mein Erbe Jan ist verpflichtet, 5 000 Euro an einen gemeinnützigen Verein zur Pflege des Umweltschutzes zu zahlen.
2. Meine Erben Andreas und Bernd sind verpflichtet, dafür zu sorgen, dass mein Grab zehn Jahre lang nur mit weißen Rosen bepflanzt wird.
3. Meinem Neffen Norbert mache ich zur Auflage, meinen Dackel angemessen zu versorgen.
4. Meine Erben verpflichte ich, meinen langjährigen Freunden als Erinnerung an mich jeweils ein Ölbild aus meiner Bildersammlung auszuhändigen. Die Bestimmung, wer welches Bild erhält, trifft mein Testamentsvollstrecker.
5. Demjenigen meiner Kinder, das meinen Handwerksbetrieb erhält, mache ich zur Auflage, diesen nach Übernahme zehn Jahre lang nicht zu veräußern.

Köln, den 3. März 2005
Hans Müller

Sie können die Auflagen, die Ihr Erbe oder Vermächtnisnehmer erfüllen soll, genau bestimmen – wie oben in der Anordnung über die Grabpflege geschehen (siehe Ziffer 2). Sie können aber auch – anders als bei der Bestimmung des Erben (siehe Seite 89 ff.) – den Kreis der Begünstigten, denen die Auflage zugutekommen soll, der Auswahl durch den Beschwerten oder einen Dritten überlassen. Voraussetzung ist, dass Sie den Zweck der Auflage genau bestimmt haben. So hat Hans Müller im vorherigen Beispiel in Ziffer 1 lediglich bestimmt, dass ein Geldbetrag an eine Umweltschutzorganisation gezahlt wird. Die Wahl, an welche konkrete Organisation der Betrag gehen soll, hat der beschwerte Erbe Jan zu treffen.

In Ziffer 3 des Beispiels wird dem Vermächtnisnehmer Norbert die Auflage gemacht, wie er mit dem Dackel umzugehen hat. In Ziffer 4 hat der Erblasser den Zweck der Auflage genau bestimmt (Erinnerungsstücke für seine langjährigen Freunde); die Bestimmung sowohl der Begünstigten (wer zählt zu den langjährigen Freunden?) als auch der Leistung (wer erhält welches Bild?) hat er seinem Testamentsvollstrecker übertragen.

Dies ist zwar rechtlich möglich, aber Sie sollten genau überlegen, ob und inwieweit Sie solche Bestimmungsrechte Dritten übertragen: Auseinandersetzungen sind voraussehbar, und die Verwirklichung Ihres Willens ist keineswegs sichergestellt.

NICHT VERGESSEN: ERBEN EINSETZEN!
Vergessen Sie neben der Anordnung von Auflagen nicht, dass Sie auch Erben einsetzen müssen, sonst gilt für Ihren übrigen Nachlass die gesetzliche Erbfolge.

Kein Anspruch des Begünstigten

Die Auflage verpflichtet den Beschwerten, sie auszuführen. Anders als der Vermächtnisnehmer hat der Begünstigte jedoch keinen klagbaren Anspruch auf Erfüllung der Auflage. Aber: Jeder Erbe, auch der übergangene gesetzliche Erbe, kann die Erfüllung der Auflage verlangen.

Liegt der Vollzug im öffentlichen Interesse, etwa bei der Errichtung einer Stiftung oder der Auflage, Sammlungen einem Museum zur Verfügung zu stellen, ist auch die nach Landesrecht zuständige Behörde berechtigt, die Vollziehung zu verlangen.

Unwirksamkeit der Auflage

Eine Auflage, die auf eine zur Zeit des Erbfalls unmögliche oder verbotene Leistung gerichtet ist, ist unwirksam: Beispielsweise ist die dem Erben gemachte Auflage, über den ererbten Nachlass nur zugunsten bestimmter Personen zu verfügen, unwirksam, weil sie gegen ein gesetzliches Verbot – Einschränkung der Testierfreiheit – verstößt. Der Erblasser kann also seinem Erben nicht durch eine Auflage vorschreiben, wen dieser wiederum als Erben einzusetzen hat. Will der Erblasser bestimmen, was mit seinem Nachlass beim Tod des Erben geschieht, so muss er eine Vor- und Nacherbschaft anordnen (siehe Seite 104 ff.).

ANORDNUNGEN FÜR DIE NACHLASSAUSEINANDERSETZUNG

Teilungsanordnung

Sind mehrere gesetzliche Erben vorhanden oder haben Sie mehrere Personen zu Ihren Erben eingesetzt, werden diese im Erbfall Ihre Gesamtrechtsnachfolger, und zwar zu bestimmten Bruchteilen. Die Erben sind also an dem Vermögen des Erblassers gemeinsam beteiligt.

Sie haben aber konkrete Vorstellungen darüber, wie Ihre Erben Ihr Vermögen unter sich aufteilen sollen, wer beispielsweise Ihre Briefmarkensammlung, wer Ihre Bücher und wer das Grundstück bekommen soll. Dazu müssen Sie eine Teilungsanordnung treffen. Folge ist, dass Ihre Erben – nach Begleichung der Nachlassverbindlichkeiten – den Nachlass entsprechend der Teilungsanordnung aufteilen müssen. Die Teilungsanordnung bewirkt aber keine Veränderung der Erbquoten, es können daher Ausgleichsansprüche unter den Erben entstehen, wenn die zugeteilten Gegenstände im Wert voneinander abweichen.

Eine Teilungsanordnung führt also nicht zu einer Verschiebung der wertmäßigen Beteiligung der Erben am Nachlass.

Beispiel:

Mein Testament
Zu meinen Erben setze ich meine Kinder Rolf, Ulla und Bodo zu jeweils gleichen Teilen ein.
Ich ordne die nachfolgende Teilung an:
Rolf erhält mein Grundstück in Essen, Kurze Str. 8.
Ulla erhält mein unbebautes Grundstück in Berlin, Chausseestr. 5.
Bodo erhält mein Zweifamilienhaus in Köln, Seestr. 3, nebst meiner gesamten Wohnungseinrichtung, wie sie bei meinem Tod noch vorhanden ist.
Köln, 5. Mai 2000
Hans Müller

Zum Zeitpunkt des Erbfalls ist das Grundstück in Essen 100 000 €, das Grundstück in Berlin 400 000 € und das Haus in Köln einschließlich der Wohnungseinrichtung 250 000 € wert, weitere Nachlasswerte sind nicht vorhanden. Die Kinder sollen je ein Drittel, also jeweils wertmäßig 250 000 € erhalten, Rolf hat einen Ausgleichsanspruch gegen Ulla in Höhe von 150 000 €.

Will Hans Müller aber gerade nicht, dass wie im vorstehenden Beispiel derartige Ausgleichsansprüche entstehen, muss er dies entsprechend anordnen.

Beispiel: Die Ergänzung für Herrn Müllers Testament könnte dann folgendermaßen lauten:

Mein Testament
Ich ordne an, dass meine Erben untereinander nicht ausgleichspflichtig sind, auch wenn der Wert des zugewandten Gegenstands höher bzw. niedriger ist als die Erbquote. Den Mehrwert erhält der begünstigte Erbe als Vorausvermächtnis.
Köln, den 5. Mai 2000
Hans Müller

Herr Müller hat dann mit dem Ausschluss der Ausgleichspflicht zugleich denjenigen Erben, die einen höheren Anteil am Nachlass erhalten, als es ihrer testamentarischen Erbquote entspricht, in Höhe dieses zusätzlichen Anteils ein Vorausvermächtnis zugewandt.

Sind die testamentarisch eingesetzten Erben – wie im Beispiel – auch gleichzeitig pflichtteilsberechtigt (siehe Seite 29 ff.), dann muss der Erblasser darauf achten, dass der testamentarisch zugewandte Erbteil nicht geringer ist als der Pflichtteilsanspruch. Sonst kann der durch den Ausschluss der Ausgleichspflicht benachteiligte Erbe einen Zusatzpflichtteil gemäß § 2305 BGB gegen die anderen Erben geltend machen – im Beispiel wäre das Rolf, der diesen Teil in Höhe von 25 000 € von den Erben Ulla und Bodo fordern kann. Wenn Hans Müller nur die meistbegünstigte Erbin Ulla damit belasten will, muss er auch das besonders anordnen.

Der Erblasser kann in seinem Testament auch vorgeben, wie einzelne Vermögensgegenstände zu bewerten sind – für die Berechnung von Pflichtteilsansprüchen ist diese Vorgabe allerdings nicht maßgeblich.

Die Teilungsanordnung verpflichtet die Erben, den Nachlass entsprechend den Vorstellungen des Erblassers aufzuteilen, führt aber nicht von selbst zu dieser Aufteilung. Sind sich die Erben über eine andere Verteilung einig, können sie von der Teilungsanordnung abweichen. Will der Erblasser dies unter allen Umständen verhindern, dann muss er die Erbeinsetzung unter der auflösenden Bedingung der Durchführung der Teilungsanordnung vornehmen oder, wenn die Erben pflichtteilsberechtigt sind, diese für den Fall der Nichtbefolgung der Teilungsanordnung auf ihren Pflichtteil setzen. In diesen Fällen sollten dann auch vorsorglich Ersatzerben eingesetzt werden.

Der Erblasser kann zur Durchsetzung der Teilungsanordnung auch einen Testamentsvollstrecker einsetzen (siehe Seite 227 ff.).

Will sich der Erblasser zum Zeitpunkt der Errichtung des Testaments hinsichtlich der Aufteilung des Nachlasses noch nicht festlegen, befürchtet er aber, dass seine Erben sich nicht einigen werden und es zu Streitigkeiten kommt, kann er festlegen, dass die Verteilung von einem Dritten nach billigem Ermessen zu treffen ist.

Beispiel:

Mein Testament
Zu meinen Erben setze ich meine Kinder Rolf, Ulla und Bodo zu jeweils gleichen Teilen ein. Die Verteilung des Nachlasses auf die Erben erfolgt nach billigem Ermessen durch meinen Freund Friedel Meier.

Köln, 5. Mai 2000
Hans Müller

Ausschluss der Auseinandersetzung

Der Erblasser kann ein Interesse daran haben, die Auseinandersetzung zwischen mehreren Erben für eine bestimmte Zeit auszuschließen, zum Beispiel um einen Verkauf des Vermögens zeitweise zu verhindern oder um zu erreichen, dass seine Erben den Nachlass erst dann unter sich aufteilen, wenn sie ein bestimmtes Alter erreicht haben.

Die Auseinandersetzung kann im Regelfall höchstens für 30 Jahre nach Eintritt des Erbfalls ausgeschlossen werden. Die Erben können einstimmig beschließen, die Auseinandersetzung trotz des Ausschlusses vorzeitig vorzunehmen. Um dieses zu verhindern, sollte der Erblasser Testamentsvollstreckung anordnen (siehe Seite 231 ff.).

Anordnung des Ausgleichs von Vorausempfängen

Die Ausgleichspflicht für Abkömmlinge, die ihren gesetzlichen Erbteil erhalten, ist vom Gesetzgeber für bestimmte Fälle geregelt (siehe Seite 24 ff.). Diese Regelung gilt auch dann, wenn Abkömmlinge zwar als testamentarische Erben eingesetzt sind, jedoch nur in Höhe ihres gesetzlichen Erbteils. Schenkungen und andere Zuwendungen an Abkömmlinge sind nur dann ausgleichspflichtig, wenn der Erblasser dies bei der Zuwendung angeordnet hat. Der Grund für diese Regelung: Der Abkömmling soll sich vor Annahme der Zuwendung entscheiden können, ob er sie im Hinblick auf die Ausgleichspflicht überhaupt annehmen will.

Hat der Erblasser bei der Schenkung keine Ausgleichspflicht angeordnet, möchte er dies jedoch nachträglich tun, besteht für ihn die folgende Möglichkeit: Er beschwert in seinem Testament den zu Lebzeiten beschenkten Abkömmling mit einem Vermächtnis zugunsten des oder der anderen Erben, und zwar in Höhe des Ausgleichsanspruchs. Aber: Der Erblasser muss dabei bedenken, dass der Abkömmling den mit dem Vermächtnis belasteten Erbteil ausschlagen und stattdessen den Pflichtteil verlangen kann (siehe dazu Seite 40 ff.). Wenn der Erbteil abzüglich des Vermächtnisses wertmäßig allerdings größer ist als der Pflichtteilsanspruch, dürfte dies die Gefahr der Ausschlagung verringern.

Die Anrechnung von Vorausempfängen bei anderen Erben als seinen Abkömmlingen kann der Erblasser testamentarisch nach seinem Belieben anordnen, auch hier allerdings nur unter Beachtung möglicher Pflichtteilsansprüche.

Wegfall der Ausgleichspflicht

Der Erblasser kann testamentarisch aber auch bestimmen, dass ein Ausgleich von Vorausempfängen nicht oder nur in einem bestimmten Umfang oder zu einem bestimmten Wert zu erfolgen hat. Eine bei Zuwendung angeordnete Ausgleichspflicht kann der Erblasser durch Testament aufheben oder ändern.

VOR- UND NACHERBSCHAFT

Will der Erblasser den Verbleib seines Vermögens über mehrere Generationen oder verschiedene Erben nacheinander steuern, so hat er die Möglichkeit, Vor- und Nacherbschaft anzuordnen. Der eingesetzte Vorerbe wird zunächst Erbe des Erblassers, aber nur für eine bestimmte Zeit: Er ist damit Erbe auf Zeit, dem Nacherben verbleibt die Erbschaft endgültig, es sei denn, der Erblasser hat mehrere Nacherben nacheinander eingesetzt. In diesem Fall ist der erste Nacherbe gleichzeitig auch bis zum Eintritt des zweiten Nacherbfalls Vorerbe im Verhältnis zum zweiten Nacherben, dem der Nachlass dann endgültig verbleibt.

Ein Beispiel für die Formulierung der Vor- und Nacherbschaft finden Sie im folgenden Text und auf Seite 108.

Beispiel: Anna Klug möchte ihren Freund Max Schnell zum Erben einsetzen. Ihr Vermögen soll nach dem Tod des Freundes an ihre Nichte Ulla Klug fallen. Dies erreicht sie mit folgendem Testament:

Mein Testament
Ich setze meinen Freund Max Schnell zu meinem Vorerben ein. Nacherbin beim Tod von Max Schnell ist meine Nichte Ulla Klug.

Berlin, den 2. März 2004
Anna Klug

Alle Vor- und Nacherben sind jeweils Erben des Erblassers und nicht etwa Erben des Vorerben. Sie erben „nur" das Vermögen des Erblassers. Nur dieses ist Gegenstand der Vor- und Nacherbschaft.

Der Erblasser kann also einen oder mehrere Nacherben nacheinander berufen. Er kann die Nacherbschaft für den gesamten Nachlass oder auch nur für eine bestimmte Quote anordnen.

Nicht möglich ist die Einsetzung eines Nacherben für einen bestimmten Gegenstand, denn vererben heißt einsetzen eines Erben für den gesamten Nachlass oder für eine bestimmte Quote (die Hälfte, ein Drittel und so weiter).

Wer kann Nacherbe werden?

Als Nacherbe kann jede natürliche oder juristische Person eingesetzt werden. Es gelten also zunächst dieselben Regeln wie bei der Einsetzung eines Erben. Nacherbe kann jedoch auch eine noch nicht gezeugte Person – das erhoffte Enkelkind, auch wenn das eigene Kind erst zehn Jahre alt ist – werden; bei Eintritt des Nacherbfalls muss das Kind dann aber gezeugt sein.

Hat der Erblasser ein zur Zeit des Erbfalls noch nicht gezeugtes Kind oder eine noch nicht existente juristische Person als „Erben" eingesetzt, so gilt diese Erbeinsetzung im Zweifel als Einsetzung eines Nacherben. Vorerben sind, wenn eine ausdrückliche Anordnung fehlt, die gesetzlichen Erben. Der Nacherbfall tritt mit der Geburt des Nacherben beziehungsweise dem Entstehen der juristischen Person ein.

Stirbt der eingesetzte Nacherbe nach dem Erbfall, also nach dem Erblasser, aber vor dem Eintritt des Nacherbfalls, wird das Nacherbrecht vererbt, das heißt, seine Erben rücken in die Position des Nacherben. Will der Erblasser diese Rechtsfolge nicht, muss er dies in seinem Testament ausdrücklich ausschließen.

Der Nacherbe muss aber den Tod des Erblassers erleben. Stirbt er vor dem Erblasser, so wird der Vorerbe endgültiger Erbe, es sei denn, der Erblasser hat für diesen Fall einen Ersatznacherben berufen, oder der vorher verstorbene Nacherbe ist ein Abkömmling des Erblassers. In diesem Fall gelten dann die Abkömmlinge des Nacherben wiederum als Ersatznacherben. Nacherben sind im Zweifel auch Ersatzerben. Sie treten an die Stelle des Vorerben, wenn dieser vor oder nach Eintritt des Erbfalls wegfällt, etwa weil er vor dem Erblasser gestorben ist oder die Erbschaft ausschlägt. Hat der Erblasser aber für diesen Fall einen Ersatzerben benannt, dann kommt der Nacherbe noch nicht zum Zuge.

Hat der Erblasser einen Abkömmling nur zum Vorerben eingesetzt, ohne zu wissen, dass der Abkömmling nicht kinderlos ist, so fällt die Anordnung der Nacherbschaft ersatzlos weg. Dasselbe gilt, wenn der Abkömmling nach der Testamentserrichtung noch Kinder bekommt. Der Gesetzgeber vermutet, dass der Erblasser sein Vermögen seinen Kindern und Kindeskindern hinterlassen will!

Das BGB sieht noch weitere Ergänzungsregeln für die Anordnung von Vor- und Nacherbschaft vor: Hat der Erblasser angeordnet, dass bei Eintritt eines bestimmten Ereignisses der Nachlass an einen Dritten herauszugeben ist –

„bei Wiederheirat meines Ehemannes hat dieser mein Vermögen an unsere gemeinsamen Kinder herauszugeben" –, so ist Vor- und Nacherbschaft angeordnet, der Nacherbfall tritt im Beispiel bei Wiederheirat des überlebenden Ehemanns ein.

Sind in einem Testament nur die Vorerben oder nur die Nacherben benannt, so gelten die gesetzlichen Erben jeweils als Vor- bzw. Nacherben.

DAS FAZIT: IMMER GUT ÜBERLEGEN

Alle diese Auslegungsregeln gelten nur, wenn Sie nicht ausdrücklich andere Anordnungen getroffen haben. Auch bei der Einsetzung von Vor- und Nacherben sollten Sie sich also in jedem Fall überlegen, wer an die Stelle des Vor- oder Nacherben treten soll, ob Sie Ersatzerben benennen oder die Vererblichkeit des Nacherbrechts ausschließen wollen.

Eintritt des Nacherbfalls

Der Erblasser kann den Eintritt des Nacherbfalls zeitlich festlegen oder von einem bestimmten Ereignis abhängig machen. Tut er das nicht, tritt der Nacherbfall mit dem Tod des Vorerben ein. Nach Ablauf von 30 Jahren nach dem Erbfall wird die Anordnung der Nacherbschaft unwirksam, wenn der Nacherbfall bis dahin nicht eingetreten ist. Diese Begrenzung auf 30 Jahre gilt auch bei mehreren nacheinander angeordneten Nacherbfällen.

Von dieser zeitlichen Begrenzung gibt es bei natürlichen Personen zwei Ausnahmen:

- Die Anordnung der Nacherbschaft bleibt auch nach Ablauf von 30 Jahren wirksam, wenn in der Person des Vor- oder Nacherben ein bestimmtes Ereignis eintreten soll und der Vor- bzw. Nacherbe bei Eintritt des Erbfalls lebt. Damit ist zum Beispiel der Fall gemeint, dass der Nacherbfall mit der Wiederheirat oder dem Tod des Vorerben oder mit dem Erreichen eines bestimmten Alters des Nacherben eintreten soll.

- Dasselbe gilt, wenn einem Vor- oder Nacherben für den Fall, dass er noch Geschwister bekommt, diese als Nacherben bestimmt werden.

Bei Eintritt des Nacherbfalls hat der Vorerbe die Erbschaft an den Nacherben herauszugeben.

Zur Erbschaft gehört grundsätzlich alles, was der Vorerbe seinerseits als Erbschaft erhalten, und alles das, was der Vorerbe aus der Erbschaft gemacht hat.

Wird ein vom Erblasser gewährtes Darlehen an den Vorerben zurückgezahlt und von diesem in Wertpapieren angelegt, so sind die Wertpapiere als Bestandteil des Nachlasses herauszugeben. Herauszugeben ist beispielsweise auch das als Ersatz für ein abgenutztes Kraftfahrzeug aus Mitteln des Nachlasses von dem Vorerben neu erworbene Auto.

Nicht herauszugeben ist im Zweifel – also wenn nichts anderes ausdrücklich im Testament angeordnet ist – ein dem Vorerben zugewandtes Vorausvermächtnis.

Rechte des Vorerben

Nicht befreiter Vorerbe

Was der Vorerbe mit dem ererbten Vermögen machen kann, hängt von seiner Rechtsstellung ab. Hat der Erblasser nichts angeordnet, dann ist der Vorerbe ein nicht befreiter Vorerbe. Er ist durch starre gesetzliche Regeln in seiner Verfügungsmacht beschränkt mit dem Ziel, die Erbschaft ungeschmälert in ihrem Bestand für die Nacherben zu erhalten (§§ 2112 ff. BGB). Dies bedeutet im Einzelnen:

- Er darf keine Schenkungen aus dem Nachlass vornehmen.
- Er darf über Grundstücke und grundstücksgleiche Rechte (zum Beispiel Grundschulden) nicht verfügen.
- Auf Verlangen des Nacherben sind bestimmte Wertpapiere zu hinterlegen.
- Geld ist mündelsicher anzulegen (nur bei bestimmten Banken und in bestimmten Wertpapieren; §§ 1806 ff. BGB).

Weiter gilt:

- Ist der Bestand des Nachlasses durch das Verhalten des Vorerben gefährdet, hat der Nacherbe Auskunftsansprüche gegen den Vorerben. Gegebenenfalls kann er Sicherheitsleistung von ihm verlangen oder ihm die Verwaltung des Nachlasses entziehen lassen.
- Verwendet der Vorerbe Nachlassgegenstände eigennützig, so hat der Nacherbe bei Eintritt des Nacherbfalls Ersatzansprüche gegen den Vorerben. Der Vorerbe muss die Erbschaft in dem Bestand herausgeben, in dem sich der Nachlass bei ordnungsgemäßer Verwaltung befände.

Der nicht befreite Vorerbe ist damit erheblichen Beschränkungen unterworfen, die unabhängig von der wirtschaftlichen Notwendigkeit oder den Umständen des Einzelfalls gelten. Nur die Nutzung und der Verbrauch der Erträge, zum Beispiel der

Zins- und Mieteinnahmen, sind ihm gestattet. Ohne Zustimmung der Nacherben kann der nicht befreite Vorerbe beispielsweise einen wirtschaftlich gebotenen Verkauf eines Grundstücks nicht vornehmen.

Der überlebende Ehepartner kann als nicht befreiter Vorerbe auch dann das Einfamilienhaus nicht verkaufen, wenn er in ein Pflegeheim ziehen will und der Kauf eines Pflegeplatzes nur bei Verkauf des Hauses möglich ist.

Wenn Sie wollen, dass Ihrem Vorerben bestimmte Gegenstände Ihres Vermögens in jedem Fall bleiben und er darüber frei verfügen kann, müssen Sie ihm diese Gegenstände durch ein Vorausvermächtnis zuwenden.

Beispiel:

Mein Testament

Meine Ehefrau setze ich zu meiner Vorerbin ein. Meine Kinder Nina, Rainer und Klaus sind Nacherben zu je einem Drittel. Der Nacherbfall tritt ein, wenn das jüngste meiner Kinder 25 Jahre alt geworden ist.

Als Vorausvermächtnis – ohne Anrechnung auf ihren Erbteil – vermache ich meiner Ehefrau mein Mehrfamilienhaus in Berlin-Mitte und meine Wertpapiere, die bei der Deutschen Bank AG in Köln verwahrt werden.

Köln, den 5. Mai 2000

Bodo Kunert

Befreiter Vorerbe

Der Erblasser kann seinen Vorerben durch eine testamentarische Verfügung von den eben genannten Einschränkungen befreien, indem er anordnet, dass der Vorerbe von allen gesetzlichen Beschränkungen befreit ist bzw. – anders formuliert – über den Nachlass frei verfügen kann. Als Befreiung gilt auch die Bestimmung, dass die Nacherben nur das erhalten, was zum Zeitpunkt des Nacherbfalls von dem Nachlass noch übrig ist.

Der befreite Vorerbe haftet dem Nacherben gegenüber dann auf Schadensersatz, wenn er den Nachlass böswillig zulasten des Nacherben vermindert hat. Der Nacherbe hat immer das Recht, zu verlangen, dass bei Eintritt des Erbfalls ein Nachlassverzeichnis aufzunehmen ist.

Auch der befreite Vorerbe kann keine Schenkungen aus dem Nachlass zulasten

TIPP **Vertrauen ist gut, Vorsorgen ist besser**

Der Hoffnung, dass in Notfällen die Kinder als Nacherben schon zu vernünftigen Regelungen zur Sicherung des überlebenden Ehepartners bereit sind, sollte sich kein Erblasser hingeben. Solche Regelungen müssen Sie unangreifbar in Ihrem Testament treffen, und dazu gehört auch die Anordnung der befreiten Vorerbschaft zugunsten des Ehepartners.

der Nacherben vornehmen – von dieser Beschränkung ist eine Befreiung nicht möglich.

Der Vorerbe hat die gewöhnlichen Erhaltungskosten aus eigenen Mitteln zu tragen, also zum Beispiel die Grundsteuern und Versicherungsprämien für das zum Nachlass gehörende Haus ebenso wie die Ausgaben für laufende Reparaturen. Zu den eigenen Mitteln des Vorerben zählen dabei auch die laufenden Einnahmen aus der Erbschaft, zum Beispiel die Mieteinnahmen. Außergewöhnliche Erhaltungsmaßnahmen – Erneuerung des Daches oder der Fassade eines Hauses – kann er dagegen aus dem Nachlass, auch aus der Substanz, bestreiten.

KONFLIKTE UND STREIT

Vorerbe und Nacherbe stehen in einem Interessengegensatz zueinander. Konflikte und damit Streitigkeiten sind häufig nicht zu vermeiden. Diesen kann der Erblasser auch durch eindeutige und klare Anordnungen in seinem Testament nur bedingt vorbeugen.

Für Ehepaare und Lebenspartner: Das Berliner Testament

Setzen sich zum Beispiel Ehepartner gegenseitig als befreite Vorerben ein und ihre Kinder als Nacherben des zuerst Sterbenden und als Erben des Überlebenden, dann liegt der oben beschriebene Fall der Vor- und Nacherbschaft vor: Der überlebende Ehepartner wird Vorerbe, die Kinder werden Nacherben des zuerst sterbenden Elternteils und Erben des länger lebenden. Es gibt zwei Erbfälle und zwei getrennte Nachlassmassen.

Setzen sich dagegen beispielsweise die Ehepartner in einem gemeinschaftlichen Testament gegenseitig zu Alleinerben ein und sollen Dritte – zumeist die gemeinsamen Kinder – erst nach dem Tod des überlebenden Ehepartner das Vermögen beider erben, dann ist der überlebende Ehegatte Vollerbe des zuerst Sterbenden und die Schlusserben sind nur Erben des Überlebenden.

Dieses gemeinschaftliche Testament wird als Berliner Testament bezeichnet. Das bedeutet: Der überlebende Alleinerbe – ob Ehe- oder Lebenspartner – kann über den Nachlass frei verfügen, er ist an keine Beschränkungen gebunden. Das ererbte Vermögen vereinigt sich mit dem des Überlebenden zu einer Vermögensmasse, die bei dessen Tod einheitlich auf die Schlusserben übergeht.

Heiratet etwa der überlebende Ehegatte noch einmal, ist der zweite Ehepartner pflichtteilsberechtigt. Kommen weitere Kinder aus zweiter Ehe hinzu, vergrößert sich der Kreis der Pflichtteilsberechtigten. Deren Pflichtteilsanspruch wird nach dem gesamten Vermögen des überlebenden Ehegatten, also einschließlich des ererbten, berechnet. Das heißt, die neuen Pflichtteilsberechtigten partizipieren an dem Nachlass des erstverstorbenen Ehepartners, die Kinder aus der ersten Ehe haben das Nachsehen (siehe Seite 29 ff.).

ABSICHERUNG FÜR EHEPARTNER

Wenn Ehepartner sich vorrangig gegenseitig für den Fall des Todes sichern wollen, so haben sie verschiedene rechtliche Möglichkeiten der Ausgestaltung:

- Berliner Testament
- Vor- und Nacherbschaft
- Nießbrauchvermächtnis

Die Vor- und Nachteile erkennen Sie, wenn Sie die Beispiele lesen (siehe Seite 112 ff.).

WAS SONST NOCH ZU REGELN IST

Einen Vormund benennen

Wenn Sie minderjährige Kinder haben, können Sie im Testament einen Vormund benennen. Dazu sind Sie berechtigt, wenn Ihnen die Personen- und Vermögenssorge für das Kind zusteht. Treffen Eltern unterschiedliche Anordnungen, gilt die Anordnung des zuletzt verstorbenen Elternteils. Die Benennung muss in der Form einer letztwilligen Verfügung erfolgen (siehe Seite 65 ff.). Das Familiengericht ist grundsätzlich daran gebunden. Sie können durch letztwillige Verfügung auch bestimmte Personen als Vormund ausschließen.

Vermögensverwaltung bei Minderjährigen

Ist ein minderjähriges Kind Ihr gesetzlicher Erbe oder treffen Sie eine erbrechtliche Regelung zugunsten eines Minderjährigen, können Sie durch eine letztwillige Verfügung – diese Form ist einzuhalten – bestimmen, dass das ererbte Vermögen nicht von den Eltern bzw. einem Elternteil verwaltet werden darf. Ist nur ein Elternteil von Ihnen ausgeschlossen worden, verwaltet der andere Teil. Sie können durch letztwillige Verfügung auch Anordnungen für die Verwaltung treffen, einen Pfleger benennen oder Testamentsvollstreckung anordnen.

Die testamentarische Einsetzung eines Pflegers kann dann angezeigt sein, wenn Großeltern ihre Enkelkinder als Erben einsetzen wollen, aber kein Vertrauen zu der Art und Weise haben, wie ihr Kind mit Geld umzugehen pflegt.

Vorsorge für den Betreuungsfall

Sie können auch für einen eventuellen Betreuungsfall vorsorgen: Wenn Sie vor Eintritt des Betreuungsfalls einem Dritten eine Vorsorgevollmacht erteilen, dann bestellt das Gericht keinen Betreuer. Auch der eingesetzte Betreuer (ebenso wie der Bevollmächtigte) hat die zuvor geäußerten Vorstellungen und Wünsche des Betreuten zu befolgen; zweckmäßigerweise werden solche Anweisungen schriftlich erteilt. Dies geschieht in einer Betreuungsverfügung.

Es versteht sich von selbst, dass diese Anordnungen nicht in ein Testament gehören, aber anlässlich einer Testamentserrichtung sollte man solche Überlegungen nicht verdrängen und gegebenenfalls dafür gesonderte Regelungen treffen.

Patientenverfügung

In einer Patientenverfügung, manchmal auch als Patiententestament bezeichnet, legen Sie im voraus fest, wie Sie medizinisch behandelt werden möchten, wenn Sie Ihren Willen nicht mehr frei äußern können. Die Patientenverfügung ist seit dem 1. September 2009 schriftlich zu verfassen und eigenhändig zu unterschreiben. Der Verfasser muss volljährig sein.

Die Patientenverfügung bindet Ärzte und Betreuer, die unter Beachtung der dann gegebenen Behandlungs- und Lebenssituation die Verfügung ausführen. Ihre Patientenverfügung können Sie jederzeit ändern oder widerrufen. Letzteres ist auch mündlich möglich. Was Sie bei der Abfassung einer Patientenverfügung beachten sollten, können Sie in der Broschüre des Bundesjustizministeriums zu Patientenverfügungen nachlesen (www.bmj.de, siehe Service, Broschüren).

Anordnungen für die Bestattung

Anordnungen für die Bestattung, die Trauerfeier und für den Ablauf der Beerdigung sollten Sie außerhalb Ihrer letztwilligen Verfügung vornehmen. Solche Anordnungen müssen sofort nach dem Tod den Angehörigen zugänglich sein, damit sie auch befolgt werden können – die Testamentseröffnung käme in den meisten Fällen zu spät.

Formvorschriften bestehen für solche Anordnungen nicht, sie sollten aber schriftlich niedergelegt und unterschrieben werden. Trifft der Erblasser keine Bestimmungen und verfügt er auch nicht, wer die mit der Bestattung zusammenhängenden Fragen regeln soll, geht das Bestimmungsrecht auf die nächsten Angehörigen über, die mit den Erben nicht identisch sein müssen (siehe Seite 189 f.).

Bankvollmacht erteilen

Da die Erben über Bankkonten erst nach Vorlage eines Erbscheins oder des eröffneten notariellen Testaments verfügen können, aber mehrere Wochen vergehen werden, bis diese Unterlagen dem Erben vorliegen, kann es empfehlenswert sein, einem Erben oder einer anderen Vertrauensperson eine Bankvollmacht oder eine notarielle Generalvollmacht für den Todesfall zu erteilen.

Eine Kontovollmacht erteilen Sie bei Ihrer Bank- oder Sparkassenfiliale. Lassen Sie sich beraten, welche Form der Vollmacht für Ihren Fall die richtige ist.

TIPPS UND BEISPIELE FÜR TESTAMENTE

Nützliche Fragen für den Entwurf

Das Erbrecht des BGB gibt nahezu unbegrenzte Möglichkeiten, für jeden Fall die richtige erbrechtliche Regelung zu treffen. Aber die nicht nur für den juristischen Laien komplizierte Materie birgt bei Abfassung einer letztwilligen Verfügung viele Fallstricke! Auch wenn Sie meinen, ein hier aufgeführtes Beispiel träfe genau Ihre Lage, sollten und dürfen Sie es nicht einfach abschreiben. Gehen Sie folgendermaßen vor:

Was vererben Sie? Stellen Sie Ihr Vermögen und Ihre Verbindlichkeiten zusammen, das heißt, fertigen Sie eine Liste an, die alle Vermögensgegenstände und Schulden enthält. Sie können die Zusammenstellung auf Seite 312 f. als Vorlage nehmen.

Wer sind Ihre gesetzlichen Erben? Ermitteln Sie als Nächstes, wer Ihre gesetzlichen Erben sind (siehe Seite 7 ff.). Wer erhält also Ihr Vermögen, wenn Sie nicht abweichend von der gesetzlichen Erbfolge letztwillig verfügen?

Wer hat einen Pflichtteilsanspruch? Wollen Sie nun abweichend von der gesetzlichen Erbfolge durch Testament oder Erbvertrag verfügen, prüfen Sie zunächst, wer von Ihren gesetzlichen Erben bei Enterbung in welcher Höhe einen Pflichtteilsanspruch geltend machen kann. Diese Übersicht brauchen Sie, um zu wissen, mit welchen Zahlungsansprüchen Ihre testamentarischen Erben belastet werden und welche Vorkehrungen Sie gegebenenfalls zur Sicherung Ihrer Erben treffen müssen, sei es durch den Abschluss von Lebensversicherungen oder durch die Testamentsgestaltung selbst.

Können und wollen Sie testieren? Prüfen Sie zunächst Ihre Testierfähigkeit. Dann müssen Sie überlegen, ob frühere Testamente oder Erbverträge (Bindungswirkung!) vorliegen, die Sie widerrufen müssen, vorausgesetzt, dass das rechtlich überhaupt möglich ist.

In welcher Form wollen Sie testieren? Sie haben festgestellt, dass keine früheren Verfügungen vorliegen oder haben sie – rechtlich gültig – widerrufen. Nun müssen Sie entscheiden, in welcher Form Sie testieren wollen. Denken Sie daran: Ein Formfehler kann Ihren gesamten letzten Willen ungültig machen, und es tritt die gesetzliche Erbfolge ein, die Sie ja gerade verhindern wollten!

Und nun formulieren Sie den Inhalt!

- Einen Erben brauchen Sie, aber Erbengemeinschaften sollten Sie vermeiden. Eine Mehrheit von Erben ist eng miteinander bis zur Erbauseinandersetzung verbunden, Streit ist fast bei jeder Erbengemeinschaft vorprogrammiert. Er kostet Zeit und Geld und führt erfahrungsgemäß zu Zwistigkeiten in der Familie.
- Treffen Sie klare Teilungsanordnungen, wenn Sie dennoch mehrere zu Ihren Erben berufen wollen. Prüfen Sie, ob etwa zum Schutz vor schneller Versilberung die Aus-

einandersetzung eine Zeitlang ausgeschlossen werden soll oder die Anordnung einer Testamentsvollstreckung sinnvoll ist.

- Überlegen Sie, ob statt Erbeinsetzung die Aussetzung eines Vermächtnisses denselben Zweck erfüllt, ob und welche Anrechnungen von Vorausempfängen oder Abgeltungen besonderer Leistungen erfolgen sollen.
- Prüfen Sie, ob Sie alle Versorgungsprobleme bedacht haben, und überlegen Sie, wie Sie es mit einer Wiederverheiratungsklausel halten wollen.
- Treffen Sie Regelungen für den Fall, dass Ihr eingesetzter Erbe wegfällt. Bestimmen Sie also einen Ersatzerben.
- Überlegen Sie, ob Sie Ihre Erben mit Auflagen, etwa in Bezug auf die Grabpflege oder auf Spenden, belasten wollen.
- Wollen Sie und Ihr Ehepartner sich gegenseitig zu Erben einsetzen, dann müssen Sie gemeinsam entscheiden, ob Sie ein Berliner Testament errichten, sich gegenseitig als Vorerben einsetzen wollen oder ob ein Nießbrauchermächtnis den anderen ausreichend sichert.
- Überprüfen Sie Ihren Entwurf hinsichtlich der steuerlichen Auswirkungen, denn bei jeder Erbschaft fällt Erbschaftsteuer an (siehe Seite 253 ff.). Zwar trifft die Erbschaftsteuerlast nicht Sie, sondern Ihre Erben, aber auch Sie wollen sicherlich, soweit möglich, durch geschickte Gestaltung unnötige Erbschaftsteuern vermeiden.

Ihren Entwurf sollten Sie dann prüfen lassen, denn kein Anleitungsbuch kann eine individuelle Beratung ersetzen.

Beispiele für Testamente

Die nachfolgenden Beispiele sollen Ihnen Anregungen für die Gestaltungsmöglichkeiten geben. Es sind konstruierte Sachverhalte, die auf keinen Fall, weil die Sachlage ja so ähnlich scheint, ungeprüft von Ihnen übernommen werden dürfen. Nehmen Sie sie als Anregungen – danach sollten Sie in jedem Fall kompetenten Rechtsrat zu Ihrem Entwurf einholen!

Sie sind alleinstehend und haben eine Lebensversicherung

Der alleinstehende A will sein Testament errichten. Gesetzliche Erben sind seine Mutter und – anstelle des verstorbenen Vaters – seine beiden Geschwister. Pflichtteilsberechtigt ist nur seine Mutter in Höhe der Hälfte des gesetzlichen Erbteils, also von einem Viertel. A verfügt über die folgenden aufgelisteten Vermögenswerte:

Eigentumswohnung	200 000 €
– Grundschuld	20 000 €
	180 000 €
Wertpapiere	80 000 €
Termingeldkonto	20 000 €
Lebensversicherung	250 000 €
Einrichtung	20 000 €
Bildersammlung	25 000 €
Auto	25 000 €
Nachlasswert	600 000 €

A überlegt: Seine Mutter ist gut versorgt, aber ihren Pflichtteilsanspruch muss er wohl berücksichtigen, Gespräche über einen Verzicht hält er für sinnlos. Seine Geschwister sollen nur Erinnerungsstücke bekommen, einen Teil seines Vermögens will er einem gemeinnützigen Verein zuwenden, Freunde sollen einzelne Gegenstände erhalten, und einer von ihnen soll für die Nachlassabwicklung zuständig sein. A will in jedem Fall vermeiden, dass nach seinem Tod eine Erbengemeinschaft über die Auseinandersetzung seines Vermögens streitet.

A hat verschiedene Möglichkeiten: Er könnte seinen Freund F oder seine Mutter als Alleinerben einsetzen und dann F als Testamentsvollstrecker bestimmen. Setzt er seine pflichtteilsberechtigte Mutter als Erbin ein, und ordnet er Testamentsvollstreckung an, kann seine Mutter wählen: Entweder sie akzeptiert den Erbteil mit der Testamentsvollstreckung oder sie macht ihren Pflichtteil geltend. Die Vorstellungen des A über die Verwaltung des Erbteils seiner Mutter würden im letzten Fall nicht verwirklicht.

Würde A seine Mutter mit Vermächtnissen und Auflagen belasten, hat sie wiederum die Wahlmöglichkeit zwischen dem belasteten Erbteil und dem Pflichtteilsanspruch – auch damit ist also die Durchsetzung seines Willens gefährdet. Andererseits möchte A aber auch verhindern, dass sein Vermögen nach dem Tod seiner Mutter an seine Geschwister fällt.

A überprüft noch die Bezugsberechtigung für seine Lebensversicherung und

TIPP **Versicherung: Änderung der Rechtsprechung bei Bezugsrecht**

Sind Pflichtteilsansprüche zu erwarten und will der Erblasser ihre Höhe beeinflussen, sollte er der Lebensversicherungsgesellschaft für die Lebensversicherung eine bezugsberechtigte Person benennen. Beim Erbfall erhält der Bezugsberechtigte die Lebensversicherungssumme direkt von der Versicherung und außerhalb der Nachlassabwicklung. Eventuelle Pflichtteilsergänzungsansprüche werden nach der neuesten Rechtsprechung des BGH zwar nicht mehr nach den eingezahlten Prämien berechnet. Auch die beim Tod des Erblassers ausgezahlte Versicherungssumme ist nicht maßgeblich. Der BGH legt der Berechnung von Pflichtteilsergänzungsansprüchen jetzt in erster Linie den Rückkaufswert der Lebensversicherung „in der logischen Sekunde" vor dem Tod des Erblassers zugrunde. Der Nachweis eines höheren Werts – etwa bei einer Veräußerung der Lebensversicherung – ist darüber hinaus möglich. Mit dieser neuen Berechnungsweise erhöht sich der Pflichtteilsergänzungsanspruch gegenüber dem früheren Prämienmodell. Der Erbe hat das Nachsehen. Der Erblasser muss die Änderung einplanen.

ändert sie so, dass sie in den Nachlass fällt. Die Versicherungssumme bestimmt, da Teil des Nachlasses, die Höhe des Pflichtteilsanspruchs mit. Bliebe es dagegen bei der Bezugsberechtigung für eine benannte dritte Person, die auch Erbe werden kann, dann fiele die Versicherungssumme nicht in den Nachlass und würde für die Berechnung des Pflichtteils nicht berücksichtigt. Pflichtteilsergänzungsansprüche könnten aber entstehen.

Im Beispiel würde sich der Pflichtteilsanspruch der Mutter bei der auf 350 000 € verringerten Nachlasssumme auf 87 500 € reduzieren, zuzüglich eines Pflichtteilsergänzungsanspruchs, der nach der im April 2010 geänderten Rechtsprechung des BGH grundsätzlich nach dem Rückkaufswert der Lebensversicherung berechnet wird. Hätte A dagegen seine Mutter als Bezugsberechtigte eingesetzt, dann erhielte sie die Lebensversicherungssumme beim Tod des A, und zwar ohne Anrechnung auf den Pflichtteil. Es sei denn, er hätte bei der Einräumung der Bezugsberechtigung bestimmt, dass sie anrechnungspflichtig ist und dies seiner Mutter mitgeteilt. Aufgrund dieser Überlegungen und der Änderung formuliert A sein Testament:

Beispiel:

Mein Testament

Zu meinem Alleinerben setze ich F ein. Ich ordne folgende Vermächtnisse an:

1. Meine Mutter erhält zur Abgeltung ihres Pflichtteilsanspruchs ein Geldvermächtnis in Höhe von 160 000 Euro, zahlbar, sobald die Lebensversicherungssumme an F ausgezahlt worden ist. Meine Mutter hat binnen acht Wochen nach Eintritt des Erbfalls gegenüber F zu erklären, ob sie das Vermächtnis annimmt oder nicht.

2. Meiner Schwester S vermache ich, soweit ich darüber nicht anderweitig verfüge, meine gesamte Wohnungseinrichtung.

3. Meinem Bruder B vermache ich mein Auto. Ist das Auto zum Zeitpunkt meines Todes weniger als 20 000 Euro wert, so hat B einen Anspruch auf einen entsprechenden Wertausgleich in Geld.

4. Dem gemeinnützigen Verein V und dem gemeinnützigen Verein W vermache ich eine Spende von jeweils 80 000 Euro.

5. Meine Patenkinder P und Y erhalten mein Wertpapierdepot zu gleichen Teilen. Sollte bei meinem Tode der Wert des Depots unter 80 000 Euro liegen, hat F jedem von ihnen die an dieser Höhe fehlenden Wertpapiere aus Mitteln des Nachlasses zu beschaffen.

Ich ordne folgende Auflagen an:

1. F wählt für meine Freunde H, Y und Z je ein Ölbild aus meinem Nachlass und übereignet es ihnen.

2. F hat für die Pflege meines Grabes für die Dauer von zwanzig Jahren einen Grabpflegevertrag abzuschließen.

Als Ersatzerben für F setze ich H ein.

Köln, den 3. März 2005

Unterschrift A

A hat nur einen Erben, seinen Freund F, testamentarisch eingesetzt und vermeidet damit die Entstehung einer Erbengemeinschaft. F muss die Vermächtnisse und Auflagen erfüllen und erhält als Erbe den Rest des Vermögens. Weil das BGB für den Vermächtnisnehmer keine Ausschlagungsfrist vorsieht, hat A eine solche Frist zur Erklärung gesetzt.

Da das Vermächtnis grundsätzlich mit Eintritt des Erbfalls fällig wird, F aber erst zu einem späteren Zeitpunkt über Mittel zur Erfüllung des Geldvermächtnisses verfügen wird, hat A die Fälligkeit ausdrücklich hinausgeschoben, bis F die Lebensversicherungssumme erhalten hat.

Eines hat A aber mit seinem Testament nicht erreicht. Wenn seine Mutter stirbt, erben seine Geschwister das, was von dem Vermächtnis von 160 000 € im Vermögen der Mutter noch vorhanden ist. Eine solche Folge könnte er nur verhindern, wenn er seine Mutter nur als Vorerbin einsetzt oder als Vorvermächtnisnehmerin. Mit beiden Varianten müsste seine Mutter aber einverstanden sein und gegebenenfalls vertraglich auf ihr Pflichtteil verzichten. Denn sonst hat sie nach der Erbrechtsreform immer die Wahl zwischen belastetem Erbteil/Vermächtnis und dem Pflichtteilsanspruch (siehe Seite 40 ff.).

Ihr Kind ist behindert

B, verwitwet, hat zwei volljährige Kinder, C und D. D ist behindert und in einem Heim untergebracht. B trägt zwar die laufenden Unterbringungskosten für D, will aber verhindern, dass nach ihrem Tod das Sozialamt auf den Erb- bzw. Pflichtteil des D zugreifen kann.

Nach der Rechtsprechung des Bundesgerichtshofs ist eine letztwillige Verfügung, durch die ein behindertes Kind nur als Vorerbe auf einen, den Pflichtteil kaum übersteigenden Erbteil eingesetzt ist, wirksam. Dies gilt auch dann, wenn dadurch das Sozialamt seine Ansprüche nicht gegen den Nachlass geltend machen kann. Würde das behinderte Kind, das laufend Leistungen vom Sozialamt erhält, aber auf den Pflichtteil gesetzt werden, dann könnte das Sozialamt gemäß § 93 SGB XII den Pflichtteilsanspruch auf sich überleiten und gegen den Erben geltend machen. B setzt deshalb folgendes Testament auf:

Beispiel:

Mein Testament
Ich setze mein Kind C zu sieben Zehntel zu meinem Erben und mein behindertes Kind D zu drei Zehntel zu meinem nicht befreiten Vorerben ein.
Zu meinem Nacherben nach D berufe ich mein Kind C.
Ich ordne Testamentsvollstreckung für den Erbteil des D an. Testamentsvollstrecker ist mein Kind C. Die Testamentsvollstreckung endet mit Eintritt des Nacherbfalls. Der Testamentsvollstrecker hat den Nachlass zu verwalten, er ist von allen gesetzlichen Beschränkungen, soweit zulässig, befreit.
Mannheim, den 9. Januar 2004
Unterschrift B

INFO **Sie müssen sich beraten lassen!**

Das Behindertentestament ist in der Rechtsprechung grundsätzlich als wirksam anerkannt. Dies gilt jedenfalls bei der Vererbung eines durchschnittlichen Vermögens und andere Fälle sind bislang vom Bundesgerichtshof noch nicht entschieden worden. Bei der Gestaltung eines Behindertentestaments kann man nach der Rechtsprechung von folgenden Eckpunkten ausgehen:

- Die Einsetzung des behinderten Kindes als nicht befreiter Vorerbe mit einem den Pflichtteil übersteigenden Erbteil und der Anordnung der Dauertestamentsvollstreckung ist wirksam.
- Ein Berliner Testament mit Schlusserbeneinsetzung des behinderten Kindes eröffnet dem Sozialhilfeträger die Möglichkeit, beim Tod des ersten Elternteils Pflichtteilsansprüche geltend zu machen. Dies kann auch mit einer Pflichtteilsstrafklausel nicht verhindert werden. Diese findet im zweiten Erbfall nach der höchstrichterlichen Rechtsprechung grundsätzlich keine Anwendung.
- Ist das behinderte Kind als (Mit)Erbe eingesetzt, kann der Sozialhilfeträger das Ausschlagungsrecht nicht auf sich überleiten und ausüben, um Pflichtteilsansprüche geltend zu machen.
- Ein Pflichtteilsverzicht eines behinderten Kindes ist nicht sittenwidrig, setzt aber Geschäftsfähigkeit des behinderten Kindes voraus. Steht das Kind unter Betreuung, müsste ein Verzicht vom Betreuer erklärt und vom Betreuungsgericht genehmigt werden. Das erscheint ausgeschlossen.

Trotz dieser Gestaltungshinweise ist es dringend erforderlich, dass sie sich bei der Abfassung eines Behindertentestaments kompetent beraten lassen.
Die Rechtsprechung kann sich ändern, auch können zwischenzeitliche Änderungen des Bundessozialhilferechts zu einer neuen Rechtslage führen. Und die Besonderheiten des Einzelfalls bedürfen der individuellen Gestaltung.
Die Übernahme von Mustertestamenten genügt einer sorgfältigen Nachfolgeplanung gerade nicht.

Wäre D nicht als Vorerbe, sondern als Vollerbe eingesetzt, hätte das Sozialamt beim Tod des D Ansprüche gegen seinen Nachlass.

Der Zugriff des Sozialamts wird durch die Anordnung der Vor- und Nacherbschaft ausgeschlossen, wobei der zugewandte Erbteil größer sein muss als der Pflichtteil. B hat mit ihrem Testament erreicht, dass das Vermögen in der Substanz der Familie erhalten bleibt und D nur die Nutzungen aus seinem Erbteil erhält.

Eine Pflichtteilstrafklausel verhindert den Zugriff des Sozialhilfeträgers nicht!

Dazu ein Beispiel: Die Eheleute A und B wollen sich im Erbfall zunächst gegenseitig sichern und ihre Kinder C und die behinderte D erst als Schlusserben einsetzen und formulieren deshalb folgendes gemeinschaftliches Testament (Berliner Testament):

Wir setzen uns gegenseitig zu Alleinerben ein. Schlusserben sind unsere Kinder C zu 6/10 und D als nicht befreite Vorerbin zu 4/10. Nacherbe beim Tod von D ist C, Ersatzerben sind zu gleichen Teilen die Kinder des C. Für den Erbteil der D ordnen wir Testamentsvollstreckung an, Testamentsvollstrecker ist C. Wir weisen C an, D aus den Erträgen ihres Erbteils nach billigem Ermessen solche Geld- und Sachleistungen zu gewähren, die auf die gewährten Sozialleistungen nicht anrechenbar sind und auf die der Sozialhilfeträger nicht zugreifen kann. Sollte einer unserer Erben im ersten Erbfall seinen Pflichtteilsanspruch geltend machen, so ist er auch im zweiten Erbfall auf den Pflichtteil gesetzt.

Düsseldorf, den 5. Januar 2005
Unterschrift A
Düsseldorf, den 5. Januar 2005
Unterschrift B

Mit der Pflichtteilsstrafklausel wollen A und B beim ersten Erbfall erreichen, dass der überlebende Ehegatte keinen Ansprüchen ausgesetzt ist. Bezieht ein behindertes Kind Sozialleistungen, so ist aber der Sozialhilfeträger ungeachtet der Sanktionsklausel berechtigt, wegen seiner Leistungen den Pflichtteilsanspruch des behinderten Kindes auf sich überzuleiten und Zahlung zu verlangen. Für den zweiten Erbfall findet nach der Rechtsprechung des BGH aber die Pflichtteilsstrafklausel keine Anwendung, das behinderte Kind wird nicht befreiter Vorerbe und der Sozialhilfeträger geht leer aus.

Durch eine Pflichtteilsstrafklausel kann die Geltendmachung von Pflichtteilsansprüchen für den im ersten Erbfall enterbten behinderten Abkömmling nicht ausgeschlossen werden. Möglich wäre dies nur durch einen vertraglichen Pflichtteilsverzicht, der allerdings die Geschäftsfähigkeit des Behinderten voraussetzt. Ist das behinderte Kind geschäftsunfähig, dann könnte durch testamentarische Gestaltung und Einsetzung des behinderten Kindes auch im ersten Erbfall als nicht befreiter Vorerbe mit der Anordnung von Testamentsvollstreckung die Geltendmachung von Pflichtteilsansprüchen durch den Sozialhilfeträger ausgeschlossen werden.

SACHLEISTUNGEN UND VERGÜNSTIGUNGEN

Sie können den Testamentsvollstrecker auch anweisen, nach seinem Ermessen aus dem Erbteil des behinderten Kindes Sachleistungen und Vergünstigungen zu erbringen, die dem Kind als zusätzliche Leistungen zugutekommen und so die Anrechnung auf die Sozialhilfe vermeiden.

Auch hier gilt, holen Sie kompetenten Rechtsrat ein, bevor Sie Ihr Testament formulieren.

Ihr Kind ist überschuldet

Ist ein Abkömmling überschuldet oder verschwendungssüchtig, dann sieht das Gesetz die Pflichtteilsbeschränkung in guter Absicht vor (siehe Seite 61 f.). Es werden aber auch andere testamentarischen Gestaltungen in der juristischen Fachwelt diskutiert, die der Gestaltung eines Behindertentestaments (siehe vorangegangenes Beispiel) ähneln.

Die Lösungsvorschläge sollen den Zugriff der Gläubiger des Kindes auf den Nachlass verhindern. Ob und inwieweit diese Gestaltungen vor den Gerichten Bestand haben werden, steht noch nicht fest. Dies gilt insbesondere dann, wenn das Kind Sozialleistungen bezieht und der Zugriff des Sozialamts auf den Nachlass verhindert werden soll.

Wollen Sie Vorsorge für Ihr überschuldetes Kind treffen, dann müssen Sie sich von einem im Erbrecht erfahrenen Rechtsanwalt oder einer Rechtsanwältin beraten lassen, sowohl über die Gestaltungsmöglichkeiten als auch über die Risiken. Auch hier gilt: Bitte übernehmen Sie das nachfolgende Beispiel einer Pflichtteilsbeschränkung in guter Absicht nicht ohne fachkundige Beratung.

Ein Beispiel: F ist verwitwet und hat zwei Kinder, T und S. T ist spielsüchtig und überschuldet. F will deshalb T nur ihren Pflichtteil zuwenden und die gesetzlich möglichen Beschränkungen anordnen. Das Vermögen der F beträgt 200 000 €. Sie verfasst folgendes Testament:

Mein Testament

Zu meinem Erben zu 5/8 setze ich meinen Sohn S ein. Meine Tochter T erhält als nicht befreite Vorerbin einen Erbteil von 3/8. Nacherben sind ihre gesetzlichen Erben. Der Nacherbfall tritt mit dem Tod meiner Tochter T ein. Für den Erbteil von T ordne ich Testamentsvollstreckung an. Der Testamentsvollstrecker hat den Erbteil der T zu verwalten, bis der Nacherbfall eintritt. Diese Beschränkungen gelten auch dann, wenn T den Erbteil ausschlägt und stattdessen den Pflichtteil verlangt. Die Beschränkung der Rechte meiner Tochter T erfolgt gemäß § 2338 BGB, weil meine Tochter seit fünfzehn Jahren spielsüchtig und infolgedessen überschuldet ist.

Zum Testamentsvollstrecker für die Verwaltung des Erbteils/Pflichtteils der T setze ich meinen Sohn S ein. Ersatztestamentsvollstreckerin ist Frau X. Frau X ist auch Ersatzerbe nach S.

Bonn, den 6. Mai 2010
Unterschrift F

Mit dieser Beschränkung erreicht F, dass die Substanz des Vermögens den gesetzlichen Erben der T erhalten bleibt und T nur einen Anspruch auf den jährlichen Reinertrag ihres Anteils hat.

Bitte beachten Sie, dass die Gründe für die Beschränkung genau, detailliert und nachvollziehbar im Testament geschildert werden müssen. Die Gründe müssen beim Erbfall noch aktuell sein, ansonsten entfällt die Beschränkung.

Die Pflichtteilsbeschränkung in guter Absicht ist nur bei Abkömmlingen möglich. Sollen Ehe- oder Lebenspartner, Geschwister, Nichten und Neffen oder andere Personen erben und droht wegen eines Insolvenzverfahrens der Zugriff des Insolvenzverwalters oder wollen Gläubiger die Zwangsvollstreckung betreiben, dann müssen andere letztwillige Gestaltungen gefunden werden. Denkbar sind Lösungen ähnlich dem Behindertentestament. Ob diese allerdings von der Rechtsprechung im Streitfall auch anerkannt werden, ist noch nicht entschieden.

Eins kann der von der Insolvenz bedrohte oder bereits in ihr befindliche Erbe aber immer: Er kann auf seine Erb- und Pflichtteilsansprüche verzichten. Darauf haben weder Gläubiger noch Insolvenzverwalter einen Einfluss. Denkbar ist dann, dem verschuldeten Erben ein nicht pfändbares Wohnungsrecht und sonstige Zuwendungen unterhalb der Pfändungsfreigrenze zuzuwenden. Hierzu und zu anderen möglichen Gestaltungen sollten Sie den Rat eines im Erb- und Insolvenzrecht erfahrenen Beraters oder einer Beraterin einholen.

WAS KOMPLETT IN DIE INSOLVENZMASSE FÄLLT

Befindet sich der Erbe bei Eintritt des Erbfalls im Insolvenzverfahren, dann fällt seine Erbschaft oder sein Pflichtteilsanspruch vollen Umfangs in die Insolvenzmasse. Dies gilt auch dann, wenn er den Pflichtteilsanspruch erst nach Beendigung des Insolvenzverfahrens geltend macht, dieser ist dann der Nachtragsverteilung vorbehalten. Das heißt, der Erbe kann nicht darüber verfügen. Anders ist dies, wenn der Erbfall während der Wohlverhaltensphase im Restschuldbefreiungsverfahren eintritt. Dann ist nur noch die Hälfte der Erbschaft oder des geltend gemachten Pflichtteils an den Treuhänder herauszugeben.

Sie sind geschieden und haben ein Kind aus dieser Ehe

F ist geschieden und hat eine Tochter T aus dieser Ehe. Sie will ihren geschiedenen Ehemann in jedem Fall sowohl von der Verwaltung des Nachlasses ausschließen als auch als Erben ihres Vermögens für den Fall, dass zunächst sie und dann ihre Tochter stirbt. Wenn F nun ihre Tochter als Alleinerbin einsetzen würde, dann würde, wenn T stirbt, gegebenenfalls der geschiedene Ehemann der Alleinerbe der Tochter sein, und zwar auch hinsichtlich des von F geerbten Vermögens. Eine testamentarisch angeordnete Auflage, nicht zugunsten des Vaters zu verfügen, würde gegen das Verbot der Einschränkung der Testierfreiheit verstoßen.

Die Erbeinsetzung von T unter der Bedingung, dass T zugunsten bestimmter Dritter testamentarisch verfügt, wird als wirksam angesehen, kann aber im Einzelfall, je nach Ausgestaltung der Bedingung, auch sittenwidrig sein. F muss daher einen Nacherben für ihre Tochter einsetzen.

Durch eine Befristung der Nacherbschaft auf den Tod ihres früheren Ehegatten kann sie erreichen, dass T zu einem späteren Zeitpunkt doch Vollerbin wird und über das ererbte Vermögen auch letztwillig frei verfügen kann.

Durch die Anordnung der Testamentsvollstreckung und die Benennung eines Vormunds schließt sie den geschiedenen Ehemann von der Verwaltung des Vermögens aus. Frau F verfügt nun folgendermaßen:

Beispiel:

Mein Testament

Ich setze meine Tochter T zu meiner befreiten Vorerbin ein. Nacherben sind die Kinder meiner Tochter T, und zwar, wenn T mehrere Kinder hat, zu gleichen Teilen. Zu Ersatznacherben berufe ich H und Y.

Der Nacherbfall tritt bei Tod der Vorerbin ein.

Die Anordnung der Nacherbschaft entfällt mit dem Tod meines geschiedenen Ehemannes.

Ich ordne Testamentsvollstreckung an. Zum Testamentsvollstrecker ernenne ich Herrn Z, der den Nachlass bis zur Vollendung des 25. Lebensjahres meiner Tochter zu verwalten hat. Sollte zum Zeitpunkt meines Todes meine Tochter noch minderjährig sein, bestimme ich Herrn Z zum Vormund. Herrn E und meine Eltern V und M schließe ich von der Vormundschaft aus.

Kiel, den 6. April 2001

Unterschrift F

Ihre Ehe ist kinderlos

M und F sind verheiratet, kinderlos und leben in Zugewinngemeinschaft. Jeder von ihnen verfügt über ein Vermögen in Höhe von 240 000 €, das sich aus verschiedenen Sachwerten zusammensetzt. Sie wollen sich jeweils für den Todesfall des anderen bestmöglich absichern.

Da sie keine Kinder haben, glauben sie, dass sie nur gegenseitig erb- und pflichtteilsberechtigt sind. Das Gesetz allerdings sieht eine andere Regelung vor (siehe Seite 7 ff., 29 ff.). Würden M und F also kein Testament errichten, kann es im Erbfall nicht gewollte Miterben und unliebsame Folgen geben, zum Beispiel Auseinandersetzung, gegebenenfalls – wenn die nicht eingeplanten Miterben ausgezahlt werden müssen – Notverkauf der Eigentumswohnung, in der der überlebende Ehegatte weiterleben wollte.

Wenn M und F sich gegenseitig als alleinige Erben einsetzen wollen, müssen sie entscheiden, ob der überlebende Ehegatte über das Vermögen beider für seinen Todesfall durch Testament frei verfügen darf oder nicht. Kann er frei verfügen, dann kann er seinerseits die gesetzlichen

Erben seines verstorbenen Ehegatten oder die diesem nahestehenden Personen auch übergehen – eine Konsequenz, die überlegt sein will.

Beispiel:

Unser Testament

Wir setzen uns gegenseitig zu unbeschränkten Alleinerben ein.

Hannover, den 6. Juni 2000
Unterschrift M
Hannover, den 6. Juni 2000
Unterschrift F

Folge der unbeschränkten Erbeinsetzung ist auch, dass der überlebende Ehegatte im Falle seiner Wiederheirat ohne Einschränkung verfügen kann. Wer dies nicht will, kann Vor- und Nacherbschaft anordnen, wobei der Nacherbfall bei Wiederheirat des überlebenden Ehegatten eintritt, der dann die gesamte Erbschaft an den Nacherben herauszugeben hat (siehe Seite 106 f.).

Der überlebende Ehegatte wird in einem solchen Fall, insbesondere wenn eine nicht befreite Vorerbschaft angeordnet ist, überlegen, ob er nicht besser die Erbschaft ausschlägt und seinen Zugewinnausgleich und den kleinen Pflichtteil verlangt (siehe Seite 34 ff.).

Sind im obigen Beispiel noch die Eltern als Pflichtteilsberechtigte zu berücksichtigen, müssen M und F überlegen, ob der überlebende Ehegatte ihre Ansprüche aus dem vorhandenen Barvermögen ohne weiteres befriedigen kann. Ist das nicht der Fall, empfiehlt sich der Abschluss einer Lebensversicherung auf den Tod des einen Ehepartners mit Bezugsberechtigung zugunsten des anderen, sodass die Lebensversicherungssumme nicht in den Nachlass fällt. Damit stehen dann im Erbfall Mittel zur Zahlung zur Verfügung.

Wollen M und F ihren pflichtteilsberechtigten Eltern Sachwerte zuwenden, dann sollten sie entsprechende Vermächtnisse anordnen. Bei der Anordnung eines Vermächtnisses für einen Pflichtteilsberechtigten ist zu beachten, dass dieser das Vermächtnis nach § 2307 BGB ausschlagen kann, um stattdessen den Pflichtteil zu verlangen.

Bleibt das Vermächtnis im Wert unter dem Pflichtteilsanspruch, kann zu dem Vermächtnis ergänzend die Wertdifferenz in Geld bis zur Höhe des Pflichtteils geltend gemacht werden. Sollen die Eltern Vermögenswerte in Höhe des Pflichtteils nur auf Lebzeiten erhalten, die Vermögenswerte nach dem Tod der Eltern aber wieder dem überlebenden Ehegatten zufallen, dann muss der Weg der Anordnung eines Vor- und Nachvermächtnisses gewählt werden.

M und F haben entschieden, die freie Verfügungsbefugnis des überlebenden Ehegatten für dessen Todesfall zu beschränken und ihren Eltern Vermächtnisse auszusetzen. Ihr Testament hat folgenden Wortlaut:

Beispiel:

Unser Testament

1. Wir setzen uns gegenseitig zu Alleinerben ein.

2. Sollte ich, M, zuerst sterben, so erhalten meine Eltern als Vorvermächtnis meine Bildersammlung im Wert von 40 000 Euro. Nachvermächtnisnehmerin beim Tod des zuletzt sterbenden Elternteils ist meine Ehefrau F.

3. Sollte ich, F., zuerst sterben, so erhält meine Mutter als Vorvermächtnis meinen gesamten Schmuck im Wert von 43 000 Euro. Nachvermächtnisnehmer beim Tod meiner Mutter ist mein Ehemann M.

4. Für den zweiten Todesfall setzen wir die Nichten von M, H und Y und A und B, Freundinnen von F zu unseren Erben zu je einem Viertel ein.

5. Für den zweiten Todesfall ordnen wir Testamentsvollstreckung an. Zum Testamentsvollstrecker ernennen wir Herrn B.

Hannover, den 6. Juni 2000
Unterschrift M
Hannover, den 6. Juni 2000
Unterschrift F

Die Vermögensmassen des M und der F vermischen sich nach dem ersten Todesfall. Die eingesetzten Erben erhalten nach dem Tod auch des zweiten Ehegatten das noch vorhandene vermischte Vermögen zu je einem Viertel.

Die „Erben“ des M erhalten also bei der Nachlassteilung nicht zwangsläufig die ursprünglich dem M gehörenden Gegenstände. Sollen die Erben des Überlebenden jeweils bestimmte Gegenstände erhalten, müssen die Ehegatten eine Teilungsanordnung in ihr Testament aufnehmen.

Im beschriebenen Beispiel haben M und F wechselbezügliche bindende Verfügungen getroffen. Dies gilt für die gegenseitige Erbeinsetzung und die Einsetzung der „Erben“ des zuerst sterbenden Ehepartners.

Stirbt ein Ehegatte und nimmt der andere die Erbschaft an, ist er an diese Verfügungen gebunden und kann nicht mehr anderweitig von Todes wegen verfügen. Nur die Einsetzung der eigenen Erben kann jeweils geändert werden (das heißt: F kann die Erbeinsetzung ihrer Freundinnen ändern, M die seiner Nichten). Ist diese Einschränkung nicht gewollt, muss das gemeinschaftliche Testament eine ausdrückliche Bestimmung darüber enthalten, dass der überlebende Ehegatte befugt ist, über den Nachlass (oder einen Teil) frei zu verfügen!

Sie sind verheiratet und haben Kinder

M und F sind verheiratet, leben in Zugewinngemeinschaft und haben zwei Kinder. Stirbt M und liegt kein Testament vor, erben F zur Hälfte und die Kinder S und T zu je einem Viertel. Vorab erhält F den gesetzlichen Voraus gemäß § 1932 BGB (siehe Seite 11 f.). F, S und T bilden eine Erbengemeinschaft, deren Auseinandersetzung jedes der Kinder jederzeit fordern kann. Besteht der Nachlass des M aus dem gemeinsam bewohnten Einfamilienhaus, kann die Auseinandersetzung die Folge haben, dass das Haus verkauft werden muss.

Dies wollen M und F verhindern. Ihr Ziel ist es, sich gegenseitig weitgehende Freiräume zu verschaffen. Ihre Kinder sollen erst nach dem Tod beider Elternteile erben. Sie errichten ein gemeinschaftliches Testament und setzen die Kinder zu Schlusserben ein (Berliner Testament):

Beispiel:

Unser Testament
Wir setzen uns gegenseitig zu Alleinerben ein. Erben des Längstlebenden sind unsere gemeinschaftlichen Kinder zu jeweils gleichen Teilen.

Hannover, den 6. Juni 2000
Unterschrift M
Hannover, den 6. Juni 2000
Unterschrift F

Der überlebende Ehegatte ist in der Verfügung über das ererbte und eigene Vermögen zu Lebzeiten nicht beschränkt, er kann aber für den Todesfall nicht mehr abweichend verfügen.

Die Kinder werden nur Erben des zuletzt sterbenden Ehegatten, sie sind von der Erbfolge nach dem zuerst sterbenden Elternteil ausgeschlossen. Folge ist, dass sie nach dem ersten Todesfall ihren Pflichtteilsanspruch geltend machen können. Um dies zu unterbinden – ausschließen lässt sich das nicht –, ist folgende Klausel üblich:

Beispiel:

Macht eines unserer Kinder beim Tod des Erstversterbenden seinen Pflichtteilsanspruch geltend, so sind es und seine Abkömmlinge auch beim Tod des überlebenden auf den Pflichtteil gesetzt.
Außerdem erhält in diesem Fall dasjenige Kind, das keine Pflichtteilsansprüche geltend macht, ein Vermächtnis in Höhe seines gesetzlichen Erbteils aus dem Nachlass des Erstversterbenden, auszahlbar beim Tod des Letztversterbenden.
Erheben beide Kinder beim Tod des Erstversterbenden Pflichtteilsansprüche, so sind sie auch für den zweiten Erbfall auf den Pflichtteil beschränkt. Der überlebende von uns kann in diesem Fall auch durch letztwillige Verfügung neu verfügen.

Ein Pflichtteilsverzicht durch Vertrag wäre nur möglich, wenn beide Kinder damit einverstanden sind (siehe S. 62 f.).

Die Ehepartner können sich auch die Befugnis einräumen, dass der überlebende Partner für den zweiten Erbfall nur zugunsten von Abkömmlingen abweichend verfügen – etwa andere Erbquoten oder statt der Kinder direkt die Enkelkinder einsetzen – darf.

M und F haben im Beispiel ein Vermögen von je 240 000 €.

Macht Sohn S seinen Pflichtteil geltend, erhält er ein Achtel aus dem Nachlass des zuerst versterbenden M, also

INFO **Warnung!**

Gewarnt sei davor, einen Ehegatten von der Großzügigkeit der Kinder abhängig zu machen. So mancher Elternteil hat schon Überraschungen erleben müssen, denn die Interessen der Kinder unterliegen auch einer Entwicklung und für manchen, der eine eigene Familie gegründet hat, wird das Schicksal der Eltern nachrangig. Dies sollten Sie bei Ihrem Testament beachten.

30 000 €. Ohne Vermächtnisanordnung zugunsten der T erhielte F als testamentarische Erbin die restlichen 210 000 € – mit der Folge, dass S im zweiten Erbfall einen Pflichtteil, berechnet nach dem Wert des Gesamtvermögens der F (240 000 € + 210 000 € = 450 000 €), also 112 500 € erhielte. Durch das Vermächtnis verringert sich der Erbteil der F zwar um 60 000 €; da es aber erst bei ihrem Tod fällig wird, ist F nicht an der vollen Nutzung des Nachlasses gehindert.

Ferner erhält S beim zweiten Erbfall auf diesen Betrag nicht noch einmal einen Pflichtteil. F erhält 240 000 € – 30 000 € (1. Pflichtteil des S) – 60 000 € (Vermächtnis zugunsten T) = 150 000 €. Stirbt F, hinterlässt sie ein Vermögen in Höhe von 390 000 €, der Pflichtteil des S beträgt 97 500 €. S erhält also, weil das Vermächtnis das zu vererbende Vermögen der F verringert, 15 000 € weniger.

Beim Berliner Testament nehmen die Ehegatten in Kauf, dass nach dem Tod des ersten Ehepartners das Vermögen zusammengeführt wird, dass keine Verfügungsbeschränkungen unter Lebenden bestehen, im Fall der Wiederheirat neu hinzukommende Pflichtteilsberechtigte an dem Vermögen des Erstversterbenden teilhaben und dass der überlebende Ehegatte das ererbte Vermögen auch im Falle der Wiederheirat im vollen Umfang behält.

Wollen Ehepartner dagegen sicherstellen, dass die Vermögen getrennt bleiben und gegebenenfalls bereits bei Wiederheirat eines Partners die gemeinsamen Kinder erben, können sie dies durch die Anordnung einer Vor- und Nacherbschaft, unter Umständen in Verbindung mit einer sogenannten Wiederverheiratungsklausel, erreichen.

Beispiel:

Unser Testament
Wir setzen uns gegenseitig zu befreiten Vorerben ein. Nacherben und Erben des Längstlebenden sind unsere gemeinsamen Kinder jeweils zu gleichen Teilen.
Der Nacherbfall tritt ein bei Tod oder Wiederheirat des Überlebenden.

Hannover, den 6. Juni 2000
Unterschrift M
Hannover, den 6. Juni 2000
Unterschrift F

INFO Wohnungsrecht

Der Ehepartner, dem testamentarisch ein Wohnungsrecht zugewandt worden ist, kann die Wohnung nur persönlich nutzen. Wenn er pflegebedürftig wird, kann er zwar Pflegepersonal in die Wohnung aufnehmen, darf diese aber grundsätzlich nicht vermieten oder Dritten zur Nutzung überlassen, wenn er selbst in ein Altenheim umziehen muss. Er muss also im Pflegefall auf die Nutzung verzichten und kann keine Einnahmen daraus ziehen.

Dies wird oft übersehen und kann zu erheblichen finanziellen Engpässen für den Ehepartner führen. Nur dann, wenn dem Berechtigten mit der Einräumung des Wohnungsrechts die Vermietung an Dritte gestattet wird, kann er sie im Pflegefall auch vermieten. Das müssen Sie dann aber ausdrücklich in Ihrem Testament formulieren! Eine andere Möglichkeit ist die Einräumung des Nießbrauchs an dem Grundstück. Dann kann der Bedachte die Wohnung selbst nutzen oder vermieten.

Welche Möglichkeit Sie wählen, müssen Sie nach einer Beratung, die auch die jeweiligen steuerlichen Folgen der gewählten Lösung umfasst, entscheiden.

Auch die als Nacherben eingesetzten pflichtteilsberechtigten Kinder können beim ersten Erbfall die Nacherbschaft ausschlagen und ihren Pflichtteil verlangen. Schutz bietet auch hier nur die oben ausgeführte Formulierung. Vor Aufnahme einer Wiederverheiratungsklausel ist zu bedenken, ob der überlebende Ehepartner nicht zu sehr in seiner wirtschaftlichen Bewegungsfreiheit eingeschränkt wird (siehe Seite 104 ff.).

Dies kann vermieden und trotzdem können die Interessen der gemeinsamen Kinder gewahrt werden, wenn dem überlebenden Ehegatten bei Eintritt des Nacherbfalls durch Wiederheirat der Nießbrauch an dem Vermögen des verstorbenen Ehegatten zusteht. Möglich ist auch die Anordnung eines Vorausvermächtnisses für einen bestimmten Vermögensgegenstand, etwa ein Grundstück.

Der gesetzliche Voraus entfällt, wenn ein Ehegatte testamentarisch bedacht wird (siehe Seite 11 f.). Soll der Ehegatte zum Beispiel die Wohnungseinrichtung behalten dürfen, muss sie dem überlebenden Ehegatten, der nicht testamentarischer Alleinerbe wird, durch ein Vorausvermächtnis zugewandt werden.

Wollen die Ehepartner ihre gemeinsamen Kinder sogleich zu Erben einsetzen und sich jeweils nur den Nießbrauch am Nachlass des zuerst Versterbenden vorbehalten, hat der überlebende Ehegatte kein Verfügungsrecht bezüglich des Nachlasses, seine Rechtsstellung ist erheblich eingeschränkt. Diese Form sollte nur gewählt werden, wenn der überlebende Partner etwa durch Zins- und Mieteinnahmen in der Lage ist, seinen Lebensstandard unabhängig von den Kindern aufrechtzuerhalten.

Sie haben Kinder aus erster Ehe

M und F sind verheiratet und leben in Zugewinngemeinschaft. F hat zwei Kinder aus erster Ehe, A und B, die ihr Vermögen erhalten sollen. M soll aber, wenn er F überlebt, bis zu seinem Tod durch ihr Vermögen gesichert sein, und zwar auch im Falle der Wiederheirat. F setzt ihr Testament wie nachstehend auf.

Beispiel:

Mein Testament

Zu meinen Erben zu gleichen Teilen setze ich meine Kinder A und B ein. Mein Ehemann M erhält als Vorausvermächtnis alle Gegenstände, die sich bei meinem Tod in unserer gemeinsamen Wohnung befinden, also Hausrat, Bilder, Schmuck und sonstige dort befindliche Wertgegenstände.

Ich vermache den Nießbrauch an meinem gesamten Vermögen meinem Ehemann M. Auch die gewöhnlichen Erhaltungskosten und Lasten müssen von meinen Erben getragen werden.

Ich schließe die Auseinandersetzung zwischen meinen Erben bis zum Tod von M. aus.

Ich ordne Testamentsvollstreckung an. Diese dauert an bis zum Tod von M. Zum Testamentsvollstrecker bestimme ich M.

M. hat den Nachlass zu verwalten und unverzüglich nach meinem Tod für sich als Vermächtnisnehmer den Nießbrauch an allen meinen Vermögensgegenständen zu bestellen und für die Eintragung des Nießbrauchs an meinen Grundstücken zu sorgen.

Sollte eines meiner Kinder bei meinem Tod seinen Pflichtteil verlangen, so sind seine Abkömmlinge ebenfalls von der Erbfolge ausgeschlossen.

Ersatzerbe ist mein Patenkind P, es tritt keine Anwachsung ein.

Köln, den 20. März 1996

Unterschrift F

Da M von der gesetzlichen Erbfolge ausgeschlossen und testamentarisch bedacht wird, erhält er nicht den gesetzlichen Voraus (siehe Seite 11 f.). F möchte aber, dass M Eigentümer der Gegenstände wird, die sich in der Wohnung befinden. Das weitere Vermögen kann er dagegen – ihm ist lediglich ein Nießbrauch eingeräumt – nur nutzen.

Um diese Nutzung unproblematisch zu gestalten, ordnet F Testamentsvollstreckung durch M an. Damit kann sich M den Nießbrauch einräumen und die für die Bestellung eines Nießbrauchs an Grundstücken notwendige Eintragung in das Grundbuch bewirken – er ist nicht auf die Mitwirkung der Erben angewiesen. F will Streit darüber ausschließen, welche Kosten M als Nießbrauchsberechtigter zu tragen hat, und bürdet deshalb alle Kosten ihren Kindern auf. Ohne diese Anordnung müsste M die gewöhnlichen Erhaltungskosten und Lasten tragen, wobei bei den Erhaltungskosten Streit darüber entstehen kann, welche Kosten gewöhnlich oder außergewöhnlich sind.

Patchwork-Familie

F ist verwitwet und hat eine siebenjährige Tochter T. M hat aus seiner geschiedenen ersten Ehe einen zehnjährigen Sohn S. Nach ihrer Heirat haben F und M nun noch gemeinsame Zwillinge Z und Y. F und M wollen sich jeweils für den Tod des anderen bestmöglich absichern und insbesondere, falls sie gleichzeitig versterben, für ihre minderjährigen Kinder Vorsorge treffen.

Beispiel:

Unser Testament

Wir setzen uns gegenseitig zu Alleinerben ein. Dem Längstlebenden von uns machen wir zur Auflage, für sein Stiefkind T, falls F zuerst verstirbt, oder sein Stiefkind S, falls M zuerst verstirbt, Unterhalt wie für ein leibliches Kind zu zahlen und die Ausbildung des Kindes zu finanzieren. Wir berufen den jeweils Längstlebenden von uns zum Vormund für unser jeweiliges Kind aus erster Ehe.

Zu unseren Schlusserben setzen wir T, S, Z und Y zu gleichen Teilen ein. Ersatzerben eines Kindes sind seine Abkömmlinge. Sind keine Abkömmlinge vorhanden, wächst der Anteil den anderen Schlusserben verhältnismäßig zu.

Sollten wir gleichzeitig oder kurz hintereinander aufgrund desselben Ereignisses versterben, sind Erben unsere Kinder T, S, X und Y. Alle Kinder beerben also jeden von uns zu einem Viertel. Zum Vormund unserer vier Kinder bestimmen wir in diesem Fall Frau V.

Ulm, den 10. Februar 2010
Unterschrift F
Unterschrift M

M und F verfügen in der Form des Berliner Testaments (zu den Vor- und Nachteilen siehe Seite 123 ff.), um jeweils zunächst über das gesamte Vermögen verfügen zu können. Da Stiefkinder keinen gesetzlichen Unterhaltsanspruch gegen den Stiefelternteil haben, gleichen sie diese Schlechterstellung durch die Auflage aus, für den Unterhalt und die Ausbildung zu sorgen. Da sie im Beispiel jeweils allein sorgeberechtigt für ihre Kinder aus erster Ehe sind, können sie für diese wie auch für ihre gemeinsamen Kinder bei gleichzeitigem Versterben die Vormundschaft regeln.

Um ihre gegenseitige Erbeinsetzung zu sichern, ist das Testament noch um eine Pflichtteilstrafklausel (siehe Seite 124) und gegebenenfalls um den Ausschluss der geschiedenen Frau des M von der Erbfolge nach S zu ergänzen (siehe Seite 120 f.).

Sie leben in einem Altersheim und wollen dieses zum Erben einsetzen

Beispiel: Der verwitwete und kinderlose S lebt in einem Altersheim. Da er zu seinen entfernten Verwandten keinen Kontakt hat, will er sein Vermögen dem Träger des Heims vererben. er sucht seinen Notar zur Beratung auf und verfasst ein notarielles Testament mit folgendem Inhalt:

> *Zu meinem Alleinerben setze ich den Träger X, der das Altersheim Sonnenschein betreibt, ein.*

Über den Inhalt seines Testaments spricht S mit niemanden.

Nach seinem Tod beantragt sein Neffe F einen Erbschein, da er das Testament nach §14 des Heimgesetzes (HeimG) beziehungsweise den entsprechenden landesrechtlichen Regelungen für unwirksam hält.

Nach §14 des HeimG und den entsprechenden landesrechtlichen Regelungen ist es einem Heimträger und seinen Angestellten und sonstigen Mitarbeitern untersagt, sich zusätzliche Leistungen versprechen oder gewähren zu lassen. Schenkungen unter Lebenden an das Pflegepersonal oder den Heimträger sind nur dann wirksam, wenn es sich um geringwertige Aufmerksamkeiten handelt. Eine Schenkung von 100 € kann darunter fallen, eine von mehreren hundert Euro wohl kaum noch. Das Zuwendungsverbot schützt in erster Linie den auf die Pflege angewiesenen Heimbewohner vor einer Ausnutzung seiner Lage, dann aber auch den Heimfrieden. Das Zuwendungsverbot setzt aber stets eine Handlung des Heimträgers oder seiner Mitarbeiter voraus. Daran fehlt es beim sogenannten stillen Testament. Hat der Heimträger oder der begünstigte Mitarbeiter vor dem Erbfall keine Kenntnis über das testamentarisch Zugewandte, bleibt die testamentarische Verfügung wirksam. Die Kenntnis wird nach der Rechtsprechung allerdings vermutet. Die Beweislast für die Nichtkenntnis und damit die Wirksamkeit der Verfügung des Erblassers oder der Erblasserin liegt also beim erbenden Heimträger oder den begünstigten Mitarbeitern.

Wenn Pflegepersonal in einem Heim oder der Träger testamentarisch bedacht werden sollen, ist es ratsam einen Notar einzuschalten, der sie berät und Ihnen hilft ein nach der Rechtsprechung wirksames stilles Testament zu verfassen. Dies ist auch deshalb notwendig, weil die inzwischen erlassenen Heimgesetze der Länder das Zuwendungsverbot nicht nur auf klassische Altenheime, sondern auf unterschiedliche Institutionen der Altenpflege bis zur ambulanten Pflege – so die hamburgische Regelung – anwenden.

SCHENKEN STATT VERERBEN

Es gibt viele Gründe, Teile des Vermögens schon vor dem Tod aus der Hand zu geben: Eltern wollen ihren Kindern finanziell helfen, Handwerker wollen ihren Betrieb rechtzeitig in jüngere Hände geben und ähnliche Sachverhalte mehr. Die Schenkung zu Lebzeiten macht dies möglich. Dabei lassen sich auch Steuern sparen, die sonst das Erbe zum Teil ganz erheblich mindern.

WANN LIEGT EINE WIRKSAME SCHENKUNG VOR?

Eine Schenkung ist ein Vertrag zwischen dem Schenker und dem Beschenkten, wobei beide sich einig sind, dass ein Gegenstand oder ein Recht unentgeltlich übertragen wird (siehe Seite 48).

Beispiel: Frau Meyer überlasst ihrer Enkelin einen neuen Laptop zum 21. Geburtstag, damit sie ihre Studienarbeiten schneller erledigen kann.

Wird – wie im Beispiel – die Schenkung vollzogen, der geschenkte Gegenstand also übergeben, ist die Schenkung wirksam. Dies ist bei dem Großteil der Schenkungen im täglichen Leben der Fall, etwa bei den üblichen Gelegenheitsgeschenken zu Geburtstagen, Hochzeiten und ähnlichen Anlässen. Bei sofortigem Vollzug spricht man auch von Handschenkunge und die Beteiligten sind sich meistens nicht bewusst, dass sie mit der Übergabe des Geschenks einen Schenkungsvertrag geschlossen und vollzogen haben.

Sollen Grundstücke und Rechte an Grundstücken verschenkt werden, sind Formvorschriften einzuhalten. Der Schenkungsvertrag ist vor dem Notar abzuschließen, und zum Vollzug der Schenkung ist die Eintragung des Beschenkten als neuer Eigentümer im Grundbuch erforderlich. Diese veranlasst der Notar.

Beispiel: Herr Kraft will seiner Tochter Lisa, die in Münster studiert, dort eine Eigentumswohnung schenken. Sie schließen vor dem Notar einen Schenkungsvertrag und der Notar stellt beim Grundbuchamt den Antrag, Lisa als neue Eigentümerin einzutragen. Mit der Eintragung wird Lisa Eigentümerin und die Schenkung ist vollzogen.

Wird die Schenkung eines Gegenstands oder eines Rechts nicht sofort vollzogen, dann liegt ein Schenkungsversprechen vor. Dieses bedarf der notariellen Beurkundung, sonst ist es unwirksam.

Beispiel: Herr Wagner verspricht seinem Sohn Justus, er werde ihm nach erfolgreichem Abschluss seines Studiums eine Kawasaki Z1000 schenken. Wenn dieses Schenkungsversprechen nicht notariell beurkundet wird, hat Justus rechtlich keinen durchsetzbaren Anspruch auf das Motorrad. Vollzieht der Vater beim Studienabschluss die Schenkung, ist sie wirksam. Das Motorrad kann nicht zurückgefordert werden.

Will ein zukünftiger Erblasser schon zu Lebzeiten Teile seines Vermögens auf seine Erben übertragen, so erfolgt dies rechtlich in der Form von Schenkungen, wobei im Schenkungs- oder Übertragungsvertrag dann zumeist darauf hingewiesen wird, dass die Schenkung im Wege der vorweggenommenen Erbfolge erfolgt.

Planen Sie, Vermögen auf Ihre zukünftigen Erben bereits zu Lebzeiten zu übertragen, dann sollten Sie prüfen, ob und welche Gegenleistungen für die vorzeitige Vermögensübertragung vereinbart werden sollen. Das richtet sich ganz nach Ihren voraussichtlichen Bedürfnissen im Alter. Denkbar ist bei der Überlassung eines Hausgrundstücks der Vorbehalt eines Nießbrauchs oder eines Wohnungsrechts. Auch Fragen der Pflege und Versorgung im Alter oder der Rentenzahlung sollten bedacht werden.

Wird zu Lebzeiten eines von mehreren pflichtteilsberechtigten Kindern durch Vermögensübertragungen bevorzugt, stellen sich zur Wahrung des familiären Friedens auch Fragen, wie diese Leistungen gegebenenfalls auszugleichen sind und ob das bevorzugte Kind nicht gleichzeitig auch auf Erb- und/oder Pflichtteilsansprüche verzichtet (siehe Seite 62 f. und 168 ff.).

Eine vorzeitige Vermögensübertragung will gut überlegt sein. Besprechen Sie diese in der Familie und lassen Sie sich über Gestaltung und Konsequenzen umfänglich beraten, und zwar sowohl über die rechtlichen als auch über die steuerlichen Folgen. Und bei jeder größeren Schenkung oder vorweggenommenen Erbfolge sollten Sie bedenken: Was verschenkt ist, ist weg. Auf dieses Vermögen können Sie nach der Schenkung grundsätzlich nicht mehr zurückgreifen.

Sonderformen der Schenkung

Von einer Schenkung unter Auflage spricht man, wenn der Schenker den Beschenkten verpflichtet, in einer bestimmten Weise mit dem geschenkten Gegenstand umzugehen oder bestimmte Leistungen aus dem geschenkten Gegenstand zu erbringen.

Beispiel: Frau Mey schenkt ihrer Tochter ihr wenig gefahrenes Auto mit der Auflage, sie einmal im Monat zu einem Großeinkauf zum Supermarkt zu fahren und ihr beim Einkauf behilflich zu sein.

Ist die Schenkung vollzogen, kann Frau Mey von ihrer Tochter die Erfüllung der Auflage verlangen. Da strittig ist, ob sie auch vom Vertrag zurücktreten kann, wenn die Auflage nicht erfüllt wird, sollte bei einer Schenkung unter Auflage eine Sicherung oder ein Rücktrittsrecht des Schenkers vertraglich vorgesehen werden. (Dazu unten Seite 138.)

Eine gemischte Schenkung liegt vor, wenn ein Gegenstand oder ein Recht geschenkt wird, der Beschenkte aber eine Gegenleistung erbringt, deren Wert unter dem der Schenkung liegt.

Beispiel: Die Großeltern Ilse und Peter König übereignen ihrer Enkelin Lea zum 25. Geburtstag eine Eigentumswohnung im Verkehrswert von 100 000 € gegen Zahlung von 25 000 €.

Hier liegt eine gemischte Schenkung vor, zu 75 Prozent wird die Eigentumswohnung unentgeltlich und zu 25 Prozent entgeltlich erworben.

LASSEN SIE SICH RECHTZEITIG BERATEN

Bei Schenkungen unter Auflage und gemischten Schenkungen sollten Sie sich über mögliche steuerliche Folgen rechtzeitig vor der Schenkung beraten lassen.

Schenkung an Minderjährige

Beispiel: Frau Adam möchte ihrem Enkel Max regelmäßig zu seinen Geburtstagen 500 € schenken. Was muss sie beachten?

Ist der Enkel noch nicht sieben Jahre alt, so ist das Kind geschäftsunfähig. Das bedeutet, es kann alleine keinen wirksamen Schenkungsvertrag abschließen, und jede wirksame Schenkung setzt eine Vertrag voraus (siehe Seite 131). Für das Kind handeln seine gesetzlichen Vertreter, das sind in der Regel seine Eltern. Die Eltern müssen in Vertretung für ihr Kind den Schenkungsvertrag schließen und der Übergabe des Geschenks zustimmen oder es entgegennehmen. Weisen die Eltern das Geschenk zurück, weil sie es für ihr Kind für ungeeignet halten, ist die Schenkung unwirksam. Im Beispiel übergibt Frau Adam das Geld für Max an die Eltern.

Beispiel: Frau Adam legt ein Sparbuch auf den Namen ihres Enkels an, zahlt regelmäßig zum Geburtstag Geldbeträge darauf ein, verwahrt das Sparbuch in ihrem Schreibtisch und sagt den Eltern, das Sparbuch solle der Enkel später einmal bekommen. Als Max 18 Jahre alt geworden ist, verlangt er das Sparbuch von Frau Adam, da er sich ein gebrauchtes Auto kaufen möchte. Frau Adam verweigert die Herausgabe, da sie findet, das Sparguthaben solle für die Ausbildung verwandt werden.

In diesem Beispiel ist die Schenkung noch nicht vollzogen worden. Die Anlage eines Sparbuchs auf den Namen des Enkels reicht für eine vollzogene Schenkung nicht aus. Ein wirksames Schenkungsversprechen liegt ebenfalls nicht vor, da die notarielle Form nicht eingehalten worden ist. Anders wäre es, wenn zwischen Frau Adam und dem Enkel, vertreten durch seine Eltern, vereinbart worden wäre, dass mit der Einzahlung des Geldes auf dem Sparkonto Max Inhaber der Forderung gegen das Kreditinstitut wird und die Oma das Sparbuch für den Enkel lediglich verwahrt. Dann könnte Max, wenn er volljährig ist, auch selbst die Herausgabe an sich verlangen.

Wollen Eltern ihrem noch nicht sieben Jahre alten Kind Geld oder andere Sachen schenken, so handeln sie auf zwei Seiten. Sie treten als Schenker auf und vertreten das beschenkte Kind. Das kann zu Interessenkonflikten führen. Eine solche Schenkung durch die Eltern ist nur wirksam, wenn das Kind dadurch lediglich einen rechtlichen Vorteil erhält. Mit der Schenkung dürfen für das Kind keine rechtlichen Nachteile verbunden sein, sonst liegt ein unzulässiges Insichgeschäft vor und die Schenkung ist unwirksam. Eine Schenkung unter einer Auflage, die dem Kind rechtliche Pflichten auferlegt, wäre unwirksam. Spielzeug und ähnliche Gegenstände dagegen können Eltern ebenso wie Geld ihren noch nicht sieben Jahre alten Kindern wirksam schenken.

Kinder zwischen dem vollendeten sieben und dem 18 Lebensjahr sind beschränkt geschäftsfähig. Sie können Rechtsgeschäfte dann wirksam abschließen, wenn sie für sie lediglich rechtlich vorteilhaft sind. Das sind – wie im obigen Beispiel – geschenkte Gegenstände und Geld, sei es als Bargeld oder als Einzahlung auf dem Sparkonto des Kindes. Auch hier gilt aber, das Sparkonto muss eindeutig und ohne Vorbehalte dem Kind zuzuordnen sein.

Auch die schenkweise Überlassung eines nicht vermieteten Einfamilienhauses bringt dem Minderjährigen nach der Rechtsprechung nur rechtliche Vorteile und ist damit ohne Zustimmung des gesetzlichen Vertreters wirksam. Anders sieht dies bei der Schenkung einer Eigentumswohnung aus. Diese wird als rechtlich nachteilhaft angesehen, da der Minderjährige als Mitglied der Wohnungseigentümergemeinschaft auch Pflichten übernimmt. Der Schenkungsvertrag bedarf der Genehmigung der Eltern als gesetzliche Vertreter. Dasselbe gilt für die Schenkung eines vermieteten oder verpachteten Grundstücks. Sind in diesen Fällen die Eltern die Schenkenden, dann können sie ihr Kind nicht vertreten, es muss ein Pfleger für das Kind bestellt werden.

Die Abgrenzung, ob eine Schenkung an einen Minderjährigen nur rechtlich vorteilhaft ist oder nicht, ist häufig schwierig und für juristische Laien nicht ohne weiteres nachvollziehbar. Planen Sie, Vermögen auf Ihre minderjährigen Kinder schenkweise zu übertragen, etwa im Wege der vorweggenommenen Erbfolge, dann sollten Sie sich rechtzeitig über die damit verbundenen rechtlichen und steuerlichen Probleme beraten lassen.

Folgen der Schenkung

Mit der Schenkung geht der geschenkte Gegenstand in das Vermögen des Beschenkten über. Wer etwas schenkt, verliert das Eigentum und damit jede Möglichkeit, über diesen Gegenstand zu verfügen. Für den Schenker ist das ein Risiko – auch und gerade bei Schenkungen an Kinder oder an einen nicht ehelichen Lebenspartner. Nicht selten sind diejenigen, die Teile ihres Vermögens zu Lebzeiten verschenken, enttäuscht, wenn sie mitansehen müssen, dass der oder die Beschenkte nicht so damit umgeht, wie sie es erwartet haben.

Beispiel: Eine vermögende Frau schenkt ihrem nichtehelichen Lebensgefährten ein Mietshaus, um ihn für den Fall ihres Todes zu sichern, und im Vertrauen darauf, dass die Lebensgemeinschaft weiterbestehen werde. Bald nach der Schenkung zieht der Mann zu einer anderen Frau und nutzt die Mieteinkünfte zur Unterstützung der neuen Lebensgefährtin.

Auch wenn die Erwartungen der Schenkenden enttäuscht werden, bleibt die Schenkung zunächst einmal wirksam. Eine Rückforderung sieht das Gesetz nur in seltenen Ausnahmefällen vor. Zum Schutz des Schenkers vor unliebsamen Überraschungen sind deshalb für eine Rückforderung vertragliche Regelungen vorzusehen.

RECHTZEITIG FACHLICHEN RAT EINHOLEN

Vor einer Schenkung größerer Vermögensteile empfiehlt es sich dringend, sich rechtzeitig durch einen Notar, Anwalt und/oder Steuerberater beraten zu lassen.

WANN EINE SCHENKUNG ZURÜCKGEFORDERT WERDEN KANN

Die Rückforderung eines Geschenks ist immer dann möglich, wenn der Schenker danach unverschuldet seinen eigenen Unterhalt nicht mehr finanzieren oder gesetzliche Unterhaltsansprüche gegenüber Verwandten oder seinem Ehegatten nicht erfüllen kann (§ 528 BGB). Das geschenkte Vermögen muss in diesem Fall zurückgegeben werden, wenn der Schenker dies fordert. Der Beschenkte kann die Rückgabe des Geschenks durch die Zahlung von Unterhalt abwenden. Der Rückforderungsanspruch ist zehn Jahre nach der Schenkung ausgeschlossen.

Beispiel: Die Witwe Klara Rot überträgt mit notariellem Vertrag im Dezember 1995 ihr Grundstück, bebaut mit einem Einfamilienhaus, an ihre Tochter Lena gegen Gewährung eines lebenslangen Wohnungsrechts. Der beurkundende Notar reicht im Auftrage der Parteien den Eintragungsantrag noch im Dezember 1995 beim Grundbuchamt ein, die Eintragung erfolgt im März 1996. Ab Februar 2006 erhält Klara Rot für die Unterbringung in einem Pflegeheim Sozialhilfeleistungen. Der Sozialhilfeträger nimmt Tochter Lena in Höhe der gewährten Sozialhilfeleistungen aus übergeleitetem Recht in Anspruch. Lena beruft sich darauf, dass der Rückforderungsanspruch ausgeschlossen ist, da seit der Übertragung zehn Jahre vergangen sind (Fall nach BGH NJW 11,3082).

Bezieher von Sozialleistungen müssen damit rechnen, dass der Sozialhilfeträger den Rückforderungsanspruch wegen Verarmung des Schenkers auf sich überleitet und gegen den Beschenkten geltend macht. Der Beschenkte kann den Rückforderungsanspruch abwenden, wenn seit der Schenkung zehn Jahre vergangen sind. Diese Frist ist im Beispiel bei Eintragung in das Grundbuch noch nicht abgelaufen. Aber der BGH stellt bei Grund-

TIPP **Schenken Sie Ihrem eigenen Kind etwas!**

Ob die Schenkung anteilig oder in voller Höhe zurückgefordert werden kann, hängt davon ab, wie das Schwiegerkind den geschenkten Gegenstand genutzt und das eigene Kind davon profitiert hat. Wenn Eltern eine Kürzung des Rückforderungsanspruchs vermeiden wollen, dann gilt: Schenken Sie Ihrem eigenen Kind und nicht dem Schwiegerkind. Das ist auch für die Schenkungsteuer günstiger, wenn der Freibetrag des eigenen Kindes noch nicht verbraucht ist.

stücksübertragungen für den Lauf der Frist auf das Datum ab, zu dem der Beschenkte den Eintragungsantrag beim Grundbuchamt gestellt hat. Dies war hier im Dezember 1995 und damit mehr als zehn Jahre vor dem Sozialhilfebezug. Auch der Vorbehalt des lebenslangen Wohnungsrechts hat keine Auswirkung auf den Lauf der Frist, anders ist dies bei Pflichtteilsergänzungsansprüchen (siehe Seite 50 f.). Der Schenker kann die Schenkung dann widerrufen, wenn der Beschenkte sich ihm oder einem nahen Angehörigen gegenüber grob undankbar verhalten hat (§ 530 BGB).

Grober Undank liegt zum Beispiel vor, wenn der Beschenkte den Schenker schwer misshandelt oder ihm nach dem Leben trachtet. Aber nicht alles, was Eltern nach einer Schenkung als groben Undank ihrer Kinder empfinden, wird auch von den Gerichten so gesehen.

Wenn sich Kinder nach der Schenkung lieblos gegen ihre Eltern verhalten oder den Kontakt nicht pflegen, so werden zwar die Erwartungen der Eltern nicht erfüllt. Das reicht aber für eine schwere Verfehlung im Sinne des Gesetzes nicht aus. Grundloses Abschieben der Eltern in ein Pflegeheim oder ein mit wahrheitswidrigen Behauptungen gestellter Antrag auf Bestellung eines Betreuers kann zur Rückforderung berechtigen.

Bei Schenkungen unter Ehegatten kann ein schweres ehewidriges Verhalten die Rückforderung begründen, ein Ehebruch allein wohl aber noch nicht. Wie Gerichte entscheiden, hängt von den Umständen des Einzelfalles ab. Rückforderungen führen häufig zu langwierigen und kostspieligen Prozessen mit ungewissem Ausgang. Der Widerruf wegen groben Undanks ist ausgeschlossen, wenn der Schenker dem Beschenkten verzeiht oder ein Jahr seit seiner Kenntnis der zum Widerruf berechtigenden Umstände verstrichen ist.

Geschenke an Schwiegerkinder

Beispiel: Herr Ried schenkt seinem Schwiegersohn Robert 50 000 € für den Erwerb des Familienheims. Seine Tochter Lisa und Robert bewohnen mit ihren Kindern das im Alleineigentum des Schwiegersohnes stehende Haus sieben Jahre lang. Die Ehe scheitert und wird geschieden. Herr Ried will sein Geld von Robert zurückhaben und klagt auf Rückzahlung.

In Abänderung seiner früheren Rechtsprechung stellt der BGH in einer Entscheidung 2010 fest, dass Zuwendungen an Schwiegerkinder als Schenkungen zu qualifizieren sind. Scheitert die Ehe und wird sie geschieden, können Rückforderungsansprüche entstehen, weil die Geschäftsgrundlage für das Geschenk an das Schwiegerkind – Fortbestand der Ehe – entfallen ist. Die Höhe des Rückforderungsanspruchs hängt davon ab, ob und wie lange das eigene Kind von dem Geschenk profitiert hat. Im Beispiel wird von einer Reduzierung wegen der eigenen Nutzung des Hauses als Familienheim auszugehen sein. Über die Höhe werden die Gerichte entscheiden.

VERTRAGLICHE SICHERUNG DES SCHENKERS

Grundsätzlich gilt: Was verschenkt ist, ist weg. Verschenken sollten Sie daher Teile Ihres Vermögens nur dann, wenn trotz der Schenkung Ihr eigener Lebensunterhalt sichergestellt ist. Dabei müssen auch eine zukünftige Pflegebedürftigkeit im Alter und die mit hohen Kosten verbundene Unterbringung in einem Seniorenheim mitberücksichtigt werden. Je nach den Umständen können sich Ihre Lebenshaltungskosten im Alter ganz erheblich erhöhen.

Es gibt vertragliche Möglichkeiten, sich als Schenker auch für diese Fälle zu sichern:

Soll das Hausgrundstück, das der Schenker selbst bewohnt, schon zu Lebzeiten auf ein Kind übertragen werden, kann der Schenker sich durch ein Wohnungsrecht oder einen Nießbrauch absichern (siehe Seite 126).

Da nach der Erbschaftsteuerreform auch das Kind ab 1. Januar 2009 die Möglichkeit hat, das Familienheim im Erbfall von seinen Eltern steuerfrei zu erwerben (siehe Seite 266 ff.), kann die Schenkung des von den Eltern selbst bewohnten Hauses zu Lebzeiten auch aus steuerlichen Gründen ungünstiger als im Erbfall sein. Denn diese Steuerbefreiung gilt bei Kindern – anders als bei Ehegatten und Lebenspartnern (siehe Seite 292 f.) – nur für den Erbfall und nicht bei Schenkungen.

Wer Teile seines Vermögens zu Lebzeiten verschenkt, sei es an Kinder, den Ehegatten oder Lebenspartner oder fremde Dritte, kann zu seiner Sicherheit im Schenkungsvertrag vereinbaren, dass das geschenkte Vermögen in bestimmten Fällen an ihn zurückfällt. Wird eine solche Regelung versäumt, kann dies für den Schenker nachteilig sein, wie das folgende Beispiel zeigt.

Beispiel: Ida und Klaus Groß haben ihrer 25-jährigen Tochter Nina ein Mietshaus geschenkt. Die Tochter stirbt zwölf Jahre nach der Schenkung bei einem Verkehrsunfall. Alleinerbe ist nach ihrem Testament ihr Lebensgefährte Per. Das Mietshaus hat einen Besteuerungswert von 1 000 000 €.

INFO Rückfallklausel

Eine Rückfallklausel – Juristen sprechen von auflösender Bedingung – wirkt automatisch. Tritt das Ereignis ein, fällt das Geschenk infolge der Klausel an den Schenker zurück, ohne dass dieser noch etwas tun muss. Ein vertragliches Rücktritts- oder Widerrufsrecht muss der Schenker dagegen ausüben, er muss handeln, wenn er das Geschenk zurückfordern will. Klären Sie mit dem beurkundenden Notar, welche Form für Sie infrage kommt.

TIPP **Wenn Sie ein Grundstück verschenken**

Verschenken Sie ein Grundstück, dann sollten vertraglich vereinbarte Rücktrittsrechte auch im Grundbuch eingetragen werden. Das erleichtert die Durchsetzung des Rückforderungsanspruchs.

Per erhält als Alleinerbe das Mietshaus. Die Eltern Ida und Klaus Groß können ihre Pflichtteilsansprüche geltend machen. Käme die gesetzliche Erbfolge zum Zuge, wären die Eltern zu je ein Halb gesetzliche Erben ihrer Tochter. Ihr Pflichtteil beträgt die Hälfte des gesetzlichen Erbteils und beläuft sich damit für jeden von ihnen auf 250 000 €. Nach Abzug ihres Freibetrags von jeweils 100 000 € haben sie jeder 150 000 € mit 11 Prozent zu versteuern und zahlen damit zusammen 33 000 € an Erbschaftsteuer.

Dieses Ergebnis hätten die Eheleute Groß vermeiden können, wenn der Schenkungsvertrag den Rückfall des Mietshauses bei Vorversterben der Tochter vorgesehen hätte. Der vertraglich bei Schenkung vereinbarte Rückfall löst keine Erbschaftsteuer aus.

Ein Schenkungsvertrag sollte grundsätzlich Rückfallmöglichkeiten vorsehen, um auf Entwicklungen reagieren zu können, die vom geplanten Geschehensverlauf abweichen. So ist es ratsam, ein vertragliches Rücktrittsrecht oder eine Rückfallklausel zu vereinbaren

- für den Fall des Vorversterbens des Beschenkten
- für den Fall der Insolvenz, der Zahlungsunfähigkeit oder Überschuldung, der Arbeitslosigkeit, der Sozialhilfebedürftigkeit
- für den Fall, dass ein Gläubiger in den geschenkten Gegenstand die Zwangsvollstreckung betreibt
- für den Fall der Pflegebedürftigkeit oder der Verarmung des Schenkers.

Bei Ehe- oder Lebenspartnern sollte der Fall der Trennung/Scheidung und Behandlung des geschenkten Vermögens beim Zugewinnausgleich bedacht werden.

Insbesondere bei wertvolleren Geschenken ist es zweckmäßig, einen Schenkungsvertrag mit den Rückforderungsrechten in notarieller Form zu schließen, auch wenn dies wegen des Vollzugs der Schenkung nach den Formvorschriften nicht notwendig ist. Dann lässt sich im Streitfall leicht nachweisen, dass die Rückfallrechte auch, wie erforderlich, zeitgleich mit der Schenkung vereinbart worden sind.

STEUERFRAGEN SIND BEIM RÜCKFALL KLAR GEREGELT

Beim Rückfall fällt keine Erbschaft- oder Schenkungsteuer beim Schenker an. Der Beschenkte erhält wegen der Rückgabe des Geschenks die gezahlte Schenkungsteuer zurück.

STEUER UND FREIBETRÄGE

Eine Schenkung zu Lebzeiten kann trotz aller Risiken vor allem unter steuerlichen Gesichtspunkten sinnvoll sein. An sich sind Erbschaft- und Schenkungsteuer gleich hoch. Dennoch lässt sich bei frühzeitiger Weitergabe von Vermögen an Kinder und Ehegatten oder Lebenspartner die Steuerlast reduzieren. Das ergibt sich aus § 14 des Erbschaft- und Schenkungsteuergesetzes (ErbStG). Danach wird alles, was innerhalb von zehn Jahren durch Schenkung oder Erbschaft erworben wird, zusammengerechnet. Ältere Zuwendungen bleiben unberücksichtigt. Diese Freibeträge können alle zehn Jahre neu genutzt werden.

Mehrfache Nutzung der Freibeträge

Wer seinem Ehegatten, seinem Lebenspartner oder seinen Kindern rechtzeitig vor seinem Tod etwas schenkt, kann die relativ hohen Freibeträge mehrfach nutzen, wenn für „ältere" Schenkungen die Zehnjahresfrist abgelaufen ist. Ehegatten und Lebenspartner haben einen Freibetrag von 500 000 €, Kinder von 400 000 €, Enkelkinder von 200 000 €, Eltern und andere Beschenkte von 20 000 €. Diese Freibeträge machen Schenkungen unter dem Gesichtspunkt der Erbschaftsteuer vor allem für relativ Wohlhabende sinnvoll (siehe Seite 273 ff.).

Beispiel: Frau Markus schenkt ihrem Sohn Karsten bei dessen Heirat für den Kauf einer selbstgenutzten Wohnung 500 000 €. Es wird zwar Schenkungsteuer fällig, aber nur für 100 000 €, denn Karsten hat einen Freibetrag von 400 000 €. Die Schenkungsteuer beträgt 11 Prozent von 100 000 €, also 11 000 €.

Zwölf Jahre nach der Schenkung stirbt die Mutter und hinterlässt ein Vermögen von weiteren 600 000 €. Der Sohn ist zwar erbschaftsteuerpflichtig, aber wiederum nur für 200 000 €, denn sein Freibetrag bei der Erbschaft beträgt ebenfalls 400 000 € (§ 16 ErbStG), die Erbschaftsteuer also 22 000 € (11 Prozent von 200 000 €). Der Sohn hat also insgesamt

TIPP **Freibeträge doppelt nutzen**

Eltern, die ihren Kindern zu Lebzeiten etwas zukommen lassen wollen, können den Steuerfreibetrag bei der Schenkungsteuer doppelt nutzen. Die Geschenke des Vaters und die der Mutter werden steuerlich als zwei Geschenke behandelt, aber nur wenn sie auch tatsächlich von jedem der Elternteile stammen. Jeder Elternteil muss also über entsprechende Mittel verfügen.

33 000 € Schenkung- bzw. Erbschaftsteuer bezahlt.

Hätte die Mutter ihm vor ihrem Tod nichts geschenkt, betrüge die Erbschaftsteuer 133 000 € (19 Prozent von 700 000 €, bei einem Nachlass von 1 100 000 € abzüglich des Freibetrags von 400 000 €). Ein Unterschied von 100 000 € – eine Summe, über die nachzudenken sich lohnt.

Die „Kettenschenkung"

Gelegentlich versuchen Eltern, die Freibeträge doppelt zu nutzen:

Beispiel: Ein Ehepaar hat zwei Kinder. Der Vater schenkt jedem Kind 400 000 € (schenkungsteuerfrei). Gleichzeitig schenkt er seiner Ehefrau 500 000 € (bei der Ehefrau ebenfalls schenkungsteuerfrei). Beide haben verabredet, dass die Ehefrau die Schenkung jeweils zur Hälfte an die gemeinsamen Kinder weitergibt, um so den Steuerfreibetrag der Kinder doppelt zu nutzen.

Der Bundesfinanzhof sieht in dieser Konstruktion eine Kettenschenkung, also nur eine einzige Zuwendung. Der Betrag von 250 000 €, den die Mutter jedem Kind schenkt, ist deshalb steuerpflichtig (siehe Seite 283 f.).

Auch Einkommensteuer lässt sich sparen

Kinder haben von Geburt an Freibeträge. Ihnen steht 2012 der Grundfreibetrag von 8 004 €, der Sparerfreibetrag von 801 € und ein Pauschbetrag für Sonderausgaben von 36 € zu. Für ein Einkommen bis zu 8 841 € sind bei entsprechenden Einkünften keine Steuern zu zahlen. Verfügen Eltern über ein entsprechendes Vermögen und können sie dieses auch entbehren, können sie Teile davon ihren Kindern schenken und zahlen dafür keine Einkommensteuer mehr.

Eigenes Einkommen des Kindes kann aber auch nachteilige Folgen haben. Das Kind wird unter Umständen selbst in der gesetzlichen Krankenversicherung versicherungspflichtig – die Einkommensgrenze beträgt zurzeit bis 375 €/Monat bzw. bei geringfügiger Tätigkeit bis zu 400 €/Monat. Bei der Einkommensteuer profitieren Eltern seit dem 1. Januar 2012 von einer Rechtsänderung — anders als bisher behalten sie den Anspruch auf Kindergeld und Kinderfreibeträge für volljährige Kinder in der Ausbildung, auch wenn diese über eigene Einkünfte und Bezüge von mehr als 8 004 € verfügen.

Größere Schenkungen an Kinder müssen wohlüberlegt sein. Wegen der möglichen steuerlichen Folgen sollten Sie vor der Schenkung den Rat eines Fachmanns zur aktuellen Rechtslage einholen.

BÖSWILLIGE SCHENKUNGEN

Wer sich durch einen Erbvertrag oder ein gemeinschaftliches Testament zu Lebzeiten in seiner Verfügungsfreiheit über das Vermögen zum Zeitpunkt des Todes gebunden hat, kann dennoch zu Lebzeiten über dieses Vermögen verfügen. Er oder sie kann kaufen, verkaufen, verbrauchen und im Prinzip auch schenken. Für Schenkungen gibt es aber Einschränkungen.

Das heißt: Demjenigen, der später seine Meinung ändert und das gemeinschaftliche Testament oder den Erbvertrag am liebsten ungeschehen machen möchte, sind Grenzen gesetzt. Denn: Wer in der Absicht, einen Vertragserben in seinen Rechten zu beeinträchtigen, eine Schenkung macht, muss damit rechnen, dass der oder die Beschenkte das Geschenk nach dem Tod des Erblassers an den Vertragserben herausgeben muss (§ 2287 BGB). Juristen sprechen in diesem Fall von „böswilligen Schenkungen". Die Rechtsprechung wendet diese Bestimmung entgegen dem Wortlaut, der nur von Erbverträgen spricht, auch auf gemeinschaftliche Testamente an, sobald sie bindend geworden sind (siehe Seite 72 ff.).

Wann liegt Böswilligkeit vor?

Eine böswillige Schenkung liegt nicht vor, wenn es sich um normale Gelegenheitsgeschenke handelt, zu denen der Erblasser nach gängiger Anschauung verpflichtet ist. Das sind Geburtstags- und Hochzeitsgeschenke im üblichen Rahmen oder auch Weihnachts- und Jubiläumsgeschenke an Angehörige oder Freunde. Auch die Unterstützung bedürftiger Verwandter oder eines nichtehelichen Lebensgefährten wird als sittliche, wenn auch nicht rechtliche Pflicht normalerweise anerkannt.

Böswillig ist eine Schenkung ferner dann nicht, wenn der Erblasser, der durch einen Erbvertrag oder ein gemeinschaftliches Testament gebunden ist, ein eigenes Interesse daran hat, einer dritten Person etwas zu schenken. Die Gerichte sprechen hier vom „lebzeitigen Eigeninteresse" des Erblassers. Dies wird immer dann angenommen, wenn der Schenkende objektiv nachvollziehbare Gründe für die Schenkung hatte. Dieses Eigeninteresse kann die Belohnung für langjährige Pflege und Betreuung sein oder die Sicherung der eigenen Altersversorgung.

Eine Schenkung wird aber dann als böswillig angesehen, wenn der Erblasser sie deshalb macht, weil er inzwischen seine Gründe für die Erbeinsetzung anders einschätzt. Die Einsicht, dass der Erbvertrag oder das gemeinschaftliche Testament ungerecht ist oder andere zu sehr benachteiligt, begründet kein „lebzeitiges Eigeninteresse", eine solche Schenkung bleibt böswillig.

Unwissenheit schützt nicht vor Rückgabe

Ob der oder die Beschenkte die Absicht des Verstorbenen, die Bindung zu unterlaufen, gekannt hat, ist unerheblich. Rückgabepflichtig ist also auch ein Beschenkter, der überhaupt nicht wusste, dass der oder die Verstorbene durch einen Erbvertrag oder ein gemeinschaftliches Testament gebunden war.

Wer ein Geschenk zurückfordert, muss aber beweisen können, dass der oder die Verstorbene böswillig gehandelt hat. Er muss also Umstände darlegen, die darauf schließen lassen, dass der Verstorbene den Erbvertrag oder das gemeinschaftliche Testament aushöhlen wollte.

Umfang des Rückgabeanspruchs

Die Rückgabe des Geschenks unterliegt den Vorschriften über die ungerechtfertigte Bereicherung (§§ 812 ff. BGB). Das bedeutet: Wer ein Geschenk angenommen hat, ohne die benachteiligende Absicht des Verstorbenen zu kennen, braucht nur das herauszugeben, was noch vorhanden ist (das Gesetz spricht von „Bereicherung"). Wenn ein gutgläubiger Beschenkter, der die böse Absicht des Schenkers nicht kannte, nicht mehr bereichert ist, entfällt der Anspruch.

Beispiel: Herr Thomas, der durch einen Erbvertrag mit seiner Ehefrau gebunden ist, schenkt seiner Freundin Angelika Schmidt ein Wertpapierdepot. Frau Schmidt, die von dem Erbvertrag nichts wusste, verkauft die Papiere und verbraucht das Geld. Nach dem Tod von Herrn Thomas fordern die Erben die Wertpapiere zurück. Frau Schmidt braucht nichts herauszugeben, weil sie gutgläubig war und nichts mehr hat.

Kannte der oder die Beschenkte die Bindung des Schenkenden durch Erbvertrag oder gemeinschaftliches Testament, so

INFO **Wenn Kinder aus einer früheren Ehe benachteiligt werden**

Das Problem der böswilligen Schenkung entsteht meistens in den Fällen, in denen ein Ehegatte, der sich in erster Ehe durch gemeinschaftliches Testament oder Erbvertrag gebunden hatte, nach dem Tod des anderen Ehegatten wieder heiratet oder eine nichteheliche Lebensgemeinschaft eingeht. Durch die Schenkung an den späteren Lebensgefährten werden dann die im gemeinschaftlichen Testament oder Erbvertrag begünstigten Schlusserben (meist sind dies die Kinder aus erster Ehe) benachteiligt.

Bei solchen Schenkungsverträgen sollte deshalb unbedingt der Rat eines fachkundigen Notars oder Anwalts eingeholt werden. Kostspielige Prozesse nach dem Tod des Schenkers können nur dann vermieden oder wenigstens vereinfacht werden, wenn der oder die Schenkende sich rechtzeitig darüber Gedanken macht, ob die beabsichtigte Schenkung im gesetzlich zulässigen Rahmen bleibt.

muss auch der Wert geschenkter Gegenstände ersetzt werden.

Beispiel: Die Rechtsanwältin Marianne Schumann hat mit ihrem inzwischen verstorbenen Ehemann ein gemeinschaftliches Testament errichtet, an das sie gebunden ist. Sie schenkt ihrem neuen Lebensgefährten einen teuren Sportwagen. Der Lebensgefährte wusste von dem Testament. Nach dem Tod von Frau Schumann verlangen ihre Kinder, die von ihren Eltern zu Erben eingesetzt waren, den Sportwagen zurück. Der Lebensgefährte muss ihn herausgeben oder, wenn das Auto inzwischen abgenutzt ist, den Wert erstatten, soweit er nicht ein „lebzeitiges Eigeninteresse" der Verstorbenen nachweisen kann.

Gehört der oder die Beschenkte zu den Pflichtteilsberechtigten (siehe Seite 29 ff.), ist der in einem Erbvertrag oder in einem gemeinschaftlichen Testament eingesetzte Erbe insoweit nicht geschädigt, als das Geschenk wertmäßig innerhalb der Grenzen des Pflichtteilsanspruchs liegt. Denn: Jeder Erbe muss mit Pflichtteilsansprüchen rechnen. Der Rückgabeanspruch des Beschenkten ist dann auf das beschränkt, was nach Abzug des Pflichtteils übrig bleibt.

Rückgabe nur innerhalb von drei Jahren

Der Anspruch auf Rückgabe oder Wertersatz entsteht erst mit dem Erbfall, also mit dem Tod des Schenkenden, und muss innerhalb von drei Jahren geltend gemacht werden, sonst verjährt er. In einem gemeinschaftlichen Testament oder einem Erbvertrag bedachte Schlusserben müssen sich also rechtzeitig über Schenkungen des oder der Verstorbenen informieren. Nach der Rechtsprechung haben sie deshalb ein Recht auf Auskunft gegenüber dem Beschenkten, wenn sie konkrete Gründe für ihr Rückforderungsrecht darlegen können. Einen generellen Auskunftsanspruch nur auf den Verdacht einer böswilligen Schenkung hin gibt es nicht.

Absicherung gegen Rückforderungsansprüche

Wer zu Lebzeiten Schenkungen macht und durch gemeinschaftliches Testament oder Erbvertrag gebunden ist, tut also gut daran, sich rechtzeitig über mögliche spätere Rückforderungsansprüche seiner Erben zu informieren. Im Schenkungsvertrag können entsprechende Sicherungen eingebaut werden. So kann der Schenker ausdrücklich die Gründe für seine Schenkung aufnehmen und damit das Risiko der Rückforderung ausschließen oder vermindern. Zum Beispiel kann der Hinweis, der oder die Beschenkte solle durch das Geschenk für Pflege- und Betreuungsleistungen entschädigt werden, das „lebzeitige Eigeninteresse" des Schenkers klarstellen und damit die Beweislage in einem möglichen späteren Prozess vereinfachen.

Böswillige Beeinträchtigung beim Vermächtnis

Ist in einem Erbvertrag oder einem bindend gewordenen gemeinschaftlichen Testament bindend ein Vermächtnis angeordnet und hat der oder die Verstorbene den Gegenstand des Vermächtnisses verschenkt, so kann der mit dem Vermächtnis Bedachte vom Beschenkten Rückgabe des Geschenks verlangen (§ 2288 Abs. 2 Satz 2 BGB).

Beispiel: Frau Anton hat ihrer Enkelin Vera in einem Erbvertrag einen Diamantring vermacht. Später hat sie den Ring ihrer Freundin geschenkt. Sie stirbt, ohne weiteres Vermögen zu hinterlassen. Die Freundin muss den Ring an Vera herausgeben.

Auch in einem solchen Fall ist es sinnvoll, die Gründe für die Schenkung schriftlich festzulegen, um spätere Streitigkeiten möglichst zu verhindern.

SCHENKUNG AUF DEN TODESFALL

Gelegentlich werden Schenkungen oder Schenkungsversprechen an die Bedingung geknüpft, dass der Beschenkte den Schenker überlebt, um so Teile des Vermögens, das später in die Erbschaft fallen würde, rechtzeitig bestimmten Personen zuzuweisen.

Beispiel: Herr Weber schenkt seinem Sohn kurz vor einer lebensgefährlichen Operation sein Einfamilienhaus unter der Bedingung, dass der Sohn ihn überlebt.

Ein Schenkungsversprechen, das unter der Bedingung gegeben wurde, dass der Beschenkte den Schenker überlebt, bedarf

INFO **Einschränkung durch Pflichtteil und böswillige Schenkung**

Schenkungen auf den Todesfall unterliegen den Einschränkungen des Pflichtteilsrechts in derselben Weise wie Schenkungen unter Lebenden. Es kann zum Beispiel ein Pflichtteilsergänzungsanspruch von Pflichtteilsberechtigten bestehen (siehe Seite 47 ff.). War der Erblasser durch einen Erbvertrag oder ein gemeinschaftliches Testament gebunden und hat er die Schenkung in der Absicht versprochen oder gegeben, andere Vertragserben zu beeinträchtigen, so muss der geschenkte Gegenstand gegebenenfalls an den Vertragserben herausgegeben werden (siehe Seite 142 ff.).

nach § 2301 BGB der Form, die für letztwillige Verfügungen vorgeschrieben ist (Erbvertrag; siehe Seite 76 ff.). Diese Bestimmung soll die Umgehung erbrechtlicher Formvorschriften verhindern, denn im Grunde handelt es sich ja auch hierbei um eine letztwillige Verfügung.

Wird die Schenkung aber schon zu Lebzeiten vollzogen, findet das Schenkungsrecht des BGB Anwendung (siehe Seite 131). Die Schenkung ist wirksam, wenn der Gegenstand – zum Beispiel Schmuck – endgültig auf den Beschenkten übergegangen ist, wobei Schenker und Beschenkter sich darüber einig sein müssen, dass es sich um eine unentgeltliche Zuwendung handelt. Bei Grundstücken sind ein von einem Notar beurkundeter Schenkungsvertrag und die Eintragung in das Grundbuch erforderlich.

Schenkungsversprechen

Handelte es sich nur um ein Schenkungsversprechen und stirbt der oder die Beschenkte vor dem Schenker, so ist das Schenkungsversprechen hinfällig. Überlebt hingegen der oder die Beschenkte den Schenker, geht mit dem Tod des Schenkers das geschenkte Vermögen direkt auf den Beschenkten über und fällt nicht in den Nachlass. Der oder die Beschenkte kann sofort darüber verfügen, ohne die Erbauseinandersetzung abzuwarten. Er oder sie muss nur den Tod des Schenkers nachweisen können. War die Schenkung bereits vollzogen, aber mit der Bedingung verbunden, dass der Beschenkte den Schenker überlebt, und stirbt der Beschenkte vor dem Schenker, fällt das Geschenk an den Schenker zurück und gehört – sofern er es nicht verbraucht oder weiterverschenkt – später auch zu seinem Nachlass.

Beispiel: Frau Sassen schenkt ihrer Schwiegertochter Elke wertvollen Schmuck und übergibt ihn ihr auch. Sie knüpft die Schenkung aber an die Bedingung, dass Elke sie überlebt. Elke stirbt vor Frau Sassen. Die Schenkung war zwar wirksam, der Schmuck fällt aber nach dem Tod von Elke an Frau Sassen zurück.

Beispiel: Herr Peters unternimmt eine Expedition und schenkt seinem Sohn Karsten sein Aktiendepot für den Fall, dass der Sohn ihn überlebt.

Das Schenkungsversprechen bedarf der Form eines Erbvertrages. Stirbt der Vater bei der Expedition, wird Karsten Eigentümer des Aktiendepots. Er kann darüber verfügen, sobald er der Bank das Schenkungsversprechen und den Tod des Vaters nachgewiesen hat. Die Erbauseinandersetzung mit anderen Erben braucht er nicht abzuwarten. Kommt Herr Peters von der Reise zurück, bleibt das Aktiendepot im Vermögen des Vaters. Stirbt Karsten vor dem Vater, wird das Schenkungsversprechen unwirksam. Soweit das Aktiendepot beim Tod des Vaters noch vorhanden ist, fällt es in dessen Nachlass.

SCHENKUNG DURCH VERTRAG ZUGUNSTEN DRITTER

Jeder (künftige) Erblasser hat außerdem die Möglichkeit, durch Vertrag zugunsten Dritter für den Fall seines Todes Dritten etwas zuzuwenden (§ 331 BGB). Wer eine Lebensversicherung oder einen Bausparvertrag abgeschlossen hat, kann für den Fall, dass er vor Ablauf der Versicherungszeit stirbt, einen beliebigen Dritten benennen, an den die Versicherungssumme ausgezahlt werden soll.

Beispiel: Frau Simon schließt eine Lebensversicherung ab und benennt ihren mit ihr nicht verheirateten Lebensgefährten als Bezugsberechtigten für die Versicherungsleistung.

Solche Verträge bedürfen nicht der Form einer letztwilligen Verfügung; meist werden sie auf vorformulierten gedruckten Formularen abgeschlossen. Die Versicherungsleistung erfolgt dann nach dem Tod des Versicherten an denjenigen, der im Versicherungsvertrag als Begünstigter genannt ist. Der Betrag, den die Versicherung zahlt, fällt nicht in den Nachlass.

Eine Schenkung durch Vertrag zugunsten Dritter kann auch durch einen Vertrag mit einem Kreditinstitut erfolgen:

Beispiel: Frau Simon weist ihre Bank an, nach ihrem Tod 50 000 € in bar an ihren Lebensgefährten zu zahlen.

Oder:

Beispiel: Frau Anton legt für ihr Enkelkind Vera ein Sparbuch auf Veras Namen an und verwahrt es in ihrem Schreibtisch.

Beide Verfügungen sind wirksam, obwohl sie nicht in der für ein Testament oder einen Erbvertrag vorgeschriebenen Form erfolgt sind. Auch solche Schenkungen fallen nicht in den Nachlass, werden also an den Beschenkten direkt ausgezahlt, sofern der Erbe die Schenkung nicht widerrufen hat (siehe unten). Einschränkungen gibt es aber auch hier durch das Pflichtteilsrecht (siehe Seite 29 ff.) und die Beschränkung des Erblassers bei böswilligen Schenkungen (siehe Seite 142 ff.).

PFLICHTTEILSERGÄNZUNGS-ANSPRÜCHE

Auch diese Schenkung kann aber Pflichtteilsergänzungsansprüche begründen (siehe Seite 47 ff.) oder, wenn sie böswillig ist, an den Erben herauszugeben sein (siehe Seite 142 ff.). Auf die Höhe wirkt sich die geänderte Rechtsprechung des BGH zur Berechnung des Werts einer Lebensversicherung aus (siehe Seite 114).

Schenkungen sind erst wirksam, wenn sie angenommen wurden. Bei Schenkungen zugunsten Dritter gibt es noch ein besonderes Risiko. Wenn der oder die Beschenkte von der Schenkung nichts weiß, kann es geschehen, dass das vermachte Vermögen dennoch bei den gesetzlichen oder testamentarischen Erben bleibt. Die Schenkung ist ein Vertrag, und ein Vertrag ist ein Vorgang, an dem mindestens zwei Personen beteiligt sind. Er bedarf des Angebots (des Schenkenden) und der Annahme (des Beschenkten). Der oder die ahnungslose Beschenkte kann die Schenkung erst nach dem Tod des Erblassers annehmen – vorausgesetzt, dass er oder sie überhaupt davon erfährt.

Ein Erbe oder eine Erbengemeinschaft wird mit dem Tod des Verstorbenen Rechtsnachfolger für dessen gesamtes Vermögen (siehe Seite 173 ff.). Der Erbe kann also auch Schenkungen, die noch nicht wirksam geworden sind, widerrufen. Das gilt für das Sparbuch der Enkelin genauso wie für die Anweisung an die Bank, nach dem Tod an einen Dritten einen bestimmten Betrag auszuzahlen. Es gilt auch für den Widerruf der Bezugsberechtigung der Lebensversicherung.

Widerruft der Erbe die nicht vollzogene Schenkung, bekommt der oder die Beschenkte nichts. Der Erbe kann also das Sparbuch für die Enkelin selbst behalten; den Betrag für den nichtehelichen Lebensgefährten muss er nicht zahlen, wenn er den Überweisungsauftrag an die Bank rechtzeitig widerruft.

Hätte hingegen Frau Anton ihrer Enkelin Vera das Sparbuch übergeben oder Frau Simon ihrem Lebenspartner den geschenkten Betrag schriftlich in der für einen Erbvertrag vorgeschriebenen Form versprochen (siehe Seite 76 ff.) und hätte der Lebensgefährte dieses Schenkungsversprechen auch angenommen, wären beide Schenkungen vonseiten der Erben endgültig unangreifbar.

Wenn die Schenkung geheim bleiben soll: Es kann aber eben doch sein, dass Sie dem Dritten zu Ihren Lebzeiten noch nicht mitteilen wollen, dass Sie ihn für den Fall Ihres Todes beschenken. Der oder die Beschenkte kann also Ihr Schenkungsangebot auch nicht annehmen. Dann bleibt eine weitere Möglichkeit: Sie können Ihre Bank oder Sparkasse anweisen, den Betrag, den Sie schenken wollen, nach Ihrem Tod an den Beschenkten zu zahlen, und dabei gleichzeitig auf die Möglichkeit des Widerrufs dieser Anweisung verzichten.

TIPP **Lassen Sie sich von Ihrem Geldinstitut beraten**

Sprechen Sie in diesem Fall mit Ihrer Bank oder Sparkasse und lassen Sie sich beraten. Es gibt Formulare, mit denen Sie „ohne Widerrufsvorbehalt" über Ihr Konto für den Zeitpunkt Ihres Todes verfügen können. Ihre Erben können dann das Schenkungsangebot nicht widerrufen. Sie selbst aber können zu Ihren Lebzeiten das Guthaben abheben, wenn Sie das wollen. Bleibt für denjenigen, den Sie beschenken wollten, nichts übrig, ist die Schenkung hinfällig.

Exkurs: Die Stiftung

Schenken und Stiften sind in der Umgangssprache nahezu gleichbedeutende Begriffe, nicht aber im juristischen Sprachgebrauch.

Wer eine Schenkung macht – etwas verschenkt –, gibt sein Vermögen weg, und der verschenkte Gegenstand oder die verschenkte Geldsumme gehört dann dem oder der Beschenkten. Wer eine Stiftung errichtet, gibt zwar auch Vermögen weg, es entsteht aber durch die Stiftung ein Vermögen, das rechtlich selbstständig ist und im Grunde niemandem gehört.

Die Stiftung ist eine „juristische Person", die durch den Vorstand der Stiftung verwaltet wird. Sie ist eine beliebte Rechtsform für relativ große Vermögen oder Teile davon, die der Stifter oder die Stifterin erhalten will und deren Erträge einem bestimmten Zweck dienen sollen, der in der Stiftungsurkunde bestimmt ist. Oft dient eine Stiftung einem gemeinnützigen Zweck, so zum Beispiel der Förderung von Kultur, sozialen Belangen oder der Wissenschaft.

Eine Sonderform der Stiftung ist die Familienstiftung, die zugunsten einer oder mehrerer Familien errichtet wird. Damit kann ein Vermögen über mehrere Generationen gebunden werden.

Die Gründung der Stiftung muss immer schriftlich erfolgen. Das geht auch in einem Testament oder in einem Erbvertrag. Sie muss immer staatlich anerkannt werden. Die Grundlagen des Stiftungsrechts finden sich im BGB (§§ 80 bis 88), die Einzelheiten regeln Stiftungsgesetze der jeweiligen Bundesländer, die zum Teil unterschiedliche Bestimmungen enthalten.

Statt eine eigene Stiftung zu gründen, besteht auch die Möglichkeit, bestehende Stiftungen durch Zustiftungen – zum Beispiel durch ein entsprechendes Vermächtnis – zu unterstützen, eine unselbstständige Stiftung unter dem Dach einer bestehenden Stiftung mit Zweckbestimmung und unter seinem Namen zu gründen oder Zustiftungen zu einer Gemeinschaftsstiftung vorzunehmen.

In allen Fällen ist eine rechtliche Beratung und Abstimmung mit den schon bestehenden Stiftungen notwendig.

FAMILIEN
BUCH

NICHTEHELICHE LEBENSGEMEINSCHAFT

Nichteheliche Lebensgemeinschaften kommen im BGB nicht vor. Dies gilt auch für das Erbrecht. Wer seinen nichtehelichen Lebensgefährten oder seine nichteheliche Lebensgefährtin für die Zeit nach dem eigenen Tod absichern will, muss dies beizeiten regeln. Wie Sie das machen können, lesen Sie in den nachfolgenden Ausführungen.

KEIN ERBRECHT VON GESETZES WEGEN

Das deutsche Erbrecht berücksichtigt in erster Linie die Familie und die leibliche Verwandtschaft. Es geht von der Ehe aus oder von einer Lebenspartnerschaft. Nichteheliche Lebensgemeinschaften kommen im Bürgerlichen Gesetzbuch mit keinem Wort vor, auch im Erbrecht nicht. Eine gesetzliche Regelung ist auch nicht beabsichtigt.

Das bedeutet: Zwischen Lebensgefährten, die nicht miteinander verheiratet sind, besteht kein gesetzliches Erbrecht und auch kein Pflichtteilsrecht. Mag sich ihre Lebensgemeinschaft auch von einer „richtigen" (und das heißt: vor einem Standesbeamten geschlossenen) Ehe durch nichts unterschieden haben – im Erbrecht werden solche Lebensgefährten behandelt wie beliebige Dritte.

Ausnahmen

Von diesem Grundsatz gibt es zwei Ausnahmen:

- Dreißigster: Unterhalt für die ersten vier Wochen

Wer unverheiratet oder ohne formell geschlossene Lebenspartnerschaft mit einem Partner oder einer Partnerin zusammengelebt und von ihm oder ihr Unterhalt bezogen hat, kann nach dem Tod des Partners oder der Partnerin von den Erben 30 Tage lang Unterhalt verlangen und die Wohnung in dieser Zeit benutzen. Wegen dieser Dreißig-Tage-Frist heißt dieser Anspruch „Dreißigster". Die Gerichte schützen nichteheliche Lebensgefährten für die ersten Wochen nach dem Tod des Partners genauso wie andere Familienangehörige (§ 1969 BGB).

■ Fortsetzung des Mietverhältnisses

Wer mit dem nichtehelichen Lebensgefährten in einer Mietwohnung zusammengelebt hat, kann das Mietverhältnis auch dann fortsetzen, wenn der verstorbene Partner allein Mieter war. Dieses Recht besteht nach § 563 BGB nicht nur für „Familienangehörige", sondern für alle Personen, die mit dem Verstorbenen einen auf Dauer angelegten gemeinsamen Haushalt geführt haben (siehe Seite 192 f.).

KEIN RECHT AUF VERBLEIB

Lebten die nichtehelichen Partner in einem Einfamilienhaus oder einer Eigentumswohnung des oder der Verstorbenen zusammen, gibt es kein Recht auf Verbleiben in der gemeinsamen Wohnung, es sei denn, dem oder der Überlebenden ist ein Wohnrecht im Grundbuch (siehe Seite 126) eingeräumt worden.

Was ist eine nichteheliche Lebensgemeinschaft?

Voraussetzung für das Recht auf den Dreißigsten und auf Eintritt in den Mietvertrag ist aber immer, dass es sich um eine nichteheliche Lebensgemeinschaft handelt. Nach der Rechtsprechung ist das eine Gemeinschaft zwischen Mann und Frau, die auf Dauer angelegt ist und daneben keine weitere Lebensgemeinschaft gleicher Art zulässt. Es muss eine so enge Bindung zwischen den Partnern bestehen, dass von ihnen „ein gegenseitiges Einstehen in den Wechselfällen des Lebens erwartet werden kann".

Reine Wohngemeinschaften sind also allein wegen des engen räumlichen Zusammenlebens keine rechtlich anerkannte nichteheliche Lebensgemeinschaft.

Nichteheliche Lebensgemeinschaften sind im Laufe der letzten Jahrzehnte als selbstständige Lebensform neben die Ehe getreten. Die Frage der Sittenwidrigkeit von Zuwendungen an den Lebensgefährten, die Lebensgefährtin stellt sich heute in der Regel nicht mehr. Selbst Zuwendungen an den Geliebten oder die Geliebte eines Ehepartners werden nur noch dann von der Rechtsprechung als sittenwidrig angesehen, wenn die Zuwendung ausschließlich den Zweck hat, die geschlechtliche Hingabe zu belohnen oder zu fördern. Und wann ist das schon der Fall?

Wer sich darauf berufen will, muss die Sittenwidrigkeit darlegen und unter Beweis stellen. Bei einer auf Dauer angelegten nichtehelichen Lebensgemeinschaft treffen solche Erwägungen ohnehin nicht zu.

MÖGLICHKEITEN DER ABSICHERUNG: TESTAMENT, ERBVERTRAG, SCHENKUNG

Absicherung durch Testament

Selbstverständlich ist es möglich, einen nichtehelichen Lebensgefährten oder eine Lebensgefährtin im Testament zu bedenken. Es liegt ja nahe, den Menschen, mit dem man bis zum Tod besonders eng verbunden war, zu sichern und vielleicht auch Dinge, die einen ganz persönlichen Bezug zu dieser Lebensgemeinschaft haben, gerade ihm zuzuwenden. Normalerweise sind solche Verfügungen wirksam, gleich ob es sich um eine Erbeinsetzung handelt oder um ein Vermächtnis.

Aber: Kein gemeinschaftliches Testament

Eines können Sie als nichteheliche Lebensgefährten allerdings nicht: Sie können kein gemeinschaftliches Testament machen (siehe Seite 72 ff.). Diese Form ist nach dem Gesetz Ehegatten und Lebenspartnern vorbehalten (§ 2265 BGB); ein von nichtehelichen Lebensgefährten geschriebenes gemeinschaftliches Testament ist unwirksam.

Sie können also nur zwei Einzeltestamente aufsetzen, von denen jedes den gesetzlichen Formvorschriften (siehe Seite 65 ff.) entsprechen muss. Beide Testamente sind dann gültig, doch kann jeder – auch nach dem Tod des Partners oder der Partnerin – seine letztwillige Verfügung jederzeit ändern. Die Bindungswirkung, die gemeinschaftliche Testamente haben, gibt es für nichteheliche Lebensgefährten gerade nicht.

KEINE HEILUNG DURCH HEIRAT

Ein von nichtehelichen Lebensgefährten errichtetes gemeinschaftliches Testament wird auch nicht dadurch wirksam, dass sie später heiraten. Sie müssen vielmehr nach der Heirat ein neues Testament schreiben (Datum nicht vergessen!). Wenn Sie in einer nichtehelichen Lebensgemeinschaft leben und Ihren Partner oder Ihre Partnerin für die Zeit nach Ihrem Tod absichern wollen, müssen Sie unbedingt Einzeltestamente schreiben oder einen Erbvertrag schließen.

Wenn dennoch ein gemeinschaftliches Testament aufgesetzt wurde

Sollten Sie – in Unkenntnis der Vorschriften – ein gemeinschaftliches Testament aufgesetzt haben, müssen Sie das unbedingt ändern. Ist Ihr Lebensgefährte bereits verstorben, ist eine solche Änderung nicht mehr möglich. Sie müssen dann damit rechnen, dass gesetzliche Erben des oder der Verstorbenen Ihnen Ihr Erbe streitig machen. Wahrscheinlich weigert sich auch der zuständige Rechtspfleger, Ihnen einen Erbschein auszustellen.

Ganz rechtlos sind Sie aber auch in dieser Situation nicht. In den letzten Jahren haben Gerichte solche gemeinschaftlichen Testamente gelegentlich umgedeutet und versucht, dem Willen des oder der Verstorbenen so weit wie möglich Geltung zu verschaffen. Voraussetzung dafür ist aber immer, dass die Form des Testaments gewahrt wurde. Gerade in diesen schwierigen Fällen hängt viel von den jeweiligen Umständen und nicht zuletzt von der Person des Richters ab.

Der Inhalt von Testamenten

Wollen Sie Ihren Lebensgefährten, Ihre Lebensgefährtin nach Ihrem Tod absichern, so können Sie ihn oder sie als Alleinerben oder aber auch nur zu einem Bruchteil als Erben einsetzen. Soll Ihr Vermögen nach dem zweiten Todesfall wieder an Ihre Verwandten oder an Ihre Freunde zurückfallen, so können Sie den Lebensgefährten als (befreiten) Vorerben und Ihre Verwandten oder Freunde als Nacherben einsetzen.

Haben Sie Kinder aus Ihrer ersten Ehe, dann müssen Sie bei Ihrer Testamentsgestaltung deren Pflichtteilsansprüche berücksichtigen. Lesen Sie zur Vorbereitung Ihres Testaments die Ausführungen auf den Seiten 7 bis 129.

Beispiel: Frau Wünsch hat zwei Kinder aus ihrer geschiedenen Ehe und lebt seit Jahren mit Herrn Fried zusammen. Sie verfügt über ein Vermögen in Höhe von 1 000 000 €. Sie möchte Herrn Fried nach ihrem Tod absichern und setzt ihn deshalb zum befreiten Vorerben und ihre Kinder zu ihren Nacherben zu gleichen Teilen ein. Bei ihrem Tod können die Kinder Pflichtteilsansprüche geltend machen.

Der Pflichtteilsanspruch beläuft sich jeweils auf ein Viertel des Nachlasses, denn im Falle der gesetzlichen Erbfolge stände den Kindern je ein Erbteil von ein Halb zu. Herr Fried müsste dann an beide Kinder zusammen 500 000 € auszahlen. Besteht der Nachlass im Wesentlichen aus einem selbst genutzten Einfamilienhaus, muss Herr Fried ausziehen und das Haus verkaufen. Genau dies wollte Frau Wünsch aber nicht.

Die Gefahr, dass Kinder Pflichtteilsansprüche geltend machen, lässt sich durch eine Pflichtteilsstrafklausel einschränken (siehe Seite 124 f.). Ausschließen lassen sich Pflichtteilsansprüche nur durch einen vor dem Notar geschlossenen Pflichtteilsverzicht. Dieser kann mit einem Erbvertrag und/oder einer Abfindung der Kinder verbunden werden.

Da Lebensgefährten nach wie vor bei der Erbschaftsteuer in die ungünstigste Steuerklasse fallen und den geringsten Freibetrag haben, sind auch die steuerlichen Folgen sorgfältig abzuwägen (siehe Seite 253 ff.).

Absicherung durch Erbvertrag

Ein Erbvertrag kann zwischen jedermann, also auch zwischen nichtehelichen Lebensgefährten geschlossen werden. Erbverträge sind eine gute und sinnvolle Form, um einen oder beide Lebensgefährten

TIPP **Vertragliche Bindung**

Bedenken Sie also bei einem Erbvertrag, ob Sie eine beiderseitige vertragliche Bindung wirklich eingehen wollen, und überlegen Sie genau, was Sie Ihrem Partner oder Ihrer Partnerin zuwenden wollen.

oder auch gemeinsame Kinder für den Fall des Todes eines Partners abzusichern.

Was das gesetzliche Erbrecht und der Zugewinnausgleich für Eheleute kraft Gesetzes vorschreiben (siehe Seite 14 ff.), kann in einem Erbvertrag für nichteheliche Lebensgemeinschaften vereinbart oder – wenn die Partner das wollen – modifiziert werden. Oft wird ein Erbvertrag zusammen mit einem Partnerschaftsvertrag geschlossen, der das gemeinsame Zusammenleben und die Modalitäten für eine Trennung zu Lebzeiten regelt und Sicherungen für den wirtschaftlich schwächeren Partner vorsieht.

Der Erbvertrag gilt für den Fall des Todes eines Partners und enthält Zuwendungen an den oder die überlebenden Partner oder die Partnerin, die zugleich der Sicherung und Versorgung des oder der Überlebenden dienen. Er ist grundsätzlich für beide bindend, kann also nicht einseitig durch ein Testament aus der Welt geschafft oder verändert werden (siehe Seite 76 ff.). Auch die Trennung macht einen Erbvertrag nicht unwirksam.

Für den Fall der Trennung der Lebensgefährten sollte daher ein Rücktrittsrecht in dem Erbvertrag vereinbart werden (siehe Seite 79 ff.).

Wenn ein Partner seine Verpflichtungen nicht erfüllt

Häufig wird in einem Erbvertrag der eine Partner – meistens ist es die Frau – stärker begünstigt als der andere. Zugleich aber hat sich der oder die Begünstigte verpflichtet, schon zu Lebzeiten bestimmte Leistungen zu erbringen. Das kann die Haushaltsführung sein oder das Versprechen, den Partner oder die Partnerin im Alter zu pflegen und zu betreuen. Es kann auch die Verpflichtung sein, dem Partner oder der Partnerin während des Zusammenlebens Unterhalt zu zahlen.

Wenn nun der Partner oder die Partnerin das Versprechen nicht einhält, stellt sich die Frage, ob der Erbvertrag dennoch gültig bleibt. Das Gesetz regelt diesen Fall in § 2295 BGB. Es gibt jedem, der sich durch einen Erbvertrag gebunden hat, ein gesetzliches Rücktrittsrecht, wenn die Verpflichtung zu Pflegeleistungen und Unterhaltszahlungen vor dem Tod des Erblassers oder der Erblasserin aufgehoben wird.

Beispiel: Ein ohne Trauschein zusammenlebendes Paar hat sich in einem Erbvertrag gegenseitig zu Erben eingesetzt. Die sehr viel jüngere Frau hat sich gleichzeitig

TIPP **Rücktrittsrecht**

Wenn ein Erbvertrag mit einer Unterhaltsverpflichtung oder einem Pflegevertrag für das Alter gekoppelt ist, sollte er sicherheitshalber durch ein vertraglich vereinbartes Rücktrittsrecht für den Fall abgesichert werden, dass die Unterhalts- oder Pflegeleistung nicht oder nicht vollständig erbracht wird.

verpflichtet, den Partner für den Fall der Gebrechlichkeit zu betreuen. Die Pflegeverpflichtung wird später einverständlich aufgehoben. Der Mann kann in diesem Fall auch vom Erbvertrag zurücktreten.

Meistens liegen die Dinge in der Praxis leider nicht so einfach. Viel häufiger kommt es vor, dass ein Partner sich zwar zu Pflege- oder Unterhaltsleistungen verpflichtet, dieses Versprechen aber später nicht erfüllt, ohne dass diese Verpflichtung ausdrücklich aufgehoben wurde. Dann ist die Frage, ob der Erbvertrag dennoch gültig bleibt oder ein Rücktrittsrecht besteht. Das ist nach der Rechtsprechung aber unsicher. Die Frage müssen Sie zu Ihrem Schutz in dem Erbvertrag regeln.

Beispiel: Annette Bauer und Roland Schäfer leben ohne Trauschein zusammen. Sie haben zwei gemeinsame Kinder und schließen einen Erbvertrag, in dem sich beide Partner gegenseitig zu Erben einsetzen. Frau Bauer versorgt den Haushalt und ihre minderjährigen Kinder, Herr Schäfer verpflichtet sich, den gesamten Unterhalt für die Familie zu übernehmen. Nach einiger Zeit zieht er aus, zahlt nur noch gelegentlich, später gar nicht mehr und lebt im Ausland mit einer anderen Frau.

Ist Frau Bauer an den Erbvertrag gebunden? Wie ein Gericht diese Frage beurteilt, hängt von den Umständen des Einzelfalls ab und lässt sich nicht voraussagen. Deshalb sollte in dem Erbvertrag ein vertragliches Rücktrittsrecht auch für den Fall der Nichtzahlung ebenso wie für den Fall der Trennung vereinbart werden.

WENN ES AUSEINANDERGEHT

Die Aufgabe der Lebensgemeinschaft allein reicht für ein Rücktrittsrecht nicht, und dies auch dann nicht, wenn der oder die Bedachte nun mit einem neuen Partner oder einer Partnerin zusammenlebt.

Wenn ein Partner Verfehlungen begeht

Jeder Partner einer nichtehelichen Lebensgemeinschaft kann von einem Erbvertrag auch dann zurücktreten, wenn der andere eine schwere Verfehlung begangen hat, die zur Entziehung des Pflichtteils berechtigen würde (§ 2294 BGB, siehe Seite 60 ff.). Dazu gehören schwere körperliche Misshandlungen, schwere Verbrechen und Vergehen.

Was sich in einem Erbvertrag regeln lässt

- Finanzielle Sicherung

Fast immer geht es beim Abschluss eines Erbvertrags – wie beim Testament – um die finanzielle Absicherung des überlebenden Partners oder der Partnerin. Zu bedenken ist, ob eine Erbeinsetzung oder „nur" ein Vermächtnis sinnvoller ist. Dies lässt sich nur anhand der konkreten Sach- und Vermögenslage beider Partner beurteilen. Zugleich sind auch die Pflichtteilsansprüche anderer Familienangehöriger zu beachten.

- Übertragung von Wohnung oder Haus

Häufig wird es sinnvoll sein, dem Lebensgefährten oder der Lebensgefährtin die gemeinsam bewohnte Eigentumswohnung oder das Einfamilienhaus zuzuwenden, damit er oder sie nach dem Tod des anderen nicht Hals über Kopf ausziehen muss. Das geht natürlich auch in einem Testament. Doch ist die Absicherung weniger stark als durch einen Erbvertrag. Ein Testament kann jederzeit verändert werden, ein Erbvertrag ist bindend.

- Wohnungsrecht

Wem die Erbeinsetzung zu weit geht, kann dem Lebensgefährten oder der Lebensgefährtin auch ein Wohnungsrecht im Haus oder in der Eigentumswohnung einräumen, seine Erben also verpflichten, sie oder ihn entweder auf bestimmte Zeit oder auch auf Lebenszeit wohnen zu lassen. Das hat den Vorteil, dass das Eigentum in der Familie des Verstorbenen bleibt (und auch dort weitervererbt wird), der Lebenspartner aber dennoch gesichert ist (zur Gestaltung siehe Seite 126).

MIETWOHNUNG VERSUS EIGENTUM

Bei einer Mietwohnung hat der oder die Überlebende immer die Möglichkeit, das Mietverhältnis fortzusetzen, auch wenn der Vermieter das nicht will. Aus einer Eigentumswohnung oder einem selbst genutzten Einfamilienhaus muss der Partner ausziehen, wenn die Erben das verlangen.

Was gilt für die Zeit bis zum Erbfall?

Sie haben gesehen: Ein Erbvertrag hindert Sie daran, über Ihr Vermögen für den Fall Ihres Todes anders zu verfügen. Ein Testament, das Sie später schreiben, ist unwirksam. Sie können auch keinen zweiten Erbvertrag mit einem anderen Partner oder einer anderen Partnerin schließen (siehe Seite 76 ff.). Sie können aber den vorhandenen Erbvertrag mit demselben Partner oder derselben Partnerin ändern oder ganz aufheben.

Sie können ferner – solange Sie leben – über Ihr Vermögen frei verfügen. Sie können verbrauchen, so viel Sie wollen – Ihr Erbvertragspartner hat kein Recht darauf, dass möglichst viel von Ihrem Erbe übrig bleibt. Sie können auch Geschenke machen. Nur böswillige Schenkungen, die darauf angelegt sind, den Erbvertrag aus-

INFO **Sorgfältig abwägen!**

Wer vor seinem Tod der Lebensgefährtin oder dem Lebensgefährten Teile seines Vermögens schenkt, sollte sorgfältig abwägen:
Auf der einen Seite steht die Sicherung des Lebenspartners oder der Lebenspartnerin. Ihm oder ihr wird die Auseinandersetzung mit den übrigen Erben deutlich erleichtert.
Auf der anderen Seite steht die Sicherung des Vermögens für die eigene Familie. Was einmal verschenkt ist, fällt nur unter besonderen Umständen an die Familie des Schenkenden zurück.

zuhöhlen, können unwirksam sein (siehe Seite 142 ff.).

Besser schenken als vererben?

Die Grundsätze dessen, was sich zur Frage schenken statt vererben sagen lässt, sind im vorangegangenen Kapitel dargestellt. Bevor Sie weiterlesen, sollten Sie sich dort noch einmal informieren.

Vorteile und Nachteile von Schenkungen

Der Vorteil einer Schenkung zu Lebzeiten liegt auf der Hand: Der Partner oder die Partnerin muss nicht bis zum Todesfall warten, sondern bekommt das Vermögen sofort. Gesetzliche, testamentarische oder kraft Erbvertrag eingesetzte Erben haben die Realität der Vermögensübertragung erst einmal zu akzeptieren. Wenn sie meinen, etwas zurückfordern zu können, müssen die Erben das tun und notfalls prozessieren – mit allen Kosten und Risiken, die das mit sich bringt.

Die Nachteile einer Schenkung zu Lebzeiten sind ebenso klar. Das geschenkte Vermögen geht in das Eigentum des oder der Beschenkten über. Stirbt der oder die Beschenkte vor dem Schenkenden und hat der oder die Beschenkte dies nicht in einem Testament oder Erbvertrag anders verfügt, bleibt das verschenkte Vermögen in der Familie des verstorbenen Lebenspartners.

Ausnahmen bestehen dann, wenn Pflichtteilsberechtigte benachteiligt wurden und deshalb ein Pflichtteilsergänzungsanspruch besteht (siehe Seite 47 ff.), oder wenn Erben nach „böswilligen" Schenkungen die Rückforderung des Geschenks verlangen können (siehe Seite 142 ff.).

Steuerliche Auswirkungen

Bei der Schenkung- und Erbschaftsteuer werden nichteheliche Lebensgefährten behandelt wie beliebige Dritte, das heißt, sie fallen nach wie vor in die ungünstigste Steuerklasse (siehe Seite 274 f.). Ohne Trauschein gibt es keine Steuererleichterungen.

Gerade bei nichtehelichen Lebensgemeinschaften sollten deshalb die steuerlichen Auswirkungen von Testamenten, Erbverträgen oder Schenkungen besonders sorgfältig bedacht werden.

Erwogen werden sollte auch, ob es nicht sinnvoll (und steuerlich günstiger) ist, das Eigentum an Immobilien an die nächste Generation (Kinder oder Enkel) zu übertragen und dem Lebensgefährten oder der -gefährtin nur die Nutzungen zuzuwenden. Auch Lebensversicherungen oder Bausparverträge, in denen der Lebensgefährte als Bezugsberechtigter benannt wird, können durchaus sinnvoll sein.

STEUERLICHE AUSWIRKUNGEN RECHTZEITIG PRÜFEN

Gerade wenn es um größere Summen geht, sollten Sie sich über die steuerlichen Auswirkungen Ihrer Schenkung, Ihres Testaments oder Ihres Erbvertrags möglichst rechtzeitig von einem Fachmann oder einer Fachfrau beraten lassen. Sie riskieren sonst, dass ein wesentlicher Teil Ihres Vermögens beim Finanzamt landet.

Gemeinsame Konten

Manchmal richten nicht verheiratete Lebensgefährten ein gemeinsames Konto bei einer Bank oder einer Sparkasse ein, über das jeder selbstständig verfügen kann (ein sogenanntes Oder-Konto, weil sowohl der eine als auch der andere Geld abheben kann). Sie gehen dann oft davon aus, das Guthaben auf dem gemeinsamen Konto sei nun das „gemeinsame" Geld, das nach dem Tod des einen Partners dem anderen zusteht. Leider ist das ein Irrtum. Sofern die Lebensgefährten nicht etwas anderes bestimmt haben, gehört das Guthaben auf einem gemeinsamen Konto nur zur Hälfte dem oder der Überlebenden. Dabei kommt es nicht darauf an, wer wie

TIPP Auszahlung von Guthaben

Wenn Sie Ihrem Lebensgefährten oder Ihrer Lebensgefährtin das gesamte Guthaben auf einem gemeinsamen Konto für den Fall Ihres Todes zuwenden wollen, sollten Sie dies in Ihrem Testament oder in einem Erbvertrag verfügen. Sie können auch die Bank oder Sparkasse anweisen, das Guthaben an den Partner oder die Partnerin auszuzahlen.

Der BFH hat entschieden, dass Einzahlungen auf ein Oder-Konto von Eheleuten durch einen Ehegatten teilweise eine steuerpflichtige Schenkung an den anderen Ehegatten darstellen können. Voraussetzung dafür ist, dass nach der Vereinbarung zwischen den Ehegatten jedem von ihnen das Kontoguthaben zu gleichen oder bestimmten Anteilen zusteht (BFH-Urteil vom 23.11.11 zum AZ. II R 33/10). Hier kann auch bei Einzahlungen auf Oder-Konten von nichtehelichen Lebensgefährten Schenkungsteuer drohen.

viel auf das Konto eingezahlt hat. Das heißt: Die Hälfte des Guthabens auf einem Oder-Konto fällt in den Nachlass des oder der Verstorbenen und damit an die gesetzlichen oder kraft letztwilliger Verfügung (Testament, Erbvertrag) eingesetzten Erben.

Jeder Lebensgefährte kann aber der Bank oder der Sparkasse gegenüber erklären, dass im Fall seines Todes das Bankguthaben dem Überlebenden allein zustehen soll. Das ist eine Schenkung auf den Todesfall (siehe Seite 145 f.). Wenn der Überlebende die Schenkung annimmt, ist eine solche Verfügung auch wirksam. Aber Achtung: Voraussetzung für die Wirksamkeit einer solchen Verfügung ist, dass der Beschenkte von der Anweisung des verstorbenen Partners überhaupt erfährt. Andernfalls können die Erben die Schenkung nach dem Tod des Erblassers oder der Erblasserin widerrufen und das Guthaben selbst behalten.

Gemeinsame Kinder

Haben Sie gemeinsame Kinder, so ist es ratsam, auch für sie vorzuplanen. Im Folgenden finden Sie Fragen und Antworten zu den wichtigsten Aspekten.

Wem steht das Sorgerecht zu? Seit dem 1. Juli 1998 können nicht miteinander verheiratete Eltern das Sorgerecht für ein gemeinsames Kind auch gemeinsam ausüben. Dies gilt selbst dann, wenn die Eltern nicht zusammenleben und auch, wenn ein Elternteil oder beide mit einem anderen Partner verheiratet sind. Notwendig ist für das gemeinsame Sorgerecht nur die Erklärung beider Elternteile, die Sorge für ihr Kind gemeinsam übernehmen zu wollen. Die Erklärung erfolgt vor dem Notar oder dem Jugendamt. Stirbt einer, bleibt das Sorgerecht beim überlebenden Elternteil. Einer besonderen letztwilligen Verfügung dazu bedarf es nicht.

Haben die Eltern sich nicht einigen können, behält die Mutter das Sorgerecht allein. Stirbt sie, dann überträgt das Familiengericht das Sorgerecht auf den Vater, wenn dies dem Kindeswohl dient, andernfalls auf einen Vormund. Für den Fall, dass der Vater das Sorgerecht nicht ausüben kann oder die Mutter der Meinung ist, der Vater sei dafür nicht geeignet, kann sie in einem Testament oder einem Erbvertrag einen Vormund benennen (§ 1777 Abs. 3 BGB). Das Gericht wird ihrem Wunsch im Zweifel folgen, wenn nicht besondere Gründe dafür sprechen, dass das Kind beim Vater besser aufgehoben ist.

Was ist bei einer Vermögensverwaltung zu beachten? Für den Fall, dass Sie vermögend sind und Ihre minderjährigen Kinder Ihre Erben werden, sollten Sie überlegen, wer den Nachlass für Ihre Kinder verwalten soll. Treffen Sie dazu keine Anordnungen, verwaltet der oder die Sorgeberechtigte das Vermögen des Kindes. Wollen Sie das? Wenn Sie es nicht wollen, können Sie dies in einem Testament ausschließen (siehe Seite 110). Der überlebende Elternteil behält dann zwar das Recht, für das Kind persönlich zu sorgen, das Vermögen wird

TIPP **Vormund und Vermögensverwaltung**

Wenn Sie im Testament jemanden als Vormund benennen oder ihm oder ihr die Verwaltung des Vermögens Ihres Kindes übertragen, besprechen Sie das mit ihm oder ihr. Wer von einer Vormundschaft oder der Verpflichtung zur Vermögensverwaltung nach Ihrem Tod überrascht wird, kann möglicherweise nicht schnell genug reagieren, und das schadet Ihrem Kind.

aber von demjenigen verwaltet, den Sie im Testament bestimmt haben.

Wenn das Vermögen sehr groß ist, sollten Sie für die Verwaltung auch ein Honorar festsetzen. Normalerweise wird ein Vormund zwar unentgeltlich tätig, doch kann das Vormundschaftsgericht auch eine Vergütung festsetzen, wenn das Vermögen des Mündels oder die Bedeutung der Tätigkeit des Vormunds dies erfordert (§ 1836 BGB). Es ist besser, Sie setzen die Vergütung selbst fest, und zwar rechtzeitig.

Was erben die Kinder? Kinder nicht miteinander verheirateter Eltern sind seit dem 1. April 1998 genauso erbberechtigt wie eheliche Kinder. Das gilt sowohl für das Erbrecht nach der Mutter als auch für das Erbrecht nach dem Vater (siehe Seite 20).

Was erben die Eltern? Ebenso wie das Kind von seinen Eltern erbt, erben auch die Eltern vom Kind. Es kommt zwar recht selten vor, dass ein Kind vermögender ist als seine Eltern, aber es ist möglich; zum Beispiel dann, wenn das Kind von Großeltern oder von einem Elternteil Schenkungen bekommen oder geerbt hat.

Beispiel: Frau Ernst ist vermögend und lebt – unverheiratet – mit einem vermögenslosen Künstler zusammen. Sie haben ein gemeinsames nichteheliches Kind. Stirbt Frau Ernst, erbt das Kind. Stirbt danach auch das Kind, dann erbt der Vater.

Frau Ernst kann dies in einem Testament oder Erbvertrag ausschließen. Sie kann beispielsweise Vor- und Nacherbschaft anordnen und für den Fall, dass das Kind ohne eigene Nachkommen stirbt, ihre eigenen Verwandten oder – wenn sie das will – beliebige Dritte zu Nacherben einsetzen (siehe Seite 104).

NEUES SORGERECHT FÜR UNVERHEIRATETE ELTERN

Das Sorgerecht soll zugunsten des nichtehelichen Vaters reformiert werden. Zukünftig wird der Vater gemeinsam mit der Mutter sorgeberechtigt sein, auch wenn diese nicht zustimmt. Entscheidend ist allein, ob die gemeinsame Sorge dem Kindeswohl entspricht. Wann die beabsichtigte Neuregelung in Kraft tritt, stand bei Redaktionsschluss noch nicht fest.

WANN MAN NICHTS ERBT

Gelegentlich kommt es vor, dass jemand, der an sich kraft Gesetzes, durch ein Testament oder einen Erbvertrag als Erbe oder Erbin berufen wäre, dennoch nichts erbt: Manche Erben sind wegen Erbunwürdigkeit von der Erbschaft ausgeschlossen, andere haben auf ihr Erbrecht verzichtet. Manchmal möchte ein Erblasser oder eine Erblasserin einen oder auch mehrere Erben ganz von der Erbfolge ausschließen, ihn oder sie also enterben.

WAS HEISST ENTERBUNG UND WAS BEWIRKT SIE?

Selbstverständlich können Sie in einem Testament oder einem Erbvertrag die gesetzliche Erbfolge ändern und Ihre gesetzlichen Erben enterben. Aber den Enterbten verbleibt das Pflichtteilsrecht.

Wer pflichtteilsberechtigt ist, lesen Sie auf Seite 29 ff. Er oder sie bekommt nur dann wirklich gar nichts, wenn ihm oder ihr auch der Pflichtteil entzogen worden ist.

ENTZIEHUNG DES PFLICHTTEILS: WANN MÖGLICH?

Nur in ganz seltenen, im Gesetz genau geregelten Sonderfällen ist auch die Entziehung des Pflichtteils möglich. Mehr Informationen dazu finden Sie auf Seite 60 f.

Beispiel: Albrecht Meier ist verwitwet und hat drei Kinder: Max, Jan und Lena. Er schreibt folgendes Testament:

Mein letzter Wille
Mein Sohn Jan soll nichts bekommen.
Hamburg, den 10. Januar 2001
Albrecht Meier

Damit ist Jan enterbt. Das heißt aber dennoch nicht, dass er nichts bekommt. Es bleibt ihm sein Pflichtteil.

Wer von der gesetzlichen Erbfolge wirksam ausgeschlossen – also „enterbt" – wurde, wird so behandelt, als sei er oder sie zur Zeit des Erbfalls nicht mehr am Leben. An die Stelle des oder der Enterbten treten andere gesetzliche oder durch letztwillige Verfügung eingesetzte Erben.

In unserem Beispiel sind das die beiden Geschwister von Jan, Max und Lena, die je zur Hälfte Erben des Vaters werden und an Jan den Pflichtteil auszahlen müssen. Jans Pflichtteilsanspruch gegen die beiden Geschwister beträgt ein Sechstel des Nachlasses (die Hälfte seines gesetzlichen Erbteils von einem Drittel).

Beschränkte sich die letztwillige Verfügung allein auf die Enterbung (wie im obigen Beispiel), ohne darüber hinaus etwas zu regeln, treten andere gesetzliche Erben an Jans Stelle, also auch die Abkömmlinge des Enterbten selbst. Wenn Jan zum Beispiel zwei Kinder hat, erben diese beiden Kinder – die Enkel von Großvater Meier – an seiner Stelle, wenn Jan durch seinen Vater von der Erbfolge ausgeschlossen wurde. Max und Lena würden dann je ein Drittel und die Kinder von Jan je ein Sechstel erben.

ERBTEIL NEIN, PFLICHTTEIL JA

Wer enterbt wurde, wird hinsichtlich des gesetzlichen Erbteils so behandelt, als lebte er nicht mehr. Für die Berechnung des Pflichtteils gilt das aber nicht.

Beispiel: Wenn Sie auch die Abkömmlinge eines enterbten Kindes von der Erbfolge ausschließen wollen, müssen Sie dies im Testament oder Erbvertrag klarstellen. Ihr Testament müsste dann etwa folgendermaßen aussehen:

Mein letzter Wille
Mein Sohn Jan soll nichts bekommen. Auch seine Nachkommen sollen nicht meine Erben sein.
Hamburg, den 10. Januar 2001
Albrecht Meier

Wenn Herr Meier so verfügt hat, treten Jans Kinder nicht an dessen Stelle. Wenn Jan zum Zeitpunkt des Todes des Vaters noch lebt, hat er einen Pflichtteilsanspruch.

Lebt er nicht mehr, so werden seine Kinder nicht gesetzliche Erben, haben aber ebenfalls einen Pflichtteilsanspruch gegenüber den Erben von Herrn Meier. In diesem Fall beträgt er für jedes von Jans Kindern ein Zwölftel der Erbschaft (die Hälfte des gesetzlichen Erbteils von einem Sechstel).

Enterbung des Ehegatten

Es ist auch möglich, den Ehegatten zu enterben. Bei Zugewinngemeinschaft bleibt aber der Zugewinnausgleichsanspruch des Ehemanns oder der Ehefrau bestehen. Der Pflichtteil beschränkt sich dann lediglich auf den kleinen Pflichtteil, der nach dem nicht erhöhten gesetzlichen Erbteil des Ehegatten berechnet wird (siehe Seiten 14, 34 ff.). Dies gilt auch für eingetragene Lebenspartnerschaften.

Warum den Ehegatten enterben?

Ein Motiv, den Ehepartner zu enterben, kann darin liegen, dass bei der Zugewinngemeinschaft das gesetzliche Erbrecht des Überlebenden pauschal um ein Viertel erhöht wird. Neben Kindern erbt der Überlebende die Hälfte des Nachlasses, neben anderen Verwandten sogar beträchtlich mehr (siehe Seite 11 ff.).

Wenn nun der Ehemann oder die Ehefrau am Erwerb des Vermögens des oder der Verstorbenen keinen Anteil hatte, kann dieser pauschalierte erbrechtliche Zugewinnausgleich zu ungerechten oder unerwünschten Folgen führen. Dies kann auch der Fall sein, wenn der Erblasser sein Vermögen während der Ehe nicht vermehrt hat. Er hat dann keinen Zugewinn erzielt. Trotzdem führt auch in diesem Fall der pauschale erbrechtliche Zugewinnausgleich zu der erhöhten Quote des Ehe- oder Lebenspartners.

Die Enterbung des Ehegatten oder des Lebenspartners ist also eine Möglichkeit, den erhöhten erbrechtlichen Zugewinnausgleich zu verringern, wenn Sie es versäumt haben, in einem Ehe- oder Partnerschaftsvertrag die Zugewinngemeinschaft auszuschließen.

Was für Ihre Ehe richtig und sinnvoll ist, müssen Sie letztlich selbst entscheiden (zur Zugewinngemeinschaft im Einzelnen siehe Seite 14). Und Sie müssen vor allen Dingen berechnen, welche der Gestaltungsmöglichkeiten Sie eher zu Ihrem Ziel bringt: die pauschale Erhöhung des gesetzlichen Erbteils um ein Viertel oder der Pflichtteilsanspruch von einem Achtel und der konkret berechnete Zugewinnausgleich.

Beispiel: Frau Wagner ist eine erfolgreiche Unternehmerin. Sie hat einen sehr viel jüngeren Mann geheiratet, aber keinen Ehevertrag geschlossen. Sie möchte ausschließen, dass ihr Mann neben ihren beiden Kindern aus erster Ehe die Hälfte ihres Vermögens erbt. Ihr Mann weigert sich, einen Erbvertrag oder einen Ehevertrag zu unterzeichnen. Deshalb verfasst sie folgendes Testament:

Mein Testament
Meinen Ehemann Hartmut Wagner schließe ich von der Erbschaft aus.
Berlin, den 23. Januar 1999
Ruth Wagner

Dieses Testament hat zur Folge, dass nach dem Tod von Frau Wagner ihr Ehemann nicht ihr gesetzlicher Erbe wird, also nicht seinen gesetzlichen Erbteil in Höhe der Hälfte ihres Vermögens neben den beiden Kindern bekommt. Wenn Frau Wagner während der Ehe ein Vermögen erspart hat, kann er allerdings Zugewinnausgleich fordern und bekommt außerdem den kleinen Pflichtteil.

ERBUNWÜRDIGKEIT

Unter einigen im Gesetz genau aufgezählten Bedingungen kann jemand wegen Erbunwürdigkeit vom Erbrecht ausgeschlossen sein. Das gilt sowohl für die Erbeinsetzung durch Testament oder Erbvertrag als auch für die gesetzliche Erbfolge. Wer erbunwürdig ist, bekommt vom Nachlass nichts – auch keinen Pflichtteil.

Was heißt Erbunwürdigkeit?

Erbunwürdig ist, wer den Tod des oder der Verstorbenen herbeigeführt hat, wer versucht hat, ihn oder sie daran zu hindern, die Erbfolge durch Testament oder Erbvertrag zu bestimmen oder zu ändern. Das gilt auch für Vermächtnisnehmer und Pflichtteilsberechtigte.

Im Einzelnen zählt § 2339 BGB die Erbunwürdigkeitsgründe abschließend auf. Erbunwürdig ist,

- wer den Erblasser oder die Erblasserin getötet oder zu töten versucht hat;
- wer den Verstorbenen oder die Verstorbene in einen Zustand versetzt hat, der ihn oder sie daran hinderte, eine letztwillige Verfügung zu errichten (Betäubung, Bewusstlosigkeit);
- wer den Erblasser oder die Erblasserin daran gehindert hat, ein Testament oder einen Erbvertrag zu errichten oder aufzuheben (Gewalt, Täuschung, Drohung);
- wer umgekehrt den Erblasser oder die Erblasserin durch Täuschung oder Drohung dazu gebracht hat, ein Testament oder einen Erbvertrag zu errichten;
- wer ein Testament oder einen Erbvertrag des oder der Verstorbenen gefälscht oder verfälscht oder vernichtet hat.

Beispiel: Markus Neuwald findet nach dem Tod seiner Mutter ein Testament, in dem er in Höhe von einem Viertel als Erbe eingesetzt ist. Er verändert die ein wenig undeutlich geschriebene Vier in eine Zwei in der Hoffnung, dann die Hälfte des Nachlasses zu erben. Markus Neuwald ist erbunwürdig, weil er das Testament seiner Mutter gefälscht hat.

Voraussetzung für die Geltendmachung

Die Erbunwürdigkeit tritt nicht automatisch ein, wenn einer der oben genannten Gründe vorliegt, sie muss vielmehr nach dem Erbfall – also nach dem Tod des Erblassers oder der Erblasserin – durch Anfechtung geltend gemacht werden. Das geschieht durch Klage vor Gericht. Klageberechtigt ist jeder, dem der Wegfall des oder der Erbunwürdigen zustatten kommt.

Wer eine solche Klage wegen Erbunwürdigkeit gegen einen Erben erhebt, muss deshalb die Umstände, die eine Erbunwürdigkeit begründen, beweisen können. Ein bloßer Verdacht reicht nicht aus.

Für die Klage gilt ferner eine Frist: Sie kann nur innerhalb eines Jahres erhoben werden, gerechnet von dem Tag an, an dem der oder die Anfechtungsberechtigte

INFO Pflichtteilsentziehung und Erbunwürdigkeit

Die Folgen von Pflichtteilsentziehung und Erbunwürdigkeit sind die gleichen: Wer als gesetzlicher Erbe oder aufgrund eines Testaments oder eines Erbvertrags hätte erben sollen, bekommt nichts. Die Entziehung des Pflichtteils muss aber immer von dem oder der Verstorbenen selbst in einem Testament oder Erbvertrag angeordnet worden sein. Die Erbunwürdigkeit hingegen kann erst nach dem Tod des oder der Vererbenden durch andere mögliche Erben geltend gemacht werden.

von den Anfechtungsgründen erfahren hat.

Wenn die Klage erfolgreich ist, fällt die Erbschaft an denjenigen, der durch ein Testament oder durch die gesetzliche Erbfolge als Nächster berufen wäre. Im Beispiel oben fällt die Erbschaft an andere Erben, die im Testament benannt sind, oder – sofern keine anderen Erben eingesetzt sind – an die gesetzlichen Erben von Frau Neuwald, wenn diese den Erbschaftserwerb erfolgreich angefochten haben.

Vermächtnisunwürdigkeit

Dieselben Grundsätze gelten für Vermächtnisnehmer und Pflichtteilsberechtigte.

Beispiel: Anke Stein setzt ihre Tochter Eva zu ihrer Alleinerbin ein, Sohn Max erhält ein Vermächtnis über 20 000 € und Sohn Alex wird auf den Pflichtteil gesetzt. Nach dem Tod der Mutter vernichten die Söhne das Testament, damit die gesetzliche Erbfolge eintritt. Folge ist: Max ist vermächtnisunwürdig und Alex ist pflichtteilsunwürdig. Gelingt Eva in der Anfechtungsklage der Nachweis der Vernichtung des Testaments, erbt sie den gesamten Nachlass.

Keine Anfechtung nach Verzeihung

Die Anfechtung ist ausgeschlossen, wenn der oder die Verstorbene dem oder der Erbunwürdigen verziehen hat (§ 2343 BGB). Das ist bei allen Erbunwürdigkeitsgründen möglich, sogar nach einem Mordversuch. Voraussetzung der Verzeihung ist aber immer, dass der oder die Verstorbene die Tatsachen, die zur Erbunwürdigkeit führen, überhaupt kannte.

Beispiel: Frau Wieland hat ihren Ehemann in ihrem Testament zum Alleinerben eingesetzt. Kurz vor ihrem Tod möchte sie das Testament zugunsten ihrer Schwester ändern. Ihr Mann ist damit nicht einverstanden und verprügelt seine Frau so, dass sie unfähig ist, ein neues Testament zu schreiben. An sich ist Herr Wieland erbunwürdig. Lebt seine Frau aber danach weiter mit ihm zusammen und verzeiht sie ihm die Misshandlung, so gilt er nicht (mehr) als erbunwürdig.

ERBVERZICHT

Erbberechtigte können vertraglich auf ihr künftiges Erbrecht verzichten. Der Erbverzicht ist ein Mittel, mit dem der künftige Erblasser oder die künftige Erblasserin versuchen kann, Streit unter den späteren Erben zu vermeiden, sofern ein solcher zu befürchten ist.

Fast immer ist ein solcher Erbverzicht verbunden mit einer Abfindung in Geld oder mit anderen Vermögenswerten. Nur selten verzichten erbberechtigte Angehörige ohne einen Gegenwert. Möglich ist aber auch dies.

Beispiel: Herr Günther ist Landwirt. Er hat zwei Kinder, einen Sohn und eine Tochter. Der Tochter schenkt er bei ihrer Heirat ein Haus, sie verzichtet vertraglich auf ihren Erbteil und ist damit – wie es auch manchmal heißt – „abgefunden" worden.

Die Folge: Wenn Herr Günther stirbt, erbt der Sohn allein. Die Erbauseinandersetzung seiner Kinder hat er selbst zu Lebzeiten geregelt. Man spricht in solchen Fällen auch von „vorweggenommener Erbfolge".

Solche Abfindungs- und Verzichtsverträge werden häufig geschlossen, um ein über Generationen ererbtes Familienvermögen zu erhalten. Das kann ein landwirtschaftlicher Betrieb sein, ein Unternehmen oder auch eine Kunstsammlung.

Wer auf sein Erbrecht verzichtet hat, ist von der Erbfolge ausgeschlossen. Er oder sie wird also nicht Erbe und wird so behandelt, als lebe er zur Zeit des Erbfalls nicht mehr. Im Zweifel erstreckt sich der Erbverzicht auch auf das Pflichtteilsrecht (§ 2346 BGB). Das hat zur Folge, dass sich die Erb- und Pflichtteile anderer Erben, die nicht verzichtet haben, erhöhen.

Beispiel: Herr Borg ist Unternehmer und verwitwet. Er hat drei Kinder: Peter aus erster Ehe, Katrin und Patrick aus zweiter Ehe. Mit Peter schließt er einen Erbverzichtsvertrag.

Ohne den Erbverzicht von Peter wären die drei Kinder gesetzliche Erben des Vaters zu je einem Drittel und hätten Pflichtteilsansprüche von je einem Sechstel. Nach dem Erbverzicht sind Katrin und Patrick gesetzliche Erben jeweils zur Hälfte.

Macht Herr Borg ein Testament zugunsten einer neuen Lebensgefährtin, haben sie Pflichtteilsansprüche von je einem Viertel der Erbschaft.

TÖCHTER TRIFFT ES HÄUFIGER

Oft wird durch Erbverzichts- und Abfindungsverträge ein Kind zugunsten eines anderen zurückgesetzt. Dabei handelt es sich oft um die Töchter. Wer mit einem solchen Angebot konfrontiert wird, sollte sich deshalb sehr genau überlegen, ob er oder – meist eben – sie sich darauf einlassen will.

Es kann zwar durchaus sinnvoll sein, einen Teil des Familienvermögens einem Bruder, einer Schwester oder einem bestimmten Verwandten allein zu überlassen. Ob Sie das aber in Ihrem konkreten Fall akzeptieren wollen, müssen Sie selbst entscheiden.

Gestaltungsmöglichkeiten

Im Erbverzichtsvertrag können die Beteiligten auch etwas anderes als den völligen Verzicht vereinbaren. Es ist möglich, nur auf das gesetzliche Erbrecht zu verzichten und nicht auch auf den Pflichtteil. Der oder die Verzichtende gehört dann nicht zu den gesetzlichen Erben, kann aber den Pflichtteil verlangen.

Es ist auch möglich, nur auf einen Teil des gesetzlichen Erbrechts zu verzichten. Ein solcher (Teil-)Verzicht wirkt sich im Zweifel auch auf die Pflichtteilsquote des oder der Verzichtenden aus, sofern der Verzichtsvertrag nichts anderes bestimmt. Umgekehrt ist es möglich, den Verzicht nur auf das Pflichtteilsrecht zu beschränken. Der oder die Verzichtende bleibt dann erbberechtigt, kann aber nicht den Pflichtteil geltend machen.

Dies wird häufig vereinbart, wenn Eltern im gemeinschaftlichen Testament ihre Kinder zu Schlusserben des zuletzt versterbenden Elternteils eingesetzt haben (siehe Seite 72 ff.). Verzichten die Kinder auf den Pflichtteil, so ist damit sichergestellt, dass das Testament der Eltern genauso erfüllt wird, wie sie es gewollt haben.

Beispiel: Das Ehepaar Buchwald setzt sich in einem gemeinschaftlichen Testament gegenseitig zu Erben ein und bestimmt seine beiden gemeinsamen Kinder zu Erben des zuletzt Sterbenden.

Stirbt Herr Buchwald, wird seine Frau laut Testament seine Alleinerbin (siehe Berliner Testament, Seite 109). Die Kinder können aber nach dem Tod des Vaters ihren Pflichtteil verlangen, was zur Folge hat, dass Frau Buchwald weniger bekommt. Haben die Kinder hingegen auf ihren Pflichtteil verzichtet, so erben sie erst nach dem Tod der Mutter.

Erbverzicht und Zugewinnausgleich

Bei Zugewinngemeinschaft erstreckt sich der Erbverzicht nicht automatisch auch auf den Anspruch auf Zugewinnausgleich.

Beispiel: Herr und Frau Carsten leben im Güterstand der Zugewinngemeinschaft. Frau Carsten betreibt eine gutgehende Boutique, Herr Carsten ist Grafiker und lebt von Gelegenheitsaufträgen. Die beiden schließen einen Erbverzichtsvertrag, in dem Herr Carsten auf sein gesetzliches Erbrecht verzichtet. Seine Frau überträgt ihm dafür die gemeinsam bewohnte Eigentumswohnung.

Frau Carsten stirbt. Ihr Mann wird nicht Erbe, er hat ja verzichtet. Er kann aber gegenüber den anderen Erben Zugewinnausgleich fordern, wenn seine verstorbene

Frau während der Ehe mehr erwirtschaftet hat als er.

ZUGEWINNAUSGLEICH: TIPPS FÜR EHELEUTE

Den Zugewinnausgleichsanspruch Ihres Ehegatten können Sie nur in einem Ehevertrag ausschließen. Dieser kann – wenn Sie das wollen – mit einem Erbverzichtsvertrag verbunden werden. Sowohl der Erbverzichtsvertrag als auch der Ehevertrag müssen von einem Notar beurkundet werden. Private Verträge ohne Beurkundung sind unwirksam.

Wirkung auch auf Kinder und Verwandte

Wer auf sein gesetzliches Erbrecht verzichtet, schließt damit auch eigene Abkömmlinge und Verwandte aus, sofern der Verzichtsvertrag nicht etwas anderes bestimmt.

Beispiel: Herr Schulz ist Unternehmer und hat zwei Kinder, Eva und Hartmut. Eva verzichtet in einem notariell beurkundeten Vertrag auf ihr Erbrecht und erhält dafür von ihrem Vater ein Wertpapierdepot.

Gesetzlicher Erbe des Unternehmens wird Hartmut. Wenn Eva später selbst Kinder hat, sind auch diese vom Erbrecht ausgeschlossen. Diese Folge kann aber ausdrücklich ausgeschlossen werden. Das Familienvermögen bleibt in der Familie ihres Bruders und wird auch nur dort weitervererbt. Das gilt auch dann, wenn Kinder von Verzichtenden bereits leben. Sie werden nicht gefragt, ob sie den Erbverzicht billigen oder nicht. Eine Zustimmungspflicht potenzieller späterer Erben nach dem oder der Verzichtenden gibt es nach unserem Recht nicht.

Setzt Herr Schulz in seinem Testament aber anstelle des Sohnes seine Lebensgefährtin Luise Klein als Alleinerbin ein, dann wird der Erbverzicht im Erbfall unwirksam. Das Gesetz geht davon aus, dass Kinder nur zugunsten eines anderen Abkömmlings oder des Ehepartners auf ihr gesetzliches Erbrecht verzichten (§ 2350 BGB).

Verzicht zugunsten anderer

Wer auf sein gesetzliches Erbrecht vertraglich verzichtet, kann dies auch – ausdrücklich – zugunsten eines anderen tun.

Beispiel: Herr Schulz möchte seinen langjährigen Prokuristen, Herrn Grau, als Erben einsetzen, da seine Kinder Eva und Hartmut an der Weiterführung des Unternehmens kein Interesse haben. Eva und Hartmut sind beide vom Vater mit Vermögen bereits gut versorgt und verzichten in einem notariellen Vertrag auf ihr gesetzliches Erbrecht zugunsten des Prokuristen Grau. Herr Schulz überlegt es sich anders und setzt in seinem Testament seine Lebensgefährtin Luise Klein als Alleinerbin ein. Er stirbt.

Der Erbverzicht ist unwirksam, da der Prokurist Grau nicht Erbe geworden ist. Die Kinder Eva und Hartmut sind zwar enterbt, können aber ihre Pflichtteilsansprüche gegen Luise Klein geltend machen.

Hätten die Kinder in dem Vertrag nicht klargestellt, dass sie auf ihr gesetzliches Erbrecht nur zugunsten des Prokuristen Grau verzichten, dann wären sie leer ausgegangen.

ERBVERZICHTSVERTRAG: ENTSCHEIDEN SIE SELBST

Sie haben es bei Abschluss eines Erbverzichtsvertrags in der Hand, festzulegen, zu wessen Gunsten Sie verzichten wollen. Bedenken Sie möglichst rechtzeitig, was Sie erreichen und welche Risiken Sie ausschließen wollen.

Erbverzicht nur vor dem Notar

Ebenso wie der Erbvertrag muss ein Erbverzichtsvertrag immer von einem Notar beurkundet werden (§ 2348 BGB). Während aber der Erbvertrag bei gleichzeitiger Anwesenheit der Vertragspartner vor dem Notar geschlossen werden muss, ist dies beim Verzichtsvertrag nicht erforderlich.

Der Erblasser kann den Vertrag nur persönlich abschließen. Ist der Erblasser beschränkt geschäftsfähig, also Kinder zwischen dem vollendeten 7. und 18. Lebensjahr, kann er den Vertrag alleine abschließen. Für den Verzichtenden gilt: Steht er unter elterlicher Sorge, weil er noch minderjährig ist, so bedarf der Erbverzicht neben der Zustimmung der Eltern der Genehmigung durch das Familiengericht. Hiervon gibt es eine Ausnahme: Schließt der oder die Minderjährige den Erbverzicht mit dem Verlobten oder Ehegatten, dann ist er ohne Genehmigung wirksam.

Und gut zu wissen ist: Notare sind verpflichtet, alle Vertragspartner fair und unvoreingenommen zu beraten. Nutzen Sie diese Möglichkeit, wenn Sie nicht ganz sicher sind, ob Sie die Folgen des Erbverzichts übersehen.

Erbverzicht und Steuer

Ein Erbverzicht ist keine Schenkung und deshalb auch nicht schenkungsteuerpflichtig. Eine Abfindung, die für den Erbverzicht gezahlt oder gewährt wurde, ist hingegen im Rahmen der üblichen Sätze schenkungsteuerpflichtig (siehe Seite 253 ff.).

Vermögensbilanz
+
–

DER ERBFALL TRITT EIN

Im Erbfall kommt vieles auf den oder die Erben zu. Neben der Organisation der Beerdigung und der Trauerbewältigung sind eine ganze Reihe von Entscheidungen zu treffen. Der Erbe steht dabei unter Zeitdruck. Für vieles gibt es Fristen, die unbedingt zu beachten sind.

WAS UND WIE WIRD GEERBT?

Die Erbschaft umfasst das gesamte Vermögen des Erblassers oder der Erblasserin. Dazu gehören nicht nur alle Vermögenswerte, sondern auch die Verbindlichkeiten des Erblassers. Lesen Sie dazu Seite 87 ff. nach.

Das Vermögen (die Erbschaft) geht als Ganzes auf den oder die Erben über. Diesen Übergang bezeichnet der Gesetzgeber in § 1922 BGB als Gesamtrechtsnachfolge. Was bedeutet dies für den oder die Erben? Die Erbschaft fällt – ohne dass der Erbe etwas tun muss oder Kenntnis von dem Erbfall hat – von selbst dem Erben an. Er erwirbt alle zum Nachlass gehörenden Vermögensgegenstände – aber auch die Verbindlichkeiten (siehe Seite 87 ff.). Der oder die Erben werden damit Gesamtrechtsnachfolger des Erblassers, ohne dass sie oder Dritte, zum Beispiel das Nachlassgericht, irgendwelche Handlungen vornehmen müssen.

- Gehört zum Nachlass eine Beteiligung an einer Personengesellschaft (OHG, KG, BGB-Gesellschaft) oder einer Kapitalgesellschaft (GmbH, AG), richtet sich der Erwerb nach den Vereinbarungen im Gesellschaftsvertrag. Danach bestimmt sich, ob die Gesellschaft mit dem Erben fortgesetzt wird, der Erbe aus der Gesellschaft ausscheidet und welche Ansprüche ihm dann zustehen. Ohne eine rechtliche Beratung kommen Sie in einem solchen Fall nicht weiter, wenn Sie Ihre Rechte geltend machen wollen.
- Zum Erbe gehört auch der digitale Nachlass des Erblassers oder der Erblasserin. Dazu zählen die Rechtsbeziehungen

rund um das Internet. Hat der Erblasser in seinem Testament verfügt, was mit seinen Daten zu geschehen hat oder wer sie verwalten soll, dann hat der Erbe dies entsprechend auszuführen. Sonst muss er oder sie entscheiden, wie mit den Daten des Erblassers verfahren werden soll.

Computer, Laptop, Smartphone und dergleichen, die Hardware also, gehören zum Nachlass. Dies gilt auch für die dort gespeicherten Daten. Eingegangene Mails, gespeicherte Fotos und Daten sind mit Briefen, Papierfotos und Aktenordnern aus den Unterlagen des Erblassers vergleichbar. Der oder die Erben können grundsätzlich darüber verfügen. Der Erbe tritt mit dem Erbfall auch in alle Benutzerverträge ein und muss entscheiden, ob und welche Verträge er mit den Providern kündigen oder fortsetzen will. Bis zur Beendigung der Verträge hat der Erbe einen Anspruch auf die beim Provider noch eingehenden Mails. Er kann den Internetzugang weiternutzen, wird Inhaber der Website und die Rechte an der Domain gehen auf ihn über. Dies alles ist für den Erben aber ohne Probleme nur dann möglich, wenn er die Zugangsdaten des Erblassers kennt.

Provider haben manchmal eigene Vorstellungen über die Zugangsberechtigung von Erben und verweisen auf ihre vom Erblasser akzeptierten Allgemeinen Vertragsbedingungen. Sitzt der Provider im Ausland, ist die Durchsetzung von Rechten praktisch erschwert bis unmöglich. Spezielle Vorschriften gibt es für diesen Bereich im deutschen Recht (noch) nicht und so sind viele rechtliche Probleme rund um das Internet noch ungeklärt.

Komplizierter kann die Abwicklung des digitalen Nachlasses werden, wenn der Erblasser oder die Erblasserin soziale Netzwerke nutzten, Fotos ins Internet gestellt hatten und ein Weblog unterhielten. Wer einmal Daten ins Netz gestellt hat, hinterlässt Spuren, die schwer zu beseitigen sind. Das Recht auf Löschung soll nach den Plänen der Europäischen Kommission innerhalb der EU einheitlich geregelt werden, ein Verordnungsentwurf liegt seit Anfang 2012 vor. Wann und wie die Pläne verwirklicht werden, ist zum gegenwärtigen Zeitpunkt noch ungewiss.

Wenn keine letztwillige Verfügung des Erblasser oder der Erblasserin vorliegt, steht der Erbe vor der Entscheidung, ob und wie er die Profile, Beiträge, Bilder, Accounts löschen lassen kann oder ob er diese für eine Zeit aufrechterhalten will. Verfügt der Erbe über die Zugangsdaten, dann kann er handeln.

Ist dies nicht der Fall, muss der Erbe sich mit den vertraglichen Vereinbarungen und Nutzungsbedingungen, die der Erblasser akzeptiert hatte, auseinandersetzen und danach den Kontakt zu den Providern und Vertragspartnern aufnehmen, um den Zugang zu erhalten und/oder die Daten endgültig löschen zu lassen. Dazu muss er sich durch Vorlage des Erbscheins oder notariellen Testaments nebst Sterbeurkunde legitimieren.

INTERNET: EIN PAAR NÜTZLICHE TIPPS

Sie erleichtert Ihren Erben die Abwicklung, wenn Sie anordnen, wie mit Ihren Daten im Internet zu verfahren ist. Zugangsdaten, Passwörter und Benutzernamen sollten Sie an einem sicheren Ort, wie Banksafe oder bei einer Vertrauensperson, für Ihre Erben hinterlegen. Praktische Hinweise finden Sie unter: www.test.de/Datensicherheit-im-Netz-Kundenkonten-schwer-zu-loeschen.

Erbengemeinschaft

Sind mehrere Erben vorhanden, erwerben sie die gesamte Erbschaft gemeinschaftlich. Sie bilden eine Erbengemeinschaft, der die Erbschaft zur gesamten Hand, also ungeteilt, zusteht. Daran ändert auch eine Teilungsanordnung des Erblassers nichts, sie ist erst bei der Aufteilung der Erbschaft, der Auseinandersetzung der Miterben, zu berücksichtigen (zur Erbengemeinschaft siehe Seite 213 ff.).

Eine Übersicht verschafft Klarheit

Um entscheiden zu können, ob Sie die Erbschaft annehmen oder ausschlagen wollen (siehe Seite 180 ff.), müssen Sie sich eine Übersicht über die Vermögenswerte und Verbindlichkeiten verschaffen.

Nehmen Sie die Prüfung anhand der auf Seite 312 f. zusammengestellten Liste vor. Dies ist umso schwieriger, je weniger Sie mit den Lebensumständen der Erblasserin oder des Erblassers vertraut sind. Sie sind unter Umständen auf die Auskünfte unwilliger Dritter angewiesen, die sich durch das Testament übergangen fühlen.

Versuchen Sie, diese Aufgabe mit psychologischem Geschick zu erledigen. Auch wenn Sie als Erbe gesetzliche Auskunftsrechte haben (siehe Seite 206 ff.), ist deren (gerichtliche) Durchsetzung mit einem erheblichen Zeitaufwand verbunden.

Viel Zeit zur Ermittlung des Vermögens zu treffen, haben Sie aber gerade nicht (siehe Seite 180 ff.).

WIE SIE ERFAHREN, WER ERBE WIRD

Testamentseröffnung

Befindet sich eine letztwillige Verfügung – Testament, Erbvertrag – in amtlicher Verwahrung, so erfährt das Nachlassgericht auf dem Amtsweg, bei welchem Gericht diese hinterlegt sind. Dann oder wenn eine solche Verfügung pflichtgemäß beim Nachlassgericht abgeliefert worden ist, wird das Nachlassgericht von sich aus tätig: Es eröffnet jetzt das Testament oder den Erbvertrag, vermerkt dies auf dem Schriftstück und fertigt ein Protokoll an. Den Beteiligten wird eine Abschrift des Protokolls und der eröffneten Schriftstücke übersandt. Das Nachlassgericht kann auch einen Termin zur Eröffnung bestimmen, zu dem die gesetzlichen Erben und die sonstigen Beteiligten – soweit bekannt – geladen werden.

Sonstige Beteiligte sind zum Beispiel die testamentarisch eingesetzten Erben, der Testamentsvollstrecker, Vermächtnisnehmer und derjenige, der durch eine Auflage begünstigt wird. In der Praxis unterbleibt die Ladung der Erben und sonstigen Beteiligten.

KEINE TEILNAHMEPFLICHT

Hat das Nachlassgericht, was in der Praxis selten vorkommt, die Beteiligten zu dem Eröffnungstermin geladen, so besteht keine Pflicht zur Teilnahme. Durch die Nichtteilnahme entstehen keine Rechtsnachteile.

Wird ein gemeinschaftliches Testament eröffnet, so sind, wenn dies zum Beispiel durch Abdecken der Textstellen möglich ist, die Verfügungen des überlebenden Ehepartners weder zu verkünden, noch sind die Beteiligten durch Übersendung darüber zu informieren. Durch die Überlassung der letztwilligen Verfügung haben die übergangenen gesetzlichen Erben die Möglichkeit, die Wirksamkeit des Testaments zu prüfen. Sie können entscheiden, ob sie dagegen vorgehen wollen. Wenn sie zum Kreis der Pflichtteilsberechtigten gehören, werden sie überlegen, ob sie Pflichtteilsansprüche geltend machen können (siehe Seite 29 ff.).

Eröffnete testamentarische Verfügungen werden vom Nachlassgericht verwahrt. Jeder, der ein rechtliches Interesse glaubhaft macht, ist berechtigt, Einsicht oder eine Abschrift der Verfügung zu verlangen. Ein rechtliches Interesse haben zum Beispiel übergangene gesetzliche Erben, wenn ihre Benachrichtigung versehentlich unterblieben ist.

Wenn die gesetzlichen Erben nicht bekannt sind: Das Nachlassgericht ist von Amts wegen verpflichtet, nachzuforschen, wer die gesetzlichen Erben sind. Es wird, wenn ihm die persönlichen Verhältnisse des Erblassers unbekannt sind, zunächst Auskünfte von den im Testament oder Erbvertrag Bedachten verlangen. Ist die Ermittlung schwierig oder zeitaufwendig, kann das Nachlassgericht einen Nachlasspfleger gemäß § 1913 BGB bestellen und auf Kosten des Nachlasses mit der Ermittlung beauftragen. Der Erblasser kann weder die Eröffnung des Testaments (des Erbvertrags) noch die Benachrichtigung der Beteiligten verbieten.

Finanz- und Grundbuchamt werden informiert: Das Nachlassgericht meldet den Erbfall dem Finanzamt, das die Erbschaftsteuer zu erheben hat. Wenn Grundstücke in den Nachlass fallen, wird das zuständige Grundbuchamt unterrichtet. Zwar sind die Erben mit dem Erbfall als Gesamtrechtsnachfolger Eigentümer des Grundstücks geworden, müssen aber noch im Grundbuch eingetragen werden. Wird der Antrag von den Erben nicht gestellt, kann das Grundbuchamt sie aufgrund der Mitteilung des Nachlassgerichts dazu anhalten.

TIPP **Sie wurden übergangen**

Wenn Sie als gesetzlicher Erbe im Testament übergangen worden sind oder sich sonst benachteiligt fühlen, sollten Sie Rechtsrat einholen. Lassen Sie das Testament oder den Erbvertrag prüfen und sich beraten, ob und welche Rechte Ihnen in Bezug auf den Nachlass zustehen können.

Keine Prüfung: Bei der Testamentseröffnung wird die Wirksamkeit der letztwilligen Verfügung nicht geprüft. Eröffnung und Versendung durch das Nachlassgericht haben keine Bedeutung für und auch keine Auswirkung auf die Prüfung der Wirksamkeit der Erbeneinsetzung oder sonstigen testamentarischen Verfügungen. Sie erfolgt erst und nur dann durch das Nachlassgericht, wenn die Erteilung eines Erbscheins beantragt wird (siehe Seite 245 ff.). Das Nachlassgericht kümmert sich also nicht von selbst um die Wirksamkeit letztwilliger Verfügungen.

Sind Sie gesetzlicher Erbe?

Liegt weder ein Testament noch ein Erbvertrag vor, tritt die gesetzliche Erbfolge ein. Zur Prüfung, ob Sie als gesetzlicher Erbe in Betracht kommen, lesen Sie die Ausführungen auf Seite 7 ff.

Kommen Sie zu dem Ergebnis, dass Sie der einzige gesetzliche Erbe sind, können Sie, wenn Sie die Erbschaft annehmen wollen (siehe Seite 180 ff.), den Nachlass in Besitz nehmen.

Macht Ihnen ein Dritter das Erbrecht streitig, müssen Sie beim Nachlassgericht einen Erbschein beantragen. Vor dessen Erteilung prüft das Nachlassgericht, ob Sie Erbe geworden sind (siehe Seite 245 ff.).

Sind Sie gemeinsam mit anderen Personen gesetzlicher Erbe geworden, müssen Sie auch gemeinsam die Erbschaft antreten (siehe Seite 213 ff.).

ANFECHTUNG DER LETZTWILLIGEN VERFÜGUNG

Wenn ein gesetzlicher Erbe durch eine letztwillige Verfügung enterbt wurde, bleibt ihm nur die Möglichkeit, diese Verfügung anzufechten. Dafür muss aber eine ganze Reihe von Voraussetzungen erfüllt sein.

Es muss ein Anfechtungsgrund vorliegen

Der in der Praxis wichtigste Grund: Ein Pflichtteilsberechtigter wurde übergangen, weil er erst nach Errichtung der letztwilligen Verfügung geboren oder pflichtteilsberechtigt wurde.

Beispiel: 1980 errichtet der Witwer Peter Stein ein privatschriftliches Testament zugunsten seiner Söhne Jan und Olaf. 1990 heiratet er wieder und hat mit seiner zweiten Frau Susanne drei Kinder: Pia, Petra und Boris. Peter Stein hat inzwischen sein erstes Testament von 1980 vergessen und ist im Übrigen der Meinung, mit der gesetzlichen Erbfolge sei für alle seine Erben gut gesorgt. 2002 stirbt Peter Stein, sein Vermögen beträgt 1 000 000 €.

Nach dem privatschriftlichen Testament sind nur die Kinder aus erster Ehe, Jan und Olaf, Erben. Ehefrau Susanne und die Kinder Pia, Petra und Boris können jedoch das Testament anfechten – sie müssen dies auch tun, wenn sie erben wollen!

Anfechtungsberechtigt sind sie, denn alle vier (Susanne und die drei Kinder) sind erst nach dem 1980 errichteten Testament pflichtteilsberechtigt geworden.

Nach der Anfechtung gilt die gesetzliche Erbfolge. Das heißt: Susanne erbt, da für ihre Ehe Zugewinngemeinschaft besteht, 500 000 €, jedes Kind 100 000 € (siehe Seite 7 ff.).

Weitere Anfechtungsgründe sind in § 2078 BGB aufgeführt: Motivirrtum, Inhaltsirrtum, Erklärungsirrtum oder Drohung. Haben Sie Anhaltspunkte dafür, dass der Erblasser sein Testament so, wie geschehen, nicht errichten wollte, dann müssen Sie prüfen lassen, ob ein Anfechtungsgrund vorliegt. Ohne Beratung können Sie diese schwierigen Rechtsfragen nicht entscheiden.

Wer kann anfechten?

Eine letztwillige Verfügung kann nur derjenige anfechten, der von der Unwirksamkeit der letztwilligen Verfügung begünstigt sein würde, also von ihr profitiert.

VERGLEICHEN MACHT SINN

Sie müssen die Lage vor und nach der Anfechtung vergleichen. Wären Sie nach der Anfechtung an dem Nachlass beteiligt, sind Sie zur Anfechtung berechtigt.

Wem gegenüber und wie wird angefochten

Die Anfechtung ist dem zuständigen Nachlassgericht gegenüber zu erklären. Eine bestimmte Form ist für die Abgabe der Erklärung nicht vorgesehen. Auch der Inhalt ist nicht vorgeschrieben. Es muss sich aus der Erklärung nur eindeutig ergeben, welche Verfügungen angefochten werden. Zweckmäßig ist es, den Grund anzugeben.

ERBSCHEIN NICHT VERGESSEN!

Erst wenn Sie einen Erbschein beantragen (siehe Seite 245 ff.), prüft das Gericht die Anfechtung, denn den Erbschein erhalten Sie nur, wenn das Gericht feststellt, dass Sie aufgrund der Anfechtung tatsächlich Erbe sind.

Frist

Die Anfechtungsfrist beträgt ein Jahr. Sie beginnt nach dem Tod des Erblassers von dem Zeitpunkt an zu laufen, in dem der Anfechtungsberechtigte von dem Anfech-

TIPP **Frist beachten!**

Die Versäumung der Anfechtungsfrist ist unwiderruflich – deshalb müssen Sie auch den fristgemäßen Zugang der Erklärung beim Gericht nachweisen können.

tungsgrund erfährt. Die Kenntnis kann also mit dem Todesfall zusammentreffen. Der Berechtigte kann aber auch erst Jahre nach dem Erbfall davon erfahren. 30 Jahre nach dem Erbfall ist eine Anfechtung endgültig ausgeschlossen.

Wirkung

Das angefochtene Testament oder der angefochtene Erbvertrag ist von Anfang an unwirksam, also nichtig. Die Nichtigkeit bezieht sich aber nur auf die angefochtene Verfügung und nicht auf weitere Verfügungen, wenn das Testament solche enthält. Das bedeutet, das Testament bleibt in den nicht betroffenen Punkten wirksam.

Ihre Anfechtungserklärung ist beim Nachlassgericht eingegangen. Erwarten Sie jetzt nicht, dass das Nachlassgericht Ihnen mitteilt, dass Ihre Anfechtung begründet ist und Sie nunmehr Erbe sind. Das Nachlassgericht benachrichtigt vielmehr nur die Beteiligten, nimmt die Anfechtungserklärung zur Akte und erteilt eine Rechnung nach der Kostenordnung. Eine Prüfung der Wirksamkeit findet nicht statt!

Klage wegen Unwirksamkeit

Hat der Erbe das Testament fristgerecht gegenüber dem Nachlassgericht angefochten, kann er auch, statt einen Erbschein zu beantragen, gegen die anderen Beteiligten eine Klage vor dem Zivilgericht erheben, um sein Erbrecht feststellen zu lassen. Die Gerichts- und Anwaltskosten sind in der Regel höher als beim Erbscheinverfahren vor dem Nachlassgericht. Die rechtskräftige Entscheidung des Zivilgerichts ist aber für die Beteiligten endgültig und auch vom Nachlassgericht bei der Erteilung des Erbscheins zu beachten. Ein Erbschein hat diese Bindungswirkung nicht (siehe Seite 249 f.). Welchen Weg der Erbe wählt, bleibt ihm überlassen.

TIPP **Fachliche Beratung unbedingt nutzen!**

Wenn Sie Anhaltspunkte für das Vorliegen von Anfechtungsgründen haben, sollten Sie Rechtsrat einholen! Spätestens wenn Sie eine Anfechtungserklärung abgeben, wird es zum Streit unter den Beteiligten kommen. Zudem sind die Einzelheiten kompliziert und nur anhand des konkreten Falls zu beurteilen.

ANNAHME ODER AUSSCHLAGUNG DER ERBSCHAFT

Erbe werden Sie erst einmal von selbst. Ohne Ihr Zutun fällt Ihnen die Erbschaft zu, unabhängig davon, ob Sie gesetzlicher oder durch letztwillige Verfügung berufener Erbe sind. Aber Sie sind zunächst vorläufiger Erbe, denn Sie können und müssen jetzt entscheiden, ob Sie Erbe bleiben wollen oder nicht. Niemand kann Sie zwingen, eine Erbschaft anzutreten, die Sie nicht wollen. Nur der Staat als gesetzlicher Erbe hat kein Recht, eine ihm angefallene Erbschaft auszuschlagen.

Um sich entscheiden zu können, müssen Sie wissen, was Sie erben (siehe Seite 87 ff.). Wenn feststeht, dass der Erblasser Ihnen mehr Schulden als Vermögenswerte hinterlassen hat, der Nachlass also überschuldet ist, werden Sie wahrscheinlich die Erbschaft ausschlagen wollen.

Sind die Vermögenswerte des Erblassers größer als seine Schulden, müssen Sie prüfen, welche Verbindlichkeiten mit dem Erbfall entstanden sind. Auch diese Schulden, sogenannte Erbfallschulden, vermindern die Vermögenswerte, weil sie vorab aus der Erbschaft zu begleichen sind und Sie nur den verbleibenden Rest erhalten (siehe Seite 197 f.).

Sind Sie durch letztwillige Verfügung zum Erben berufen, gehören aber gleichzeitig zu den Pflichtteilsberechtigten, müssen Sie die Alternative überlegen, ob Sie die Erbschaft ausschlagen und lieber Ihren Pflichtteilsanspruch geltend machen wollen. Dazu ist eine sorgfältige Prüfung notwendig, welche Ansprüche Sie haben und welche Sie verlieren (siehe Seite 29 ff.).

Sind Sie entschlossen, die Erbschaft anzunehmen bzw. auszuschlagen, dann gehen Sie folgendermaßen vor:

Annahme

Die Annahme kann erfolgen durch

- ausdrückliche Erklärung
- schlüssiges Verhalten (konkludente Erklärung)
- Verstreichenlassen der Ausschlagungsfrist.

Es ist immer erforderlich, dass der Annehmende voll geschäftsfähig ist. Für Minderjährige handeln daher ihre gesetzlichen Vertreter, also meistens die Eltern. Sie brauchen zur Annahme der Erbschaft keine Genehmigung des Familiengerichts. Ist ein noch nicht geborenes Kind als Erbe eingesetzt, kann die Annahmeerklärung erst nach der Geburt von seinen gesetzlichen Vertretern abgegeben werden.

Ausdrückliche Erklärung. Sie erklären als – vorläufiger – Erbe, dass Sie die Erbschaft antreten, also Erbe sein und bleiben wollen. Diese Erklärung ist an keine Form gebunden. In der Praxis ist eine ausdrückliche Erklärung selten. Wenn sie abgegeben wird, dann meistens gegenüber einem Miterben, dem Nachlassgericht oder einem Nachlassgläubiger. Wird eine Annahme ausdrücklich erklärt, so ist eine spätere Anfechtung (siehe Seite 184 ff.) ausgeschlossen.

Schlüssiges Verhalten. Eine Annahme der Erbschaft durch schlüssiges Verhalten liegt vor, wenn sich dies aus Erklärungen oder Handlungen des vorläufigen Erben ergibt, und zwar auch dann, wenn der vorläufige Erbe sich nicht darüber klar ist, dass er dadurch die Erbschaft annimmt. Bei einer Annahme durch schlüssiges Verhalten kommt es nicht auf die Vorstellungen an, die der vorläufige Erbe mit seinen Erklärungen und/oder Handlungen verbindet, sondern darauf, wie diese nach den Umständen von einem verständigen Dritten aufgefasst werden.

ÜBERLEGEN SIE VORHER GENAU

Bevor Sie Handlungen und Erklärungen in Bezug auf die Erbschaft vornehmen, müssen Sie sich überlegen, wie diese ausgelegt werden können. Stellen Sie klar, dass Sie damit keine Annahme der Erbschaft verbinden wollen.

Beantragt der vorläufige Erbe einen Erbschein oder setzt er einen Prozess fort, der durch den Tod des Erblassers unterbrochen worden ist (siehe Seite 208), macht er Erbschaftsansprüche gegen Dritte geltend (siehe Seite 206 ff.) oder verkauft er die Erbschaft (siehe Seite 211), gilt dies als Annahme.

Bei anderen Maßnahmen des vorläufigen Erben kann zweifelhaft sein, wie diese auszulegen sind. Es kommt auf den Einzelfall an! Bei unaufschiebbaren Fürsorgemaßnahmen liegt keine Annahmeerklärung vor. So zum Beispiel, wenn der vorläufige Erbe Sicherungsmaßnahmen hinsichtlich der Nachlassgegenstände trifft: Das im Halteverbot abgestellte Auto des Erblassers wird in seinem Auftrag in die Garage gebracht.

Wird Ihr Verhalten als Annahme der Erbschaft ausgelegt, obwohl nach Ihrer Ansicht damit keine Annahme erklärt werden sollte, können Sie diese Annahmeerklärung anfechten (siehe Seite 184 ff.).

Annahme durch Fristablauf Die Ausschlagung der Erbschaft ist nur innerhalb der gesetzlichen Frist möglich. Ist diese Frist abgelaufen, ist der vorläufige Erbe zum endgültigen geworden. Die Annahme der Erbschaft gilt als erfolgt. Die Nichteinhaltung der Ausschlagungsfrist kann anfechtbar sein (siehe Seite 184 ff.).

Ausschlagung

Sie wollen, aus welchen Gründen auch immer, nicht Erbe bleiben. Dann müssen Sie die Erbschaft sowohl form- als auch fristgerecht ausschlagen.

Fristen. Die Ausschlagungsfrist beträgt sechs Wochen. Die Frist beginnt erst zu laufen, wenn zwei Voraussetzungen erfüllt sind:

- Der Erbfall ist eingetreten – vor dem Todesfall ist eine Ausschlagung nicht möglich.
- Der Erbe weiß, dass und aus welchem Grund er Erbe wird. Das heißt, er muss wissen, dass er gesetzlicher Erbe ist

oder aufgrund einer letztwilligen Verfügung Erbe wird.

„Wissen, gesetzlicher Erbe zu sein"? Wenn der Erbe das Verwandtschaftsverhältnis kennt, nichts von einer letztwilligen Verfügung weiß oder vermutet, dass eine solche nicht vorliegt, ist davon auszugehen, dass er um sein gesetzliches Erbrecht weiß.

Beispiel: Ulf Stein, wohnhaft in München, erfährt von seiner Mutter Ulrike Stein am 5. Mai 2005, dass sein Vater Bodo Stein, wohnhaft in Duisburg, am 2. Mai 2005 unter Hinterlassung von Schulden gestorben ist. Da sein Vater nie für die Zukunft geplant hatte und an seinen Tod schon gar nicht denken wollte, nimmt Ulf an, dass auch kein Testament vorliegt. Er geht davon aus, dass er neben seiner Mutter gesetzlicher Erbe geworden ist und will, da der Nachlass überschuldet ist, die Erbschaft ausschlagen.

Ulf Stein hat seit dem 5. Mai 2005 Kenntnis von dem Erbfall und der gesetzlichen Erbfolge. Für die Letztere ist es ausreichend, dass er weiß, dass sein Vater früher kein Testament errichtet hat und anzunehmen ist, dass er dies auch bis zu seinem Tode nicht getan hat. Die Ausschlagungsfrist von sechs Wochen läuft ab 6. Mai 2005 und endet am 16. Juni 2005. An diesem Tag muss die formgerechte Ausschlagungserklärung dem zuständigen Nachlassgericht Duisburg vorliegen.

„Wissen, Erbe aufgrund einer letztwilligen Verfügung zu sein"? Dieses Wissen liegt vor, wenn der Erbe Kenntnis von einem Testament oder Erbvertrag hat, in dem er eingesetzt ist. Die Einzelheiten muss er nicht kennen. Die Ausschlagungsfrist beginnt bei Erbfällen ab dem 1. September 2009 erst ab Bekanntgabe der letztwilligen Verfügung durch das Nachlassgericht zu laufen. Diese erfolgt in der Regel durch Übersendung einer Ablichtung der letztwilligen Verfügung. Die Fristen werden für jeden Erben getrennt nach den dargestellten Grundsätzen berechnet. Wird jemand aufgrund der Ausschlagung des zunächst Berufenen Erbe, so läuft für ihn die Frist neu, im Allgemeinen mit Erhalt der Benachrichtigung durch das Nachlassgericht. Bei minderjährigen Erben gelten dieselben Fristen, jedoch bezogen auf die Kenntnis ihrer gesetzlichen Vertreter. Ist der Erbe zum Zeitpunkt des Erbfalls noch nicht geboren, läuft die Frist erst mit seiner Geburt.

INFO **Erblasser/Erbe im Ausland**

Die Sechswochenfrist verlängert sich auf sechs Monate, wenn entweder der Erblasser seinen einzigen Wohnsitz im Ausland hatte oder der Erbe sich bei Eintritt des Erbfalls im Ausland aufhielt.

Formen der Ausschlagung

Sie haben zwei Möglichkeiten: Sie gehen zum zuständigen Nachlassgericht und erklären die Ausschlagung zur Niederschrift des Nachlassgerichts oder Sie geben die Erklärung vor einem Notar ab. Die Ausschlagung per Brief, Fax oder E-Mail ist nicht möglich.

FRISTEN SPIELEN EINE GROSSE ROLLE

Beachten Sie, dass die Ausschlagung nur dann rechtzeitig erfolgt ist, wenn die formgerechte Erklärung vor Fristablauf dem Nachlassgericht vorliegt! Sie können die Ausschlagung vor dem Nachlassgericht am Wohnsitz des Erblassers erklären oder vor dem für Ihren Wohnort zuständigen Nachlassgericht. Das erleichtert Erben die Einhaltung der Sechswochenfrist, wenn das für den Erblasser zuständige Nachlassgericht in einer anderen Stadt ist. Wer nicht rechtzeitig ausschlägt, hat die Erbschaft angenommen. Eine Verlängerung der Frist ist nicht möglich.
Wer die Erbschaft durch schlüssiges Verhalten angenommen hat (siehe Seite 176), kann die Erbschaft nicht mehr ausschlagen. Er kann aber zur Anfechtung der Annahme berechtigt sein (siehe Seite 179 ff.).

Für Minderjährige erklären die gesetzlichen Vertreter die Ausschlagung. Sind beide Eltern gemeinsam sorgeberechtigt, müssen sie auch beide die Erbschaft für ihr Kind ausschlagen. Die Ausschlagung muss vom Familiengericht genehmigt werden. Die Genehmigungspflicht entfällt dann, wenn das Kind nur deshalb Erbe geworden ist, weil ein Elternteil die Erbschaft ausgeschlagen hat.

Beispiel: Bodo Steins Nachlass ist überschuldet. Ulf Stein schlägt die Erbschaft aus. Seine minderjährigen Kinder Felix und Lisa treten als gesetzliche Erben an seine Stelle. Für Felix und Lisa müssen Ulf Stein und seine Ehefrau Sophie als gemeinsam Sorgeberechtigte die Ausschlagung erklären. Eine Genehmigung durch das Familiengericht entfällt, da Felix und Lisa nur durch die Ausschlagung ihres Vaters Ulf Erben geworden sind.

Wirkung

Wenn Sie form- und fristgerecht die Ausschlagung erklärt haben, sind Sie nicht Erbe geworden. Die Erbschaft fällt dem jetzt an die Reihe kommenden Erben zu, und zwar rückwirkend zum Zeitpunkt des Erbfalls! Das hat Auswirkungen auf die Handlungen, die Sie – seinerzeit als vorläufiger Erbe – hinsichtlich des Nachlasses vorgenommen haben (siehe Seite 187 f.).

Kosten

Die Ausschlagung verursacht Kosten, die Sie als Ausschlagender zu tragen haben: Sie belaufen sich auf ein Viertel der vollen Gebühr, berechnet nach dem Wert des Nachlasses (siehe Seiten 82, 313 ff.). Sie sind bei Gericht und Notar gleich hoch, bei den Notargebühren fällt noch Mehrwertsteuer an.

INFO **Was sonst zu beachten ist**

- Annehmen oder ausschlagen können Sie erst nach Eintritt des Erbfalls.
- Sie können weder das eine noch das andere mit einer Bedingung oder Zeitbestimmung verbinden. Zum Beispiel ist die Erklärung: „Ich schlage die Erbschaft nur aus, wenn der Nachlass überschuldet ist", ebenso unwirksam wie die Erklärung: „Ich nehme die Erbschaft mit Wirkung vom 1. Januar des nachfolgenden Jahres an." Folge einer nicht wirksam erklärten Ausschlagung ist die Annahme der Erbschaft!
- Sie können die Erbschaft nur insgesamt annehmen oder insgesamt ausschlagen. Sie können sich also nicht den Teil aussuchen, den Sie haben wollen, und den Rest anderen nachfolgenden Erben überlassen. Folge einer solchen – unwirksamen – Erklärung ist, dass nach Fristablauf die Erbschaft angenommen ist.

DIE ANNAHME ODER AUSSCHLAGUNG ANFECHTEN

Sie haben die Erbschaft ausgeschlagen, bereuen dies und möchten die Ausschlagung rückgängig machen. Oder Sie stellen fest, dass die Annahme der Erbschaft voreilig war, weil der Nachlass überschuldet ist. Widerrufen können Sie Ihre Erklärungen nicht. Aber: Ihre Erklärungen können anfechtbar sein. Die Möglichkeit der Anfechtung ist auch bei Versäumung der Ausschlagungsfrist gegeben.

Es muss zunächst ein Anfechtungsgrund vorliegen. Darüber hinaus müssen Sie die Anfechtungserklärung form- und fristgemäß abgeben.

Anfechtungsgründe

Die Annahme oder Ausschlagung ist ebenso wie die Fristversäumung anfechtbar, wenn Sie sich in einem Erklärungs- oder Inhaltsirrtum befanden oder durch Täuschung oder Drohung die Erklärung (nicht) abgegeben haben. Die Abgrenzung zwischen einem Inhalts- und einem bloßen unbeachtlichen Motivirrtum ist kompliziert. Zunächst aber ein für den Erklärungsirrtum typischer Fall:

Beispiel: Der Nachlass von Bodo Stein (siehe Seite 182) besteht aus einem mit einem Einfamilienhaus bebauten Grundstück. Es ist weit über seinen Verkaufswert hinaus mit Schulden belastet. Ulrike Stein weiß, dass der Nachlass damit überschuldet ist, und will die Erbschaft ausschlagen. Da sich aber ihrer Meinung nach irgend jemand zunächst einmal um die Abwick-

INFO Die Formulierung kann entscheidend sein

Ob ein Irrtum zur Anfechtung berechtigt oder nicht, ist schwierig zu entscheiden. Wenn Sie die Ausschlagung anfechten möchten, müssen Sie sich fachlich beraten lassen. Eine juristisch zutreffende Formulierung kann über den Erfolg oder Nichterfolg Ihrer Anfechtungserklärung entscheiden.

lung der Schulden ihres verstorbenen Ehemanns kümmern muss, führt sie Verhandlungen mit der Bank über die Schuldenregulierung und mit Interessenten über den Verkauf des bebauten Grundstücks.

Ulrike Stein will die Erbschaft zwar ausschlagen, hat sich aber Dritten gegenüber wie eine Erbin, die die Erbschaft angenommen hat, verhalten („schlüssiges Verhalten"). Ausschlagen kann sie die Erbschaft daher nicht mehr. Sie hat aber nur aus Fürsorge gehandelt, das heißt, sie hat sich über die Bedeutung ihrer Erklärung geirrt. Sie kann die Erklärung wegen Irrtums anfechten.

Beispiel: Ulrike und Ulf Stein haben die Erbschaft unter Einhaltung der Form und Frist ausgeschlagen, weil der Nachlass überschuldet ist. Vier Wochen später teilt die Bank ihnen mit, dass die Kreditschulden durch eine Risikolebensversicherung, die Bodo Stein ohne ihr Wissen abgeschlossen hatte, zurückgezahlt wurden. Das Einfamilienhaus ist von Schulden unbelastet, der Nachlass ist nicht überschuldet und war es auch beim Erbfall nicht.

Ulrike und Ulf Stein befanden sich bei Ausschlagung in einem Irrtum über eine wesentliche Eigenschaft – Überschuldung – des Nachlasses. Sie können daher die Ausschlagung anfechten. Der Irrtum über die Überschuldung des Nachlasses ist ein in der Praxis häufig vorkommender Anfechtungsgrund.

Was nicht zur Anfechtung berechtigt

Nicht unter Inhaltsirrtum fallen falsche Vorstellungen über die Bewertung einzelner Nachlassgegenstände. Sie berechtigen nicht zur Anfechtung. In solchen Fällen liegt kein Irrtum über die Zusammensetzung des Nachlasses vor, und nur dieser Irrtum berechtigt zur Anfechtung.

Beispiel: Lisa Klein hinterlässt ihrem Neffen Max Klein neben wertlosem Hausrat und einem alten Auto ein abstraktes Gemälde. Max Klein schätzt das Bild nicht und hält es für wertlos. Er schlägt die Erbschaft aus. Später erfährt er, dass das Kunstwerk mindestens 100 000 € wert ist. Kann er die Ausschlagung anfechten?

Max Klein kann die Ausschlagung der Erbschaft nicht anfechten, denn er hat sich nur über den Wert eines Nachlassgegenstandes geirrt und dieser Irrtum berechtigt nicht zur Anfechtung.

Frist

Die Anfechtung der Annahme, der Ausschlagung oder der Fristversäumung kann nur binnen sechs Wochen erfolgen. Die Frist läuft ab Kenntnis des Anfechtungsgrunds. Wird angefochten, weil die Erklärung aufgrund einer Drohung zustande gekommen ist, beginnt die Frist mit Wegfall der Zwangslage, also mit Beendigung der Drohung. Für die Form der Erklärung gelten die Ausführungen auf Seite 177 ff. entsprechend.

UND IMMER WIEDER FRISTEN

Hat der Erblasser seinen einzigen Wohnsitz im Ausland oder hält sich der Erbe bei Beginn der Frist im Ausland auf, verlängert sich die Frist auf sechs Monate. Nach Ablauf von 30 Jahren, berechnet ab Abgabe der anzufechtenden Erklärung, ist eine Anfechtung nicht mehr möglich.

Folgen

Wird die Annahmeerklärung oder die Versäumung der Ausschlagungsfrist angefochten, ist mit der Anfechtung zugleich die Ausschlagung der Erbschaft verbunden. Wird dagegen die Ausschlagung angefochten, hat der Erbe damit die Erbschaft angenommen. Über die Anfechtung und die Folgen – wer jetzt Erbe ist – unterrichtet das Nachlassgericht die Beteiligten.

Der Erbe, der seine ursprüngliche Erklärung anficht, muss jedem Dritten den Schaden ersetzen, den dieser dadurch erlitten hat, dass er der ursprünglichen Erklärung vertraute.

Beispiel: Ulf Stein hat die Annahme der Erbschaft angefochten, da sich herausgestellt hat, dass der Nachlass bereits beim Eintritt des Erbfalls erheblich überschuldet war. Aufgrund seiner ursprünglichen Erbschaftsannahme hat die Bank ihn aber bereits auf Rückzahlung des dem Vater gewährten Kredits verklagt.

Die Anfechtung der Annahme gilt als Ausschlagung der Erbschaft. Ulf Stein ist damit zu keinem Zeitpunkt Erbe geworden. Die Klage der Bank ist also unbegründet. Da sie auf die Annahme der Erbschaft aber vertrauen durfte, kann sie Ersatz der entstandenen Rechtsanwalts- und Gerichtskosten verlangen.

Kosten

Auch die Anfechtung ist nicht umsonst. Der Anfechtende hat die Kosten zu tragen, die sich wie bei der Ausschlagung auf ein Viertel der vollen Gebühr belaufen (siehe Seite 314 ff.).

VERHÄLTNIS VORLÄUFIGER UND ENDGÜLTIGER ERBEN

Der vorläufige Erbe hat die Erbschaft ausgeschlagen. Seit dem Erbfall sind mehrere Wochen verstrichen; bei Ausschlagung durch Anfechtung der Annahmeerklärung können es auch Monate sein. Steht nun der endgültige Erbe fest, fällt die vorläufige Erbenstellung des Ausschlagenden rückwirkend weg. Das hat Konsequenzen für eventuell vorgenommene Handlungen des vorläufigen Erben. Dieser war zwar als vorläufiger Erbe nicht verpflichtet, sich um den Nachlass zu kümmern, aber wer weiß das schon? Für das Verhältnis zwischen vorläufigem und endgültigem Erbe gelten folgende Regeln:

Der vorläufige Erbe als Geschäftsführer des endgültigen Erben

Der vorläufige Erbe wird vom Gesetz so behandelt, als sei er ein Geschäftsführer ohne Auftrag. Er muss seinen Handlungen das Interesse und den mutmaßlichen Willen des tatsächlichen Erben zugrunde legen, den er allerdings meistens nicht kennt. Wenn er handelt, sollte er sich stets fragen: Wie würde ein vernünftig denkender Mensch entscheiden?

Nach einem Sterbefall gibt es viele Formalitäten zu erledigen. Auch der nur vorläufige Erbe fühlt sich häufig veranlasst zu handeln:

- Mitteilung an Arbeitgeber und Rentenversicherer. Benachrichtigung von Versicherungsgesellschaften bei Lebens-, Unfall- oder Sterbegeldversicherungen. Zum Beispiel die Kündigung von Telefon-, Handy-, Strom-, Wasser- und Gasbezugsverträgen, der Abonnements von Zeitschriften und Zeitungen und von Vereinsmitgliedschaften.
- Sicherung von Nachlassgegenständen, Vornahme unaufschiebbarer Geschäfte für den Nachlass, wenn sonst ein Schaden droht – zum Beispiel Beseitigung eines Sturmschadens am Dach des Hauses, damit kein weiterer Schaden eintritt.

Sie sollten als vorläufiger Erbe bei allen Tätigkeiten und Handlungen prüfen, ob sie unbedingt notwendig sind und im Interesse des endgültigen Erben liegen. Nehmen Sie die Interessen nicht sachgerecht wahr, haften Sie dem Erben dafür.

Alles, was Sie durch Ihre Geschäftsführung erlangt haben, zum Beispiel von Ihnen sichergestellte Nachlassgegenstände, müssen Sie an den Erben, sobald er bekannt ist, herausgeben. Sie müssen eine Abrechnung vorlegen und bekommen Ihre Auslagen, wie zum Beispiel Telefonkosten, ersetzt. Eine Vergütung für Ihre Tätigkeit erhalten Sie nicht.

Unaufschiebbare Verfügungen

Verfügt der vorläufige Erbe über Nachlassgegenstände, ist der endgültige Erbe an die Verfügung dann, aber auch nur dann, gebunden, wenn diese unaufschiebbar war. Eine solche Verfügung liegt zum Beispiel in dem Verkauf von verderblichen

TIPP **Nachlassgericht einbinden**

Sie sehen, auf den vorläufigen Erben kann einiges zukommen. Sie können diese Situation vermeiden, indem Sie rechtzeitig das Nachlassgericht einschalten (siehe Seite 195 ff.).

Nachlassgegenständen. Auch die Bezahlung der Beerdigungskosten ist eine unaufschiebbare Verfügung.

Welche Erklärungen Dritter bleiben wirksam?
Einseitige empfangsbedürftige Willenserklärungen können gegenüber dem vorläufigen Erben mit Wirkung für den endgültigen Erben abgegeben werden. So kann zum Beispiel die Versicherungsgesellschaft wegen des Prämienrückstands die Hausratversicherung wirksam durch Erklärung gegenüber dem vorläufigen Erben kündigen. Nachlassgläubiger können gegenüber dem vorläufigen Erben wirksam mahnen.

ANNAHME, AUSSCHLAGUNG ODER ANFECHTUNG EINES VERMÄCHTNISSES

Der Vermächtnisnehmer kann nach Eintritt des Erbfalls das Vermächtnis annehmen oder ausschlagen. Die Erklärung ist gegenüber dem Erben abzugeben. Es gibt keine Vorschriften über die Form der Erklärung.

Nur wenn der Vermächtnisnehmer auch Pflichtteilsberechtigter ist, kann ihm vom beschwerten Erben eine Frist zur Erklärung über die Annahme des Vermächtnisses gesetzt werden. Erklärt er die Annahme nicht innerhalb der gesetzten Frist, gilt gemäß § 2307 Abs. 2 BGB das Vermächtnis als ausgeschlagen. Daneben gibt es keine Fristen für die Annahmeerklärung.

Will der beschwerte Erbe nach Eintritt des Erbfalls Klarheit gewinnen, muss er den vermachten Gegenstand dem Vermächtnisnehmer anbieten. Lehnt dieser die Annahme ab, hat er durch schlüssiges Verhalten das Vermächtnis ausgeschlagen.

Will der beschwerte Erbe die Anordnung eines Vermächtnisses anfechten, so muss er die Anfechtung dem Vermächtnisnehmer gegenüber erklären. Dieser tritt an die Stelle des Nachlassgerichts. Die sonstigen Voraussetzungen entsprechen in etwa den oben für die Anfechtung von Testamenten dargestellten Grundsätzen (siehe Seite 177 ff.).

WELCHE MASSNAHMEN SIND ZU TREFFEN?

Totenschein

Nach Eintritt des Todes muss unverzüglich ein Totenschein ausgestellt werden. Ereignet sich der Tod im Krankenhaus, so geschieht dies durch den Krankenhausarzt. In anderen Fällen muss ein Arzt gerufen werden, der die Todesursache feststellt und den Totenschein ausstellt.

Sterbeurkunde

Der Todesfall muss dem zuständigen Standesamt spätestens am dritten auf den Todestag folgenden Werktag angezeigt werden. Zuständig ist das Standesamt, in dessen Bezirk er sich ereignet hat. Vorzulegen sind: Personalausweis, Totenschein, Geburtsurkunde, Ehe- oder Partnerschaftsurkunde und, wenn der Erblasser verwitwet oder geschieden war, die Sterbeurkunde des Ehe- oder Lebenspartners beziehungsweise das Scheidungsurteil.

Die Anzeigepflicht trifft zunächst jeden, der mit dem Erblasser in häuslicher Gemeinschaft gelebt hat. Der Ehepartner oder der Lebenspartner, die Eltern des oder der Verstorbenen oder die Kinder müssen die Erteilung der Sterbeurkunde beantragen. Sind keine nahestehenden Personen im Haushalt vorhanden, dann ist der Wohnungsinhaber, in dessen Wohnung sich der Tod ereignet hat, anzeigepflichtig. Und schließlich ist jeder zur Anzeige gegenüber dem Standesamt verpflichtet, der von dem Todesfall weiß. Sie ist mündlich unter Vorlage des eigenen Personalausweises zu erstatten. Das Bestattungsinstitut kann die Anzeige für Sie erledigen.

Bestattung

Die Art und Weise der Bestattung bestimmen die nächsten Angehörigen, und zwar auch dann, wenn sie nicht die Erben sind. Sie haben also das Recht, aber auch die Pflicht der Totenfürsorge. Der Erblasser oder die Erblasserin kann diese Pflicht jedoch auf Dritte übertragen, etwa auf den Partner oder die Partnerin der nicht ehelichen Lebensgemeinschaft oder auf jemanden seines oder ihres Vertrauens, zum Beispiel den Testamentsvollstrecker. Das sollte durch schriftliche Anordnung außerhalb des Testaments geschehen.

Wem obliegt die Totenfürsorge?
Das Bestimmungsrecht hat zunächst der Ehepartner oder der Lebenspartner, danach haben es die Kinder des oder der Verstorbenen. Sind weder Partner noch Kinder vorhanden, entscheiden die Eltern über die Bestattung, dann die Geschwister. Nichteheliche Lebensgefährten haben kein Bestimmungsrecht.

TIPP **Mehrfache Ausfertigungen**

Beantragen Sie gleich bei der Anzeige eine ausreichende Anzahl von Sterbeurkunden. Banken, Versicherungen, Behörden und andere Beteiligte verlangen die Vorlage.

Liegen keine mündlichen oder schriftlichen Anordnungen der Erblasserin oder des Erblassers vor und können sich die nächsten Angehörigen nicht einigen, wer das Bestimmungsrecht hat oder welche Entscheidungen getroffen werden sollen, muss notfalls aufgrund ihres Antrags ein Zivilgericht im Eilverfahren (einstweilige Verfügung) über Art und Ort der Beisetzung entscheiden.

Wenn Ihnen die Totenfürsorge übertragen ist. Wenn Ihnen das Bestimmungsrecht übertragen ist, müssen Sie zunächst prüfen, ob Anordnungen des Erblassers für die Bestattung vorliegen – sie sind zu beachten! Der Wunsch des Erblassers ist maßgeblich, und zwar unabhängig davon, ob er mündlich oder schriftlich geäußert worden ist. Nur wenn der Verstorbene keine Anweisungen für seine Bestattung erteilt hat, müssen Sie die Form der Bestattung bestimmen.

Was Ihnen ein Bestattungsinstitut abnimmt. Alle Aufgaben, die mit der Bestattung zusammenhängen, können von einem Beerdigungsinstitut erledigt werden, von der Beantragung der Sterbeurkunde bis zum Verschicken von Todesanzeigen. Aber dies alles macht ein Bestattungsinstitut natürlich nicht umsonst. Es ist nicht pietätlos, vor Beauftragung eines bestimmten Instituts einen Preisvergleich vorzunehmen und die Kosten genau abzustimmen.

Auch die Kosten für die Grabstelle sind unterschiedlich, je nach Art der gewählten Grabstelle, Dauer des Nutzungsrechts und Größe der Gemeinde, in der sich die Grabstelle befindet. Urnengräber können, müssen aber nicht preiswerter sein.

KEIN STERBEGELD MEHR

Das Sterbegeld der gesetzlichen Krankenversicherungen wurde gestrichen.
Zu prüfen bleibt, ob der Erblasser einen Vorsorgevertrag mit einem Bestatter oder eine private Lebens- und Sterbegeldversicherung abgeschlossen hatte. Möglicherweise existiert auch ein Sparbuch mit Sperrvermerk oder ein Treuhandkonto, das der Erblasser allein zur Begleichung seiner Beerdigungskosten anlegen ließ.

Wer trägt die Beisetzungskosten? Die Beisetzungskosten haben die Erben zu tragen, also nicht die nächsten Angehörigen, es sei denn, sie sind auch gleichzeitig die Erben. Zur Frage, was als standesgemäße Beerdigung zu betrachten ist, siehe Seite 198.

Die laufenden Kosten der Unterhaltung und Pflege des Grabes müssen von den Erben hingegen nicht getragen werden. Der Gesetzgeber sieht es als sittliche Pflicht der Angehörigen an, sie zu übernehmen. Es ist daher empfehlenswert, die Grabpflege durch eine Auflage dem oder den Erben zu übertragen.

Testamente sind abzuliefern!

Jeder, der ein Testament oder ein Schriftstück, das ein Testament sein könnte, verwahrt oder in den Unterlagen findet, ist

TIPP Was ist bei welchem Gericht abzuliefern?

Sehen Sie alle Ihnen zugänglichen Unterlagen des Erblassers oder der Erblasserin sorgfältig durch, und kommen Sie in Ihrem eigenen Interesse der Pflicht zur Ablieferung nach! Dass Sie verschlossene Briefumschläge mit der Aufschrift Testament oder sonstigen Hinweisen auf den Inhalt einer letztwilligen Verfügung nicht öffnen dürfen, sollte selbstverständlich sein. Diese müssen Sie verschlossen abliefern. Falls Sie im Zweifel sind, welches Gericht zuständig ist, dann liefern Sie das Testament einfach beim nächsten Amtsgericht ab. Sie haben auch damit die Ablieferungspflicht erfüllt.

verpflichtet, dies unverzüglich, das heißt sofort, beim zuständigen Nachlassgericht abzuliefern, sobald er vom Tod erfährt. Er braucht dazu nicht persönlich das Amtsgericht (Nachlassgericht) aufzusuchen, sondern kann die Papiere auch zuschicken (aus Beweisgründen per Übergabeeinschreiben).

- **Welches Gericht ist zuständig?** Zuständig ist das Amtsgericht als Nachlassgericht an dem Ort, an dem die Erblasserin oder der Erblasser den letzten Wohnsitz hatte. In Baden-Württemberg ist das Notariat anstelle des Amtsgerichts zuständig. Hatte der oder die Verstorbene keinen Wohnsitz in der Bundesrepublik Deutschland, ist das Amtsgericht zuständig, in dessen Bezirk sich der Erblasser oder die Erblasserin zum Zeitpunkt des Todes aufhielt. Ist der Erblasser Deutscher ohne Wohnsitz und ohne Aufenthalt in der Bundesrepublik, lebt er also zum Beispiel ständig im Ausland und stirbt auch dort, ist das Amtsgericht Schöneberg in Berlin das zuständige Nachlassgericht.
- **Welche Schriftstücke sind abzuliefern?** Abzuliefern ist alles, was eine letztwillige Verfügung enthalten könnte. Die Prüfung, ob dies tatsächlich der Fall ist und ob das Schriftstück auch ein wirksames Testament enthält, haben nicht Sie vorzunehmen, sondern das Nachlassgericht. Auch wenn Sie Zweifel an der Wirksamkeit haben, müssen Sie die Schriftstücke abliefern!

Tun Sie dies nicht oder vernichten Sie ein Testament, weil Ihnen der Inhalt nicht zusagt, können Sie sich wegen Urkundenunterdrückung gemäß § 274 Strafgesetzbuch strafbar machen.

Sie können sich auch Schadenersatzansprüchen derjenigen ausgesetzt sehen, die durch das unterdrückte Testament begünstigt waren. Als weitere Folge können Sie erb- und pflichtteilsunwürdig sein.

Erfährt das Nachlassgericht, dass jemand ein Testament in Besitz hat und seiner Ablieferungspflicht nicht nachkommt, ordnet es die Herausgabe an und unter Umständen auch Zwangsmaßnahmen (Zwangsgeld).

Ist ein notarieller Erbvertrag nach dem Wunsch der vertragschließenden Parteien nicht in amtliche Verwahrung gegeben worden, ist der Notar zur Übergabe des Vertrags an das Nachlassgericht verpflichtet. Dazu benachrichtigt ihn das zentrale Testamentsregister über den Tod des Erblassers (siehe Seite 69). Auch amtlich verwahrte Testamente und Erbverträge kommen über den amtlichen Weg ohne Ihr Zutun zum Nachlassgericht.

Kurze Frist bei Versicherungen

Hatte der Verstorbene eine Lebens- oder Unfallversicherung abgeschlossen und ist mit dem Tod der Versicherungsfall eingetreten, sind Fristen für die Benachrichtigung der Versicherungsgesellschaft zu beachten. Je nach Gestaltung der Versicherungsbedingungen ist der Tod der Versicherungsgesellschaft binnen 24 bis 72 Stunden schriftlich anzuzeigen.

In den Bedingungen oder in der Versicherungspolice finden Sie auch die Anschrift der Versicherungsgesellschaft. Anzeigepflichtig ist der Bezugsberechtigte. Ist keiner bekannt, fällt die Versicherungssumme in den Nachlass. Dann trifft die Anzeigepflicht die Erben.

AUCH HIER: FRISTEN BEACHTEN!

Diese Frist müssen Sie einhalten, sonst kann je nach den Umständen des Einzelfalls die Versicherungsgesellschaft die Leistung der Versicherungssumme verweigern!

Kündigung oder Fortsetzung des Mietvertrags

Wenn der Erblasser die Wohnung nicht allein bewohnt hat. Hat nur der Erblasser den Mietvertrag unterzeichnet, so können folgende Mitbewohner bei seinem Tod in das Mietverhältnis eintreten: der Ehegatte, der Lebenspartner, die Kinder des Erblassers, andere Familienangehörige des Erblassers sowie Personen, die mit dem Erblasser einen auf Dauer angelegten gemeinsamen Haushalt führen, zum Beispiel nichteheliche Lebensgefährten.

Dabei gilt: Hat der Erblasser mit seinem Ehegatten oder mit seinem Lebenspartner zusammengelebt, tritt dieser in den Mietvertrag ein. Kinder des Erblassers können neben dem Lebenspartner eintreten, nicht aber neben dem Ehegatten.

Andere Familienangehörige oder zum gemeinsamen Haushalt gehörende Dritte treten nur ein, wenn der Ehepartner oder der Lebenspartner nicht eingetreten ist, und zwar in diesem Fall gleichrangig mit den Kindern.

Beispiel: Boris Mein wohnt in der von ihm gemieteten Wohnung mit seiner Mutter Karin, seinen volljährigen Kindern Silke und Anna sowie seinem Lebenspartner Claus. Boris stirbt am 5. Januar 2002.

Wer tritt in das Mietverhältnis ein? Mit dem Tod von Boris sind Claus und die Kinder Silke und Anna gemäß § 563 BGB die neuen Mieter. Die Mutter Karin als Familienangehörige kann nur dann Mieterin werden, wenn Claus seinem Eintritt widerspricht.

Wer nicht in den Mietvertrag eintreten will, der hat das Recht, innerhalb eines Monats nach Kenntnis des Todes des Erblassers dem Vermieter mitzuteilen, dass er die Fortsetzung des Mietverhältnisses ablehnt.

Beispiel: Claus will auswandern, Silke in einer anderen Stadt studieren, beide teilen dem Vermieter am 16. Januar 2002 schriftlich mit, dass sie nicht in den Mietvertrag eintreten.

TIPP Was nach einem Todesfall noch zu tun ist

Benachrichtigt bzw. gekündigt werden müssen:

- □ Angehörige, Freunde
- □ Arbeitgeber, Rentenversicherer
- □ alle Versicherungsgesellschaften: wie Kranken-, Lebens., Unfall-, Haftpflicht-, Rechtsschutz- und Hausratversicherung
- □ Banken und Sparkassen, Berufsverbände und Vereine
- □ Telefon, Mobiltelefon, Internetanschluss
- □ GEZ, Kabelanschluss, Providerverträge
- □ Zeitungsabonnements und Ähnliches

Und: Prüfen Sie in den Kontounterlagen des Erblassers, welche laufenden Überweisungen oder Abbuchungen von den Konten vorgenommen wurden. So erhalten Sie eine Übersicht über vertragliche Verpflichtungen des Verstorbenen, um die Sie sich kümmern müssen.

Wer ist Mieter der Wohnung? Neben der Tochter Anna tritt nunmehr die Mutter des Erblassers, Karin, in den Mietvertrag ein.

Beispiel: Lebte Boris mit seiner langjährigen Lebensgefährtin Krista, seiner Mutter und den Kindern zusammen, so träten alle diese Personen gleichrangig in das Mietverhältnis ein mit der Möglichkeit – und zwar jeder für sich –, dem Eintritt zu widersprechen.

Nach § 563 BGB treten in das Mietverhältnis nachrangig Personen ein, die mit dem Erblasser einen auf Dauer angelegten gemeinsamen Haushalt führen. Damit sind vom Gesetzgeber zunächst einmal Partner einer auf Dauer angelegten nichtehelichen Lebensgemeinschaft gemeint, und zwar auch gleichgeschlechtliche Paare, die keine Lebenspartnerschaft begründet haben. Darunter können aber auch Gemeinschaften älterer Menschen fallen, die einander freundschaftlich verbunden sind und füreinander einstehen. Eine schlichte Wohngemeinschaft reicht dagegen nicht.

Haben mehrere Mieter den Mietvertrag gemeinsam unterzeichnet und stirbt einer von ihnen, so gilt: Gehören die anderen Mieter zu den auf Seite 192 beschriebenen Personen, wird das Mietverhältnis mit ihnen weiter fortgesetzt. Sie – nicht jedoch der Vermieter – haben aber ein außerordentliches Kündigungsrecht. Sie sind berechtigt, den Mietvertrag innerhalb eines Monats nach Kenntnis des Erbfalls mit der gesetzlichen Frist zu kündigen.

Wenn der Erblasser die Wohnung allein bewohnt hat. War der Erblasser alleiniger Mieter und Bewohner, dann haben Vermieter und Erbe die Möglichkeit, innerhalb eines Monats ab Kenntnis des Erbfalls das Mietverhältnis mit gesetzlicher Frist außerordentlich gemäß § 564 BGB zu kündigen. Für den Erben gilt für ab 1. September 2001 abgeschlossene Mietverträge eine Kündigungsfrist von drei Monaten, für den Vermieter verlängert sich diese nach fünf und nach acht Jahren um jeweils drei Monate. Ausnahmen von der kurzen Kündigungsfrist für Mieter können bei Verträgen bestehen, die vor dem 1. September 2001 abgeschlossen worden sind. Kommt dies für Sie in Betracht, sollten Sie vor Ausspruch der Kündigung Rechtsrat einholen. Anders als früher kann der Vermieter dem Erben kündigen, ohne dass Gründe vorliegen.

Position des Vermieters

Treten eine oder mehrere der berechtigten Personen in den Mietvertrag ein (siehe Seite 192), dann hat der Vermieter die

Möglichkeit, ihnen innerhalb eines Monats nach Kenntnis des Eintritts zu kündigen. Die Kündigung unter Einhaltung der gesetzlichen Frist ist in diesem Fall aber nur möglich, wenn ein wichtiger Grund in der Person der neuen Mieter vorliegt, zum Beispiel, wenn die eintretenden Mieter zahlungsunfähig sind.

Wird dagegen der Mietvertrag nur mit den bisherigen Mietern fortgesetzt, besteht kein Sonderkündigungsrecht des Vermieters.

Hat der verstorbene Mieter allein in der Wohnung gelebt, kann der Vermieter den Mietvertrag kündigen (siehe linke Spalte). War bislang keine Mietkaution gestellt, hat der Vermieter das Recht, von seinem neuen Mieter bei Eintritt in den Mietvertrag oder bei dessen Fortsetzung eine Kaution zu verlangen.

SICHERUNG DES NACHLASSES DURCH DAS NACHLASSGERICHT

Das Nachlassgericht ist zur Sicherung des Nachlasses verpflichtet, wenn der Erbe oder die Erben unbekannt sind und ein Sicherungsbedürfnis besteht. Unbekannt ist der Erbe, solange ein Erbe noch nicht ermittelt worden ist oder er die Erbschaft noch nicht angenommen hat.

Ein Sicherungsbedürfnis ist dann gegeben, wenn niemand Fürsorgemaßnahmen ergreift, wenn also weder ein Testamentsvollstrecker noch ein Nachlassverwalter bestellt ist, der vorläufige Erbe sich nicht einmischen will und der Erblasser niemandem eine Vollmacht erteilt hat.

Es müssen Nachlassgegenstände vorhanden sein, die im Interesse des Erben zu sichern und zu erhalten sind: Wohnungseinrichtung, Bankkonto, Schmuck und andere Gegenstände sind sicherzustellen, die Wohnung ist aufzulösen.

Maßnahmen des Nachlassgerichts

Das Nachlassgericht kann alle Maßnahmen anordnen, die es für die Ermittlung der Erben und die Sicherung des Nachlasses im Interesse der noch nicht feststehenden Erben für erforderlich hält. In § 1960 Abs. 2 BGB werden nur einige der möglichen Maßnahmen aufgezählt, so zum Beispiel die Siegelung, also Kennzeichnung von Nachlassgegenständen, die Hinterlegung von Geld, Wertpapieren und Kostbarkeiten.

In der Praxis bestellt das Gericht zumeist einen Nachlasspfleger, der dann die notwendigen Maßnahmen zu treffen hat.

Nachlasspfleger

Für dieses Amt sucht das Gericht eine sachkundige, auf dem Gebiet des Erbrechts erfahrene Person, meist einen

Rechtsanwalt oder eine Rechtsanwältin aus. Der Nachlasspfleger ist der gesetzliche Vertreter des oder der unbekannten Erben.

Ist bei mehreren Erben einer unbekannt, kann für diesen eine Teilpflegschaft angeordnet werden.

Das Gericht muss einen Nachlasspfleger bestellen, wenn ein Nachlassgläubiger dies beantragt, weil er Ansprüche gegen den Nachlass geltend machen will. Der Nachlasspfleger ist zuständig für die Ermittlung der unbekannten Erben, für die Wohnungsauflösung und Verwaltung, die Erhaltung und Sicherstellung der Nachlassgegenstände. Er steht unter der Aufsicht des Nachlassgerichts und muss ein Nachlassverzeichnis aufnehmen und beim Nachlassgericht einreichen.

Die Erfüllung von Nachlassverbindlichkeiten gehört nicht zu seinem Aufgabenkreis, denn er ist für die Erben und nicht im Interesse der Nachlassgläubiger tätig. Der Nachlasspfleger als gesetzlicher Vertreter des endgültigen Erben kann aber – anders als der vorläufige Erbe – auch auf Zahlung von Nachlassschulden vor Gericht von Gläubigern verklagt werden. Um unnötige Prozesse abzuwenden, gehört zur ordnungsgemäßen Verwaltung des Nachlasses in diesem Fall auch die Bezahlung von Nachlassverbindlichkeiten.

Der Nachlasspfleger ist auch für die Zahlung von Steuern verantwortlich, und zwar sowohl für rückständige Erblasserschulden beim Finanzamt als auch für die Erbschaftsteuer.

Für seine Handlungen ist der Nachlasspfleger dem Erben gegenüber verantwortlich. Verursacht er Schäden, so hat er dafür einzustehen. Die Höhe der Vergütung des Nachlasspflegers bestimmt das Nachlassgericht. Die Vergütung selbst kann er aus dem von ihm verwalteten Vermögen entnehmen. Zahlungspflichtig sind letztendlich die Erben.

Ist der Nachlass zahlungsunfähig oder überschuldet, muss der Nachlasspfleger den Antrag auf Eröffnung des Nachlassinsolvenzverfahrens stellen. Mit Eröffnung des Verfahrens oder nach Erledigung aller Aufgaben wird der Pfleger vom Nachlassgericht abberufen.

Wird ein Nachlasspfleger vom Gericht bestellt, ohne dass der vorläufige Erbe dies will, können er und andere Erbanwärter gegen den Beschluss über die Anordnung der Pflegschaft Beschwerde einlegen. Erscheint ihnen die festgesetzte Vergütung zu hoch, besteht ebenfalls Beschwerdemöglichkeit.

KOSTEN DER SICHERUNGSMAßNAHMEN

Das Nachlassgericht erhebt für seine Tätigkeit Gebühren nach der Kostenordnung, zum Beispiel für die Sicherung des Nachlasses eine volle Gebühr nach dem Sicherungswert der Gegenstände und für die Anordnung der Nachlasspflegschaft eine volle Gebühr nach dem Nachlasswert ohne Schuldenabzug. Kostenschuldner ist der Erbe.

DER ERBE: RECHTE UND PFLICHTEN

Sie sind endgültig Erbe geworden und haben damit Rechte und Pflichten übernommen. Über deren Bedeutung und Umfang müssen Sie sich im Klaren sein. Beschäftigen Sie sich zunächst mit dem belastenden Teil, den Pflichten, das heißt, mit der Haftung für Nachlassverbindlichkeiten.

HAFTUNG FÜR NACHLASSVERBINDLICHKEITEN

Zunächst müssen Sie wissen, wofür Sie haften. Mit anderen Worten: Welche Schulden des Nachlasses müssen Sie ausgleichen? Dann stellt sich die Frage, in welchem Umfang Sie haften: Nur mit dem geerbten Vermögen oder auch mit Ihrem eigenen?

Das System des BGB ist verwirrend – selbst wenn Sie das Gesetz lesen, werden Sie nach dem Studium der §§ 1967 bis 2017 BGB nicht genau wissen, was Sie erwartet und was Sie tun sollen.

Umfang der Haftung

Die Schulden des Erblassers kennen Sie bereits; Sie haben sie zusammengestellt, um sich einen Überblick über die Zusammensetzung des Nachlasses zu verschaffen (siehe Seite 87 ff.).

Erbfallschulden

Zu diesen Erblasserschulden kommen die Verbindlichkeiten hinzu, die mit dem Erbfall entstehen, die Erbfallschulden:

- Pflichtteilsansprüche einschließlich der Zusatzpflichtteils- oder Pflichtteilsergänzungsansprüche
- Vermächtnisse, die der Erbe zu erfüllen hat
- Auflagen, die der Erbe auszuführen hat
- Dreißigster
- Voraus
- Ausbildungsanspruch von Stiefkindern
- Unterhaltsanspruch der werdenden Mutter gemäß § 1963 BGB. Ist ein bereits gezeugtes, aber zum Zeitpunkt des Erbfalls noch nicht geborenes Kind Erbe, dann hat die Mutter des Kindes einen Unterhaltsanspruch gegen den

Nachlass bis zum Zeitpunkt der Entbindung. Voraussetzung ist ihre Bedürftigkeit. Die Höhe bestimmt sich nach den Lebensumständen und ist begrenzt auf den Wert des Erbteils des Kindes.

- Kosten der Beerdigung oder der Feuerbestattung. Dazu zählen die Kosten der Bestattung einschließlich Grabstätte und Grabstein und der Erstanlage der Grabstätte, aber auch für die üblichen Trauerfeierlichkeiten nebst Traueranzeigen und Danksagungen. In welcher Höhe sie zu erstatten sind, bemisst sich nach den Lebensumständen des Erblassers. Die Kosten für Trauerkleidung und Anreise von Angehörigen fallen dagegen nicht darunter.
- Kosten gerichtlicher Sicherungsmaßnahmen
- Kosten der Testamentseröffnung
- aus der Tätigkeit eines Nachlasspflegers, eines Nachlassverwalters oder eines Testamentsvollstreckers entstehende Verbindlichkeiten, wenn diese bei der ordnungsgemäßen Abwicklung entstanden sind.
- Gebühren bzw. Vergütung des Nachlasspflegers, des Nachlassverwalters oder des Testamentsvollstreckers
- Erbschaftsteuer.

Sie sehen, je nach den Umständen des Einzelfalls können sich die Verbindlichkeiten ganz beträchtlich summieren.

Nachlasserbenschulden

Die Verbindlichkeiten, die durch Ihre Handlungen entstehen, treffen Sie zunächst einmal persönlich. Wenn diese Handlungen sich zugleich auch auf den Nachlass beziehen, ihm zugutekommen und ordnungsgemäße Abwicklungstätigkeiten darstellen, haftet auch der Nachlass für diese Verbindlichkeiten (Nachlasserbenschulden). Fällt in den Nachlass zum Beispiel ein Handwerksbetrieb, den Sie schließen, dann sind die Kosten der Betriebsschließung Nachlasserbenschulden. Auch eine notwendige Dachreparatur bei einem in den Nachlass fallenden Haus gehört zu den Nachlasserbenschulden.

INFO Wenn der Verstorbene arbeitslos war

Hat der Erblasser Leistungen zur Sicherung des Lebensunterhalts bezogen, wie Arbeitslosengeld II, so trifft den Erben eine Rückzahlungspflicht für die in den letzten zehn Jahren vor dem Erbfall erhaltenen Zahlungen, wenn sie mehr als 1700 € betrugen. Die Ersatzpflicht ist auf den Wert des Nachlasses zum Zeitpunkt des Erbfalls begrenzt. Für Ehe- und Lebenspartner gilt: Sie können bis 15 500 € ohne Abzüge behalten. Dasselbe gilt für Verwandte, die mit dem Erblasser dauerhaft zusammengelebt und ihn gepflegt haben (§ 35 SGB II).

HAFTUNG UND HAFTUNGSRISIKEN

Gehört zum Nachlass ein Handelsgeschäft, bestimmt sich die Haftung des Erben nach dem Handelsgesetzbuch. Sie ist unterschiedlich ausgestaltet, je nachdem, ob das Geschäft fortgeführt wird oder nicht. Ferner sind je nach Gesellschaftsform Besonderheiten zu beachten. Kommt eine Fortführung eines Geschäfts in Betracht oder gehört eine Beteiligung an einer Gesellschaft zum Nachlass, sollten Sie sich, bevor Sie handeln, in jedem Fall rechtlich beraten lassen, die Haftungsrisiken sind für Sie sonst zu hoch!

Aufgebotsverfahren

Der Nachlass ist unübersichtlich. Es melden sich vermehrt unbekannte Gläubiger bei Ihnen, und Sie vermuten, dass es noch weitere gibt. Dann ist die Einleitung eines gerichtlichen Aufgebotsverfahrens der richtige Weg, um Klarheit über die vorhandenen Gläubiger zu gewinnen.

Die Durchführung ist beim zuständigen Nachlassgericht zu beantragen. Dazu berechtigt sind der endgültige Erbe, der Testamentsvollstrecker und der Nachlassverwalter. Der Antrag ist schriftlich zu stellen oder zu Protokoll der Geschäftsstelle zu geben. Beizufügen ist eine vollständige Liste der bekannten Nachlassgläubiger mit Angabe ihrer Anschrift. Das Gericht fordert anschließend durch öffentliche Bekanntmachung alle Gläubiger auf, ihre Forderungen innerhalb der gesetzten Frist beim Nachlassgericht anzumelden.

Nach Fristablauf erlässt das Gericht auf Antrag ein Ausschlussurteil. Folge ist, dass die Forderungen der Gläubiger, die bis zu diesem Zeitpunkt nicht angemeldet wurden, erst zuletzt befriedigt werden, wenn bis dahin der Nachlass noch nicht erschöpft ist. Das Ausschlussurteil führt also nicht dazu, dass die Verbindlichkeiten erlöschen. Der ausgeschlossene Gläubiger kann seine Forderung weiter gegen den Nachlass geltend machen, muss allerdings mit dem Rest vorliebnehmen, und der Erbe kann ihm die Erschöpfung des Nachlasses entgegenhalten. Pflichtteilsrechte, Vermächtnisansprüche und Auflagen sind im Aufgebotsverfahren nicht anzumelden – diese sind dem Erben im Allgemeinen bekannt.

Beispiel: Der Gläubiger Zorn hat eine Forderung über 1 500 €, Gläubiger Wagner eine über 35 000 € im Aufgebotsverfahren angemeldet. Der Nachlass hat einen Wert von 50 000 €. Der Alleinerbe Thomas Klar ist mit einem Vermächtnis zugunsten des Tierschutzvereins Hamburg in Höhe von 500 € beschwert. Nach Erlass des Ausschlussurteils meldet sich noch der Gläubiger Grün mit einer Forderung von 20 000 €.

Thomas Klar hat zunächst die Gläubiger Zorn und Wagner in Höhe von insgesamt 36 500 € befriedigt. Ob der Gläubiger Grün nunmehr die verbleibenden 13 500 € erhält oder nicht, hängt davon ab, wann er sich bei dem Erben gemeldet hat. War

INFO **Klarheit**

Nur der Erbe, der nicht gegenüber allen Nachlassgläubigern unbeschränkt haftet (siehe Seite 202 ff.), kann die Durchführung des Aufgebotsverfahrens beantragen. Das Aufgebotsverfahren bringt Klarheit über die Zusammensetzung der Nachlassverbindlichkeiten. Nach Durchführung des Aufgebots kann der Erbe die ihm bekannten Schulden aus dem Nachlass bezahlen. Reicht dieser dafür nicht aus, muss der Erbe den Antrag auf Eröffnung des Nachlassinsolvenzverfahrens stellen.

Melden Gläubiger Forderungen verspätet an, kann der Erbe auf die noch vorhandenen Nachlassmittel verweisen. Reichen diese zur Befriedigung nicht mehr aus, kann sich der Erbe auf die Erschöpfung des Nachlasses berufen.
Wird der Erbe von dem Gläubiger verklagt, muss der Erbe sich im Rechtsstreit auf die Erschöpfung berufen, sie also ausdrücklich geltend machen!
Er muss durch Abrechnung auch den Nachweis der Erschöpfung führen.

das Vermächtnis zu diesem Zeitpunkt bereits an den Tierschutzverein ausgezahlt, erhält er nur den Rest, also 13 000 €.

Zwar führt das Aufgebotsverfahren nicht zu einer beschränkten Erbenhaftung (siehe Seite 202 ff.), immerhin aber läuft der Erbe bei ordnungsgemäßer Durchführung nicht Gefahr, Schulden des Erblassers aus seinem eigenen Vermögen bezahlen zu müssen, denn es steht ihm die Einrede der „Erschöpfung" des Nachlasses zu. Steht allerdings die Überschuldung des Nachlasses fest, sind vom Erben andere Maßnahmen einzuleiten (siehe Seite 203 ff.).

Inventar

Ein Inventar ist die Aufstellung der beim Erbfall vorhandenen Vermögenswerte und Verbindlichkeiten. Die Vermögenswerte sind im Einzelnen zu beschreiben und mit Wertangaben zu versehen. Das Inventar schafft damit Klarheit über den Bestand des Nachlasses.

Pflicht des Erben?

Der Erbe ist immer berechtigt, ein Inventar aufzustellen und beim Nachlassgericht einzureichen. Setzt ihm das Gericht auf Antrag eines Nachlassgläubigers dafür eine Frist, muss er diese Frist einhalten, andernfalls haftet er unbeschränkt für sämtliche Nachlassverbindlichkeiten. Unbeschränkte Haftung heißt: Er muss auch seine eigenen Vermögenswerte und nicht nur den Nachlass für die Schuldentilgung einsetzen. Unbeschränkt haften zu müssen ist daher für den Erben gefährlich – je nach Lage zahlt er die Schulden des Erblassers aus seinem eigenen Vermögen!

INFO „Unbeschränkte" und „beschränkte" Haftung

Die Versäumung der Inventarfrist oder eine absichtlich unrichtige Inventarerstellung führt zu einer unbeschränkten Haftung gegenüber allen Nachlassgläubigern. Die Nichtabgabe der eidesstattlichen Versicherung führt nur zur unbeschränkten Haftung gegenüber dem Gläubiger, der den Antrag auf Abgabe der Versicherung gestellt hat.

Hat der Erbe das Inventar ordnungsgemäß beim Nachlassgericht abgeliefert, behält er die Möglichkeit, durch Nachlassverwaltung oder Nachlassinsolvenz seine Haftung auf den vorhandenen Nachlass zu beschränken, also nicht aus seinem eigenen Vermögen die Schulden des Erblassers zahlen zu müssen.

Wie ist vorzugehen?

Will der Erbe ein Inventar errichten oder erhält er die Aufforderung dazu, muss er das Nachlassgericht oder einen Notar hinzuziehen. Er kann das Inventar also nicht ohne amtliche Aufsicht erstellen. Er kann aber auch den Antrag stellen, dass es von einer amtlichen Seite errichtet wird. Die Antragstellung ist zur Wahrung einer vom Nachlassgericht gesetzten Frist ausreichend; der Erbe ist verpflichtet, die notwendigen Auskünfte zu erteilen.

Welche Amtsperson in den einzelnen Bundesländern für die Inventarerstellung zuständig ist, richtet sich nach Landesrecht. Dies klären Sie durch Rückfrage beim zuständigen Nachlassgericht!

Wenn der Erbe Vermögenswerte verschweigt oder wissentlich falsche oder unvollständige Angaben macht, haftet er unbeschränkt. Dasselbe gilt, wenn er die Erteilung von Auskünften verweigert oder absichtlich verzögert. Sind die Angaben dagegen unabsichtlich unvollständig, kann der Erbe sie ergänzen. Auf Antrag eines Nachlassgläubigers ist der Erbe verpflichtet, die Richtigkeit des Inventars zu Protokoll des Nachlassgerichts an Eides statt zu versichern. Weigert er sich oder erscheint auch zum zweiten Termin vor dem Nachlassgericht nicht, dann haftet er dem antragstellenden Gläubiger gegenüber unbeschränkt.

Wirkung

Wird das Inventar ordnungsgemäß erstellt und fristgemäß bei Gericht eingereicht, dann besteht seine Wirkung nur darin, dass im Verhältnis zwischen Erben und Nachlassgläubigern vermutet wird, dass die Aktiva des Nachlasses, also alle Vermögensgegenstände, vollständig erfasst sind. Meint ein Gläubiger, dass der Nachlass noch weiteres Vermögen umfasst, muss er dies im Streitfall beweisen. Dazu muss der Gläubiger schon konkrete Anhaltpunkte haben, dass der Erbe Vermögensgegenstände verschwiegen hat.

Haftungsbeschränkung

Als Erbe haften Sie – wie erwähnt – für die Nachlassverbindlichkeiten. Wenn der Nachlass zu ihrer Deckung ausreicht und für Sie noch Vermögenswerte übrig bleiben, ist die Haftungsfrage unproblematisch. Ist dies jedoch nicht der Fall, haben Sie sicherlich ein Interesse daran, die Verbindlichkeiten des Erblassers nicht aus Ihrem eigenen Vermögen bezahlen zu müssen – die Gläubiger des Erblassers werden auf jeden Fall versuchen, Sie persönlich in Anspruch zu nehmen. Eine Haftungsbeschränkung auf den Nachlass können Sie herbeiführen, indem Sie die Anordnung der Nachlassverwaltung oder – bei einem zahlungsunfähigen oder überschuldeten Nachlass – die Eröffnung des Nachlassinsolvenzverfahrens beantragen.

Nachlassverwaltung

Das Nachlassgericht ordnet eine Nachlassverwaltung auf Antrag des Erben an. Dieser bedarf keiner Begründung. Der Erbe kann jedoch die Anordnung dann nicht mehr beantragen, wenn er bereits allen Gläubigern gegenüber unbeschränkt haftet.

Ein Nachlassgläubiger kann die Anordnung der Nachlassverwaltung nur innerhalb von zwei Jahren ab Annahme der Erbschaft beantragen. Voraussetzung ist, dass die Befriedigung der Nachlassverbindlichkeiten durch das Verhalten des Erben oder seine Vermögenslage gefährdet ist. Dies ist zum Beispiel der Fall, wenn der Erbe Nachlassgegenstände verschleudert oder seine eigenen Gläubiger versuchen, sich aus der Nachlassmasse zu befriedigen, weil der Erbe selbst vermögenslos ist.

Das Nachlassgericht lehnt die Anordnung bzw. die Bestellung eines Nachlassverwalters aber dann ab, wenn der Nachlass noch nicht einmal zur Deckung der Kosten der Nachlassverwaltung ausreicht.

Der Nachlassverwalter nimmt den Nachlass in Besitz, verwaltet ihn und veräußert die Nachlassgegenstände, soweit dies zur Befriedigung der Nachlassgläubiger erforderlich ist. Der Erbe selbst darf in Bezug auf den Nachlass nichts mehr tun, weder

TIPP Entlasten Sie sich

Ist der Nachlass unübersichtlich oder fühlen Sie sich mit der Abwicklung überfordert, sollten Sie die Anordnung der Nachlassverwaltung beantragen. Sie haben dann zwar in Bezug auf den Nachlass nichts mehr zu bestimmen, aber Sie haften auch nicht mehr mit Ihrem eigenen Vermögen für die Verbindlichkeiten. Sie sind allerdings für Ihre vor Anordnung der Nachlassverwaltung vorgenommenen Handlungen in ähnlicher Weise wie der vorläufige Erbe verantwortlich.
Und nicht vergessen: Ihre Aufwendungen sind ebenso aus dem Nachlass zu ersetzen (siehe Seite 187 f.).

verwalten noch verfügen, also zum Beispiel auch keine für den Nachlass bestimmten Zahlungen mehr annehmen. Seine eigenen Gläubiger können sich ebenfalls aus dem Nachlass nicht mehr befriedigen.

Der Nachlassverwalter ist den Nachlassgläubigern für seine Verwaltung verantwortlich. Er steht unter der Aufsicht des Nachlassgerichts und bedarf wie der Nachlasspfleger (siehe Seite 185) für bestimmte Geschäfte der Genehmigung durch das Nachlassgericht. Für seine Tätigkeit erhält er eine vom Nachlassgericht festzusetzende Vergütung, die aus dem Nachlass zu zahlen ist. Ist der Nachlass abgewickelt und sind alle Nachlassverbindlichkeiten beglichen, übergibt der Nachlassverwalter dem Erben die noch vorhandenen Nachlassgegenstände. Die Nachlassverwaltung wird aufgehoben.

Stellt der Nachlassverwalter fest, dass der Nachlass zahlungsunfähig oder überschuldet ist, hat er umgehend die Eröffnung eines Nachlassinsolvenzverfahrens beim Insolvenzgericht zu beantragen. Mit dessen Eröffnung endet die Nachlassverwaltung. Ergibt sich erst im Laufe der Nachlassverwaltung, dass die Kosten des Verfahrens nicht mehr gedeckt sind, wird die Nachlassverwaltung ebenfalls aufgehoben. Ein Nachlassinsolvenzverfahren kann aber mangels kostendeckender Masse nicht mehr stattfinden.

Nachlassinsolvenzverfahren

Die Einleitung eines Nachlassinsolvenzverfahrens setzt die Überschuldung und/ oder die Zahlungsunfähigkeit des Nachlasses voraus.

Sie stellen fest, dass Sie mehr Schulden als Vermögenswerte geerbt haben. Selbst wenn Sie – wie es § 1980 BGB vorsieht – Vermächtnisse und Auflagen nicht als Verbindlichkeiten berücksichtigen, ist der Nachlass immer noch überschuldet. Oder: Gläubiger verlangen mit Nachdruck Zahlung, drohen Mahn- und Vollstreckungsmaßnahmen an. Flüssige Mittel zur Begleichung der Schulden haben Sie nicht. In beiden Fällen müssen Sie umgehend den Antrag auf Eröffnung des Nachlassinsolvenzverfahrens stellen.

Zuständig ist grundsätzlich das Insolvenzgericht, in dessen Bezirk der Erblasser seinen letzten Wohnsitz hatte. Der Antrag ist schriftlich oder zu Protokoll der Geschäftsstelle zu stellen, und zwar nicht in der Nachlass-, sondern in der Insolvenzabteilung des Amtsgerichts. Beizufügen ist eine Aufstellung über die Vermögenswerte und Nachlassverbindlichkeiten.

Die Insolvenzantragspflicht trifft Sie erst, wenn Sie endgültig Erbe sind. Die Pflicht besteht nicht nur bei Kenntnis der Überschuldung oder Zahlungsunfähigkeit. Auch wenn Sie nur vermuten, dass der Nachlass überschuldet oder zahlungsunfähig sein wird, müssen Sie sich Gewissheit verschaffen. Tun Sie dies nicht, kann das zur Verletzung der Antragspflicht führen. Ist Nachlassverwaltung angeordnet, trifft den Nachlassverwalter die Antragspflicht. Wird der Insolvenzantrag nicht fristgemäß gestellt, haftet der Erbe bzw. der Nach-

INFO **Fazit: Wichtig zu wissen!**

Der endgültige Erbe haftet also zunächst für alle Nachlassverbindlichkeiten auch persönlich mit seinem Vermögen. Die Haftung kann er auf den Nachlass beschränken, sodass nur noch die Erbschaft für Nachlassverbindlichkeiten haftet. Dies setzt voraus, dass der Erbe die Anordnung der Nachlassverwaltung oder die Eröffnung der Nachlassinsolvenz beantragt und das Gericht den Anträgen folgt.

Aber: Der Erbe haftet allen Nachlassgläubigern dann unbeschränkt, wenn er das Inventar trotz Fristsetzung nicht oder absichtlich unrichtig errichtet hat. In diesem Fall kann er die Anordnung der Nachlassverwaltung nicht mehr beantragen. Auch die Eröffnung des Nachlassinsolvenzverfahrens bewirkt keine Haftungsbegrenzung. Der Erbe kann auch kein Aufgebotsverfahren mehr beantragen.

lassverwalter den Nachlassgläubigern für dadurch entstandene Schäden.

Außer dem Erben, dem Nachlassverwalter und dem Testamentsvollstrecker ist auch jeder Nachlassgläubiger berechtigt, den Antrag auf Eröffnung des Nachlassinsolvenzverfahrens zu stellen.

Das Nachlassinsolvenzverfahren wird eröffnet, wenn das Insolvenzgericht nach Prüfung die Überschuldung oder Zahlungsunfähigkeit feststellt und genügend Mittel im Nachlass vorhanden sind, um die Kosten des Nachlassinsolvenzverfahrens zu decken. Mit der Eröffnung bestellt das Insolvenzgericht einen Insolvenzverwalter. Dieser wickelt den Nachlass ab und befriedigt die bei ihm angemeldeten Insolvenzforderungen der Nachlassgläubiger nach dem in der Insolvenzordnung im Einzelnen festgelegten Verfahren. Der Erbe hat dann mit der Abwicklung nichts mehr zu tun und darf auch nicht mehr handeln. In seiner Haftung ist er beschränkt – allerdings wiederum nur dann, wenn er vor Insolvenzeröffnung noch nicht allen Nachlassgläubigern gegenüber unbeschränkt haftete (siehe Seite 202 ff.).

Weitere Möglichkeiten, Forderungen abzuwehren

Sie sind endgültig Erbe geworden, nun melden sich die ersten Gläubiger bei Ihnen und mahnen die Begleichung der Schulden des Erblassers an. Sie wollen erst einmal überlegen und prüfen, wie der Nachlassbestand aussieht. Was ist zu tun?

Dreimonatseinrede

Wenn die Gläubiger Druck machen, können Sie sich auf die Dreimonatseinrede gemäß § 2014 BGB berufen. Sie berechtigt Sie, die Zahlung der Nachlassverbindlichkeiten in den ersten drei Monaten nach Annahme der Erbschaft zu verweigern. Wenn Sie in dieser Zeit allerdings ein Inventar errichten, endet die Frist mit der Errichtung, weil Sie jetzt die notwendige Übersicht gewonnen haben.

Einrede des Aufgebotsverfahrens

Wenn Sie innerhalb eines Jahres nach Erbschaftsannahme das Aufgebotsverfahren beantragt haben (siehe Seite 199 f.) und das Gericht das Verfahren durchführt, sind Sie bis zu dessen Beendigung berechtigt, gegenüber Nachlassgläubigern die Zahlung von Nachlassverbindlichkeiten zu verweigern. Dieses Recht endet aber schon vorher, wenn Sie nicht zu dem vom Gericht angesetzten Aufgebotstermin erscheinen.

Erschöpfungseinrede

Dem im Aufgebotsverfahren ausgeschlossenen Nachlassgläubiger (siehe Seite 199 f.) können Sie, wenn nach der Befriedigung der anderen Nachlassgläubiger kein Nachlassvermögen mehr übrig ist, die Erschöpfungseinrede entgegenhalten.

Sie können sie auch dem Gläubiger entgegenhalten, der seine Ihnen bisher nicht bekannte und auch nicht im Aufgebotsverfahren angemeldete Forderung später als fünf Jahre nach dem Erbfall geltend macht. In diesem Fall sollten Sie aber auch prüfen lassen, ob die Forderung des säumigen Gläubigers nicht bereits verjährt ist, und sich dann darauf berufen.

Hat im Nachlassinsolvenzverfahren eine vollständige Verteilung des Nachlasses stattgefunden und ist das Nachlassvermögen damit verbraucht, steht Ihnen nach Verfahrensbeendigung die Erschöpfungseinrede ebenfalls zu.

BERUFEN SIE SICH AUF DIE EINREDE

Alle diese Einreden kann nur der Erbe, der nicht bereits allen Gläubigern gegenüber unbeschränkt haftet, geltend machen. Sie müssen sich ausdrücklich auf die Einreden berufen und sie auch im Prozess erklären.

Einrede der Dürftigkeit

Eine Nachlassverwaltung wird nur angeordnet bzw. ein Nachlassinsolvenzverfahren nur dann eröffnet, wenn die jeweiligen Verfahrenskosten aus dem Nachlass gedeckt sind. Stellt sich im Laufe der Verfahren heraus, dass das nicht mehr der Fall ist, werden die Verfahren eingestellt. Die Gläubiger werden dann den Erben zur Zahlung auffordern. In diesem Fall können Sie sich als Erbe auf die Dürftigkeit des Nachlasses berufen. Sind noch geringfügige Werte vorhanden, müssen Sie diese den Gläubigern zur Verfügung stellen.

Kosten

Wird das Gericht tätig, entstehen Kosten. Für diese haftet der Erbe.

Für die Inventarerrichtung

Es entstehen Gebühren von jeweils der Hälfte der vollen Gebühr für die Entgegennahme des Inventars, für die Bestimmung der Inventarfrist sowie für deren Verlängerung.

TIPP **Maßnahmen zur Haftungsbeschränkung**

Sind Sie Erbe geworden, müssen Sie überlegen, ob und welche Maßnahmen Sie zur Haftungsbeschränkung einleiten wollen:

- Nachlassverwaltung
- Nachlassinsolvenzverfahren.

Ist zur Vorbereitung die Einleitung eines Aufgebotsverfahrens angezeigt? Hat ein Nachlassgläubiger beim Nachlassgericht beantragt, Ihnen als Erbe eine Frist zur Inventarerrichtung zu setzen? Dann ist Vorsicht geboten, der Gläubiger traut Ihnen nicht. Halten Sie alle vom Nachlassgericht gesetzten Termine unbedingt ein, lassen Sie sich rechtlich beraten, und stellen Sie den Antrag auf Anordnung der Nachlassverwaltung.

Gläubiger bedrängen Sie? Prüfen Sie, welche Einreden Sie ihnen entgegensetzen können. Befriedigen Sie nicht vorschnell Nachlassverbindlichkeiten, dazu sind Sie nicht verpflichtet!

Gehört zum Nachlass ein Handelsgeschäft oder eine Gesellschaftsbeteiligung, dann müssen Sie unter allen Umständen Rechtsrat einholen.

Für Erbengemeinschaften gelten besondere Regeln (siehe Seite 219 ff.).

Für die Abnahme der eidesstattlichen Versicherung fällt eine volle Gebühr an. Diese hat der antragstellende Nachlassgläubiger zu zahlen. Die Gebühren werden nach der Kostenordnung berechnet.

Für das Aufgebotsverfahren

Die Kosten des Aufgebotsverfahrens richten sich nach dem Gerichtskostengesetz. Sie betragen eine halbe Gebühr und werden nach dem Streitwert berechnet.

AUSKUNFTS- UND HERAUSGABEANSPRUCH

Sie sind als Erbe Gesamtrechtsnachfolger des Erblassers und nehmen mit dem Erbfall dessen Position ein. Sie können in derselben Weise wie der Erblasser die Ansprüche, zum Beispiel auf Herausgabe eines verliehenen Buches, geltend machen. Wenn Sie keine enge Verbindung zu dem Erblasser hatten, werden Sie nicht wissen, welche Gegenstände zum Nachlass gehören. Aus diesem Grund räumt das BGB in § 2028 einen besonderen Auskunftsanspruch ein.

Auskunftspflicht der „Hausgenossen"

Wer in engem Kontakt mit dem Erblasser stand, ist auskunftspflichtig. Voraussetzung dafür ist weder ein Zusammenleben mit dem Erblasser noch ein Verwandtschaftsverhältnis. Jeder, der aufgrund seiner persönlichen oder räumlichen Beziehungen Zugang zu Nachlassgegenständen hatte oder etwas über den Verbleib wissen könnte, ist gemäß § 2028 BGB zur Auskunft verpflichtet. Der mit dem Erblasser in häuslicher Gemeinschaft lebende Partner muss ebenso wie Besucher, Hausangestellte, Mitbewohner oder Zimmernachbarn im Altenheim Auskunft erteilen.

Die Auskunftspflicht erstreckt sich nur auf den Verbleib von Nachlassgegenständen. Weiter geht die Verpflichtung nicht. Insbesondere kann der Erbe nicht die Vorlage einer Liste sämtlicher Nachlassgegenstände verlangen. Aber die Auskunft muss vollständig und richtig sein. Bestehen daran begründete Zweifel, kann der Erbe die Abgabe einer Versicherung an Eides statt von dem Auskunftspflichtigen verlangen.

Auskunfts- und Herausgabeanspruch gegen den Erbschaftsbesitzer

Sie sind endgültig Erbe geworden. Ein anderer behauptet jedoch ebenfalls, Erbe zu sein und hat aufgrund dieser Behauptung die Erbschaft in Besitz genommen.

Beispiel: Barbara Anton, die frühere Lebensgefährtin von Kurt Schubarth, nimmt nach dessen Tod die Erbschaft in Besitz, weil sie weiß, dass sie nach dem Testament vom 25. März 1993 Alleinerbin geworden ist. Kurts Brüder Ulrich und Jens Schubarth haben dieses Testament jedoch wirksam angefochten. Sie verlangen von Barbara Anton die Herausgabe der Erbschaft.

Aufgrund der Anfechtung sind Ulrich und Jens Schubarth die wahren Erben, Barbara Anton beruft sich dagegen auf ein vermeintliches Erbrecht. Sie ist Erbschaftsbesitzerin. Der Erbe kann von dem Erbschaftsbesitzer die Herausgabe der Erbschaft gemäß § 2018 BGB verlangen. Ulrich und Jens Schubarth machen zu Recht den Herausgabeanspruch geltend.

Weigert sich der Erbschaftsbesitzer, muss der Erbe auf Herausgabe klagen. Dazu muss er wissen, welche Gegenstände er herausverlangen kann. Die Nachlassgegenstände sind in der Klage im Einzelnen aufzuführen. Der Erbe kann von dem Erbschaftsbesitzer Auskunft darüber verlangen, welche Gegenstände zum Nachlass gehören und wo sie geblieben sind.

Der Erbschaftsbesitzer hat nicht nur die noch bei ihm vorhandenen Bestandteile des Nachlasses an den Erben herauszugeben. Er muss auch alle von ihm mit Mitteln des Nachlasses erworbenen Gegenstände herausgeben und die Nutzungen weiterleiten. Dagegen steht ihm für seine Kosten ein Verwendungsersatzanspruch zu.

Beispiel: Barbara Anton verkauft das Auto von Kurt Schubarth für 20 000 € und erwirbt einen Gebrauchtwagen zum Preis von 8 000 €, den restlichen Erlös zahlt sie auf ihr Festgeldkonto bei der Bank ein. Sie zieht die Mieten für das Mietshaus ein

INFO **Tod unterbricht Prozesse**

Hatte der Erblasser vor seinem Tod Klage gegen einen Dritten erhoben oder war er selbst verklagt worden, ist der laufende Rechtsstreit zunächst unterbrochen. Wenn der Erbe die Erbschaft angenommen hat, kann der Prozess weitergeführt werden. Vor dem Zeitpunkt der Annahme kann dem Erben also nichts passieren. Erst danach muss er handeln und entscheiden, ob er den Rechtsstreit fortsetzen will oder nicht. Lässt der Erblasser den Rechtsstreit von einem Prozessbevollmächtigten führen, zum Beispiel von einem Rechtsanwalt, wird der Prozess nur auf Antrag ausgesetzt. Veranlassen Sie den Prozessbevollmächtigten, diesen Antrag zu stellen, damit Sie in Ruhe überlegen können, ob und wie Sie den Prozess fortsetzen möchten.

und lässt das schadhafte Dach des Mietshauses reparieren.

Barbara Anton muss das gebrauchte Auto und den weiteren Erlös von 12 000 € herausgeben. Gegen die Herausgabe der Mieten kann sie zunächst die verauslagten Kosten für die Dachreparatur aufrechnen und muss nur den Rest herausgeben.

Hat der vermeintliche Erbe zum Beispiel Geld für sich verbraucht, muss er den Betrag ersetzen. Welche Ansprüche der tatsächliche Erbe im Einzelnen geltend machen kann, hängt außerdem davon ab, ob der vermeintliche Erbe gutgläubig war oder wusste, dass er in Wahrheit nicht der Erbe war. Liegt ein solcher Fall vor, sollten Sie sich rechtlich beraten lassen!

„VORLÄUFIG" HEISST NICHT AUTOMATISCH „BESITZ"

Der vorläufige Erbe ist kein Erbschaftsbesitzer! Sein Verhältnis zum endgültigen Erben bestimmt sich nur nach den auf den Seiten 187 f. dargestellten Grundsätzen.

VERHÄLTNIS ZWISCHEN VOR- UND NACHERBEN

Mit dem Eintritt des Nacherbfalls wird der Nacherbe Erbe des Erblassers. Der Vorerbe hat dem Nacherben die Erbschaft herauszugeben – zu den Einzelheiten siehe Seite 105 f.

Mitteilung an das Nachlassgericht

Der Eintritt des Nacherbfalls ist im Interesse der Nachlassgläubiger dem Nachlassgericht mitzuteilen. Zu der Mitteilung ist der Vorerbe verpflichtet. Tritt der Nacherbfall – wie häufig – mit dem Tod des Vorerben ein, trifft die Erben des Vorerben diese Pflicht. Die Mitteilung durch den Nacherben ist aber ebenfalls ausreichend. Die Mitteilung verursacht Gerichtskosten. Sie betragen ein Viertel der vollen Gebühr nach der Kostenordnung, berechnet nach dem Nachlasswert (siehe Seite 314 f.).

Haftung des Nacherben für Nachlassverbindlichkeiten

Der Nacherbe haftet mit Eintritt des Nacherbfalls für die Nachlassverbindlichkeiten, die zu diesem Zeitpunkt noch bestehen. Er kann seine Haftung beschränken, und zwar auch dann, wenn der Vorerbe unbeschränkt haftet. Ein vom Vorerben ordnungsgemäß errichtetes Inventar kommt ihm ebenso zugute wie ein durchgeführtes Aufgebotsverfahren. Führt der Nacherbe seine Haftungsbeschränkung herbei, erstreckt sich die Haftung nur auf das Nachlassvermögen, das er tatsächlich von dem Vorerben erhalten hat, zuzüglich etwaiger ihm gegen den Vorerben zustehender Ansprüche. Haftete der Vorerbe bereits unbeschränkt, haftet er neben dem Nacherben weiterhin. Andernfalls kann er die Nachlassgläubiger auf das verweisen, was ihm zum Beispiel an Nutzungen von der Erbschaft geblieben ist.

Erneute Grundbuchberichtigung

Zum Nachlass gehört ein Grundstück. Im Grundbuch ist noch der Erblasser als Eigentümer eingetragen. Der Erbe ist aber mit Eintritt des Erbfalls auch Eigentümer dieses Grundstücks geworden. Das Grundbuch ist also falsch und muss berichtigt werden!

Den Berichtigungsantrag muss der Erbe unter Vorlage

- des Erbscheins,
- des notariellen Testaments/des Erbvertrags und
- des Protokolls über die Eröffnung beim Grundbuchamt stellen.

Die Eintragung des Erben ist in den ersten zwei Jahren nach dem Erbfall gebührenfrei.

VERJÄHRUNG

Seit dem 1. Januar 2010 gelten für Erben und andere an einem Erbfall Beteiligte neue Verjährungsfristen. Früher verjährten alle erbrechtlichen Ansprüche erst 30 Jahre nach dem Erbfall und nur für Pflichtteilsansprüche galt eine auf drei Jahre verkürzte Verjährungsfrist. Jetzt ist diese dreijährige Verjährungsfrist die Regel.

Diese verkürzte Verjährungsfrist beginnt am Ende des Jahres zu laufen, in dem der Erbfall eingetreten ist und Erbe, Vermächtnisnehmer oder sonstige Berechtigte ihren Anspruch kennen oder kennen müssten.

Ist der Erblasser am 5. Januar 2010 verstorben und erfährt sein testamentarischer Alleinerbe durch die Mitteilung des Nachlassgerichts am 20. März 2010 von seiner Berufung als Erbe, dann läuft die dreijährige Verjährungsfrist ab 1. Januar 2011.

Der Lauf der Verjährungsfrist setzt die Kenntnis des Anspruchs voraus, der Erbe muss zum Beispiel wissen, dass er Erbe geworden ist, sonst kann er seine Erbansprüche nicht verfolgen. Wenn die Erben zunächst unbekannt sind und das Nachlassgericht erst langwierige Ermittlungen durchführen muss, um entfernte Verwandte als Erben zu ermitteln, können schnell mehr als drei Jahre vergangen sein. Deshalb bestimmt das Gesetz eine Höchstfrist für die Kenntnis: Wer die Kenntnis nicht innerhalb von 30 Jahren nach dem Erbfall erhält, dessen Ansprüche verjähren unabhängig von dieser Kenntnis nach 30 Jahren. Diese lange Frist gilt aber nur für Ansprüche, die auf einem Erbfall oder einer letztwilligen Verfügung beruhen. Andere erbrechtliche Ansprüche, wie zum Beispiel Schadensersatzansprüche, verjähren unabhängig von der Kenntnis nach Ablauf von zehn Jahren seit dem Erbfall.

Es gibt für die Verjährung aber noch weitere Ausnahmen: Generell in 30 Jahren seit dem Erbfall verjähren Herausgabeansprüche des Erben gegen den Erbschaftsbesitzer, des Nacherben gegen den Vorerben und der Anspruch auf Herausgabe eines unrichtigen Erbscheins sowie die mit diesen Herausgabeansprüchen verbundenen Auskunftsansprüche.

Jeder Erbe ist wegen der unterschiedlichen Verjährungsfristen gut beraten, seine Ansprüche möglichst schnell zu verfolgen und sich spätestens im zweiten Jahr nach dem Erbfall auch bezüglich der möglichen Verjährung seiner Ansprüche fachkundig beraten zu lassen.

BESCHWERDE

Das Nachlassgericht hat einen Nachlasspfleger bestellt. Damit und mit anderen Verfügungen des Gerichts sind Sie nicht einverstanden? Sie können Beschwerde einlegen. Seit dem 1. September 2009 gelten für die Beschwerde neue Vorschriften. Es gilt in der Regel eine Frist von einem Monat für die Einreichung der Beschwerde. Sie erhalten mit der Entscheidung des Nachlassgerichts auch eine Mitteilung darüber wie, wo und bis wann Sie die Beschwerde einlegen müssen.

Beschwerdemöglichkeiten

Nachlasspflegschaft

Gegen die Anordnung der Nachlasspflegschaft oder den vom Nachlassgericht bestellten Pfleger können Sie als möglicher Erbe Beschwerde beim Nachlassgericht einlegen (einfache Beschwerde). Die Einlegung ist nicht fristgebunden. Sie können sie schriftlich oder zu Protokoll des Gerichts einlegen. Setzt das Nachlassgericht eine Vergütung für den Nachlasspfleger fest, steht Ihnen dagegen ebenfalls Beschwerde zu. Entscheiden wird das Landgericht.

Nachlassverwaltung

Gegen die Anordnung der Nachlassverwaltung steht Ihnen als Erbe nur dann das Recht zu, sofortige Beschwerde einzulegen, wenn ein Gläubiger die Anordnung beantragt hat. Die sofortige Beschwerde ist fristgebunden. Sie müssen sie innerhalb von zwei Wochen einlegen. Die Frist beginnt ab Bekanntgabe der Ent-

INFO **Verkauf der Erbschaft**

Sie können die Erbschaft auch im Ganzen verkaufen – wenn Sie dafür einen Käufer finden, denn der haftet dann auch für die Nachlassverbindlichkeiten. Der Vertrag muss in notarieller Form abgeschlossen werden.
Wenn Sie die Erbschaft, so wie sie steht und liegt, verkaufen wollen, lassen Sie den Notar den Vertrag entwerfen und sich über Bedeutung und Rechtsfolgen des Verkaufs aufklären:

- Wie Sie die Erbschaft übergeben müssen.
- Wofür Sie haften.
- Wer welche Nutzungen und Kosten trägt.
- Was aus den Nachlassverbindlichkeiten wird.

scheidung an Sie zu laufen. Gegen die Festsetzung der Vergütung steht Ihnen die einfache Beschwerde zu.

Festsetzung einer Inventarfrist

Dagegen oder gegen die Ablehnung der Verlängerung der Inventarfrist können Sie als Erbe die sofortige Beschwerde einlegen.

Sonstige gesetzte Fristen

Hat der Erblasser in seinem Testament bestimmt, dass Sie als Erbe den Vermächtnisnehmer benennen (siehe Seite 96 ff.) oder Bestimmungen für die Ausführung von Auflagen treffen sollen (siehe Seite 100 f.) und treffen Sie die Bestimmung nicht, kann das Nachlassgericht Ihnen dafür eine Frist setzen. Gegen diese Fristsetzung können Sie sofortige Beschwerde einlegen.

Wirkung der Beschwerden

Die Beschwerden haben keine aufschiebende Wirkung. Sie müssen also die Entscheidungen zunächst weiter so hinnehmen und beachten. Sie können aber gleichzeitig mit der Einlegung der (sofortigen) Beschwerde die Aussetzung der Vollziehung beantragen. Wird dem stattgegeben, so laufen die Fristen erst einmal – bis zur Entscheidung über die Beschwerde – nicht weiter.

DIE ERBEN-GEMEINSCHAFT

Mehrere Erben werden gemeinsam Gesamtrechtsnachfolger des Erblassers. Jeder Erbe hat aber für sich die Entscheidungsmöglichkeit, ob er Erbe werden will – durch Annahme – oder nicht – dann durch Ausschlagen der Erbschaft. Hat er sie angenommen, ist er zwangsläufig Mitglied der Erbengemeinschaft. Diese muss den Nachlass gemeinschaftlich verwalten und unter sich aufteilen.

GESAMTHANDSGEMEINSCHAFT

Gesamthandsgemeinschaft heißt, dass der Nachlass ungeteilt auf die Miterben übergeht. Sie werden gemeinschaftliche Eigentümer. Ihnen steht dabei nicht das Eigentum an bestimmten Bruchteilen zu, sondern alle Gegenstände des Nachlasses gehören ihnen gemeinschaftlich, jeweils zur gesamten Hand.

Beispiel: Sind drei Miterben vorhanden, die jeweils zu einem Drittel Erben sind, und fallen in den Nachlass sechs Kaffeetassen, dann wird nicht jeder Miterbe Eigentümer von jeweils zwei Kaffeetassen, sondern alle sechs Tassen stehen im gemeinschaftlichen ungeteilten Eigentum der drei Miterben. Über die sechs Kaffeetassen können sie nur gemeinschaftlich verfügen, eben zur gesamten Hand.

Dieses Prinzip gilt sowohl für alle zur Erbschaft gehörenden Gegenstände als auch für die Nachlassverbindlichkeiten, für die sie gemeinschaftlich einzustehen haben (siehe Seite 219 ff.).

Grundstücke

Gehören zum Nachlass Grundstücke, dann wird die Erbengemeinschaft Eigentümerin dieser Grundstücke. Sie muss als Erbengemeinschaft in das Grundbuch eingetragen werden. Dies geschieht unter Angabe der Namen der Miterben, aber ohne die Höhe ihrer Erbteile zu benennen: Dies geschieht deshalb nicht, weil – ohne Rücksicht auf die Höhe des Erbteils – die Erben gemeinschaftlich Eigentümer sind und nur gemeinschaftlich verfügen können.

INFO **Weiterführung eines Geschäfts**

Soll ein Geschäft von den Miterben oder einem von ihnen weitergeführt werden, ist die Einholung von Rechtsrat unumgänglich. Dies gilt nicht nur in Bezug auf die Frage, wie und in welcher Rechtsform das Geschäft auf Dauer weitergeführt werden soll. Es ist auch die Frage der Haftung zu klären. Die Rechtslage wird noch komplizierter, wenn einer der Miterben noch minderjährig ist. Klar ist eigentlich nur die Erbfolge als solche: Mit dem Erbfall werden die Erben gemeinschaftlich Eigentümer.

Einzelhandelsgeschäft

Der Erblasser war Kaufmann und hatte ein eigenes Geschäft. Es fällt in den Nachlass und geht in das Gesamthandseigentum der Miterben über.

OHG, KG, GmbH

Der Erblasser war Gesellschafter einer OHG, KG oder GmbH. Die Nachfolge und die Ansprüche der Erben sind im Gesellschaftsvertrag geregelt.

FACHLICHE BERATUNG IST ZU EMPFEHLEN

Ebenso wie der Erblasser, der Gesellschafter ist, sich bei der Gestaltung seines Testaments beraten lassen sollte, müssen Sie dies auch als Erbe oder Erbin tun.

Aktien

Gehören Aktien zum Nachlass, werden die Erben Gesamthandseigentümer. Die Erbengemeinschaft kann aber ihre Rechte, zum Beispiel auf einer Aktionärsversammlung, nur durch einen Vertreter, der auch Miterbe sein kann, ausüben; sie muss also durch eine Person sprechen und handeln.

Teilungsanordnung

Die Miterben werden auch dann Eigentümer zur gesamten Hand, wenn der Erblasser testamentarisch verfügt hat, wie sein Vermögen aufzuteilen ist. Diese Teilungsanordnung (siehe Seite 225) verpflichtet die Erben zwar, die Teilung entsprechend durchzuführen, führt aber nicht von sich aus zu dieser Aufteilung. Von selbst erwerben die Erben nur gemeinschaftliches Eigentum. Die Erben müssen sich die einzelnen Nachlassteile übergeben und übertragen.

Beispiel: Die verwitwete Sophie Lang hat ihre drei Kinder Bettina, Klaus und Sigrid zu je einem Drittel zu ihren Erben testamentarisch eingesetzt. Sie trifft eine Teilungsanordnung, nach der Bettina ihren Schmuck, Sigrid die Wohnungseinrichtung und Klaus ihr Bankguthaben erhält. Ihrer Freundin Sybille hat sie das Klavier vermacht.

Die drei Kinder werden gemeinschaftlich Eigentümer des Nachlasses. Schmuck, Wohnungseinrichtung, Bankguthaben und Klavier stehen in ihrem Gesamthandseigentum. Sie müssen zunächst das Vermächtnis erfüllen, indem sie der Freundin das Klavier übergeben. Dann müssen sie sich einig sein, dass sie – entsprechend der Teilungsanordnung – jeweils Eigentümer der einzelnen Gegenstände werden, und der Bank mitteilen, dass Klaus das Bankguthaben als alleiniger Kontoinhaber von seinen Schwestern übertragen bekommt.

AUSNAHMEN VON DER GESAMTEN HAND

Das Gesamthandseigentum zwingt die Erben zu gemeinschaftlichem Handeln. Allerdings gibt es Ausnahmen: Die Verfügung über den Erbanteil sowie das Vorkaufsrecht der Miterben.

Verfügung über den Erbanteil

Der Miterbe kann über seinen Anteil insgesamt verfügen. Er kann ihn verschenken oder veräußern. Der Übertragungsvertrag muss vor dem Notar abgeschlossen werden. Der Erwerber erhält alle Rechte des Miterben hinsichtlich Verwaltung, Verfügung, Schuldenhaftung und Auseinandersetzung. Erwerber kann einer der Miterben sein, es können alle Miterben oder es kann auch ein außenstehender Dritter sein. Immer muss sich aber die Übertragung auf den Erbteil als solchen beziehen. Über seinen Anteil an einzelnen Vermögensgegenständen kann der Miterbe nicht verfügen.

Beispiel: Zu dem Nachlass der Sophie Lang (siehe Seite 214) gehört noch ein mit einem Mietshaus bebautes Grundstück. Dieses erben die drei Kinder jeweils zu einem Drittel. Bettina möchte ihren Anteil an dem Grundstück sofort verkaufen.

Bettina und ihre Geschwister sind Erben zu je einem Drittel und damit Gesamthandseigentümer. Das Grundstück ist nur einer von mehreren Vermögensgegenständen, die zum Nachlass gehören. Bettina kann nicht gesondert über das Grundstück verfügen, sie könnte auch nicht über einzelne Schmuckstücke, die sie aufgrund der Teilungsanordnung (siehe Seite 225) bei Auseinandersetzung erhalten soll, verfügen. Sie kann nur ihren Erbteil von einem Drittel insgesamt veräußern.

Vorkaufsrecht der Miterben

Wenn ein Erbe seinen Erbanteil an einen Dritten verkauft, steht den Miterben ein gesetzliches Vorkaufsrecht zu. Es ist aber nur bei Verkauf gegeben. Verschenkt der Erbe seinen Anteil, müssen die Miterben dies hinnehmen. Vorkaufsberechtigt sind die übrigen Miterben gemeinschaftlich. Wollen einige Miterben das Recht ausüben, andere jedoch nicht, können die ausübungswilligen Miterben das Vorkaufsrecht geltend machen. Das Vorkaufsrecht ist innerhalb von zwei Monaten auszuüben. Die Frist beginnt mit Erhalt der Mitteilung über den mit einem Dritten abgeschlossenen Vertrag. Zu dieser Benachrichtigung ist der verkaufende Miterbe verpflichtet. Sie wird durch die Mitteilung des Käufers ersetzt und sollte schriftlich erfolgen. Das Vorkaufsrecht ist gegenüber dem verkaufenden Miterben zu erklären. Eine besondere Form ist nicht vorgeschrieben. Hat der Miterbe den Erbanteil bereits auf den Käufer übertragen, muss das Vorkaufsrecht gegenüber dem Käufer erklärt werden. Durch die Ausübung des Vorkaufsrechts hat der Miterbe Anspruch auf Übertragung des Erbanteils, mehrere Miterben wiederum gesamthänderisch, und zwar gegen Zahlung des Kaufpreises und der weiteren Kosten des Käufers.

GEMEINSAME VERWALTUNG DES NACHLASSES

Grundsatz: gemeinsam, aber mit Mehrheit

Die Erben müssen den Nachlass gemeinsam verwalten. Das ist ihr Recht, gleichzeitig aber auch ihre Pflicht. Sie müssen die Maßnahmen und Entscheidungen, die zum Erhalt oder zur Sicherung der Nachlassgegenstände erforderlich sind, gemeinsam treffen. Welche Maßnahmen das sind, richtet sich nach den Nachlassgegenständen und auch nach den Forderungen, die in den Nachlass fallen.

Beispiel: Der Nachlass der Sophie Lang (siehe Seite 214) besteht aus Schmuck, Bankkonten und der Wohnungseinrichtung in der von ihr allein bewohnten Parterrewohnung in dem ansonsten vermieteten Haus. Das Mietshaus nebst Grundstück fällt ebenfalls in den Nachlass. Das Treppenhaus ist renovierungsbedürftig. Das noch von Sophie Lang auf einem Termingeldkonto festgelegte Bankguthaben wird fällig. Klaus Lang will sich um alles kümmern.

Klaus Lang ist nicht Alleinerbe. Die Verwaltung steht ihm daher nicht allein, sondern gemeinsam mit seinen Geschwistern zu. Er muss für alle Handlungen die Zustimmung seiner Geschwister haben, und sie müssen alle drei auch gemeinsam handeln.

Die Entscheidung über die Renovierung des Treppenhauses ist nicht eilbedürftig. Die Geschwister müssen sie gemeinsam treffen. Klaus und Sigrid Lang wollen die Arbeiten in Auftrag geben, Bettina findet, dass das Zeit hat, bis feststeht, ob das Haus verkauft wird. Die Miterben sind sich also nicht einig. Wird keine Einigung erzielt, zählt die Stimmenmehrheit. Sie wird nach Erbteilen berechnet, nicht nach

INFO **Wann ein Mehrheitsbeschluss bindend ist**

Ein Mehrheitsbeschluss ist nur dann für die überstimmten Erben bindend, wenn die beschlossenen Maßnahmen zur ordnungsgemäßen Verwaltung gehören. Sinnlose und überflüssige Maßnahmen können auch bei einem Mehrheitsbeschluss nicht auf Kosten des Nachlasses ausgeführt werden.

der Zahl der Miterben. Hier sind Klaus und Sigrid Lang für die Renovierung, sie haben damit aufgrund ihrer Zwei-Drittel-Beteiligung am Nachlassvermögen ihre Schwester überstimmt, die nur einen Anteil von einem Drittel hat.

Auch die ordnungsgemäße Kündigung eines Mietverhältnisses ist eine Verwaltungsmaßnahme, die von der Mehrheit der Erben beschlossen und im Namen der Erbengemeinschaft durchgeführt werden kann. Dies hat der BGH in einer Entscheidung im Jahr 2009 klargestellt.

Jeder Miterbe hat gegenüber den anderen Miterben die Verpflichtung, an der ordnungsgemäßen Verwaltung mitzuwirken. Kommt kein Mehrheitsbeschluss zustande, ist der Miterbe aber dennoch der Ansicht, dass die Maßnahme durchzuführen ist, muss er die übrigen Miterben auf Zustimmung verklagen. Dies ist allerdings zeitraubend und führt dazu, dass spätestens mit Klageerhebung die Erbengemeinschaft endgültig zerstritten ist.

Die Entscheidung darüber, wie – um im Beispiel zu bleiben – das fällige Termingeld neu anzulegen ist, ist ebenfalls eine Verwaltungsmaßnahme der Erben. Sie ist gemeinschaftlich zu treffen, notfalls per Mehrheitsbeschluss. Die Teilungsanordnung der Erblasserin ändert daran nichts. Zwar soll Klaus Lang das Bankguthaben bei Aufteilung des Nachlasses erhalten, aber bis zur Aufteilung ist auch dieses Guthaben gemeinschaftliches Vermögen der Erbengemeinschaft.

Vollmacht des Erblassers über den Tod hinaus

Hätte Sophie Lang ihrem Sohn Klaus eine Vollmacht erteilt, und zwar eine über ihren Tod hinaus wirksame (siehe Seite 111), wäre die Lage für Klaus jedoch anders: Er könnte dann als Bevollmächtigter tätig werden und würde für die Erbengemeinschaft handeln.

Wird eine Vollmacht von allen Miterben widerrufen, kann der Bevollmächtigte nicht mehr handeln. Haben nur einzelne Erben widerrufen, kann der Bevollmächtigte für diese Erben nicht mehr handeln, er muss also jeweils eine gemeinsame Entscheidung mit ihnen herbeiführen.

INFO **Widerruf!**

Jeder Miterbe kann die vom Erblasser erteilte Vollmacht für sich widerrufen.

INFO **Notmaßnahmen**

Eine Ausnahme vom Grundsatz des gemeinsamen Handelns gibt es bei Eilbedürftigkeit, das heißt bei drohendem Schaden, etwa wenn im Beispiel von Seite 216 in der Wohnung eines Mieters ein Wasserrohrbruch vorläge. Unaufschiebbare Maßnahmen kann jeder Erbe allein mit Wirkung für alle Erben treffen. Die Reparatur des defekten Wasserrohrs in der Wohnung des Mieters ist eine solche Notmaßnahme. Hier muss der Miterbe Klaus Lang handeln, um weiteren Schaden von dem Nachlass abzuwenden.

Beschränkte Nutzung

Jedem Miterben steht das Recht zu, die Nachlassgegenstände zu benutzen. Dieses Recht findet aber seine Grenze dort, wo die anderen Miterben an ihrer Nutzung gehindert werden (§ 2038 Abs. 2 in Verbindung mit § 743 Abs. 2 BGB). Allen Miterben soll ja dasselbe Recht zustehen.

Beispiel: Sigrid Lang möchte die Wohnung ihrer verstorbenen Mutter beziehen. Das bietet sich für sie an, da sie ohnehin die Wohnungseinrichtung nach der Auseinandersetzung erhalten soll. Miete will sie natürlich nicht zahlen, schließlich fällt das Mietshaus in den Nachlass. Bettina will den Brillantschmuck ihrer Mutter anlässlich eines großen Festes tragen. Klaus widerspricht den Wünschen beider Schwestern.

Die mietfreie Nutzung der Wohnung ist nicht zulässig, denn die anderen Erben wären damit von der ihnen zustehenden Nutzung ausgeschlossen. Eine solche Überlassung der Wohnung in einem Mietshaus fällt auch nicht unter die Grundsätze einer ordnungsgemäßen Verwaltung. Auch wenn Bettina und Sigrid sich über die mietfreie Überlassung einig sind, bindet dies Klaus Lang nicht. Möglich wäre aber eine Mehrheitsentscheidung über den Abschluss eines Mietvertrags zum ortsüblichen Mietzins. Bettina darf dagegen in Ausübung ihres Gebrauchsrechts den Schmuck tragen.

Verwendung der Erträge

Bei der gemeinsamen Verwaltung des Nachlasses bis zur Auseinandersetzung können Einnahmen erzielt werden – Mieten werden gezahlt, die Zinsen für ein Bankguthaben werden dem Konto gutgeschrieben. Diese laufenden Erträge werden grundsätzlich erst bei der Aufteilung des Nachlasses nach Erfüllung der Nachlassverbindlichkeiten auf die Erben verteilt, und zwar im Verhältnis der Erbquoten.

Nur wenn die Auseinandersetzung des Nachlasses für länger als ein Jahr nach dem Erbfall ausgeschlossen ist, kann jeder Erbe die Verteilung der Erträge, die sich nach Abzug der Kosten ergeben, zum Schluss eines jeden Kalenderjahres verlangen.

Der Ausschluss der Auseinandersetzung kann auf einer testamentarischen Anordnung des Erblassers beruhen (siehe Seite 103). Nur wenn alle Miterben sich einig sind – einstimmiger Beschluss! –, kann von diesen Vorschriften und auch von der Anordnung des Ausschlusses abgewichen werden.

Leistungen an alle Erben gemeinsam: Gehören Forderungen oder sonstige Ansprüche zum Nachlass, kann der Schuldner nur an alle Erben gemeinschaftlich leisten. Jeder der Miterben muss seinerseits zur Leistung an die Erbengemeinschaft auffordern.

Beispiel: Der Mieter Schnell ist bei Eintritt des Erbfalls bereits mit der Zahlung der

INFO **Ende der Verwaltungs- und Verfügungsbefugnis**

Ist Testamentsvollstreckung angeordnet oder wird ein Nachlassverwalter bestellt oder das Nachlassinsolvenzverfahren eröffnet, ist die Verwaltungs- und Verfügungsbefugnis der Miterben beendet.

Mieten für zwei Monate säumig. Klaus Lang will ihn zur Zahlung auffordern. Die Bank will nach Ablauf der Anlagezeit den Termingeldzins auszahlen.

Klaus Lang kann den Mieter zur Zahlung auffordern, darf aber nicht Zahlung an sich, sondern nur an die Erbengemeinschaft verlangen. Die Bank ist nicht berechtigt, die Zinsen an einen der drei Erben zu zahlen, sondern nur auf ein gemeinschaftliches Konto der Erbengemeinschaft.

Verfügungen über Nachlassgegenstände: nur gemeinsam

Verfügen dürfen die Erben nur gemeinschaftlich, hier ist, anders als bei der Verwaltung, kein Mehrheitsbeschluss möglich. Eine Verfügung über einen Nachlassgegenstand liegt zum Beispiel vor, wenn dieser verkauft oder verschenkt wird. Die Kündigung durch Dritte ist ebenfalls allen Erben gegenüber auszusprechen. Sie führt zur Beendigung des Vertrags. Will aber die Erbengemeinschaft eine Kündigung aussprechen, zum Beispiel die Kündigung eines Mietverhältnisses, handelt es sich auch um eine Verwaltungsmaßnahme im Rahmen der Nachlassabwicklung (siehe Seite 217).

Beispiel: Der Mieter Junghans will das Mietverhältnis kündigen und übergibt Klaus Lang das Kündigungsschreiben.

Die Kündigung ist nicht wirksam, da sie nicht allen drei Miterben gegenüber erklärt worden ist.

HAFTUNG FÜR NACHLASSVERBINDLICHKEITEN

Grundsätzlich haften die Erben gemeinschaftlich für alle Nachlassverbindlichkeiten. Ausnahme: Der Erblasser kann durch letztwillige Verfügung anordnen, dass einer seiner Erben ein Vermächtnis oder eine Auflage allein zu erfüllen hat. Der Erbe, der das Hausgrundstück erhält, soll nach dem Testament auch den Kredit zurückzahlen, mit dem der Hausbau finanziert worden ist. Dann belasten diese Nachlassverbindlichkeiten nur diesen einen Erben.

GEMEINSAM UND GEMEINSCHAFTLICH

Gemeinsam haften die Erben nur für gemeinschaftliche Nachlassverbindlichkeiten.

Es stellt sich die Frage, mit welchem Vermögen die Erben haften: nur mit dem Nachlass oder auch mit ihrem eigenen Vermögen? Haften sie beschränkt oder unbeschränkt? Dazu finden zunächst die allgemeinen Vorschriften gemäß §§ 1967 bis 2017 BGB Anwendung (siehe Seite 197 ff.).

Weiter muss die Frage beantwortet werden, für welchen Anteil an den gemeinsamen Verbindlichkeiten der einzelne Miterbe haftet: für die volle Summe oder nur entsprechend seiner Erbquote? Für die Antwort sind zunächst die §§ 1967 bis 2017 BGB heranzuziehen. Daneben gibt es noch spezielle Vorschriften in den §§ 2058 bis 2063 BGB.

Ganz wichtig: Jeder Miterbe kann die nachfolgenden Einreden allein geltend machen, wenn die ab Seite 204 f. beschriebenen Voraussetzungen von ihm erfüllt werden:

- Dreimonatseinrede: § 2014 BGB
- Einrede des gerichtlichen Aufgebotsverfahrens: § 2015 BGB
- Einrede der Erschöpfung gegenüber ausgeschlossenen Gläubigern: § 1973 BGB
- Einrede der Erschöpfung gegenüber zu spät kommenden Gläubigern: § 1974 BGB
- Einrede der Erschöpfung des Nachlasses bei Nachlassinsolvenz: § 1989 BGB
- Einrede der Dürftigkeit des Nachlasses: § 1990 BGB.

KLAGE NOCH NICHT MÖGLICH

Vor Annahme der Erbschaft können Sie nicht von einem Nachlassgläubiger verklagt werden.

Erfüllung von Nachlassverbindlichkeiten

Die Miterben sind verpflichtet, aus dem Nachlass zunächst die Nachlassgläubiger zu befriedigen. Halten Sie sich daran! Dieses Vorgehen ist sowohl für die Nachlassgläubiger als auch für Sie als Mitglied der Erbengemeinschaft vorteilhaft. Sind alle Gläubiger vor Nachlassteilung befriedigt, stellen sich die Probleme, womit und wofür Sie nach der Teilung haften, nicht mehr.

Belastet eine Nachlassverbindlichkeit nur einen der Erben, ist diese nur aus seinem Anteil zu begleichen.

WANN EINE KLAGE UNAUSWEICHLICH IST

Sie haben als Erbe das Recht, von Ihren Miterben zu verlangen, dass zunächst die gemeinschaftlichen Nachlassverbindlichkeiten beglichen werden. Sind dazu keine ausreichenden Geldmittel vorhanden, müssen Nachlassgegenstände veräußert werden. Dafür ist ein gemeinsamer einstimmiger Beschluss der Erbengemeinschaft erforderlich. Weigert sich einer der Erben, so muss er verklagt werden. Einen anderen Weg gibt es nicht.

Beschränkung der Haftung

So wie Sie für die Zahlung der Nachlassverbindlichkeiten vor Teilung des Nachlasses gesorgt haben, müssen Sie auch die zur Beschränkung der Haftung notwendigen Maßnahmen vor der Teilung einleiten. Nachher ist es zu spät – Ihre Position hat sich mit der Teilung, was die Haftung angeht, verschlechtert.

Nachlassverwaltung

Die Anordnung der Nachlassverwaltung führt zur Beschränkung der Haftung auf den Nachlass. Ein Miterbe allein kann die Nachlassverwaltung nicht beantragen. Der Antrag muss vor der Teilung gestellt werden. Nach der Teilung ist er nicht mehr zulässig.

Inventarerrichtung und Aufgebotsverfahren

Die Inventarerrichtung dagegen kann jeder Erbe einleiten (siehe Seite 200 f.). Auf ein ordnungsgemäß errichtetes Inventar kann sich jeder der Miterben berufen. Dies gilt allerdings nicht für den, der den Nachlassgläubigern gegenüber bereits unbeschränkt haftet. Das ist der Fall, wenn er selbst ein unrichtiges Inventar eingereicht hat.

Für das gerichtliche Aufgebotsverfahren gemäß §§ 1970 ff. BGB gelten keine Besonderheiten (siehe Seite 199 f.), jeder Erbe kann es allein beantragen.

Besondere Einrede bis zur Teilung

Bis zur Teilung des Nachlasses kann jeder Erbe einen Nachlassgläubiger auf den Nachlass verweisen; er ist nicht verpflichtet, die Nachlassschuld aus seinem Privatvermögen zu bezahlen.

Haftet der Erbe bereits unbeschränkt, muss er auch aus seinem Privatvermögen Zahlung leisten, allerdings nur begrenzt auf die Höhe seiner Erbquote. Beträgt sein Erbanteil ein Drittel, muss er auch nur ein Drittel der Schuld aus seiner Tasche bezahlen.

Beispiel: Der Nachlass von Sophie Lang ist noch nicht unter ihren Kindern als Erben aufgeteilt. Udo Scholz verlangt von Klaus Lang die Rückzahlung eines Darlehens in Höhe von 20 000 €, das er Sophie Lang vor Jahren gewährt hatte.

Klaus Lang muss das Darlehen nicht aus seinem Privatvermögen zahlen. Vor Teilung des Nachlasses hat er die Möglichkeit der Einrede und kann auf die Haftung der Erbengemeinschaft verweisen, die die Rückzahlung aus dem Nachlass vornehmen muss. Verlangt Udo Scholz die Rück-

INFO **Einrede**

Auf die Einrede der Haftungsbeschränkung muss sich der Erbe in einem Rechtsstreit ausdrücklich berufen. Macht er sie nicht geltend, wird sie auch nicht berücksichtigt. Er muss dann in voller Höhe zahlen.

zahlung unmittelbar nach dem Tod von Sophie Lang, kann Klaus Lang auch die Dreimonatseinrede geltend machen (siehe Seite 204 f.).

Privataufgebot und Haftung

Bei Erbengemeinschaften gibt es – anders als beim Einzelerben – neben dem gerichtlichen auch ein privates Aufgebotsverfahren: Jeder Miterbe kann die Nachlassgläubiger auffordern, ihre Forderungen bei ihm oder dem Nachlassgericht innerhalb von sechs Monaten anzumelden. Die Aufforderung muss vor der Teilung des Nachlasses erfolgen und im Bundesanzeiger veröffentlicht werden, der Erbe muss also die Anzeige aufgeben. Nach ihrem Erscheinen beginnt die Frist von sechs Monaten zu laufen.

Meldet der Gläubiger seine Forderung nicht rechtzeitig an, so haftet jeder der Erben nach Fristablauf und Teilung nur noch anteilig für die Schuld. Die Kosten des privaten Aufgebotsverfahrens hat der Erbe zu tragen, der es durchführt. Es entstehen Kosten für die Anzeige und, wenn die Gläubiger aufgefordert worden sind, ihre Forderungen beim Nachlassgericht anzumelden, weitere Kosten nach der Kostenordnung von einem Viertel der vollen Gebühr, berechnet nach dem Gesamtbetrag der angemeldeten Forderungen (siehe Seite 313 ff.).

Haftung nach der Teilung

Wenn der Nachlass unter den Erben aufgeteilt worden ist, obwohl noch nicht alle Nachlassgläubiger befriedigt worden sind (das sollte zwar nicht vorkommen, geschieht aber in der Praxis dennoch), haftet jeder Erbe grundsätzlich für die gesamte Schuld in voller Höhe. Der Gläubiger erhält die Zahlung natürlich nur einmal.

Ausnahmen von der vollen Haftung: Die Haftung begrenzt sich auf eine Quote der Schuld entsprechend der Erbquote (zum Beispiel ein Drittel Erbanteil = ein Drittel der Schuld), wenn die folgenden Voraussetzungen vorliegen:

- Der Gläubiger ist im Aufgebotsverfahren ausgeschlossen worden. Auf diesen Ausschluss kann sich jeder Miterbe, auch der unbeschränkt haftende, beziehen. Das Ausschlussurteil muss vor Teilung ergangen sein.
- Der Gläubiger macht seine Ansprüche später als fünf Jahre nach dem Erbfall erstmals geltend, und der Erbe kannte sie vorher auch nicht.
- Das Nachlassinsolvenzverfahren ist durchgeführt und durch Verteilung der Masse beendet worden.

Liegt eine dieser Voraussetzungen vor, haftet der Erbe nur für einen Teil der Schuld. Mit welchem Vermögen er haftet (ob nur mit dem Anteil am Nachlass oder mit seinem Privatvermögen), bestimmt sich danach, ob die Haftung auf den Nachlassanteil beschränkt ist.

Das ist der Fall, wenn vor Teilung eine Nachlassverwaltung angeordnet oder ein Nachlassinsolvenzverfahren eröffnet wor-

INFO **Interne Ausgleichspflicht**

Erben sind untereinander ausgleichspflichtig, wenn ein Erbe einen Nachlassgläubiger befriedigt. Allerdings: Derjenige, der gezahlt hat, bekommt nicht stets einen anteiligen Ausgleich in Höhe des verauslagten Betrags.

Die Frage der internen Ausgleichspflicht richtet sich danach, wie und womit die einzelnen Miterben haften. Vorschnelle Befriedigung kann oftmals für Sie nachteilig sein. Klären Sie die Rechtslage, bevor Sie zahlen!

den ist. Haftet der Erbe unbeschränkt, kann der Gläubiger in Höhe des geschuldeten Teils Zahlung aus dem Privatvermögen des Erben verlangen.

Ferner haftet der Erbe nur mit den erhaltenen Nachlassgegenständen, wenn er sich auf die Erschöpfungseinrede, Dürftigkeitseinrede, den Ausschluss im Aufgebotsverfahren oder die Verschweigung berufen kann.

Beispiel: Sigrid, Bettina und Klaus haben den Nachlass entsprechend der Teilungsanordnung ihrer Mutter unter sich aufgeteilt. Jetzt meldet sich Udo Scholz bei Klaus Lang und will 20 000 € von ihm haben. Muss Klaus Lang, der ein Bankguthaben in Höhe von 100 000 € und einen Miteigentumsanteil an dem Mietshaus in Höhe von einem Drittel erhalten hat, zahlen?

Ja, Klaus Lang muss die gesamte Schuld in Höhe von 20 000 € zahlen, da sein Erbanteil von einem Drittel – allein das Bankguthaben hat einen Wert von 100 000 € (also keine Möglichkeit der Erschöpfungseinrede) – höher ist als die Schuld. Aber: Klaus kann von seinen Schwestern einen Ausgleich entsprechend ihren Erbquoten, jeweils also ein Drittel, verlangen, da auch die Schwestern mehr als die Darlehenshöhe aus dem Nachlass erhalten haben und alle drei jeweils nur ein Drittel erhalten sollen.

AUSEINANDERSETZUNG

Die Erbengemeinschaft ist eine Zwangsgemeinschaft. Schon bei der Verwaltung können Probleme auftreten, die zu Streit unter den Miterben führen. Unterschiedliche Interessen der einzelnen Miterben erschweren gemeinsame Entscheidungen. Das BGB liefert zwar einige Vorschriften für die Auseinandersetzung unter den Miterben, doch einigen müssen sie sich allein. Andernfalls sind langwierige gerichtliche Auseinandersetzungen zur Abwicklung einer Erbengemeinschaft die Folge. Im Ergebnis zahlt dabei jeder Miterbe drauf! Versuchen Sie daher, sich möglichst auf dem Wege des gegenseitigen Nachgebens mit Ihren Miterben zu einigen. Die könnte auch über eine Mediation versucht werden (siehe Seite 227).

Anspruch auf Auseinandersetzung

Weil die Erbengemeinschaft nicht auf Dauer bestehen soll, kann jeder Erbe von den anderen jederzeit verlangen, dass der Nachlass auseinander gesetzt, also nach Zahlung der Nachlassverbindlichkeiten verteilt wird. Von diesem Grundsatz gibt es jedoch einige Ausnahmen:

Aufschub Steht ein möglicher Miterbe noch nicht fest, ist die Auseinandersetzung bis zur Klärung aufgeschoben. Dies kann der Fall sein, wenn die Geburt eines Miterben noch zu erwarten ist oder die vom Erblasser errichtete Stiftung noch genehmigt werden muss. Außerdem kann jeder Miterbe verlangen, dass die Auseinandersetzung bis zur Beendigung eines Aufgebotsverfahrens zur Ermittlung unbekannter Nachlassgläubiger aufgeschoben wird. Dieses Recht dient dem Grundsatz, dass die Nachlassverbindlichkeiten zunächst aus dem Nachlass zu befriedigen sind.

Ausschluss durch letztwillige Verfügung

Der Erblasser oder die Erblasserin können durch letztwillige Verfügung anordnen, dass die Teilung des Nachlasses ausgeschlossen ist. Dieser Ausschluss ist zulässig für höchstens 30 Jahre ab Eintritt des Erbfalls. Er kann aber auch an ein bestimmtes Ereignis – Volljährigkeit des als Erbe eingesetzten Abkömmlings – gebunden werden, dann gilt die zeitliche Beschränkung von 30 Jahren nicht.

Die Ausschließung kann auch auf bestimmte Nachlassgegenstände beschränkt sein: Zum Beispiel wird die Auseinandersetzung für die Grundstücke der Erblasserin ausgesetzt, bis der jüngste Enkel 25 Jahre alt ist. Die Folge der testamentarischen Ausschließung der Auseinandersetzung für die Miterben ist, dass sie an diese Anordnung gebunden sind. Nur wenn sich alle Erben einig sind, können sie von der Anordnung abweichen.

Es ist also Einstimmigkeit erforderlich. Kein Erbe hat Anspruch auf Zustimmung des anderen, keiner kann die Auseinandersetzung gegen den Willen der übrigen durchsetzen.

WANN IST TROTZ AUSSCHLUSS EINE TEILUNG MÖGLICH?

Liegt ein wichtiger Grund vor, kann die Teilung des Nachlasses verlangt werden, auch wenn sie im Testament ausgeschlossen wurde. Wann dieser vorliegt, bestimmt sich nach den Umständen des Einzelfalls. Ein wichtiger Grund kann sein, dass die Erben so zerstritten sind, dass eine gemeinsame Verwaltung unmöglich ist.

Testamentsvollstreckung und Auseinandersetzung

Hat der Erblasser Testamentsvollstreckung für alle Miterben angeordnet, dann hat der Testamentsvollstrecker die Auseinandersetzung vorzunehmen oder aber die entsprechenden letztwilligen Verfügungen über den Ausschluss der Auseinandersetzung zu beachten. Die Erben können nicht durch einen eigenen Auseinandersetzungsplan die Anordnungen des Erblassers durchkreuzen. Aber auch hier gilt: Sind sich Testamentsvollstrecker und alle Erben einig, können sie von dem Willen des Erblassers abweichen.

Auseinandersetzung nach Erbquoten

Nach Zahlung der Nachlassverbindlichkeiten wird grundsätzlich der verbleibende Nachlass nach Erbquoten auf die Erben verteilt. Wenn sich die Erben einig sind, können sie aber auch zunächst nur einen Teil der Nachlassgegenstände verteilen und die restliche Nachlassauseinandersetzung später vornehmen. So werden die Erben Geld und einfach zu bewertende Gegenstände unproblematisch unter sich aufteilen können, während sie für Grundstücke und andere wertvolle Gegenstände zunächst wohl Wertgutachten werden einholen wollen.

Teilungsanordnungen sind zu befolgen. Setzen sich die Erben über den Nachlass auseinander, sind als Erstes die Anordnungen des Erblassers zu beachten. Die Aufteilung ist entsprechend der Teilungsanordnung vorzunehmen. Von solchen Anordnungen können die Erben nur durch einstimmigen Beschluss abweichen.

Ausgleichsansprüche sind zu beachten. Sind Abkömmlinge als gesetzliche Erben untereinander ausgleichspflichtig, müssen die Ansprüche bei der Auseinandersetzung beachtet werden. Zu den Ausgleichspflichten siehe Seite 24 ff.

Auch Ausgleichspflichten, die sich aus einem Testament oder einem Erbvertrag ergeben, sind zu berücksichtigen (siehe Seite 104).

Auseinandersetzung durch Vereinbarung zwischen den Erben. Sind sich die Erben über die Aufteilung einig oder ergibt sich diese aus einer Teilungsanordnung, müssen die Gegenstände auf den jeweiligen Erben übertragen werden. Die Regelung sollte von den Erben schriftlich festgehalten werden, damit jeder Klarheit darüber hat, wie die Auseinandersetzung aussieht. Eine solche Vereinbarung ist grundsätzlich formlos möglich.

Ausnahme. Grundstücke: Diese Formlosigkeit gilt nicht, wenn zum Nachlass Grundstücke gehören. In diesem Fall müssen Auseinandersetzungsvereinbarungen insgesamt vor dem Notar abgeschlossen werden, sonst sind sie nicht wirksam. Das heißt, wenn sich die Erben streiten, können aus einer nur schriftlich abgeschlossenen Vereinbarung keine Ansprüche von den Erben abgeleitet werden. Die Auseinandersetzung beginnt von vorn!

Kosten

Wird die gesamte Auseinandersetzungsvereinbarung vor dem Notar abgeschlossen, entstehen für die notarielle Beurkundung Kosten in Höhe von zwei vollen Gebühren nach der Kostenordnung, berechnet nach dem Wert des zu verteilenden Nachlasses. Wird dagegen nur die Auseinandersetzung über das Grundstück durch notariellen Vertrag beurkundet, richtet sich der Wert für die Berechnung der zwei vollen Gebühren nur nach dem (geringeren) Grundstückswert.

Um Notarkosten zu sparen, können die Erben eine formlose Teilauseinandersetzung ohne Grundstücksaufteilung vornehmen. Danach werden in einem zweiten Schritt das Grundstück oder die Grundstücke verteilt; dabei ist die notarielle Form zu beachten. Zur wirksamen Auseinandersetzung ist die Übertragung des Eigentums zu Bruchteilen auf die Erben oder des Alleineigentums auf einen Erben notwendig, da die Erbengemeinschaft an den zum Nachlass gehörenden Grundstücken

TIPP **Zweifel?**

Wenn Sie Zweifel haben, dass Ihre Miterben sich an die Auseinandersetzungsvereinbarung halten, sollten Sie in jedem Fall darauf bestehen, dass für den gesamten Nachlass ein notarieller Auseinandersetzungsvertrag geschlossen wird!

insgesamt ungeteiltes Eigentum erworben hat. Dieser Vertrag muss vor einem Notar geschlossen werden.

Der Weg der „Zweiteilung" setzt aber voraus, dass alle Erben sich einig sind und davon ausgehen können, dass beide Auseinandersetzungsvereinbarungen auch abgeschlossen werden und jeder Miterbe sich daran hält.

Beispiel: Sophie Lang ist gestorben, ohne ein Testament verfasst zu haben. Der Nachlass besteht aus dem mit einem Mietshaus bebauten Grundstück sowie Schmuck, Hausrat und Bankguthaben im Wert von je 100 000 €.

Gesetzliche Erben sind Sigrid, Bettina und Klaus zu je einem Drittel. Sie wollen den Nachlass teilen, den Schmuck soll Bettina, den Hausrat Sigrid und das Bankguthaben Klaus erhalten. An dem Grundstück wollen sie zu je einem Drittel beteiligt werden. Das Grundstück hat einen Wert von 600 000 €.

Die Geschwister Lang können über den gesamten Nachlass einen Erbauseinandersetzungsvertrag vor dem Notar schließen. Dabei entstehen Kosten, berechnet für einen Nachlasswert in Höhe von 900 000 €. Verteilen die Geschwister Lang aber Bankguthaben, Schmuck und Hausrat und schließen einen notariellen Erbauseinandersetzungsvertrag nur über das Grundstück, vermindern sich die Notarkosten, da diese auf den Wert des Grundstücks in Höhe von 600 000 € berechnet werden.

Alternative

Die Erben haben aber auch die Möglichkeit, durch gemeinsame Vereinbarung – formlos – die Auseinandersetzung zum Beispiel in Bezug auf das Grundstück auf Dauer oder Zeit auszuschließen. Dann sind sie als Erbengemeinschaft weiterhin Grundstückseigentümer, und es entstehen gar keine Notarkosten. Dieser Weg bietet sich an, wenn die Erben entweder kurzfristig das Grundstück gemeinsam verkaufen oder auf Dauer gemeinsam im Eigentum behalten möchten.

Einigung durch Vermittlung des Nachlassgerichts

Einigen die Erben sich nicht, kann jeder der Miterben das Nachlassgericht mit der Bitte um Vermittlung anrufen. Das Gericht hört die Erben an und vermittelt – einigen müssen sich die Erben aufgrund eigener Entscheidung.

Für das gerichtliche Vermittlungsverfahren entstehen Kosten nach der Kostenordnung in Höhe von zwei vollen Gebühren, berechnet nach dem Wert des zu verteilenden Nachlasses. Einigen sich die Erben und beurkundet das Gericht die Vereinbarung, entstehen zwei weitere volle Gebühren.

Sind sich die Erben über die Auseinandersetzung nicht einig, bringt auch ein gerichtlicher Vermittlungsversuch meist nichts (außer Kosten!). Es bleibt dann nur der Weg der gerichtlichen Auseinandersetzung.

Einigung mithilfe eines Mediators

Sind sich die Erben über die Auseinandersetzung uneinig, aber bereit, eine gemeinsame Lösung zu finden, bietet sich eine Mediation an (Adressvorschläge finden Sie auf Seite 316). Die Erben müssen dann gemeinsam einen Mediator, der auf dem Gebiet des Erbrechts erfahren ist, beauftragen.

Der Mediator als neutraler Dritter führt Gespräche mit allen Erben mit dem Ziel, dass diese eine Lösung ihres Streits über die Auseinandersetzung selbst finden. Diese wird dann von dem Mediator in einem Protokoll festgehalten, das die Erben ebenfalls unterschreiben.

Eine Mediation ist für eine Erbengemeinschaft der schnellere und kostengünstigere Weg zur Konfliktlösung und sie führt zur Befriedung der Miterbengemeinschaft. Sie ist deshalb der Vermittlung durch das Nachlassgericht und erst recht einem jahrelangen Rechtsstreit über die Auseinandersetzung vorzuziehen. Sie setzt aber die Bereitschaft aller Miterben voraus, daran mitzuwirken.

Teilungsversteigerung bei Grundstücken

Wenn sich die Erben bei der Auseinandersetzung über Nachlassgrundstücke nicht einigen können, hat jeder Erbe das Recht, die Teilungsversteigerung zu beantragen, das heißt, es wird die Zwangsversteigerung des Grundstücks angeordnet. Sie bezieht sich auf das gesamte Grundstück, nicht nur auf den Anteil desjenigen Erben, der die Versteigerung beantragt.

Jeder Erbe, aber auch jeder Dritte kann das Grundstück ersteigern. Die Zwangsversteigerung ist damit auch ein Mittel, um andere Miterben aus dem Grundstück herauszudrängen. Dabei werden meistens nicht die Verkehrswerte als Erlöse erreicht, und ein geschickt taktierender Erbe wird versuchen, das Grundstück selbst oder über einen Dritten günstig zu ersteigern.

TIPP **Zwangsversteigerung**

Wenn Sie einen Antrag auf Einstellung des Zwangsversteigerungsverfahrens stellen, müssen Sie gute Gründe vortragen, die möglichst konkret eine bessere Verwertung aufzeigen!

TIPP **Der einzige Weg**

Sind Sie mit Ihren Miterben ernsthaft zerstritten, ist die Auseinandersetzungsklage der einzige und letzte Weg zur Beendigung der Erbengemeinschaft.

Verhindern können die anderen Erben dies nur, indem sie es selbst ersteigern.

Auf Antrag eines der Erben kann das Gericht für die Dauer von sechs Monaten das Zwangsversteigerungsverfahren einstellen. Die Erben haben dann die Möglichkeit, noch einmal gemeinsam einen besseren Weg des Verkaufs zu suchen. Die einstweilige Einstellung darf das Gericht aber nur nach Abwägung der unterschiedlichen Interessen der beteiligten Erben bewilligen. Sind die sechs Monate abgelaufen, kann das Gericht auf Antrag die Einstellung für weitere sechs Monate bewilligen.

Ist die Zwangsversteigerung durchgeführt worden, tritt der Erlös an die Stelle des Grundstücks. Dies bedeutet, dass er in den Nachlass fällt und die Erben sich über die Verteilung einigen müssen.

Auseinandersetzungsklage

Erreichen die zerstrittenen Erben keine Einigung über die Auseinandersetzung, kann nur der langwierige, zusätzliche Kosten verursachende Weg einer Auseinandersetzungsklage zur Aufteilung des Nachlasses führen. Diese Klage setzt voraus, dass der Nachlass teilungsreif ist. Das ist der Fall, wenn er in seinem Umfang feststeht. Die Nachlassverbindlichkeiten müssen dagegen noch nicht beglichen worden sein, ihre vorrangige Bezahlung kann mit in die Klage einbezogen werden.

Die Klage ist gerichtet auf Zustimmung zu einem bestimmten Teilungsplan. Dies bedeutet, dass der klagende Erbe einen genauen Aufteilungsplan unter Berücksichtigung der Nachlassverbindlichkeiten und deren Befriedigung zu entwerfen hat. Er ist Gegenstand der Klage, die einiger Vorbereitung bedarf, denn gerade bei umfangreichen Nachlässen ist ein solcher Teilungsplan nicht einfach aufzustellen.

Hat das Gericht dem Teilungsplan zugestimmt, ist die Auseinandersetzung unter den Miterben danach durchzuführen.

Zuständig für die Klage ist das Amts- oder Landgericht, in dessen Bezirk der Erblasser seinen letzten Wohnsitz hatte. Mit der Einreichung muss der klagende Erbe die Gebühren nach dem Gerichtskostengesetz, berechnet nach dem Wert seines Erbanteils, einzahlen.

WANN MUSS EIN RECHTSANWALT TÄTIG WERDEN?

Mit Einreichung der Auseinandersetzungsklage müssen Sie einen Rechtsanwalt beauftragen, wenn der Wert Ihres Erbanteils höher als 5 000 € ist. Denn dann ist das Landgericht zuständig, und dort können Sie sich nicht selbst vertreten.

TIPP Auf die Reihenfolge kommt es an

Beachten Sie gemeinsam mit den anderen Erben bei der Nachlassabwicklung folgende Reihenfolge:

- **Bestandsaufnahme:** Was gehört zum Nachlass? (siehe Seite 87 f.) Welche Ansprüche auf Herausgabe von Erbschaftsgegenständen müssen Sie geltend machen? (siehe Seite 206 f.)
- **Nachlassverbindlichkeiten:** Welche Schulden des Erblassers müssen befriedigt werden, welche Verbindlichkeiten entstehen mit dem Erbfall und welche bei der Abwicklung des Nachlasses? Reicht die Erbschaft aus, um alles zu bezahlen und zu erfüllen?
- **Haftung:** Welche Maßnahmen zur Haftungsbeschränkung können/müssen Sie einleiten? (siehe Seite 219 ff.)
- **Pflichtteilsansprüche:** Sind Pflichtteilsansprüche zu berechnen und zu erfüllen? Gibt es noch Pflichtteilsergänzungsansprüche oder Zusatzpflichtteilsansprüche? (siehe Seite 29 ff.)
- **Vermächtnisse:** Welche Vermächtnisse sind wie zu erfüllen? Hat der Vermächtnisnehmer seine Ansprüche angemeldet? Sonst müssen Sie ihm eine Frist setzen.
- **Auflagen:** Welche Auflagen des Erblassers oder der Erblasserin sind zu erfüllen?
- **Sonstige Anordnungen:** Liegen eine Teilungsanordnung oder sonstige zu beachtende Anordnungen des Erblassers oder der Erblasserin vor?
- **Ausgleichsansprüche:** Sind Ausgleichsansprüche unter Abkömmlingen zu berücksichtigen? (siehe Seite 225)
- **Auseinandersetzung:** Der restliche Nachlass ist unter den Miterben nach dem Verhältnis ihrer Erbquoten zu verteilen.
- **Steuern:** Erbschaftsteuern und eventuell durch die Auseinandersetzung anfallende Einkommensteuern sind zu bedenken (siehe Seite 253 ff.).
- **Streitigkeiten:** Vermeiden Sie Streit über die Auseinandersetzung. Versuchen Sie in Gesprächen, Streitpunkte auszuräumen. Schalten Sie einen Mediator ein. Streitige Auseinandersetzungen vor Gericht kosten mehr Zeit und Geld! Können Sie sich mit Ihren Miterben über die Auseinandersetzung nicht einigen, müssen Sie gerichtliche Schritte einleiten (siehe Seite 228).

Auch Rechtsanwaltsgebühren werden fällig, die der klagende Erbe zunächst verauslagen muss. Sie belaufen sich in der Regel auf 2,5 Gebühren nach dem Rechtsanwaltsvergütungsgesetz, berechnet nach dem Wert des Erbanteils. Gewinnen Sie den Rechtsstreit, haben Sie einen Kostenerstattungsanspruch gegen die Miterben.

Steuerliche Folgen

Der Erwerb der Erbschaft führt zu Erbschaftsteuern. Die Miterbenauseinandersetzung kann zu zusätzlichen Einkommensteuern führen. Bevor Sie sich mit Ihren Miterben über die endgültige Auseinandersetzung einigen, müssen Sie sich über die steuerlichen Folgen im Klaren sein – lesen Sie dazu Seite 288.

DER VOLLSTRECKER

TESTAMENTS-VOLLSTRECKUNG

Wer in einem Testament oder Erbvertrag über sein Vermögen verfügt, möchte, dass sein letzter Wille auch wirklich vollzogen wird. Ein Mittel, die Ausführung der Verfügungen für den Todesfall sicherzustellen, ist die Einsetzung eines Testamentsvollstreckers. Er hat den Nachlass nach dem Tod des Erblassers oder der Erblasserin zu verteilen und muss ihn unter Umständen zumindest für einige Zeit auch verwalten.

BERUFUNG DES TESTAMENTSVOLLSTRECKERS

Ein Erblasser ist gut beraten, eine geschäftlich erfahrene neutrale Person als Testamentsvollstrecker zu berufen. Dieser kann das Vertrauen der Erben gewinnen und für einen gerechten Interessenausgleich sorgen. Das ist bei komplizierten Familienverhältnissen und untereinander zerstrittenen Erben wie auch bei einer Dauervollstreckung wichtig.

Die Berufung des Testamentsvollstreckers muss immer in einer letztwilligen Verfügung, also in einem Testament oder einem Erbvertrag, geschehen. Eine sonstige mündliche oder auch schriftliche Einsetzung ist unwirksam. Normalerweise wird eine bestimmte Person zum Testamentsvollstrecker berufen, es können aber auch mehrere Testamentsvollstrecker eingesetzt werden. Auch eine juristische Person, also eine Bank, ein Verein oder eine Vermögensverwaltungsgesellschaft kann dazu berufen werden.

Empfehlenswert ist es, mit dem eingesetzten Testamentsvollstrecker bei Abfassung des Testaments zu klären, ob er zur Übernahme des Amtes bereit ist. Für den Fall, dass der eingesetzte Testamentsvollstrecker nach dem Erbfall das Amt nicht übernimmt oder während der Testamentsvollstreckung stirbt, sollte der Erblasser in seiner letztwilligen Verfügung einen Ersatztestamentsvollstrecker benennen.

Im Testament oder Erbvertrag muss das Wort „Testamentsvollstrecker" nicht unbedingt vorkommen – allerdings ist es sinnvoll, es aus Gründen der Klarheit zu verwenden. Es kann sich auch aus der Formulierung der letztwilligen Verfügung ergeben, dass der oder die Testierende eine Testamentsvollstreckung gewollt hat.

Beispiel: Wilhelm Müller macht folgendes Testament:

Mein letzter Wille
Ich setze meine beiden Kinder Ina und Klaus zu meinen Erben ein. Mein Bruder Heinrich soll als Testamentsvollstrecker dafür sorgen, dass mein Vermögen unter ihnen gerecht verteilt wird.
Köln, den 2. März 2005
Wilhelm Müller

oder

Beispiel: Wilhelm Müller macht folgendes Testament:

Mein letzter Wille
Ich setze meine beiden Kinder Ina und Klaus zu meinen Erben ein. Mein Bruder Heinrich soll dafür sorgen, dass mein Vermögen unter ihnen gerecht verteilt wird.
Köln, den 2. März 2005
Wilhelm Müller

In dieser Verfügung kommt das Wort „Testamentsvollstrecker" nicht vor, dennoch ist klar, dass Herr Müller eine Testamentsvollstreckung angeordnet hat.

Zum Testamentsvollstrecker kann nur berufen werden, wer voll geschäftsfähig ist. Minderjährige können nicht eingesetzt werden und ebenso wenig Personen, für die eine Betreuung zur Erledigung ihrer Vermögensangelegenheiten angeordnet wurde.

AUSWAHL DURCH DRITTE

Es ist möglich, die Auswahl des Testamentsvollstreckers einem Dritten oder dem Nachlassgericht zu überlassen (§§ 2198, 2200 BGB). Überlegen Sie, ob Sie das wollen. Ein Testamentsvollstrecker hat sehr umfangreiche Befugnisse (siehe Seite 234 ff.) und wenn Sie sich zur Anordnung der Testamentsvollstreckung entschließen, sollten Sie sehr gründlich prüfen, ob Sie der Person oder der Organisation, die Sie berufen, wirklich vertrauen können.

INFO Problematisch: ein Miterbe als Testamentsvollstrecker

Es ist möglich, einen der Miterben zum Testamentsvollstrecker zu bestimmen. Ein Miterbe, der zugleich Testamentsvollstrecker ist, wird gegenüber anderen Erben deutlich herausgehoben. Das kann Vorteile haben. Es kann aber auch dazu führen, dass er seine eigenen Interessen stärker verfolgt als die der anderen Miterben.
Überlegen Sie auch hier, ob Sie das wirklich wollen. Besprechen Sie Ihr Testament oder Ihren Erbvertrag möglichst mit Ihren künftigen Erben, und holen Sie fachkundigen Rat ein.

... beim gemeinschaftlichen Testament

Es kommt häufig vor, dass Eheleute sich im Testament oder Erbvertrag gegenseitig als Erben und zugleich einen Testamentsvollstrecker einsetzen. In diesem Fall fragt es sich, ob dies schon für den ersten Erbfall (also beim Tod des ersten Ehegatten) oder erst für den zweiten Erbfall (also nach dem Tod des zweiten Ehegatten) gelten soll.

Beispiel: Das Ehepaar Meier macht folgendes gemeinschaftliche Testament:

> *Unser Testament*
>
> *Wir setzen uns gegenseitig zu Alleinerben ein. Nach dem Tode des zuletzt Verstorbenen sollen unsere beiden Kinder unsere Erben sein. Zu unserem Testamentsvollstrecker ernennen wir Herrn Rechtsanwalt Müller.*
>
> *Köln, den 3. Februar 2002*
>
> *Eva Meier, Stefan Meier*

Angenommen, Herr Meier hat das gemeinsame Familienvermögen – auch das seiner Frau – während der Ehe allein verwaltet. Dann aber stirbt Frau Meier vor ihrem Mann.

Soll die Testamentsvollstreckung tatsächlich bereits nach ihrem Tod wirksam werden? Dann fände Herr Meier sich in einer Situation wieder, die ihn wohl überraschen würde. Er würde zwar Alleinerbe, könnte aber das Vermögen seiner Frau nicht mehr wie bisher verwalten.

FORMULIEREN SIE IHRE ANORDNUNG KLAR UND DEUTLICH

Überdenken Sie die Konsequenzen Ihrer Anordnung. Stellen Sie im Testament oder im Erbvertrag unmissverständlich klar, ob die Testamentsvollstreckung schon für den Tod des zuerst Versterbenden oder erst für den Fall gewollt ist, dass Ihre Kinder – oder wen immer Sie sonst benennen – Ihre Erben werden. Fachkundiger Rat ist dabei hilfreich.

Ehegatte als Testamentsvollstrecker

Häufig setzen sich Eheleute in einer letztwilligen Verfügung auch gegenseitig als Testamentsvollstrecker ein. Für den überlebenden Partner kann das eine Hilfe und eine sinnvolle Heraushebung gegenüber anderen Miterben sein. Bedenken Sie aber auch: Ihr Ehegatte kann als Testamentsvollstrecker sehr frei verfügen.

Unter Umständen wird er das hinterlassene Vermögen über viele Jahre verwalten, vielleicht auch noch einmal einen neuen Partner oder eine neue Partnerin finden. Dann kann es schnell zu Konflikten mit den anderen Familienangehörigen kommen.

AUFGABEN UND BEFUGNISSE DES TESTAMENTSVOLLSTRECKERS

Der Name sagt es: Die Aufgabe besteht darin, das Testament zu „vollstrecken". Das heißt, die letztwillige Verfügung des oder der Verstorbenen auszuführen. Um sich gegenüber Dritten zu legitimieren, erhält der Testamentsvollstrecker auf Antrag vom Nachlassgericht ein Testamentsvollstreckerzeugnis. Die Testamentsvollstreckung ist auch im Erbschein zu vermerken (siehe Seite 2451 ff.).

Im konkreten Fall können die Aufgaben des Testamentsvollstreckers sehr unterschiedlich aussehen. Er kann lediglich die Aufgabe haben, den Nachlass an die berufenen Erben zu verteilen (Abwicklungsvollstreckung); er kann aber auch beauftragt sein, den Nachlass über längere Zeit zu verwalten (Dauervollstreckung).

Beispiel: Herr Meier, mit zwei erwachsenen Töchtern und einem minderjährigen Sohn, macht folgendes Testament:

Mein letzter Wille
Ich setze meine drei Kinder Elisabeth, Katrin und Dieter zu meinen Erben ein. Für meinen Sohn Dieter setze ich Herrn Rechtsanwalt Müller als Testamentsvollstrecker ein, bis Dieter 25 Jahre alt geworden ist.
Dresden, den 3. März 2001
Hans Meier

Wenn Herr Meier stirbt, werden die beiden Töchter und der Sohn zu gleichen Teilen Erben seines Vermögens. Die Töchter bekommen ihren Erbteil sofort nach dem Tod des Vaters. Für Dieter besteht Testamentsvollstreckung bis zu seinem 25. Geburtstag. Bis zu diesem Zeitpunkt verwaltet Rechtsanwalt Müller Dieters Erbe und hat es dann an ihn herauszugeben.

Sie können diese Befugnisse einschränken und zum Beispiel die Testamentsvollstreckung auf einzelne Erben oder auch auf einzelne Gegenstände Ihres Nachlasses beschränken.

Beispiel: Frau Hansen betreibt eine Arztpraxis und besitzt ein Vermögen von 300 000 €. Sie hat eine Tochter, die Medizin studiert und die Praxis gern übernehmen würde. Frau Hansen hinterlässt folgendes Testament:

Mein Testament
Meine Tochter Julia soll meine Alleinerbin sein.
Bis zum Abschluss ihrer Facharztausbildung soll hinsichtlich meiner Praxis mein Bruder Hans Testamentsvollstrecker sein.
Lübeck, den 4. April 2001
Eva Hansen

Wenn Frau Hansen stirbt, bevor Julia ihre Facharztausbildung abgeschlossen hat, erbt die Tochter den Geldbetrag von 300 000 € sofort. Die Praxis verwaltet Julias Onkel, bis Julia ihre Ausbildung abgeschlossen hat. Danach kann Julia sie übernehmen.

Befugnisse im Einzelnen

Ein Testamentsvollstrecker hat die Verfügungen des oder der Verstorbenen auszuführen (§ 2203 BGB). Er ist berechtigt, den Nachlass in Besitz zu nehmen und über Nachlassgegenstände zu verfügen (§ 2205 BGB). Sind mehrere Erben vorhanden, muss er die Erbschaft entsprechend den Anteilen unter den Erben verteilen (§ 2204 BGB); bis zur Übergabe des hinterlassenen Vermögens an den oder die Erben muss er den Nachlass verwalten (§ 2205 BGB). Dies schließt die Bezahlung der Schulden des Erblassers ein. Dazu zählen auch eventuelle Steuerschulden des Verstorbenen. Der Testamentsvollstrecker ist auch für den Ausgleich der Erbschaftsteuer für den oder die Erben verantwortlich.

Ein Testamentsvollstrecker hat sehr weitgehende Befugnisse. Er kann Schulden machen und bezahlen, Prozesse führen, Konten verwalten, Grundstücke kaufen und verkaufen, genauso wie der oder die Verstorbene selbst. Es gibt nur wenige Einschränkungen, die sich aus der Pflicht zur ordnungsgemäßen Verwaltung (siehe Seite 236 f.), aus dem Schenkungsverbot und dem Verbot von In-sich-Geschäften (siehe Seite 237 f.) oder aus dem Testament oder Erbvertrag ergeben. Gerade diese weitreichenden Befugnisse führen manchmal zu Konflikten mit den Erben, die zwar Eigentümer des ererbten Vermögens geworden sind, aber dennoch nicht darüber verfügen können.

Abwicklungsvollstreckung

In aller Regel geht es einem Erblasser oder einer Erblasserin bei einer Testamentsvollstreckung darum, einen geordneten Übergang des Vermögens auf den oder die Erben sicherzustellen. Der Testamentsvollstrecker soll Vermächtnisse und Auflagen erfüllen, Schulden bezahlen und danach den Nachlass verteilen. Juristen nennen das Abwicklungsvollstreckung.

Der Testamentsvollstrecker muss sich Klarheit über die Vermögensmasse verschaffen, den Erben einen Teilungsplan vorlegen, und er muss die Erben dazu anhören (§ 2204 BGB).

Wenn der Teilungsplan gegen ein Gesetz verstößt oder offensichtlich ungerecht ist, kann er von einzelnen Erben vor Gericht angefochten werden. Solche Prozesse können sehr langwierig und unerfreulich sein.

KÖNNEN ERBEN MITENTSCHEIDEN?

Bedenken Sie: Ein echtes Mitentscheidungsrecht der Erben über die Verteilung des Nachlasses gibt es nicht. Letztlich entscheidet der Testamentsvollstrecker. Der Teilungsplan muss auch nicht von den Erben genehmigt werden, und dies nicht einmal dann, wenn die Erben untereinander über die Verteilung einig sind.

Dauervollstreckung

Es gibt für Erblasser auch die Möglichkeit, zu bestimmen, dass der Nachlass nach ihrem Tod über längere Zeit unter Testamentsvollstreckung steht.

Die Dauervollstreckung endet normalerweise spätestens 30 Jahre nach dem Tod des Erblassers (§ 2210 BGB). Der Erblasser oder die Erblasserin kann aber anordnen, dass sie bis zum Tod des Erben oder des Testamentsvollstreckers oder bis zum Eintritt eines bestimmten Ereignisses in der Person des einen oder anderen fortdauern soll. Dann kann die Dreißig-Jahres-Frist auch überschritten werden.

Beispiel: Herr Krause hinterlässt Frau und Tochter. Er hat folgendes Testament gemacht:

Mein Testament
Ich bestimme meine Tochter Sybille zur Alleinerbin meines Vermögens. Meine Ehefrau soll bis zu ihrem Tod zwei Drittel der Einkünfte aus meinem Vermögen erhalten. Meinen Neffen Frank setze ich zum Testamentsvollstrecker ein.

Berlin, den 12. Mai 2005
Henning Krause

Bei diesem Testament handelt es sich um die Anordnung einer Dauervollstreckung. Der Testamentsvollstrecker hat das Vermögen bis zum Tod von Frau Krause zu verwalten, er muss von den Einkünften ein Drittel an die Tochter, zwei Drittel an Frau Krause zahlen.

Überlebt Frau Krause ihren Mann im nebenstehenden Beispiel um mehr als 30 Jahre, wird die Frist überschritten.

STREITIGKEITEN VERLÄNGERN DIE FRIST

Die Dreißig-Jahres-Frist gilt nur für die Dauer-, nicht aber für die Abwicklungsvollstreckung. Streitigkeiten zwischen Erben und einem Testamentsvollstrecker bei einer „normalen" Abwicklungsvollstreckung können jedoch durchaus länger als 30 Jahre dauern. In diesem Fall gibt es keine zeitliche Grenze.

„Ordnungsgemäße" Verwaltung

Das Gesetz verpflichtet den Testamentsvollstrecker, den Nachlass bis zur Verteilung an die Erben ordnungsgemäß zu verwalten (§ 2216 BGB). Was aber heißt das? Wenn es zum Streit zwischen Erben und Testamentsvollstrecker kommt, stellt sich vor Gericht immer wieder die Frage, welche Maßnahmen des Testamentsvollstreckers ordnungsgemäß sind und welche nicht.

Die Gerichte haben den Begriff „ordnungsgemäß" im Laufe der Jahre näher definiert. Ein Testamentsvollstrecker muss sein Amt gewissenhaft und sorgfältig führen, er muss sich bemühen, das ihm anvertraute Vermögen zu erhalten und möglichst auch zu mehren. Er darf zwar

TIPP **Große Vermögen und Gesellschaftsanteile**

Bei großen Vermögen oder auch bei Gesellschaftsanteilen sollten Sie sich – sowohl als Erbe als auch als Testamentsvollstrecker – dringend über Ihre Rechte bei einer mit dem Erb- und Gesellschaftsrecht vertrauten Fachfrau oder einem Fachmann informieren. Die Rechtslage ist häufig deshalb unklar, weil manche Gesellschaftsverträge eine Testamentsvollstreckung eben wegen der starken Stellung des Testamentsvollstreckers überhaupt nicht zulassen.

Nachlassgegenstände verkaufen und Kredite aufnehmen, doch müssen diese Maßnahmen im Rahmen einer wirtschaftlich sinnvollen Vermögensverwaltung auch tatsächlich erforderlich sein. Probleme macht die Dauervollstreckung vor allem bei großen Vermögen, bei Handelsgesellschaften, Gesellschaftsanteilen an einer GmbH, einer OHG oder einer Aktiengesellschaft. Schwierig kann sie auch sein, wenn zum Nachlass ein landwirtschaftlicher Betrieb gehört.

Grenzen

Keine Schenkungen

Ein Testamentsvollstrecker darf aus dem Nachlass, den er verwaltet, keine Schenkungen machen, es sei denn, sie entsprechen einer sittlichen Pflicht oder werden aus Rücksicht auf den „Anstand" vorgenommen (§ 2205 BGB).

Anstandsschenkungen sind zum Beispiel Geburtstags-, Jubiläums- oder auch Hochzeitsgeschenke, so wie sie von dem oder der Verstorbenen vermutlich gemacht worden wären oder von dem oder der Beschenkten mit Recht erwartet werden konnten. Auch Spenden in dem für die Vermögensverhältnisse des oder der Verstorbenen üblichen Umfang gehören dazu. Über diesen vom Gesetz vorgegebenen Rahmen hinaus kann ein Testamentsvollstrecker nur dann Vermögenswerte verschenken, wenn alle Erben zustimmen. Diese sollte schriftlich erfolgen.

Eine Schenkung ist ein unentgeltliches Rechtsgeschäft: Der eine schenkt, der andere bekommt etwas. Bei manchen Geschäften kann es zweifelhaft sein, ob nur ein „schlechtes Geschäft" zulasten des Nachlasses abgeschlossen wurde oder nicht zugleich eine Schenkung vorliegt.

Beispiel: Ein Testamentsvollstrecker verkauft ein Grundstück, das zum Nachlass gehört, weit unter Wert an einen Freund. In einem solchen Fall handelt es sich zwar um einen Kauf, zugleich aber auch um eine Schenkung, die der Testamentsvollstrecker ohne Zustimmung der Erben nicht vornehmen durfte.

Solche Schenkungen sind unwirksam. Die Erben können also das zu billig verkaufte Grundstück vom Käufer zurückverlangen.

Keine Geschäfte mit sich selbst

Ein Testamentsvollstrecker als Verwalter des Nachlasses darf ferner keine Geschäfte mit sich selbst als Privatperson machen (§ 181 BGB), sofern ihm der oder die Verstorbene dies nicht ausdrücklich gestattet hat.

Beispiel: Ein Testamentsvollstrecker kauft aus dem Nachlass ein Haus. Er schließt also mit sich selbst einen Kaufvertrag, bei dem er in seiner Eigenschaft als Testamentsvollstrecker Verkäufer und in seiner Eigenschaft als Privatmann Käufer ist.

Ein solcher Vertrag ist – wenn der Erblasser nichts anderes verfügt hat – unwirksam. Die Erben können das Haus zurückverlangen. Dabei kommt es nicht darauf an, ob der Kaufpreis angemessen war oder nicht. Der Kaufvertrag ist allein deshalb unwirksam, weil es sich um ein sogenanntes „In-sich-Geschäft" des Testamentsvollstreckers handelte. Es bleibt den Erben überlassen, ob sie den Rückgabeanspruch geltend machen.

Rechte der Erben

Nachlassverzeichnis

Zunächst muss der Testamentsvollstrecker den Erben unverzüglich – das heißt, sofort nach dem Erbfall und sobald er den Umfang des Vermögens übersieht – ein Verzeichnis der zum Nachlass gehörenden Vermögensgegenstände und der möglichen Schulden zukommen lassen (§ 2215 BGB). Das ist eine Pflicht, die das Gesetz ihm auferlegt, die also von den Erben nicht gesondert eingefordert werden muss.

Sie können aber, wenn der Testamentsvollstrecker nicht innerhalb einer angemessenen Zeit von selbst tätig wird, die Aufstellung eines solchen Nachlassverzeichnisses verlangen, notfalls gerichtlich. Jeder Erbe kann außerdem verlangen, dass er bei der Aufstellung des Nachlassverzeichnisses hinzugezogen wird. Auf diese Weise ist gleich nach dem Erbfall eine gewisse Kontrolle durch die Erben möglich.

Herausgabe von Nachlassgegenständen

Gegenstände, die zum Nachlass gehören und die der Testamentsvollstrecker zur Erfüllung seiner Aufgaben „offenbar" nicht benötigt, hat er dem oder den Erben herauszugeben (§ 2217 BGB).

Beispiel: Herr Schmidbauer ist Bauunternehmer und hat seinen einzigen Sohn Patrick zum Alleinerben eingesetzt und Testamentsvollstreckung angeordnet, bis dieser 26 Jahre alt ist. Zum Nachlass gehören das Baugeschäft sowie die Wohnungseinrichtung. Patrick möchte einige Möbel aus seinem Elternhaus, an denen er besonders hängt, selbst nutzen.

Sofern der Nachlass nicht überschuldet ist, der Testamentsvollstrecker also nicht darauf angewiesen ist, die Möbel zu verkaufen, um Schulden zu bezahlen, muss er die Möbel herausgeben. Notfalls kann Patrick dies vor Gericht erzwingen.

STREITEREIEN VORBEUGEN

Testamentsvollstrecker und Erben sollten sich über die Herausgabe von Nachlassgegenständen möglichst einigen. Wenn es zum Streit kommt, können solche Prozesse sehr langwierig und kostspielig sein.

Auskunft und Rechenschaft

Während der Testamentsvollstreckung ist der Testamentsvollstrecker dem oder den Erben gegenüber verpflichtet, Auskünfte über seine Tätigkeit zu geben und nach ihrem Ende Rechenschaft abzulegen (§§ 2218 und 666 BGB). Bei länger dauernder Verwaltung kann der Erbe jährlich eine Rechnungslegung verlangen. Jeder Erbe kann sich also darüber informieren, ob der Testamentsvollstrecker sein Amt so führt, wie der oder die Verstorbene es gewollt hat. Diese Auskunftspflicht besteht auch gegenüber einzelnen Miterben.

Auf diesem Wege können Erben die Geschäftsführung des Testamentsvollstreckers verfolgen und in gewisser Weise kontrollieren. Ein Recht auf Zustimmung zu einzelnen Maßnahmen der Vermögensverwaltung gibt es hingegen nicht. Kein Erbe kann verlangen, dass der Testamentsvollstrecker bestimmte Maßnahmen ergreift oder unterlässt.

Ein Testamentsvollstrecker tut gut daran, bei größeren Geschäften die Zustimmung der Erben einzuholen. Am Ende seines Amtes ist er rechenschaftspflichtig und wenn er Fehler macht, haftet er persönlich gegenüber den Erben.

Haftung

Verletzt ein Testamentsvollstrecker seine Pflichten, ist er dem oder den Erben zum Schadensersatz verpflichtet (§ 2219 BGB).

Ein Testamentsvollstrecker, der zum Beispiel leichtfertig Prozesse im Namen des Nachlasses führt, der riskante Geldanlagen verfügt oder Nachlassgegenstände zu Schleuderpreisen verkauft, muss den Erben den daraus entstehenden Schaden aus seinem Privatvermögen erstatten.

Er haftet jedoch nur, wenn er seine Pflichten schuldhaft verletzt hat. Das heißt: Die Schadensersatzpflicht gegenüber den Erben tritt nur ein, wenn der Testamentsvollstrecker vorsätzlich oder fahrlässig gehandelt hat.

Beispiel: Ein Testamentsvollstrecker überträgt das Bankguthaben, das er verwaltet, auf eine Privatbank im Ausland, mit deren Inhaber er befreundet ist. Die Bank war schon bei Übertragung des Vermögens in wirtschaftlichen Schwierigkeiten und wird bald darauf zahlungsunfähig. Das Vermögen der Erben ist dadurch kräftig vermindert worden. Hier haftet der Testamentsvollstrecker aus eigenem Verschulden.

Ein Testamentsvollstrecker haftet nicht, wenn die Erben einer bestimmten Vermö-

TIPP **Risikoeinschätzung**

Wenn Sie als Testamentsvollstrecker eingesetzt worden sind, sollten Sie genau überlegen, ob Sie sich das Amt zutrauen. Sie können auch ablehnen (siehe unten). Wenn Sie schuldhaft – vorsätzlich oder fahrlässig – Fehler machen, müssen Sie den Schaden aus Ihrem Privatvermögen ersetzen.
Es empfiehlt sich daher, engen Kontakt mit den Erben zu halten und einen großen Teil des Vermögens umfassende Verfügungen mit ihnen zu besprechen.

gensverfügung zugestimmt haben. Haben die Erben also im obigen Beispiel die Übertragung des Bankguthabens auf die etwas zweifelhafte Privatbank gebilligt, haftet der Testamentsvollstrecker nicht, wenn die Bank zahlungsunfähig wird.

Beginn, Ende und Entlassung

Die Anordnung einer Testamentsvollstreckung ist bedeutungslos, solange der Erblasser oder die Erblasserin noch lebt. Das Mandat des Testamentsvollstreckers beginnt aber auch nicht automatisch mit dem Tod des Erblassers oder der Erblasserin. Vielmehr muss er die Annahme des Amtes ausdrücklich gegenüber dem Nachlassgericht erklären (§ 2202 BGB).

Ablehnung

Wer zum Testamentsvollstrecker bestimmt ist, kann auch ablehnen. Die Ablehnung muss dem Nachlassgericht gegenüber erklärt werden. Besondere Gründe müssen nicht angegeben werden. Es reicht das einfache „Nein".

Beendigung

Das Amt des Testamentsvollstreckers endet mit seinem Tod, es ist also nicht vererbbar (§ 2225 BGB). Es endet auch, wenn der Benannte geschäftsunfähig wird oder einen Betreuer erhält, in Fällen also, in denen er gar nicht zum Testamentsvollstrecker ernannt werden könnte. Das Amt endet ferner, wenn im Testament eine Frist für die Dauer festgesetzt ist, und wenn der Testamentsvollstrecker seine Aufgaben erfüllt hat. Ein Testamentsvollstrecker kann sein Amt jederzeit kündigen (§ 2226 BGB). Die Kündigung ist gegenüber dem Nachlassgericht zu erklären und ist unwiderruflich.

Wegfall

Fällt ein Testamentsvollstrecker weg oder kündigt er, so erlischt sein Amt. Die Testamentsvollstreckung als solche erlischt allerdings nicht unbedingt, wenn zum Beispiel im Testament oder Erbvertrag für diesen Fall ein anderer Testamentsvollstrecker benannt ist (§ 2197 Abs. 2 BGB), der Testamentsvollstrecker ermächtigt ist, einen Nachfolger zu bestimmen (§ 2199 Abs. 2 BGB), die Auswahl des Testamentsvollstreckers dem Nachlassgericht überlassen wurde (§ 2200 BGB), mehrere Testamentsvollstrecker benannt worden sind (§ 2224 BGB).

WAS AUSSERDEM ZU BEDENKEN IST

Wenn Sie Testamentsvollstreckung anordnen, bedenken Sie, dass die ausgewählte Person das Amt ablehnen oder nach einiger Zeit kündigen kann. Wenn Sie auch für diesen Fall vorsorgen wollen, müssen Sie dies im Testament oder Erbvertrag berücksichtigen.

Entlassung

Wenn ein Testamentsvollstrecker seine Pflichten grob verletzt oder zur ordnungsgemäßen Geschäftsführung unfähig ist, kann er vom Nachlassgericht auch gegen seinen Willen entlassen werden (§ 2227 BGB). Antragsberechtigt sind vor allem die Erben, auch Pflichtteilsberechtigte und jeder, zu dessen Gunsten im Testament ein Vermächtnis oder eine Auflage angeordnet wurde. Wenn es mehrere Testamentsvollstrecker gibt, ist auch der Mit-Testamentsvollstrecker antragsberechtigt. Über die Entlassung entscheidet das Nachlassgericht.

Mit der Entlassungsklage können sich Erben und andere Beteiligte zwar von einem unfähigen oder böswilligen Testamentsvollstrecker befreien. Die Testamentsvollstreckung selbst erlischt damit aber ebenso wenig wie in den Fällen der Ablehnung des Amtes oder der Kündigung durch den Testamentsvollstrecker.

Vergütung

Normalerweise wird ein Testamentsvollstrecker nicht vollkommen ohne Bezahlung tätig. Er oder sie kann eine „angemessene Vergütung" verlangen (§ 2221 BGB). Eine Ausnahme gilt dann, wenn im Testament oder Erbvertrag etwas anderes bestimmt wurde. Wer ausdrücklich anordnet, dass sein Testamentsvollstrecker ohne Gegenleistung tätig werden soll, muss sich klar darüber sein, welche Aufgaben er dem- oder derjenigen zumutet. Wenn größere Vermögen vererbt werden, können Sie nicht damit rechnen, dass ein Testamentsvollstrecker seine Arbeit gratis macht. Möglicherweise tritt er oder sie unter diesen Umständen das Amt gar nicht an.

Falls im Testament nur ein Testamentsvollstrecker benannt, über die Vergütung aber nichts bestimmt ist, steht dem Testamentsvollstrecker eine „angemessene" Vergütung zu (§ 2221 BGB). Dieser recht vage Begriff im Gesetz führt immer wieder zu Streitigkeiten zwischen Erben und Testamentsvollstrecker.

Leider ist es in den meisten Fällen so, dass der oder die Verstorbene zwar einen Testamentsvollstrecker benannt, die Höhe der Vergütung aber nicht festgelegt hat. Für diese Fälle gibt es eine recht umfangreiche Rechtsprechung, die gewisse Grenzen und Größenordnungen herausgearbeitet hat. Sie sehen folgendermaßen aus:

Bei Abwicklungsvollstreckung

Für die relativ kurze Abwicklungsvollstreckung bekommt der Testamentsvollstrecker eine Pauschalsumme. Sie richtet sich nach der Schwierigkeit der Verwaltung und Abwicklung und liegt bei Vermögen bis 250 000 € bei 4 Prozent, bei Vermögen bis 500 000 € bei 3 Prozent, bei Vermögen bis 2 500 000 € etwa bei 2,5 Prozent des Nachlasswertes. Die Gebühr wird nach dem Aktivvermögen, also ohne Abzug von Verbindlichkeiten, berechnet. Wenn es um besonders schwierige Nachlässe geht, kann die Vergütung auch höher sein.

Bei Dauervollstreckung

Bei einer Dauervollstreckung kann der Testamentsvollstrecker zunächst eine Konstituierungsgebühr verlangen, mit der die Ermittlung des Nachlasses und Bewer-

TIPP **Bestimmen Sie das Honorar**

Wenn Sie Testamentsvollstreckung anordnen, bestimmen Sie möglichst auch das Honorar. Sie schaffen damit Klarheit, auch für Ihre Erben.
Sie können eine Pauschalsumme festsetzen, einen Prozentsatz des Nachlasses, oder Sie können dem Testamentsvollstrecker einen bestimmten Gegenstand als Vergütung für seine Arbeit zuwenden. Ihrer Phantasie sind keine Grenzen gesetzt. Achten Sie aber darauf, dass die Leistung, die Sie erwarten, angemessen honoriert wird.
Wenn Sie eine Testamentsvollstreckung übernehmen und im Testament oder Erbvertrag nichts über die Vergütung gesagt ist, erörtern Sie diesen Punkt mit den Erben. Wie immer ist es besser, sich zu einigen, als später Prozesse zu führen.

tung der Nachlassgegenstände honoriert wird. Sie richtet sich nach den eben genannten Regeln. Daneben kann er auch eine Verwaltungsgebühr verlangen, wenn er einen umfangreichen Nachlass über längere Zeit verwaltet. Sie beträgt jährlich etwa $^1/_3$ Prozent bis $^1/_2$ Prozent vom Wert des jeweils noch verwalteten Nachlasses, kann aber auch 2 bis 4 Prozent der laufenden jährlichen Einkünfte aus dem Nachlass betragen, wenn diese höher sind.

Vieles ist also offen. Welche Vergütung angemessen ist, hängt davon ab, was der Testamentsvollstrecker zu tun hat, wie groß das hinterlassene Vermögen und wie zeitraubend seine Aufgaben sind. Seine Tätigkeit kann in der Praxis geradezu aufopferungsvoll, bei größeren Vermögen aber auch ein einträgliches Geschäft sein. (Mehr zur Vergütungstabelle des Deutschen Notarvereins finden Sie unter www.dnoti.de.)

Vergütung aus dem Nachlass

Der Testamentsvollstrecker kann seine Vergütung dem Nachlass selbst entneh-

INFO **Bedenken Sie die Risiken!**

Das Risiko, dass ein Testamentsvollstrecker seine Macht missbraucht oder jedenfalls nicht immer nur zum Nutzen des hinterlassenen Vermögens einsetzt, liegt auf der Hand. Gegen seinen Willen kann er nur in einem komplizierten Verfahren entlassen werden. Dennoch kann es sinnvoll sein, eine Testamentsvollstreckung anzuordnen, um unerfahrene Erben zu schützen, ihnen das vererbte Vermögen zu erhalten und Streit unter den Erben zu vermeiden.

men. Das macht keine Schwierigkeiten, wenn der oder die Verstorbene die Vergütung festgesetzt hat.

Wenn dies nicht der Fall ist, kommt es zwischen Erben und Testamentsvollstrecker nicht selten zu Streitigkeiten. Wer einerseits für andere ein Vermögen verwaltet und sich andererseits die Vergütung dafür selbst ausrechnet und auszahlt, gerät leicht in den Verdacht, sich zu bereichern. Das gilt ganz besonders, wenn der Testamentsvollstrecker zugleich Miterbe ist.

Alternative zur Vollstreckung: Vollmacht auf den Todesfall

Wenn es nur darum geht, Ihren Erben möglichst bald die Verteilung des hinterlassenen Vermögens zu ermöglichen und ihnen auch für den Fall Ihres Todes die Verfügungsmacht über Ihre Bankkonten zu geben, genügt unter Umständen eine Vollmacht auf den Todesfall. Eine solche Vollmacht können Sie einem einzelnen Erben geben oder mehreren oder auch einer dritten Person (einem Anwalt oder sonst einer Person Ihres Vertrauens).

Der Vorteil: Die bevollmächtigte Person kann sogleich, ohne die oft zeitraubende Erteilung eines Erbscheins abzuwarten, nach Ihrem Tod über Ihr Vermögen verfügen.

Der Nachteil: Wer eine solche Vollmacht besitzt, ist an die Grenzen, die einem Testamentsvollstrecker gesetzt sind, nicht gebunden.

Allerdings können Ihre Erben sie jederzeit – also auch sofort nach Ihrem Tod – widerrufen. Eine unwiderruflich erteilte Generalvollmacht über den Tod hinaus ist in aller Regel unwirksam, weil sie den oder die Erben auf Dauer bei der Verfügung über das ererbte Vermögen einschränkt.

Beispiel: Herr Hartwig ist in zweiter Ehe verheiratet und setzt seine Kinder aus erster und zweiter Ehe als Erben ein. Seiner zweiten Ehefrau erteilt er eine Vollmacht für den Fall seines Todes und verfügt außerdem, dass diese Vollmacht nicht widerrufen werden kann.

Eine solche unwiderruflich erteilte Vollmacht ist unwirksam, weil sie die Kinder bei der Verwaltung des ererbten Vermögens einschränkt, solange die zweite Ehefrau lebt. Jedes Kind kann sie mit Wirkung für sich selbst widerrufen.

OFF LIMIT BANK
ERB SCHEIN

DER ERBSCHEIN

Mit einem Erbschein weisen Sie sich als Erbe aus. Wie Sie einen Erbschein bekommen, erfahren Sie in diesem Kapitel, und auch, ob es für Sie als Erben nicht auch kostengünstigere Möglichkeiten gibt, Ihre Erbenstellung nachzuweisen.

DER ERBSCHEIN ALS BEWEISMITTEL

Aus vielerlei Gründen kann es Zweifel geben, ob jemand Erbe geworden ist oder nicht. Für Außenstehende und auch für mögliche Miterben ist ja nicht ohne weiteres erkennbar, ob die gesetzliche Erbfolge eintritt oder der oder die Verstorbene in einer letztwilligen Verfügung etwas anderes bestimmt hat. Ein Erbe muss und möchte in aller Regel möglichst bald über das ererbte Vermögen verfügen. Dritte – etwa eine Bank oder der Käufer eines Grundstücks – müssen sich darauf verlassen können, dass derjenige, der behauptet, Erbe zu sein, auch wirklich Erbe geworden ist.

Hier hilft ein Erbschein weiter. Er ist ein amtliches Zeugnis des Nachlassgerichts und soll den oder die Erben gegenüber Dritten als solche ausweisen. Er ermöglicht es den Erben, über das ererbte Vermögen zu verfügen. Manchmal geht es allerdings auch ohne Erbschein.

Beispiel: Herr und Frau Müller haben vor dem Notar ein gemeinschaftliches Testament errichtet. Darin haben sie sich gegenseitig zu Alleinerben und nach dem Tod des zuletzt Versterbenden ihre beiden Kinder zu Erben eingesetzt.

Frau Müller kann zwar nicht sofort vom Konto ihres verstorbenen Mannes Geld abheben. Wenn sie aber mit einer beglaubigten Kopie des notariellen Testaments und dem gerichtlichen Eröffnungsprotokoll (siehe Seite 177) bei der Bank erscheint, wird dies in aller Regel als Nachweis für ihr Erbrecht akzeptiert.

EINE KONTOVOLLMACHT KANN SEHR NÜTZLICH SEIN

Soll der Erbe sofort nach dem Tod des Erblassers über dessen Konto verfügen können, dann muss der Erblasser dem Erben eine Kontovollmacht erteilen. Bis zur Eröffnung eines notariellen Testaments vergehen mehrere Wochen, und die Erteilung eines Erbscheins kann noch länger dauern. Ohne Vollmacht sind dann der oder die Erben zunächst handlungsunfähig.

In der Regel reicht ein notarielles Testament nebst Eröffnungsprotokoll zum Nachweis des Erbrechts aus. Die Kosten für das notarielle Testament betragen eine Gebühr nach der Kostenordnung und sind damit geringer als die Kosten für den Erbschein (siehe Seite 251 und Seite 82). Wer seine Erben entlasten will, kann dies durch ein notarielles Testament, dessen Kosten er dann aber zu tragen hat, erreichen.

Die Vorlage des notariellen Testaments nebst Eröffnungsprotokoll genügt regelmäßig auch den Grundbuchämtern zur Umschreibung eines Grundstücks auf den oder die Erben. Wird der Umschreibungsantrag innerhalb von zwei Jahren nach dem Tod des Erblassers gestellt, ist auch der Grundbucheintrag für die Erben kostenlos.

Ein handschriftliches Testament hat diese Beweiswirkung nicht. Es kann von einer Bank als Nachweis der Erbenstellung akzeptiert werden, zwingend ist dies aber nicht. Haben die Erben dann keine Bankvollmacht, brauchen sie zum Nachweis ihrer Erbenstellung ebenso wie gesetzliche Erben einen Erbschein. Dies gilt im Verhältnis zu Banken, Behörden, Versicherungsgesellschaften und anderen an dem Erbfall Beteiligten.

WIE BEKOMMT MAN EINEN ERBSCHEIN?

Ein Erbschein muss vom Erben beim Nachlassgericht (Amtsgericht) beantragt werden. Zuständig ist das Amtsgericht, in dem der oder die Verstorbene einen Wohnsitz hatte.

Gab es keinen Wohnsitz, ist das Amtsgericht zuständig, in dessen Bezirk der oder die Verstorbene den letzten Aufenthalt hatte.

Ist ein Deutscher oder eine Deutsche im Ausland gestorben und gab es keinen Wohnsitz im Inland, ist das Amtsgericht Berlin-Schöneberg zuständig.

Verschiedene Arten

Es gibt verschiedene Arten von Erbscheinen. Ein Erbschein kann für den Alleinerben ausgestellt werden. Gibt es mehrere Erben und beantragen alle einen Erbschein, wird ein gemeinschaftlicher Erbschein ausgestellt, in dem die jeweiligen Anteile angegeben sind.

Es kann aber auch jeder Einzelne einen Teilerbschein beantragen, der nur seinen Anteil ausweist.

Mehrere Teilerbscheine von Miterben können auch in einem Gruppenerbschein zusammengefasst werden. Für das in Deutschland belegene Vermögen des Erblassers kann ein gegenständlich beschränkter Erbschein erteilt werden, wenn zum Nachlass auch Auslandsvermögen gehört.

Beispiel:

Antrag auf einen Erbschein

Vor mir, dem Notar Karsten Noll in Dresden, erschien Frau Mechthild Peters, ausgewiesen durch ihren Personalausweis, und erklärte:

Mein Ehemann Michael Peters ist am 3. Februar 2008 gestorben. Wir lebten im gesetzlichen Güterstand der Zugewinngemeinschaft. Wir haben zwei Kinder, Katrin und Hans.

Eine letztwillige Verfügung hat mein Mann nicht hinterlassen. Es tritt daher die gesetzliche Erbfolge ein. Gesetzliche Erben sind: ich, Mechthild Peters, als Ehefrau des Verstorbenen zur Hälfte, unsere Kinder, Katrin Peters und Hans Peters, zu je einem Viertel. Ein Rechtsstreit über mein Erbrecht ist nicht anhängig.

Ich versichere hiermit an Eides statt, dass mir nichts bekannt ist, was der Richtigkeit meiner Angaben entgegensteht. Auf die Bedeutung einer eidesstattlichen Versicherung, insbesondere die strafrechtlichen Folgen falscher Angaben, bin ich hingewiesen worden.

Ich beantrage die Erteilung eines gemeinschaftlichen Erbscheins.

Der Wert des Nachlasses beträgt 120 000 €.

Dresden, den 10. Februar 2008
Mechthild Peters

Karsten Noll, Notar
Notarsiegel

Beispiel:

Amtsgericht Dresden
Nachlassgericht 3. März 2008

Erbschein

Herr Albert Heinze, geboren am 1. Mai 1925, ist am 3. Februar 2008 in Dresden gestorben.

Er wird beerbt von seiner Ehefrau Herta Heinze, geb. Franz, zu ½ und von seinen ehelichen Kindern Heidi Heinze, geb. am 3. Juli 1945, und Roland Heinze, geb. am 5. August 1950, zu je ¼.

gez. Markus
Richterin am Amtsgericht

Ausgefertigt
gez. Thomas
Justizangestellte

EIN TIPP FÜR GRÖSSERE UND KOMPLIZIERTE ERBSCHAFTEN

Bei größeren Erbschaften sollten Sie fachkundigen Rat einholen, schon bevor Sie den Erbschein beantragen. Sie können zwar einen Erbschein auch allein beantragen. Der Rat eines Anwalts oder Notars wird bei komplizierten Erbschaften aber ohnehin erforderlich und sinnvoll sein.

Notwendige Unterlagen

Wenn Sie einen Erbschein beantragen, müssen Sie dem Nachlassgericht diejenigen Tatsachen beweisen, die Ihr Erbrecht begründen. Je nachdem, ob Sie den Erbschein auf Ihr gesetzliches Erbrecht oder auf ein Testament oder einen Erbvertrag stützen, brauchen Sie unterschiedliche Unterlagen.

Für gesetzliche Erben

Wenn kein Testament oder Erbvertrag vorhanden ist, können Sie nur aufgrund der gesetzlichen Erbfolge Erbe oder Erbin werden (siehe Seite 7 ff.). Das heißt, Sie müssen sich ausweisen können (Personalausweis) und Folgendes angeben (§ 2354 BGB):

- die Todeszeit. Dafür brauchen Sie die Sterbeurkunde.
- das Verhältnis, auf dem Ihr Erbrecht beruht. Das gesetzliche Erbrecht beruht entweder auf Ihrer Verwandtschaft mit dem oder der Verstorbenen oder auf einer Ehe mit ihm oder ihr oder auf einer Lebenspartnerschaft. Diesen Nachweis führen Sie mit Personenstandsurkunden, die das Standesamt erteilt. Als Ehe- oder Lebenspartner brauchen Sie die Ehe- oder die Partnerschaftsurkunde. Kinder reichen ihre Geburtsurkunde ein, aus der sich ihre Abstammung vom Erblasser ergibt.
- ob Personen vorhanden sind, die Sie von der Erbfolge ausschließen oder Ihr Erbrecht mindern. Dazu gehören zum Beispiel Kinder, auch nichteheliche Kinder, und alle Personen, die neben oder außer Ihnen als gesetzliche Erben in Betracht kommen.
- ob der oder die Verstorbene Ihres Wissens ein Testament oder einen Erbvertrag hinterlassen hat. Dadurch könnte ja die gesetzliche Erbfolge verändert worden sein.
- ob ein Prozess über Ihr Erbrecht anhängig ist.
- den Güterstand, wenn Sie mit dem oder der Verstorbenen verheiratet waren oder wenn Sie in einer Lebenspartnerschaft gelebt haben.

Bei Testament oder Erbvertrag

Wenn Sie in einem Testament oder Erbvertrag als Erbe oder Erbin eingesetzt sind, müssen Sie

- das Testament oder den Erbvertrag vorlegen,
- Auskunft darüber geben, ob Ihres Wissens andere Verfügungen von Todes wegen gefunden wurden,
- die Sterbeurkunde vorlegen,
- Auskunft darüber geben, ob über das Erbrecht ein Prozess vor Gericht anhängig ist (§ 2355 BGB).

INFO **Eidesstattliche Erklärung**

Denken Sie daran, dass die Angaben, die Sie vor Gericht oder einem Notar machen und durch eine eidesstattliche Erklärung absichern müssen, korrekt sein müssen. Wenn Sie unrichtige Angaben machen, etwa ein Testament verschweigen oder Ihren Güterstand falsch angeben, machen Sie sich strafbar.

Überprüfen der Angaben

Das Gericht prüft, ob die Angaben, die Sie gemacht haben, richtig sind. Vieles können Sie durch die Vorlage von Schriftstücken beweisen (Ehe- oder Partnerschaftsurkunde, Geburtsurkunden, Sterbeurkunde, Testament oder Erbvertrag). Andere Angaben müssen Sie vor Gericht oder einem Notar durch eine eidesstattliche Versicherung als richtig bezeugen (§ 2356 BGB).

Wenn das Gericht Zweifel daran hat, ob Ihr Erbrecht wirklich zu Recht besteht, ist auch eine öffentliche Aufforderung zur Anmeldung von Erbrechten anderer möglich (§ 2358 BGB).

Wirkung

Der Erbschein weist Sie als legitimen Erben oder legitime Erbin aus. Was bedeutet das?

Es wird vermutet, dass demjenigen, der im Erbschein als Erbe bezeichnet ist, wirklich ein Erbrecht zusteht und dass andere als die dort angegebenen Beschränkungen nicht bestehen. Wer einen Erbschein vorlegen kann, gilt also bis zum Beweis des Gegenteils als rechtmäßiger Erbe.

Das ist wichtig für alle Rechtsgeschäfte, die der Erbe oder die Erbin mit Wirkung für das ererbte Vermögen vornehmen will: für Käufe und Verkäufe, für die Umschreibung von Grundstücken im Grundbuch und für die Weiterführung eines geerbten Geschäfts.

Beispiel: Helene Franke war Inhaberin einer Massagepraxis. In ihrem Testament hat sie ihren Sohn zum Alleinerben eingesetzt und Testamentsvollstreckung angeordnet, bis der Sohn 28 Jahre alt geworden ist.

Mit dem Tod von Frau Franke wird der Sohn Erbe, im Erbschein ist die Testamentsvollstreckung zu vermerken. Von seinem 28. Geburtstag an kann der Sohn die Praxis übernehmen oder auch verkaufen, sofern er durch den Erbschein sein Erbrecht nachweist.

Richtigkeit bis zum Beweis des Gegenteils

Werden Tatsachen bekannt, die dafür sprechen, dass der Erbschein unrichtig ist, so wird das Nachlassgericht diese prüfen, gegebenenfalls einen falschen Erbschein einziehen und auf Antrag einen neuen, richtigen Erbschein ausstellen.

Nach Erteilung eines Erbscheins findet sich ein weiteres, späteres Testament, das die Erbfolge anders festlegt als im Erbschein angegeben. Die im letzten Testament genannten Erben können dann durch Vorlage dieses Testaments Verfügungen des falschen Erben verhindern und die Einziehung des unrichtigen Erbscheins erwirken.

„Öffentlicher Glaube"

Ein Erbschein schützt auch Dritte bei Geschäften mit einer im Erbschein als Erbe bezeichneten Person.

Beispiel: Frau Alt hinterlässt ihre Wohnungseinrichtung und ein Auto. Ihre einzige Tochter Bettina beantragt und erhält einen Erbschein, in dem sie als alleinige gesetzliche Erbin bezeichnet ist. Unter Vorlage des Erbscheins verkauft sie das Auto ihrer Mutter. Später wird bei der Wohnungsauflösung ein Testament von Frau Alt gefunden, in dem sie ihre Nichte als Alleinerbin bestimmt und ihre Tochter auf den Pflichtteil setzt.

Der Autoverkauf ist wirksam, obwohl der Erbschein unrichtig ist. Der Käufer kann sich auf den öffentlichen Glauben des Erbscheins berufen und das Auto behalten.

Etwas anderes gilt, wenn der Käufer die Unrichtigkeit des Erbscheins kannte (§ 2366 BGB). Hätte die Tochter das Auto günstig an einen Freund verkauft, der von dem Testament wusste, müsste er das Auto zurückgeben, bekäme allerdings auch den Kaufpreis zurück.

Wenn ein Erbschein unrichtig ist

Wenn sich herausstellt, dass ein Erbschein unrichtig ist, muss ihn das Nachlassgericht einziehen, und jeder, der im Besitz eines unrichtigen Erbscheins ist, muss ihn dem Gericht zurückgeben. Damit sind die Wirkungen des Erbscheins beseitigt. Es kann dann ein neuer, richtiger Erbschein erteilt werden. Ist der falsche Erbschein nicht sofort verfügbar, kann er auch für „kraftlos" erklärt werden. Der Anspruch des wirklichen Erben auf Rückgabe des unrichtigen Erbscheins an das Nachlassgericht besteht aber weiterhin. Er verjährt erst in 30 Jahren nach dem Erbfall.

Beispiel: Tochter Bettina geht nach dem Tod ihrer Mutter mit dem Erbschein und dem Erlös aus dem verkauften Auto auf eine längere Südostasien-Reise. Die im Testament als Alleinerbin eingesetzte Nichte kann den Erbschein für kraftlos erklären lassen und für sich selbst unter Vorlage des Testaments einen Erbschein beantragen.

Kosten

Die Kosten für einen Erbschein richten sich nach der Höhe des Vermögens des Erblassers nach Abzug seiner Schulden (siehe Seite 313) und werden berechnet nach der Kostenordnung (siehe Seite 313 ff.). Hier eine verkürzte Auflistung (siehe Tabelle rechts oben).

Bei einem Nachlasswert von 100 000 € belaufen sich die Kosten für die eidesstattliche Versicherung und den Erbschein auf 2 Gebühren. Der Erbschein kostet damit 414 €. Hinzu kommen noch geringfügige Auslagen und, bei der Beurkundung durch den Notar, die gesetzliche Mehrwertsteuer.

EIDESSTATTLICHE VERSICHERUNG UND ERBSCHEIN

- Eidesstattliche Versicherung zur Beantragung des Erbscheins: eine volle Gebühr.
- Erteilung des Erbscheins: eine volle Gebühr

Wert der Erbschaft	Gebühr
2 000 €	36 €
50 000 €	264 €
100 000 €	**414 €**
500 000 €	1 614 €
1 000 000 €	3 114 €
2 000 000 €	6 114 €

Geben Sie die eidesstattliche Versicherung vor dem Notar ab, kommen noch Auslagen und Mehrwertsteuer auf die Gebühren hinzu.

TIPP Kosten begrenzen

Wenn es nur darum geht, Grundvermögen, das zum Nachlass gehört, im Grundbuch auf den oder die Erben umzuschreiben, und Sie dafür einen Erbschein brauchen, weil Sie gesetzlicher Erbe sind oder nur ein handschriftliches Testament vorliegt, dann können Sie die Kosten für den Erbschein begrenzen. Weisen Sie das Nachlassgericht darauf hin, dass der Erbschein nur für die Umschreibung benötigt wird. Dann werden die Kosten für den Erbschein nur nach dem Wert des Grundstücks berechnet, auch wenn die Erbschaft insgesamt mehr wert ist. Der Erbschein wird direkt an das Grundbuchamt geschickt. Wollen Sie den Erbschein später auch für andere Geschäfte verwenden, verlangt das Nachlassgericht die Nachzahlung der ersparten Gebühren.

FINANZAMT
FINANZAMT
JACK POT

DIE STEUERN

Über Erbschaften und Schenkungen müssen Sie das Finanzamt informieren: Der Erwerb ist grundsätzlich steuerpflichtig. Das heißt, es muss Erbschaft- oder Schenkungsteuer gezahlt werden. Welche Steuer erhoben wird, ist im Erbschaftsteuer- und Schenkungsteuergesetz (ErbStG) geregelt.

WAS DIE REFORMEN GEBRACHT HABEN

Dieses Gesetz ist zum 1. Januar 2009 durch das Gesetz zur Reform des Erbschaftsteuer- und Bewertungsrechts grundlegend geändert worden. Die Reform war notwendig, weil das Bundesverfassungsgericht am 7. November 2006 entschieden hat, dass das Erbschaftsteuerrecht in seiner bisherigen Fassung verfassungswidrig ist, und dem Gesetzgeber eine Frist bis zum 31. Dezember 2008 für eine Neuregelung gesetzt hat. Die Verfassungswidrigkeit beruhte auf der ungleichen Bewertung des Vermögens. So wurden Aktien, Schmuck, Sparguthaben, Barvermögen, Antiquitäten und Kunstgegenstände mit dem Verkehrswert, Grundstücke und betriebliches Vermögen mit unter dem Verkehrswert liegenden Werten der Erbschaftsteuer unterworfen. Wer ein Grundstück im Verkehrswert von 700 000 € erbte, zahlte Erbschaftsteuer berechnet nach einem Grundbesitzwert von 50 bis 70 Prozent des Verkehrswerts, während der Erbe von Aktien Erbschaftsteuer auf volle 700 000 € zu zahlen hatte. Diese Ungleichbehandlung entsprach nicht dem Gleichheitsgrundsatz des Grundgesetzes. Das neue Erbschaftsteuer- und Bewertungsrecht will diese Ungleichbehandlung beseitigen. Zum 1. Januar 2010 ist das Erbschaftsteuerrecht in zwei Bereichen erneut geändert worden. Die Steuersätze in der Steuerklasse II, also u. a. für Geschwister, Nichten und Neffen, wurden gesenkt, sie sind aber immer noch höher als vor dem 1. Januar 2009 (siehe Seite 280 f.). Diese neuen Steuersätze gelten für alle Erbfälle und Schenkungen nach dem 31. Dezember 2009. Weiter ist der steuerfreie Erwerb von Betriebsvermögen rückwirkend zum 1. Januar 2009 günstiger geregelt worden (siehe Seite 271 f.).

Lebenspartner erhalten seit dem 1. Januar 2009 denselben Freibetrag wie Ehegatten in Höhe von 500 000 € und fallen jetzt auch in die Steuerklasse I. Dies gilt für alle Erwerbe durch Erbschaft oder Schenkung rückwirkend ab 1. August 2001, soweit diese Erwerbsfälle noch nicht durch einen Steuerbescheid bestandskräftig abgeschlossen sind.

Wie lange das Erbschaftsteuergesetz in seiner jetzigen Form bestehen bleibt, ist trotz der mehrfachen gesetzgeberischen Nachbesserungen ungewiss. Der BFH prüft in einem dort anhängigen Verfahren (AZ.: II R 9/11) verfassungsrech tliche Bedenken gegen die Reform. Es geht zum einen um die durch die Reform eröffneten Gestaltungsmöglichkeiten beim Betriebsvermögen durch Einbringung von Privatvermögen und anschließendem steuerfreien Erwerb durch Schenkung oder im Erbfall, zum anderen um die auf das Jahr 2009 begrenzte Gleichbehandlung von Geschwistern und familienfremden Dritten bei den Steuersätzen (siehe Tabelle Seite 281). Sieht der BFH Teile der Reform als verfassungswidrig an, muss er das Verfahren aussetzen und dem BVerfG zur Entscheidung vorlegen. Mit einer Entscheidung des BFH ist voraussichtlich noch 2012 zu rechnen.

INFO **Welche Vorschrift gilt?**

Bevor Sie handeln, sollten Sie sich darüber beraten lassen, welche Vorschriften aktuell gelten und wie sie im konkreten Fall angewendet werden.

EILE IST GEBOTEN – RASCHES HANDELN KANN SICH LOHNEN

Wer die steuerlichen Gestaltungsmöglichkeiten des zurzeit geltenden Erbschaftsteuerrechts durch rechtzeitige Übertragung nutzen will, sollte jetzt handeln und sich kompetent beraten lassen.

Wer in der Steuerklasse II (siehe Tabelle Seite 281) im Jahre 2009 eine Schenkung oder einen Erbschaft zu versteuern hat, kann, wenn der Steuerbescheid noch nicht bestandskräftig (= endgültig) ist, Einspruch gegen den Bescheid mit Verweis auf das vor dem BFH anhängige Verfahren einlegen. Auch hier gilt: Lassen Sie sich von Ihrem Steuerberater oder ihrer Steuerberaterin beraten.

Wenn Sie jetzt ein Testament verfassen oder ändern wollen, sollten Sie den aktuellen Rat eines im Erbschaftsteuerrecht erfahrenen Beraters oder einer Beraterin einholen. Auch Ihr bereits bestehendes Testament sollten Sie in rechtlicher und steuerlicher Sicht jetzt noch einmal überprüfen lassen. Nur so können Sie sicher sein, dass die Änderungen des Steuerrechts nicht zu ungeplanten Nachteilen für Ihre Erben führen.

Genauso wie Sie Ihre letztwillige Verfügung in regelmäßigen Abständen darauf überprüfen sollten, ob Ihre Anordnungen zur Verteilung Ihres Vermögens noch aktuell sind, sollten Sie auch die steuerlichen Auswirkungen Ihres letzten Willens regelmäßig überprüfen lassen. Steuergesetze, ihre Anwendung und Auslegung ändern sich ständig. Dies kann ungeahnte und ungewollte Auswirkungen für Ihre Erben haben.

Auch im Erbfall sollten Sie als Erbe vor Abgabe der Erbschaftsteuererklärung fachlichen Rat einholen. Gehört zum Nachlass Betriebsvermögen, ist dies dringend zu empfehlen. Dies gilt auch für die steuerliche Prüfung der Auseinandersetzung einer Erbengemeinschaft vor der Teilung.

Das Gesetz zur Reform des Erbschaftsteuer- und Bewertungsrechts gilt für alle Schenkungen und Erbfälle ab 1. Januar 2009.

Für Erbfälle, die zwischen dem 1. Januar 2007 und dem 31. Dezember 2008 eingetreten sind, konnte es auf Antrag angewandt werden. Dieser war bis zum 30. Juni 2009 zu stellen. Die zweite Änderung der Steuersätze in der Steuerklasse II gilt erst ab 1. Januar 2010, während die Steuerbefreiungsvoraussetzungen für Betriebsvermögen rückwirkend zum 1. Januar 2009 Anwendung finden (siehe Seiten 281, 271 f.).

Die nachfolgenden Ausführungen informieren Sie über das jetzt geltende Erbschaftsteuerrecht und sollten stets anhand der aktuellen Entwicklung überprüft werden.

Die Eckpunkte der Reform des Erbschaftsteuer- und Bewertungsrechts sind:

- Die Vererbung selbstgenutzter Immobilien an Ehe- oder eingetragene Lebenspartner und an Kinder ist unter gewissen Voraussetzungen erbschaftsteuerfrei, siehe Seite 266 ff.
- Die Freibeträge werden neu geregelt, siehe Seite 273 ff..
- Die Steuersätze werden verändert, siehe Seite 280 f.
- Neue Bewertungsvorschriften sollen zu einer gleichmäßigen Besteuerung des Vermögens führen, siehe Seite 259 ff.
- Neue Regeln gelten für die Vererbung von Betriebsvermögen, siehe Seite 271 f.

Grundsatz

Das ErbStG ging bis zum 31. Dezember 2008 von dem Grundsatz aus: Je näher verwandt, desto höhere Freibeträge und desto weniger Steuern und umgekehrt. Nunmehr gilt: Hohe Freibeträge und niedrigere Steuersätze gibt es für die Kernfamilie, also Ehepartner und Kinder und Enkel.

Geschwister, Nichten, Neffen und andere Erben haben nur einen niedrigen Freibetrag und zahlen höhere Erbschaftsteuer. Diese Schlechterstellung naher Verwandter ist zum 1. Januar 2010 durch eine Ermäßigung der Steuersätze abgemildert worden (siehe Seite 280 f.).

Lebenspartner sind jetzt Ehepartnern gleichgestellt. Sie fallen in die Steuerklasse I und ihnen stehen dieselben Freibeträge wie Ehegatten zu (siehe Seite 274 f.)

RÜCKWIRKENDE ÄNDERUNG

Die Einordnung in die Steuerklasse I erfolgt rückwirkend zum 1. August 2001. Eine Änderung der Steuerbescheide und damit eine Rückzahlung überbezahlter Erbschaft- oder Schenkungsteuer erfolgt aber nur, wenn der Steuerbescheid noch nicht endgültig (= bestandskräftig) ist.

Die Höhe der anfallenden Steuern lässt sich durch geschickte Regelungen, sei es durch entsprechende Verfügungen von Todes wegen oder durch Schenkungen unter Lebenden (siehe Seite 131 ff.) beeinflussen. Um entsprechend planen zu können, müssen Sie die Grundzüge des ErbStG kennen. Musterfälle mit Berechnungen helfen Ihnen, die für Sie passende Möglichkeit zu finden.

PLANEN ZAHLT SICH OFT AUS

Wählen Sie nie nur aus steuerlichen Gründen eine Lösung, die Ihren Vorstellungen über die Verteilung Ihres Vermögens nicht voll entspricht. Überlegen Sie zunächst, was Sie erreichen wollen. Dann erst prüfen Sie die steuerlichen Folgen. Gibt es unter den Möglichkeiten, die Ihnen zusagen, auch eine, die steuerlich günstiger ist, dann entscheiden Sie sich für diese Lösung.

ERBSCHAFTSTEUER

Zeitpunkt ihres Entstehens

Erbschaftsteuerpflichtig ist der Erwerb von Todes wegen. Die Steuer entsteht im Zeitpunkt des Erwerbs. Dieser Zeitpunkt kann je nach Erwerbsgrund unterschiedlich sein (siehe Tabelle Seite 257).

Wird ohne Vereinbarung einer Abfindung auf das Pflichtteilsrecht oder das Vermächtnis verzichtet oder die Erbschaft ausgeschlagen, tritt keine Steuerpflicht ein.

Hat der Erblasser eine aufschiebende Bedingung oder Befristung angeordnet, findet der Erwerb erst bei Eintritt der Bedingung oder Befristung statt.

Beispiel: Ulrike Vrieth hat ihrer Enkelin Anke ein Geldvermächtnis von 25 000 € zu ihrem 18. Geburtstag in ihrem Testament ausgesetzt. Als Ulrike Vrieth stirbt, ist die Enkelin zwölf Jahre alt.

Das Geldvermächtnis erhält Anke erst zu ihrem 18. Geburtstag: An diesem Tag hat sie Anspruch auf Auszahlung, das Vermächtnis ist jetzt angefallen und bei ihr zu versteuern. Bis zum Eintritt der Bedingung oder Befristung war der Erwerb bei dem Erben angefallen und ist von ihm versteuert worden.

WELCHER ERWERB IST WANN ERBSCHAFTSTEUERPFLICHTIG?	
Erwerb von Todes wegen	**Zeitpunkt des Erwerbs**
Anfall der Erbschaft aufgrund gesetzlicher oder testamentarischer Erbfolge	Tod des Erblassers
Pflichtteilsanspruch	bei Geltendmachung
Vermächtnis	Tod des Erblassers
Erbvertrag	Tod des Erblassers
Schenkung auf den Todesfall	Tod des Erblassers
Auflage	wenn der durch die Auflage Begünstigte die Leistung erhält
Abfindungen für den Verzicht auf Pflichtteilsanspruch, Vermächtnis oder für die Ausschlagung der Erbschaft	Erklärung des Verzichts oder der Ausschlagung

Steht dagegen eine letztwillige Verfügung unter einer auflösenden Bedingung, ist dies erst einmal – bis zu ihrem Eintritt – steuerlich unbeachtlich.

Beispiel: Gudrun Koch hat ihren Ehemann testamentarisch zu ihrem Alleinerben eingesetzt, aber nur für den Fall, dass er nicht mehr heiratet.

Nach dem Tod von Gudrun Koch wird der Ehemann Alleinerbe und ist erbschaftsteuerpflichtig. Heiratet er wieder, fällt die Erbschaft an die nächstberufenen Erben, die ihrerseits steuerpflichtig sind. Herr Koch muss nun seinerseits innerhalb eines Jahres nach seiner Heirat einen Antrag auf Berichtigung des Erbschaftsteuerbescheids stellen.

FRIST FÜR EINE BERICHTIGUNG

Der Erbe muss nach Eintritt der Bedingung eine Berichtigung der Erbschaftsteuerveranlagung beantragen, da sein Erwerb gemindert ist. Die Korrektur zu seinen Gunsten nimmt das Finanzamt nicht von selbst vor.
Der Antrag ist innerhalb eines Jahres ab Eintritt der Bedingung zu stellen.

Vermögensbewertung

Die Erbschaftsteuer wird nach dem Wert des Vermögens berechnet, das Sie erworben haben. Auch hier gilt wieder der Grundsatz, dass die Nachlassverbindlichkeiten abgesetzt werden. Die Erbschaftsteuern berechnen sich nach den Werten, die Ihnen aus dem Nachlass tatsächlich

INFO Verkehrswert

Grundsätzlich wird allen Vermögensgegenständen ihr „gemeiner Wert" zugrunde gelegt. Das ist der Wert, der bei einer ordnungsgemäßen Veräußerung des Gegenstands zu erzielen ist (Verkehrswert).
Für Grundstücke, Betriebsvermögen und Anteilen an Kapitalgesellschaften ermittelt das Finanzamt den Verkehrswert. Sind Sie mit dem Ergebnis nicht einverstanden, können Sie ein Gegengutachten vorlegen.

Wenn Sie keine Anhaltspunkte für die Bewertung von geerbten Vermögensgegenständen wie Antiquitäten, Gemälden oder Schmuck haben und es auch keine allgemeine Wertermittlung wie zum Beispiel bei Autos (Schwacke-Liste, mehr dazu finden Sie unter www.schwacke.de) gibt, müssen Sie die Bewertung einem Sachverständigen übertragen. Die entstehenden Kosten sind als Nachlassverbindlichkeit absetzbar (§ 10 Abs. 5 Nr. 3 ErbStG).

verblieben sind – das ist Ihre „Bereicherung" –, und nur sie ist Bemessungsgrundlage für die Erbschaftsteuer. Für die Bewertung gibt es besondere Vorschriften im ErbStG in Verbindung mit dem Bewertungsgesetz (BewG). Der Stichtag für die Bewertung ist der Zeitpunkt des Erwerbs, was zum Beispiel bei Aktien erhebliche Auswirkungen haben kann, denn der Kurs kann sich von Tag zu Tag verändern.

Aufgrund der Entscheidung des Bundesverfassungsgerichts (siehe Seite 253) sind die Bewertungsvorschriften mit Wirkung ab 1. Januar 2009 geändert worden. Ziel der Reform ist, alle Vermögenswerte in Zukunft mit ihrem Verkehrswert gleich zu besteuern. Dies führt zu erheblichen Änderungen bei der Bewertung von Grundstücken und Betriebsvermögen. Erben von Mietshäusern, Eigentumswohnungen und auch von Einfamilienhäusern zahlen seit dem 1. Januar 2009 in vielen Fällen höhere Erbschaftsteuer.

Die Erhöhung der Bemessungsgrundlage durch den Ansatz des Verkehrswerts wird nur zum Teil durch die Begünstigung von Ehe- und Lebenspartnern sowie Kindern bei der Vererbung selbst genutzter Immobilien und die Erhöhung der Freibeträge wieder aufgefangen. Entferntere Verwandte, nichteheliche Lebensgefährten und nicht verwandte Dritte zahlen nach der Neuregelung mehr.

Bewertung von Wertpapieren

Aktien und festverzinsliche Wertpapiere sind mit dem niedrigsten an einer deutschen Börse am Todestag notierten Kurs anzusetzen.

Ausländische Aktien, die nicht an einer deutschen Börse gehandelt werden, werden mit dem Kurs am Todestag an ihrer Heimatbörse bewertet. Liegen für andere Wertpapiere wie Zertifikate, Aktienanleihen, Optionsscheinen oder anderen Derivaten am Todestag verschiedene Geld- und Briefkurse vor, kann der niedrigste Wert angesetzt werden.

TIPP: PRÜFEN SIE BESSER NACH

Banken melden die am Todestag vorhandenen Wertpapierbestände des Erblassers an das Nachlassfinanzamt, sie melden aber nicht immer die niedrigsten Kurse. Deshalb kann es sich lohnen, die Meld-ung zu überprüfen und gegebenenfalls zu korrigieren. Verlangen Sie eine entsprechende Auskunft der Bank oder suchen Sie die Kurse im Internet, beispielsweise über www.onvista.de.

Bewertung von Grundstücken

Jedes Grundstück, ob bebaut oder unbebaut, ist bei Schenkung oder im Erbfall zu bewerten. Dabei ist seit dem 1. Januar 2009 der Verkehrswert zu ermitteln. Damit ist die gegen den Gleichheitsgrundsatz des Grundgesetzes verstoßende Privilegierung von Grundvermögen abgeschafft. Die Art der Ermittlung ist je nach Grundstücknutzung unterschiedlich geregelt.

Unbebaute Grundstücke. Ihre Bewertung richtet sich nach § 179 BewG. Unbebaut sind nicht nur die Grundstücke, auf denen keine Gebäude stehen, sondern auch solche, auf denen sich zwar Gebäude befinden, deren Nutzung aber unmöglich ist, zum Beispiel zerstörte oder verfallene Bauten. Wird das Grundstück gerade bebaut, gilt es weder als unbebaut noch als

INFO Nachweis für bebaute Grundstücke

Auch bei bebauten Grundstücken gilt: Kann der oder die Steuerpflichtige nachweisen, dass der Verkehrswert tatsächlich geringer ist, ist dieser geringere Wert der Besteuerung zugrunde zu legen.

Zweckmäßig ist es, den Nachweis durch Vorlage eines Gutachtens zu führen.

Mit der Begutachtung kann der zuständige Gutachterausschuss oder ein privater Gutachter, der möglichst öffentlich bestellt und vereidigt sein sollte, beauftragt werden.

Ein niedrigerer Wert kann auch durch eine zeitnahe Veräußerung des Grundstücks zu einem niedrigeren Kaufpreis nachgewiesen werden.

Ist der Kaufpreis höher als der im Gutachten ermittelte Wert, kann das Finanzamt den Steuerbescheid, solange er noch nicht bestandskräftig ist, entsprechend anpassen und der Erbe muss eine Nachzahlung leisten.

bebaut, und die Bewertung richtet sich nach speziellen Vorschriften.

Die Bewertung unbebauter Grundstücke erfolgt anhand der Quadratmeterzahl und der Bodenrichtwerte. Diese werden für alle in der Bundesrepublik gelegenen Grundstücke von den Gutachterausschüssen, die in den Gemeinden eingerichtet wurden, festgelegt. Auf der Grundlage der in dem jeweiligen Gemeindegebiet erfolgten Verkäufe von Grund und Boden werden die durchschnittlichen Werte für erschlossenes und nicht erschlossenes Bauland ermittelt. Sind die Grundstücke bereits bebaut, so ist der unbebaute Wert zu ermitteln. Die so gefundenen Preise sind der Bodenrichtwert.

Die Bodenrichtwerte werden grundsätzlich alle zwei Jahre neu ermittelt. Für die Besteuerung kann das Finanzamt aber auch eine zeitnähere Ermittlung der Bodenrichtwerte verlangen. Der jeweils aktuelle Bodenrichtwert wird für die Berechnung des Verkehrswerts herangezogen. Der Bodenrichtwert wird mit den Quadratmetern des Grundstücks multipliziert und ergibt den Verkehrswert. Dieser ist der Besteuerung zugrunde zu legen. Eine Korrektur des Bodenrichtwerts um einen Abzug von 20 Prozent, wie bis zum 31. Dezember 2008 vorgesehen, gibt es nicht mehr.

Der Erbe hat die Möglichkeit, nachzuweisen, dass der Verkehrswert aufgrund bestimmter Umstände niedriger anzusetzen ist. Dies kann sich zum Beispiel aus der Lage des Grundstücks, seinem Zuschnitt, der Bodenbeschaffenheit oder Umweltschäden ergeben. Dazu wird der Erbe in der Regel ein Sachverständigengutachten vorlegen müssen. Einigen sich der Erbe und das Finanzamt nicht über den Verkehrswert, bleibt letztlich nur der Weg einer zeitaufwendigen streitigen Auseinandersetzung.

Bebaute Grundstücke: Auch für bebaute Grundstücke gilt: Maßgeblich für die Besteuerung ist der reale Wert des Grundstücks. Das Bewertungsgesetz gibt je nach Gebäudeart unterschiedliche Bewertungsmethoden zur Ermittlung des Verkehrswerts vor:

- Für Ein- und Zweifamilienhäuser und Eigentumswohnungen das Vergleichswertverfahren
- Für Mietwohngrundstücke, gemischt genutzte Grundstücke und Geschäftsgrundstücke das Ertragswertverfahren
- Für sonstige bebaute Grundstücke das Sachwertverfahren. Dieses findet auch dann Anwendung, wenn keine Vergleichswerte oder Ertragswerte ermittelt werden können.

Vergleichswertverfahren: Beim Vergleichswertverfahren – der Name sagt es – wird der Verkehrswert eines Ein- oder Zweifamilienhauses oder einer Eigentumswohnung unter Heranziehung von tatsächlich erzielten Kaufpreisen für vergleichbare Objekte ermittelt. Alle in einer Region abgeschlossenen Grundstückkaufverträge werden vom beurkundenden Notar dem zuständigen Gutachterausschuss gemeldet und in die Kaufpreissammlung des Gutachterausschusses übernommen.

Auf diese Weise hat der Gutachterausschuss einen Überblick über mögliche Vergleichsobjekte und kann den Verkehrswert des vererbten Grundstücks ermitteln und dem Finanzamt mitteilen. Streit kann dann zwischen dem Erben und dem Finanzamt über die Frage entstehen, ob die zum Vergleich herangezogenen Häuser oder Wohnungen tatsächlich mit dem ererbten auch hinsichtlich Lage, Erhaltungszustand, Alter, Ausstattung und anderen wertbildenden Faktoren übereinstimmen. Wie bei der Bewertung unbebauter Grundstücke kann der Erbe nachweisen, dass der Verkehrswert geringer ist als vom Finanzamt angenommen.

Liegt kein Vergleichswert vor, kommt das Sachwertverfahren zur Ermittlung des Verkehrswerts zum Zuge.

Ertragswertverfahren: Das Ertragswertverfahren wird angewandt zur Wertermittlung bei Mietshäusern mit mehr als zwei Wohnungen, bei Geschäftsgrundstücken, bei denen mehr als 80 Prozent der Fläche zum Beispiel als Ladenlokale oder Büros genutzt werden, und bei gemischt genutzten Grundstücken, wenn das Gebäude sowohl Wohn- als auch betrieblichen Zwecken dient.

Die Bewertung erfolgt zunächst getrennt nach dem Bodenwert und dem Gebäudeertragswert. Die verschiedenen Schritte werden nachfolgend anhand eines Beispiels erläutert.

Der Verkehrswert eines 2 000 Quadratmeter großen Grundstücks, das mit einem Mietshaus bebaut ist, soll für den Erbfall ermittelt werden. Dies geschieht in mehreren Schritten.

- **Bodenwert**

Nach der vom Gutachterausschuss herausgegebenen Bodenrichtwertekarte beläuft sich der Quadratmeterpreis für unbebaute Grundstücke für die Lage des Mietshauses auf 180 €/m². Daraus errechnet sich der Bodenwert mit

2 000 m² × 180 € = 360 000 €

- **Ertragswert**

Zunächst ist der Rohertrag des Mietshauses zu ermitteln. Der Rohertrag ergibt sich aus den Jahresmieten, die zur Zeit des Erbfalls nach den abgeschlossenen Mietverträgen zu zahlen sind. Auf die tatsächliche Zahlung kommt es nicht an. Ist eine Wohnung nicht vermietet oder mietzinsfrei zur Nutzung überlassen, ist der übliche Mietzins anzusetzen. Dies gilt auch bei Eigennutzung und bei Überlassung eines um 20 Prozent unter der üblichen Miete liegenden Mietzinses. Das Mietshaus besteht aus

20 Wohnungen mit einer Größe von je 60 m²	= 1 200 m²
10 Wohnungen mit einer Größe von je 80 m²	= 800 m²

Von den 20 kleineren Wohnungen sind 18 zu einem Quadratmeterpreis von 10 € vermietet, eine steht leer und eine nutzt der studierende Enkel der Erblasserin. Da alle Wohnungen untereinander vergleichbar sind, sind sie einheitlich mit einem Mietzins von 600 € zu bewerten. Der Mietzins für die größeren Wohnungen beläuft sich pro Quadratmeter auf 9 €, erzielt werden damit pro Wohnung 720 €. Die neben der Miete zu zahlenden Betriebskosten bleiben bei der Ermittlung des Rohertrags außer Betracht.

20 Wohnungen × 600 € × 12 Monate	= 144 000 €
10 Wohnungen × 720 € × 12 Monate	= 86 400 €
Rohertrag für das Mietshaus	= 230 400 €

Von dem Rohertrag sind die Bewirtschaftungskosten abzuziehen. Diese setzen sich aus den Verwaltungskosten, den nicht umlagefähigen und deshalb nicht von den Mietern erstatteten Betriebskosten, den Instandhaltungskosten und dem Mietausfallwagnis zusammen. Die Bewirtschaftungskosten werden nicht konkret nach dem für das zu bewertende Gebäude anfallenden Kosten berechnet. Vielmehr berücksichtigen die Gutachterausschüsse diese anhand allgemeiner Erfahrungssätze für vergleichbare Objekte.

Liegen keine Zahlen vor, dann gelten pauschalierte Bewirtschaftungskosten nach dem Bewertungsgesetz (§ 187 BewG in Verbindung mit Anlage 23). Im Beispiel ist bei einer Restnutzungsdauer des Gebäudes von 30 Jahren von Bewirtschaftungskosten von 27 Prozent der Jahresmiete auszugehen.

Rohertrag	230 400 €
27 Prozent Bewirtschaftungskosten	62 200 €
Reinertrag	168 200 €

Vom Reinertrag ist noch eine angemessene Verzinsung des Bodenwerts abzuziehen. Diese ergibt sich aus dem Liegenschaftszins, den der Gutachterausschuss ermittelt. Hat er dazu keine geeigneten Daten, sind die gesetzlichen Sätze anzuwenden. Diese belaufen sich je nach Gebäudeart auf 5 bis 6,5 Prozent. Bei Mietshäusern beträgt der Liegenschaftszins 5 Prozent vom Bodenwert.

Reinertrag des Mietshauses	168 200 €
5 Prozent Liegenschaftszins, berechnet vom Bodenwert	18 000 €
Gebäudereinertrag	150 200 €

Der Gebäudereinertrag bezieht sich auf einen Zeitraum von einem Jahr. Nunmehr ist der Verkehrswert des Gebäudes zu berechnen. Dazu ist der Gebäudereinertrag mit dem sich aus der Anlage 21 zu § 185 BewG ergebenden Vervielfältiger zu multiplizieren. Dieser bestimmt sich nach dem Liegenschaftszins und der Restnutzungsdauer des Gebäudes. Hier beträgt der Vervielfältiger 15,37.

Gebäudereinertrag von	
150 200 € × 15,37	2 308 574 €
+ Bodenwert	+ 360 000 €
Verkehrswert	2 668 574 €

Bei Mietwohngrundstücken – wie im obigen Beispiel – wird der Verkehrswert für die Berechnung der Erbschaftsteuer dann noch um 10 Prozent gekürzt (siehe Seite 270).

Das Finanzamt ermittelt den Verkehrswert nach den dargestellten Vorschriften des Bewertungsgesetzes und den Auskünften des Gutachterausschusses. Halten Sie die Bewertung für unzutreffend, weil sich zum Beispiel die Verhältnisse auf dem Grundstücksmarkt verschlechtert haben, dann müssen Sie dies nachweisen (siehe Seite 259 Info).

SONDERFÄLLE BEI EINER BEWERTUNG

Für Sonderfälle – zum Beispiel der Bewertung von Erbbaurechten, Gebäuden auf fremden Grundstücken und im Bau befindlichen Gebäuden – gelten spezielle Ermittlungsverfahren nach den §§ 192 bis 197 BewG.

Sachwertverfahren: Der Sachwert setzt sich aus dem Bodenwert und dem Gebäudewert zusammen. Der Bodenwert ist genauso wie bei unbebauten Grundstücken zu ermitteln (siehe Seite 259 f.).

Grundlage für den Gebäudesachwert sind die Gebäudeherstellkosten. Diese Regelherstellungskosten ergeben sich aus der Anlage 24 zu § 190 BewG.

Regelherstellungskosten × Bruttogrundfläche des Gebäudes abzüglich einer Alterswertminderung von höchstens 60 Prozent ergeben den Gebäudesachwert. Gebäudesachwert und Bodenwert werden addiert und multipliziert mit einer Wertzahl, die vom Gutachterausschuss vorgegeben oder aus der Anlage 25 zum BewG entnommen wird. Das Ergebnis ist der Verkehrswert nach dem Sachwertverfahren.

Grundstücke im Ausland. Bisher haben die Finanzämter der Berechnung der deutschen Erbschaftsteuer bei ausländischen Grundstücken immer den Verkehrswert zugrunde gelegt, obwohl vergleichbare Grundstücke in Deutschland nur mit einem niedrigeren Wert bewertet wurden. Der Europäische Gerichtshof hat im Januar 2008 entschieden, dass diese Ungleichbehandlung innerhalb der Mitgliedstaaten der Europäischen Union gegen den EG-Vertrag verstößt. Sofern alte Steuerbescheide noch änderbar sind, können Erben unter Hinweis auf das Urteil eine Neubewertung des ausländischen Grundbesitzes verlangen. Aufgrund des Urteils ist das in Mitgliedstaaten der Europäischen Union belegene Grundvermögen auch nach der Erbschaftsteuerreform

TIPP Sorgfältig überlegen

Wägen Sie ab, ob Sie, um Ihren Erben Erbschaftsteuer zu ersparen, Ihrem Ehepartner, den Sie sichern wollen, nur einen Nießbrauch vermachen, oder ob es nicht eher dem gemeinsamen Willen und den finanziellen Notwendigkeiten entspricht, ihn als Vollerben einzusetzen.

nach denselben Maßstäben wie inländische Grundstücke zu bewerten.

Ob bei Auslandsvermögen Erbschaftsteuern nach deutschem Recht anfallen, richtet sich nach der beschränkten oder unbeschränkten persönlichen Steuerpflicht (siehe Seite 283 f.). Neben der deutschen Erbschaftsteuer können auch noch Steuern im Ausland anfallen (siehe Seite 308 ff.).

Bewertung von ...

- **Beteiligungen und Betriebsvermögen**

Für die Bewertung von gesellschaftsrechtlichen Beteiligungen an Kapitalgesellschaften und Betriebsvermögen gibt es spezielle Vorschriften in §§ 12 ff. ErbStG in Verbindung mit dem BewG.

In diesen Fällen müssen Sie sich beraten lassen.

- **Immobilienfonds-Anteile**

Anteile an einem geschlossenen Immobilienfonds werden nach dem anteiligen Grundbesitzwert berechnet. Anteile an offenen Immobilienfonds sind mit dem Rücknahmepreis anzusetzen.

- **Lebensversicherungen**

Lebensversicherungen werden ab 1. Januar 2009 nur noch mit dem Rückkaufswert bewertet. Diesen teilt die Lebensversicherungsgesellschaft auf Anfrage mit.

- **Nutzungsrechten**

Bei der Zuwendung einer Rente, eines Nießbrauchs oder eines Wohnrechts gelten für die Ermittlung des zu versteuernden Wertes wiederum besondere Vorschriften, und zwar § 23 ErbStG in Verbindung mit den §§ 13 ff. BewG.

Ehepartner, die sich in ihrem Testament vorrangig gegenseitig für den ersten Todesfall absichern wollen, wählen zumeist die Form des Berliner Testaments oder ordnen Vor- und Nacherbschaft an.

Haben die Eheleute Kinder, werden diese zu Schluss- oder Nacherben eingesetzt (siehe Seiten 109, 123 ff.). Um Erbschaftsteuer zu sparen, kann die Anordnung eines Nießbrauchs an dem gesamten Vermögen für den Ehepartner verbunden mit der Erbeinsetzung des Kindes die günstigere Lösung sein. Zwei Beispiele im Vergleich zeigen dies:

INFO **Gesetzliche Rente**

Renten, die aufgrund gesetzlicher Vorschriften auf die Hinterbliebenen übergehen, sind nicht erbschaftsteuerpflichtig.

Nur die von dem Erblasser oder der Erblasserin im Erbgang erworbenen Renten werden von der Erbschaftsteuer erfasst.

Beispiel für die Erbeinsetzung: In ihrem Testament setzt Ulla Koch ihren Ehemann Jörg als Vorerben und ihren Sohn Kai als Nacherben ein. Sie stirbt am 20. Februar 2010 und hinterlässt ein Vermögen von 1 400 000 €. Herr Koch stirbt zehn Jahre später. Nun erbt Jörg den Nachlass im unveränderten Wert.

Unter Berücksichtigung lediglich der persönlichen Freibeträge ergeben sich folgende Erbschaftsteuerbeträge:

Erstes Rechenbeispiel: Erbeinsetzung

1. Erbfall (Tod von Ulla Koch)

Nachlasswert	1 400 000 €
– Freibetrag Ehemann	500 000 €
zu versteuern	900 000 €
19 %	171 000 €

2. Erbfall (Tod von Jörg Koch)

Nachlasswert	1 400 000 €
– Freibetrag Sohn	400 000 €
zu versteuern	1 000 000 €
19 %	190 000 €

Die von Vater und Sohn insgesamt zu zahlende Erbschaftsteuer beläuft sich somit auf 171 000 € und 190 000 € = 361 000 €. Das ist mehr als ein Viertel des Nachlasses.

Beispiel für den Nießbrauch: Ulla Koch setzt ihren Sohn Kai zu ihrem Alleinerben ein. Ihrem Ehemann Jörg vermacht sie den lebenslangen Nießbrauch an ihrem gesamten Vermögen. Beim Tod von Frau Koch ist ihr Ehemann 61 Jahre alt. Jörg Koch hat den Kapitalwert des Nießbrauchs zu versteuern. Der Jahreswert des Nießbrauchs wird nach dem BewG ermittelt, geteilt durch 18,6. Hier beläuft sich der Wert auf 1 400 000 €, geteilt durch 18,6 ergibt sich der Jahreswert von 75 268 €. Steht der Jahreswert fest, muss der Kapitalwert ermittelt werden, der die Bemessungsgrundlage für die Erbschaftsteuer ist. Der Kapitalwert ist der Jahreswert multipliziert mit dem Vervielfältiger, der sich aus der Anlage zu § 14 Abs. 1 BewG ergibt. Dieser beträgt bei einem 61 Jahre alten Mann 12,405.

Der Kapitalwert ist mit 938 699 € anzusetzen. Die von Vater und Sohn zu zahlende Erbschaftsteuer wird wie folgt berechnet:

Zweites Rechenbeispiel: Nießbrauch

1. Erbschaftsteuer Ehemann

Kapitalwert	933 699 €
– Freibetrag	500 000 €
zu versteuern	433 699 €
15 %	65 054 €

2. Erbschaftsteuer Sohn

Nachlasswert	1 400 000 €
– Nießbrauch	933 699 €
– Freibetrag	400 000 €
zu versteuern	66 301 €
7 %	4 641 €

Im ersten Rechenbeispiel müssen Vater und Sohn zusammen 361 000 € Erbschaftsteuer zahlen. Im zweiten Rechenbeispiel reduziert sich die Steuerlast aufgrund des Nießbrauchs auf insgesamt 69 695 €.

Steuerfreier Erwerb

Bestimmte Vermögensgegenstände aus dem Nachlass, zum Teil gestaffelt nach den persönlichen Steuerklassen, sind steuerfrei. Sie zahlen für diese Gegenstände dann keine Erbschaftsteuer, wenn und soweit die entsprechenden Voraussetzungen erfüllt sind. Diese steuerbefreiten Vermögensgegenstände bleiben dann auch bei der Berechnung der zu zahlenden Erbschaftsteuer außer Betracht. Durch die Reform der Erbschaftsteuer sind die Werte der Steuerbefreiung zum Teil erhöht worden. Neu ist, dass jetzt auch der Erwerb des selbst genutzten Familienheims im Erbfall durch nächste Familienangehörige steuerfrei möglich ist. Auch der steuerfreie Erwerb von Betriebsvermögen ist neu und anders geregelt worden.

Das Familienheim

Erhält im Erbfall der Ehegatte oder der Lebenspartner das Haus oder die Eigentumswohnung, die der Erblasser oder die Erblasserin selbst bewohnt hat, dann ist dieser Erwerb steuerfrei, wenn der Ehegatte oder Lebenspartner diese Familienwohnung sofort selbst zu eigenen Wohnzwecken nutzt.

Der steuerfreie Erwerb ist unabhängig von der Größe und dem Verkehrswert des Familienheims möglich. Die Zweizimmerwohnung kann ebenso steuerfrei erworben werden wie die Luxusvilla. Erste Voraussetzung ist nur, dass der Erblasser die Wohnung oder Villa selbst bewohnt hat oder an der Nutzung aus zwingenden Gründen gehindert war. Dies kann der Fall sein, wenn der Erblasser aufgrund seiner Betreuungsbedürftigkeit in einem Pflegeheim untergebracht war. Zweite Voraussetzung ist, dass der Ehegatte oder der Lebenspartner das geerbte Familienheim selbst zu Wohnzwecken benutzt, also dort wohnt und seinen Lebensmittelpunkt dort hat. Sind diese zwei Voraussetzungen erfüllt, fällt für den Erwerb im Erbfall keine Erbschaftsteuer an.

Die Steuerbefreiung gibt es auch dann, wenn die Immobilie nur teilweise für eigene Wohnzwecke genutzt ist. Die Befreiung ist dann aber auf die als Familienheim genutzte Wohnfläche begrenzt.

Beispiel: Klaus Stein hat Parterre und die 1. Etage seines Büro- und Wohnhauses vermietet, in der 2. Etage wohnt er mit seiner Ehefrau. Das Dachgeschoss (DG) bewohnt seine Mutter. Die Wohnfläche des 2. OG beläuft sich auf 200 Quadratmeter, die des DG auf 140 Quadratmeter, vermietet sind 420 Quadratmeter. Klaus Stein stirbt. Alleinerbin ist seine Frau Lore.

Die Steuerbefreiung kann Lore Stein für die 2. Etage und das Dachgeschoss in Anspruch nehmen. Letzteres gilt aber nur dann, wenn die Schwiegermutter keinen eigenen Hausstand führt. In den privilegierten Flächen darf also nur ein gemeinsamer Hausstand von den Eheleuten und ihren Kindern, Eltern und weiteren Verwandten i.S.v. § 15 AO geführt werden. Wohnt Frau Stein weiter im dem Familienheim, erwirbt sie 340 Quadratmeter steuerfrei und zahlt, wenn alle Freibeträge bereits verbraucht sind, Erbschaftsteuer für die Nutzfläche von 420 Quadratmeter. Beläuft sich der Verkehrswert der Immobilie auf 2 280 000 € (= 3 000 €/m²), erwirbt sie 1 020 000 € steuerfrei.

Diese Befreiung kann aber nachträglich entfallen. Zieht der Ehegatte oder Lebenspartner vor dem Ablauf von zehn Jahren aus dem Familienheim aus, verkauft oder vermietet er dieses, dann entfällt die Steuerbefreiung rückwirkend. Das heißt, der Erwerb ist jetzt nachträglich zu versteuern. Auch davon gibt es wieder eine Ausnahme. Ist der Ehegatte oder Lebenspartner an der eigenen Nutzung des Familienheims aus zwingenden Gründen gehindert, dann bleibt es bei der Steuerbefreiung. Zwingende Gründe sind der Tod des Ehegatten oder Lebenspartners vor Ablauf von zehn Jahren oder seine Pflegebedürftigkeit.

FÜR WEN GILT DIESES RECHT NICHT?

Diese Steuerbefreiung gilt für Ehegatten, nicht aber für nichteheliche Lebensgefährten, unabhängig davon, wie lange diese schon ein gemeinsames Haus bewohnen. Sie gilt weiter für Lebenspartner. Darunter versteht der Gesetzgeber nur die Partner einer eingetragenen gleichgeschlechtlichen Partnerschaft.

Auch ein Kind oder Stiefkind des Erblassers kann unter den genannten Voraussetzungen das Familienheim im Erbfall steuerfrei erwerben. Dies gilt allerdings nur bis zu einer Wohnfläche des Hauses oder der Wohnung von 200 Quadratmetern. Die steuerfreie Fläche von 200 Quadratmetern gibt es im Erbfall nur für ein Familienheim und nur einmal. Wird der Erblasser von mehreren Kindern beerbt, wird die Wohnfläche unter ihnen im Verhältnis ihrer Erbquoten aufgeteilt. Ist die Wohn-

TIPP Steuer für das Familienheim?

Erben Kinder das Familienheim, an dem einem Elternteil die Nutzung zusteht, dann können weder der Elternteil noch die Kinder das Familienheim steuerbefreit erben. Sind dann auch die sonstigen Freibeträge bereits verbraucht, ist Erbschaftsteuer zu zahlen. Vor der Errichtung Ihres Testaments sollten Sie den Inhalt auch unter dem Aspekt der neuen Steuerbefreiung für das Familienheim mit Ihrem rechtlichen und steuerlichen Berater oder Ihrer Beraterin besprechen.

fläche größer als 200 Quadratmeter, dann muss der übersteigende Betrag anteilig besteuert werden. Allerdings kann auf den übersteigenden Betrag auch der persönliche Freibetrag angerechnet werden.

Beispiel: Das von dem Erblasser bewohnte Haus hat eine Wohnfläche von 300 Quadratmetern und einen Verkehrswert von 3 000 000 €. Auf die steuerbefreite Fläche von 200 Quadratmetern entfällt damit ein Grundstückswert von 2 000 000 €, dieser wird von dem erbenden Kind steuerfrei erworben. Für den auf die weitere Fläche von 100 Quadratmetern entfallenden Wert muss Erbschaftsteuer gezahlt werden, gegebenenfalls nach Abzug des persönlichen Freibetrags des Kindes von 400 000 €, soweit dieser noch nicht verbraucht worden ist.

Beispiel: Claus Voigt stirbt bei einem Verkehrsunfall und hinterlässt seine Ehefrau Ulla und zwei Kinder. Die Eheleute leben in Gütertrennung. Da kein Testament vorhanden ist, tritt die gesetzliche Erbfolge ein. Der Nachlass besteht aus einem 420 Quadratmeter großen Familienheim im Verkehrswert von 900 000 €.

Ulla Voigt und ihre Kinder werden gesetzliche Erben zu je einem Drittel (siehe Seite 18 f.). Da alle drei das Familienheim weiterhin bewohnen, wollen sie die Steuerbefreiung für das Familienheim in Anspruch nehmen. Das Finanzamt berechnet die Erbschaftsteuer:

Auf Ulla entfällt ein Drittel des Familienheims im Wert von 300 000 €. Da sie das Haus weiter bewohnt, ist der Erwerb nicht steuerpflichtig. Voraussetzung dafür, dass dies so bleibt, ist allerdings, dass sie das Haus zehn Jahre lang bewohnt oder aus zwingenden Gründen an der Nutzung gehindert ist. Auf die Kinder entfällt je ein weiteres Drittel im Wert von 300 000 € und mit einer Wohnfläche von 140 Quadratmetern. Wegen der Wohnflächenbegrenzung auf 200 Quadratmeter pro Erbfall für alle Kinder zusammen ist nur der Erwerb eines Anteils von 100 Quadratmeter pro Kind steuerbefreit. 40 Quadratmeter im Wert von (900 000 € : 420 m² × 40 m² =) 85 714 € sind zu versteuern, es sei denn der persönliche Freibetrag (siehe Seite 274) ist noch nicht verbraucht.

Beispiel: Bernd Groß schreibt sein Testament. Er setzt seine drei Kinder zu seinen Erben zu je einem Drittel ein und vermacht seiner Ehefrau das Familienheim im Wert von 850 000 €.

Im Erbfall erwirbt Frau Groß das Familienheim steuerfrei. Dies gilt unabhängig vom Wert und der Wohnfläche des Hauses. Steuerfrei auf Dauer bleibt der Erwerb aber nur dann, wenn sie das Haus zehn Jahre weiter bewohnt.

Hätte Bernd Groß seiner Frau nur ein Wohnrecht oder die Nutznießung des Hauses vermacht, wäre kein steuerfreier Erwerb durch die Ehefrau möglich. Die

INFO **Wenn Sie mehrere Kinder haben**

Erben mehrere Kinder und gehört zu dem Nachlass ein Familienheim, sollten Sie prüfen, ob und welches Ihrer Kinder nach Ihrem Tod das Familienheim bewohnen will. Dies besprechen Sie am besten mit Ihren Kindern. Dann sollten Sie mit Ihren steuerlichen und rechtlichen Beratern eine Aufteilung Ihres Vermögens planen, wonach ein Kind das Familienheim als Vermächtnis erhält und die anderen Kinder den sonstigen Nachlass erben. So kann die Steuerbefreiung für das Familienheim in voller Höhe anfallen.

Soll das Kind, das das Familienheim erhält, dafür Ausgleichszahlungen an die anderen Kinder leisten, dann muss dafür eine steuerunschädliche Gestaltung gefunden werden. Ausgleichszahlungen aus dem Privatvermögen des Kindes können zum anteiligen Wegfall der Steuerbefreiung führen. Diese Frage müssen Sie mit ihren Beratern klären, bevor Sie Ihr Testament verfassen.

Steuerbefreiung setzt u.a. voraus, dass der Begünstigte Eigentümer des Familienheims wird. Diese Voraussetzung ist bei der testamentarischen Einräumung nur eines Wohnrechts oder des Nießbrauchs nicht erfüllt. Die Kinder als testamentarische Erben werden zwar Eigentümer des Familienheims. Da die Nutzung aber aufgrund des Vermächtnisses ihrer Mutter zusteht, können auch sie die Steuerbefreiung nicht in Anspruch nehmen, denn sie sind rechtlich nicht in der Lage, das Haus selbst als Familienheim zu benutzen.

Anders sehen die erbschaftsteuerlichen Folgen in dem nachstehenden Beispiel aus:

Beispiel: Inga Spät setzt in ihrem Testament ihre drei Kinder Lisa, Jörn und Lea zu ihren Erben zu gleichen Teilen ein. Ihrem Ehemann Björn, der über eigenes Vermögen verfügt, vermacht sie ihr Einfamilienhaus mit einer Wohnfläche von 180 m² im Verkehrswert von 750 000 €.

Bei ihrem Tod erwirbt Björn Spät das Familienheim als Vermächtnis und zahlt dafür keine Erbschaftsteuer. Er wird Eigentümer des Hauses und ihm steht die Nutzung zu. Er bewohnt das Haus weiter bis er acht Jahre später stirbt. Seine gesetzlichen Erben zu je einem Drittel sind die drei Kinder, Lisa, Jörn und Lea. Lea zieht in das Familienheim ein, Lisa und Jörn wohnen mit ihren Familien in anderen Orten.

Die Steuerbefreiung von Björn Spät entfällt nicht nachträglich. Er hat das Familienheim zwar nur acht und nicht zehn Jahre bewohnt, aber sein Tod ist ein zwingender Grund für die vorzeitige Aufgabe der Nutzung. Lisa, Jörn und Lea werden als gesetzliche Erben in Erbengemeinschaft Eigentümer des Familienheims zu je einem Drittel. Nur Lea erfüllt die Voraussetzungen für eine Steuerbefreiung, da sie das Familienheim bewohnt. Die Steuerbefreiung erfolgt anteilig für den Erwerb von 250 000 € verbunden mit 60 Quadratmeter Wohnfläche. Ihre Geschwister müssen dagegen, wenn ihre Freibeträge bereits verbraucht sind, den Erwerb von je 250 000 € mit 11 Prozent versteuern. Das sind immerhin 27 500 € pro Kind.

ÜBERLEGEN SIE GUT

Bevor Sie Ihr Testament verfassen, sollten Sie prüfen, ob und wie Sie Ihre Wohnung oder Ihr Haus steuerbefreit ihrem Ehepartner oder Ihren Kindern vererben oder vermachen können. Wird einer Ihrer Erben dadurch bevorzugt, sollten Sie überlegen, wie Sie dies in Ihrem Testament ausgleichen.
Ehepartner sollten in ihre Überlegungen auch die Alternative einer Schenkung zu Lebzeiten einbeziehen, denn Sie können auch zu Lebzeiten das Familienheim dem anderen Ehepartner steuerbefreit zuwenden (siehe Seite 292 f.).

Darüber, welche Flächen zur Wohnfläche gehören und welche nicht auf die 200 Quadratmeter anzurechnen sind, kann es in Zukunft zu langwierigen Auseinandersetzungen mit dem Finanzamt kommen. Zieht das Kind, um die Voraussetzungen für einen steuerfreien Erwerb zu erfüllen, unverzüglich nach dem Tod des Erblassers in dessen Wohnung oder Haus ein, pendelt aber zum Arbeitsplatz in einen anderen Ort, so ist dies dann unschädlich, wenn der Lebensmittelpunkt im Familienheim verbleibt. Auch darüber, ob diese Voraussetzung erfüllt ist, lässt sich vortrefflich streiten.

Ein Enkelkind profitiert nicht von der neuen Steuerbefreiung, solange sein Elternteil (Kind des Erblassers) noch lebt. Erbt ein Enkel in diesem Fall direkt von einem Großelternteil das Familienheim, dann muss er es auch bei anschließender Selbstnutzung zum Verkehrswert versteuern. Nur wenn der eigene Elternteil beim Tod des Großelternteils bereits verstorben ist, kann der Enkel das Familienheim der Großeltern unter denselben Bedingungen wie ein Kind steuerfrei erwerben.

Bebaute Grundstücke

Bebaute Grundstücke, die zu Wohnzwecken vermietet sind, werden mit einem Anteil von zehn Prozent des Verkehrswerts von der Erbschaftsteuer befreit. Der Verkehrswert des auf Seite 261 ff. bewerteten Miethauses in Höhe von rund 2 668 000 € wird zu 2 401 000 € der Erbschaftsteuer unterworfen, zehn Prozent = 266 800 € erhält der Erbe steuerfrei. Diese Begünstigung gilt für vermietete Ein- und Zweifamilienhäuser, Mietwohngrundstücke und die Teile eines Gebäudes, die zu Wohnzwecken dienen. Sie gilt für alle Erben, unabhängig vom Verwandtschaftsgrad oder der Steuerklasse.

Hausrat und Co.

Für diejenigen, die in Steuerklasse I fallen, liegt die Wertobergrenze für Hausrat einschließlich Wäsche und Kleidung bei 41 000 €. Zusätzlich können andere bewegliche körperliche Gegenstände (zum Beispiel Auto, Schmuck, Kunstgegenstände) bis zu einem Wert von 12 000 € steuerfrei erworben werden.

Beim Erwerb durch Personen der Steuerklassen II und III sind dagegen für Hausrat einschließlich Wäsche und Kleidungsstücke und andere bewegliche körperliche Gegenstände insgesamt nur 12 000 € steuerfrei.

Für Bargeld, Wertpapiere, Münzen, ungefasste Edelsteine und Perlen, Edelmetalle (zum Beispiel Goldbarren) gelten keine Befreiungen. Auch Gegenstände, die zu einem Betrieb gehören, sind von der Befreiung ausgeschlossen.

Befreit ist auch der Dreißigste gemäß § 1969 BGB.

PFLEGEZEIT WIRD ANERKANNT

Erhält derjenige, der den Erblasser oder die Erblasserin unentgeltlich oder ohne angemessene Bezahlung gepflegt hat, aus dem Nachlass eine Zuwendung, ist diese bis zu 20 000 € erbschaftsteuerfrei, vorausgesetzt die Pflege war auch 20 000 € „wert".

Der Erblasser sollte den Zweck der Zuwendung genau festlegen, zum Beispiel als Anerkennung für die langjährige, unentgeltliche Pflege, die nach Dauer und Umfang näher umschrieben wird. Dabei kann Bezug genommen werden auf die verschiedenen von der Krankenkasse anerkannten Pflegestufen und das von der Krankenkasse an den Erblasser gezahlte Pflegegeld. So hat das Finanzamt Anhaltspunkte, die Pflegeleistung einzuschätzen, um den Freibetrag zu gewähren. Wer dem Erblasser gesetzlich zum Unterhalt oder zur Unterstützung verpflichtet ist, wie Ehe- und Lebenspartner sowie Verwandte in gerader Linie, wie Eltern und Abkömmlinge, erhält den Freibetrag nicht.

Zuwendungen an Kirchen, gemeinnützige Vereine und politische Parteien sind unbegrenzt steuerfrei. Dasselbe gilt für Zuwendungen zu ausschließlich kirchlichen, gemeinnützigen oder mildtätigen Zwecken, was im Einzelfall dem Finanzamt nachzuweisen ist.

INFO Fazit zur Steuerbefreiung

Für alle Fälle gilt: Wird die Obergrenze für die Steuerbefreiung überschritten, ist der darüber hinausgehende Vermögenserwerb der Erbschaftsteuer unterworfen. Dafür zahlen Sie dann Erbschaftsteuer, wenn Ihr persönlicher Freibetrag bereits verbraucht ist.

Betriebsvermögen

Die Befreiung von Betriebsvermögen ist zum 1. Januar 2009 neu geregelt worden. Mit den am 1. Januar 2010 in Kraft getretenen weiteren Änderungen sind die Voraussetzungen für die Steuerbefreiung rückwirkend zum 1. Januar 2009 zugunsten der Erben verbessert worden. Nunmehr gilt Folgendes für die Erbfälle ab dem 1. Januar 2009:

Wird der Betrieb sieben Jahre von den Erben fortgeführt, kann die Erbschaftsteuer ganz entfallen, wenn weitere Voraussetzungen hinsichtlich des Erhalts von Arbeitsplätzen und des Anteils des Verwaltungsvermögens am gesamten Betriebsvermögen eingehalten werden.

Der Erbe hat auch die Möglichkeit, bei einer Fortführung des Betriebs über fünf Jahre und der Einhaltung gewisser Voraussetzungen hinsichtlich des Erhalts von Arbeitsplätzen und des Anteils von Verwaltungsvermögen am Betriebsvermögen nur fünfzehn Prozent des zu Verkehrswerten angesetzten Betriebsvermögens zu versteuern.

Der Erbe muss sich bereits bei Antritt des Erbes unwiderruflich für eine der beiden Varianten entscheiden. Welche Alternative für Erben eines Betriebs infrage kommt, muss ein Fachmann oder eine Fachfrau prüfen. Dazu müssen Sie sich als Erbe vor ihrer Entscheidung beraten lassen.

Für kleinere Betriebe kann der Erbe einen neuen Freibetrag von 150 000 € in Anspruch nehmen. Bis zu einem Verkehrswert eines Betriebs von 1 000 000 € fallen damit für den Erwerb überhaupt keine Steuern mehr an, wenn der Erbe den Betrieb fünf Jahre fortführt und die Voraussetzungen hinsichtlich der Arbeitsplätze und der Zusammensetzung des Betriebsvermögens einhält.

Für Kleinbetriebe ohne Beschäftigte oder bis zu 20 Mitarbeitern gilt die Lohnsummenklausel nicht.

Der neue Freibetrag von 150 000 € wird bis zu einem Unternehmenswert von 3 000 000 € gleitend abgeschmolzen. Liegt der Unternehmenswert über 3 000 000 €, fällt er damit weg. Während die Erben von Kleinbetrieben von den Neuregelungen profitieren können, besteht bei vielen Mittelständlern trotz des hohen Schonvermögens von 85 Prozent die Gefahr, oft fast so viel Erbschaftsteuer wie bisher zahlen zu müssen. Denn die neue Bewertung des Betriebsvermögens zu Verkehrswerten macht alle anderen Vergünstigungen weitgehend zunichte.

Weitere Befreiungen

§ 13 ErbStG führt noch eine Reihe weiterer Steuerbefreiungen auf, die aber nur vereinzelt infrage kommen.

Abzug von Nachlassverbindlichkeiten

Nachlassverbindlichkeiten werden von den nach den Steuerbefreiungen verbliebenen Vermögenswerten des Nachlasses abgezogen. Sie verringern das Nachlassvermögen, sodass sich auch die steuerliche Bemessungsgrundlage ändert.

Die abziehbaren Nachlassverbindlichkeiten gemäß § 10 Abs. 5 ErbStG sind:

- Schulden des Erblassers,
- Verbindlichkeiten aus Vermächtnissen, Auflagen und geltend gemachten Pflichtteilsansprüchen,
- Kosten für die Bestattung, für eine angemessene Grabstätte und für die Grabpflege sowie die Kosten, die durch die Abwicklung, Regelung oder Verteilung des Nachlasses unmittelbar entstehen.
- Ebenso die Kosten der Testamentseröffnung, des Erbscheins, Sachverständigenkosten zur Ermittlung des Verkehrswerts des Nachlasses und die Steuerberatungskosten, die bei Beauftragung eines Steuerberaters zur Erstellung der Erbschaftsteuererklärung entstehen (alle diese eben genannten Kosten werden in dem Erbschaftsteuerformular unter dem Begriff „Erbfallkosten" zusammengefasst).

Für diese Erbfallkosten ist insgesamt ein pauschaler Abzug ohne Einzelnachweis von 10300 € möglich. Wollen Sie höhere Beträge absetzen, müssen Sie sie insgesamt durch Einzelbelege nachweisen. Laufende Kosten für die Verwaltung des Nachlasses bis zu seiner Verteilung auf die Miterben können Sie nicht abziehen.

Jetzt haben Sie einen Überblick, was als Nachlass zu versteuern ist: Sie haben die Verkehrswerte der Nachlassgegenstände ermittelt, die steuerfreien Gegenstände und Werte abgesetzt und die Nachlassschulden abgezogen. So erhalten Sie die Summe der Nachlassgegenstände, die ihre „Bereicherung" im Erbfall darstellen und der Besteuerung unterliegen. Jetzt ist noch zu klären, in welche Steuerklasse Sie fallen, welche Freibeträge Ihnen zustehen und welche Steuersätze für Sie gelten.

WENN ES KOMPLIZIERT IST: STEUERBERATUNG

Bei komplizierten Vermögensverhältnissen sollten Sie den Rat eines Steuerberaters oder einer Steuerberaterin einholen. Gerade die Auslegung des Steuerrechts ändert sich durch Erlasse der Finanzverwaltung und Urteile der Finanzgerichte ständig, sodass die aktuelle Lage nur durch fachliche Beratung im Einzelfall geklärt werden kann. Gehört Betriebsvermögen oder ein Anteil davon zum Nachlass, müssen Sie ebenfalls Rechtsrat einholen. Diese Bereiche werden hier nicht behandelt.

Steuerklassen und persönliche Freibeträge

Seit dem 1. Januar 1996 gibt es nur noch drei Steuerklassen. Daneben bestehen jeweils Freibeträge in unterschiedlicher Höhe. Diese sind zum 1. Januar 2009 für Ehegatten und Lebenspartner, Kinder und Enkelkinder erheblich, für andere Erben gering erhöht worden. Prüfen Sie, in welche Steuerklasse Sie fallen und welchen Freibetrag Sie in Anspruch nehmen können (siehe Tabelle, Seite 274).

Ehe- und Lebenspartner fallen nicht nur in die Steuerklasse I, sondern können auch

STEUERKLASSEN UND FREIBETRÄGE

		bis 31.12.2008	ab 01.01.2009
Steuerklasse	Personen	Freibetrag	Freibetrag
I	• Ehepartner, Lebenspartner*)	307 000 €	500 000 €
	• Kinder und Stiefkinder	205 000 €	400 000 €
	• Enkelkinder, wenn Elternteil (Kind/ Stiefkind des Erblassers) verstorben ist	205 000 €	400 000 €
	• alle anderen Enkel, Stiefenkel	51 200 €	200 000 €
	• Eltern/Großeltern bei Erwerb von Todes wegen, Urenkel	51 200 €	100 000 €
II	• Eltern/Großeltern bei Zuwendung unter Lebenden • Geschwister • Nichten und Neffen • Stiefeltern • Schwiegerkinder, Schwiegereltern • geschiedener Ehegatte, Lebenspartner einer aufgehobenen Lebenspartnerschaft**)	10 300 €	20 000 €
III	alle übrigen Erben und Beschenkten	5 200 €	20 000 €

*) Lebenspartner fallen seit dem 14.12.2010 in die Steuerklasse I, vorher in Steuerklasse III und hatten bis zum 31.12.2008 einen Freibetrag von 5200 €.

**) Für Lebenspartner seit dem 14.12.2010. zur rückwirkenden Anwendung siehe Seite 254.

den größten Freibetrag in Anspruch nehmen. Dieser ist von 307 000 € auf 500 000 € erhöht worden. Für Kinder beträgt er jetzt 400 000 €. Nichteheliche Kinder sind auch steuerlich ehelichen gleichgestellt. Im Verhältnis zum Vater gilt dies jedoch nur dann, wenn die Vaterschaft festgestellt oder anerkannt wurde.

Bei Eltern und Großeltern variieren die Steuerklassen und die Freibeträge danach, ob es sich um einen Erwerb von Todes wegen oder eine Schenkung unter Lebenden handelt, die steuerlich weniger günstig ist. Die Enkel rücken im Verhältnis zu ihren Großeltern (= Erblasser) in die Position ihres Elternteils, wenn dieser (also

INFO Der Abzug wird begrenzt

Weil die bis zum 31. Dezember 2008 erhobene Steuer wegen der Neuregelung von Steuersätzen und Freibeträgen ab dem 1. Januar 2010 höher sein kann als die sich nach der Neuregelung ergebende anzurechnende Steuer, gilt: Abgezogen wird die früher gezahlte Steuer, wenn diese höher war. Aber der Abzug wird begrenzt. Es sind mindestens die Steuern zu zahlen, die sich für den Neuerwerb ohne Zusammenrechnung ergeben.

das Kind des Erblassers) verstorben ist. Stiefkinder und deren Abkömmlinge werden steuerlich wie gemeinsame Kinder behandelt.

Fallen Sie in die Steuerklasse I, verschafft Ihnen das nicht nur die höchsten Freibeträge, sondern auch den besten Steuersatz (siehe Tabelle, Seite 280 f.). Der Steuersatz wird höher mit ansteigender Steuerklasse.

WICHTIG ZU WISSEN: LEBENSPARTNER

Wenn der Gesetzgeber von Lebenspartnern spricht, dann handelt es sich stets um die Partner einer eingetragenen Lebenspartnerschaft. Gleichgeschlechtliche Lebensgefährten, die keine eingetragene Lebenspartnerschaft eingegangen sind, fallen ebenso wenig unter den Begriff des Lebenspartners wie die Partner einer nichtehelichen Lebensgemeinschaft.

Persönliche Freibeträge und Zehnjahresrhythmus

Die persönlichen Freibeträge können im Erbfall nur einmal in Anspruch genommen werden. Haben Sie also schon vor dem Erbfall etwas von dem Erblasser oder der Erblasserin als Geschenk erhalten, könnte der Freibetrag bereits verbraucht sein. Dies ist der Fall, wenn die Schenkung innerhalb von zehn Jahren vor dem Erbfall stattfand und Sie den gesamten Freibetrag seinerzeit geltend gemacht haben. Lag die Schenkung dagegen mehr als zehn Jahre vor dem Erbfall, spielt sie keine Rolle mehr.

ALLE ZEHN JAHRE EIN NEUER ANSPRUCH

Der persönliche Freibetrag kann alle zehn Jahre neu in Anspruch genommen werden. Mehrere Zuwendungen innerhalb von zehn Jahren werden zusammengerechnet.

Fallen Schenkung und Erbfall in diesem Zehnjahreszeitraum zusammen, wird die Steuer nach dem Gesamterwerb neu berechnet:

Beispiel: Lutz Berg schenkt seiner Ehefrau Ulla im September 2006 Aktien im Wert von 800 000 €. Anfang Februar 2009 stirbt er und hinterlässt seiner Ehefrau ein Vermögen von 900 000 €. Die Eheleute lebten im Güterstand der Gütertrennung und der Versorgungsfreibetrag (siehe Seite 276 f.) ist bereits verbraucht.

Nach Abzug des Ehegattenfreibetrags von 307 000 € hatte Frau Berg nach dem im Jahre 2006 geltenden Recht von den geschenkten Aktien im Wert von 800 000 € noch 493 000 € mit 15 Prozent zu versteuern. Damit zahlte sie 73 950 € an Schenkungsteuer. Mit dem Erbfall erhält sie weiteres Vermögen im Wert von 900 000 €. Da die Schenkung innerhalb des Zehnjahreszeitraums stattfand, werden die Erwerbe zusammengerechnet und die Steuer neu berechnet. Für den Gesamterwerb von 1 700 000 € wird nach dem 2009 geltenden Recht der persönliche Ehegattenfreibetrag mit 500 000 € abgesetzt und der Restbetrag in Höhe von 1 200 000 € in der Steuerklasse I mit 19 Prozent versteuert. Dies ergibt einen Betrag von 228 000 €.

Davon ist die anzurechnende Steuer aus dem Vorerwerb abzuziehen. Diese ist wegen der Änderung des Erbschaftsteuerrechts neu zu berechnen, denn der Gesetzgeber sieht in § 14 ErbStG vor, dass für die abzuziehende Steuer die persönlichen Verhältnisse des Erwerbers zum Zeitpunkt des letzten Erwerbs und die dann geltenden Vorschriften Anwendung finden.

Hätte Frau Berg die Aktien im Wert von 800 000 € Anfang Januar 2009 geschenkt bekommen, dann wären nach Abzug des erhöhten Freibetrags von 500 000 € noch 300 000 € mit 11 Prozent zu versteuern gewesen. Die anzurechnende Steuer beliefe sich damit nur auf 33 000 €, obwohl Frau Berg im Jahre 2006 73 950 € Schenkungsteuer für die Aktien gezahlt hat. Dieses Ergebnis korrigiert der Gesetzgeber: Ist die seinerzeit gezahlte Steuer höher als der nach der Neuregelung ermittelte Betrag, so wird die tatsächlich gezahlte Steuer abgezogen. Dies ergäbe eine Erbschaftsteuer von 228 000 € abzüglich 73 950 €, mithin 154 050 €. Aber seit dem 1. Januar 2009 wird dieser Abzug begrenzt.

Die Steuer für den letzten Erwerb, die sich ohne eine Zusammenrechnung ergäbe, darf durch den Abzug nicht unterschritten werden. Losgelöst von den Schenkungen der vergangenen Jahre wird berechnet, welche Steuer auf den Erbfall im Jahre 2009 isoliert fällig wäre. Von dem ererbten Vermögen im Wert von 900 000 € ist der Freibetrag von 500 000 € abzusetzen. Auf die zu versteuernden 400 000 € fielen 15 Prozent an Steuern an, also 60 000 €.

Dieser Steuerbetrag ist mindestens zu zahlen. Er darf durch die Anrechnung vorausbezahlter Steuern für die vor dem Erbfall erfolgten Schenkungen nicht unterschritten werden. Es verbleibt damit bei dem Abzug der gezahlten Schenkungsteuer. Frau Berg zahlt 154 050 € an Erbschaftsteuer.

VERSORGUNGSFREIBETRÄGE FÜR KINDER *)	
Alter	**Freibetrag**
bis zu 5 Jahren	52 000 €
von mehr als 5 bis zu 10 Jahren	41 000 €
von mehr als 10 bis zu 15 Jahren	30 700 €
von mehr als 15 bis zu 20 Jahren	20 500 €
von mehr als 20 Jahren bis zur Vollendung des 27. Lebensjahres	10 300 €

*) seit dem 1. Januar 2002

Versorgungsfreibeträge für Ehepartner, Lebenspartner und Kinder

Dem Ehepartner steht gemäß § 17 ErbStG ebenso wie den Kindern ein besonderer Versorgungsfreibetrag zu. Diesen gibt es seit dem 1. Januar 2009 auch für Lebenspartner.

Der Versorgungsfreibetrag beträgt beim Ehepartner seit dem 1. Januar 2002 256 000 €. Erhält der Ehepartner aufgrund einer letztwilligen Verfügung des Erblassers oder der Erblasserin eine Rente oder sonstige Leistungen, die seiner Versorgung dienen und erbschaftsteuerpflichtig sind, ändert das an dem Freibetrag nichts.

Eine Kürzung des Versorgungsfreibetrags wird aber dann vorgenommen, wenn der Ehepartner nach dem Tod des Erblassers oder der Erblasserin Versorgungsbezüge bezieht, die nicht der Erbschaftsteuer unterliegen, wie zum Beispiel eine Hinterbliebenenrente. Die Kürzung erfolgt in Höhe des Kapitalwerts dieser Bezüge, der gemäß § 14 BewG zu ermitteln ist. Zur Berechnung müssen Sie wissen, wie hoch die Hinterbliebenenversorgung ist, die Sie im Jahr erhalten. Dann multiplizieren Sie den Betrag mit dem Vervielfältiger, der sich aus der vom Bundesministerium für Finanzen erstellten Tabelle zu § 14 Abs. 1 BewG ergibt, und kommen so auf den Kapitalbetrag, um den der Versorgungsfreibetrag zu kürzen ist.

Beispiel: Ida Koch, beim Tod ihres Mannes 54 Jahre alt, erhält eine Hinterbliebenenversorgung von 12 000 € pro Jahr. Sie will wissen, inwieweit sie den Versorgungsfreibetrag in Anspruch nehmen kann.

Bei einem Alter von 54 Jahren beträgt der Vervielfältiger bei Frauen 14,973. Damit ist der Jahreswert zu multiplizieren, es ergibt sich ein Kapitalwert von 179 676 €. Das heißt, es sind von dem Freibetrag 179 676 € verbraucht, es verbleibt noch ein Betrag von 70 324 €. Dieser kann als restlicher

INFO Sie haben die Wahl

Wenn Sie beim Tod Ihres Ehepartners den kleinen Pflichtteil und die Zugewinnausgleichsforderung wählen, ist die Zugewinnausgleichsforderung nicht der Steuerpflicht unterworfen, sondern bleibt vielmehr gemäß § 5 Abs. 2 ErbStG in voller Höhe steuerfrei, weil sie dann kein Erwerb von Todes wegen ist und auch nicht als Schenkung gilt.

Wählen Sie zur pauschalen Abgeltung der Zugewinnausgleichsforderung dagegen die erbrechtliche Lösung, also die Erhöhung der gesetzlichen Erbquote um ein Viertel, können Sie den besonderen Freibetrag in Anspruch nehmen. Dies gilt auch, wenn Sie testamentarisch als Erbe eingesetzt worden sind, sei es als Alleinerbe oder zu einem Bruchteil.

Freibetrag vom Nachlasswert abgesetzt werden. Dadurch werden Erbschaftsteuern gespart.

Bei Kindern ist der Versorgungsfreibetrag je nach Alter unterschiedlich hoch. Bekommt das Kind nach dem Tod des Elternteils eine Hinterbliebenenversorgung, wird der Freibetrag nach denselben Regeln gekürzt wie beim Ehepartner.

Steuerfreier Zugewinnausgleich

Lebten Eheleute im Güterstand der Zugewinngemeinschaft (siehe Seite 14 ff.), bestehen bei Beendigung der Ehe Zugewinnausgleichsansprüche. Die Zugewinnausgleichsforderung ist nicht steuerpflichtig, unabhängig davon, ob die Ehe durch Scheidung oder Tod beendet wurde (§ 5 ErbStG). Im Erbfall ist damit für den Ehepartner, der den Anspruch geltend macht (siehe Seite 34 ff.), ein zusätzlicher Freibetrag gegeben. Dies gilt seit dem 1. Januar 2009 entsprechend bei Lebenspartnern.

Der besondere Freibetrag muss berechnet werden. Dazu ist konkret die Zugewinnausgleichsforderung zu ermitteln (siehe Seite 34 ff.). Dieser Betrag ist dann die Summe, die vom Nachlasswert abzuziehen ist.

Beispiel: Gudrun Koch lebt mit ihrem Ehemann im Güterstand der Zugewinngemeinschaft. Bei Heirat brachte sie ein Vermögen von 600 000 € mit, Herr Koch war mittellos. Bei ihrem Tod 2009 hinterlässt sie ihrem immer noch mittellosen Ehemann als Alleinerben ein Vermögen von 1 200 000 €.

Herr Koch kann zunächst einmal den persönlichen Freibetrag und den Versorgungsfreibetrag in Anspruch nehmen. Für den Freibetrag hinsichtlich der Zugewinnausgleichsforderung ist der Zugewinn zu berechnen. Herr Koch selbst hat keinen erzielt. Seine Frau hat bei einem Anfangsvermögen von 600 000 € und einem Endvermögen von 1 200 000 € einen Zugewinn von 600 000 € erwirtschaftet, von dem Herrn Koch bei Durchführung des Zugewinnausgleichsverfahrens die Hälfte, also 300 000 €, zustünde.

In Höhe dieser Forderung kann er den besonderen Freibetrag in Anspruch nehmen. Wie die untenstehende Rechnung zeigt, muss Herr Koch nun 144 000 € versteuern. In der Steuerklasse I fallen Steuern in Höhe von 11 Prozent an, mithin 15 840 €.

Beispielrechnung für Herrn Koch:

Nachlasswert	1 200 000 €
– persönlicher Freibetrag	500 000 €
– Versorgungsfreibetrag	256 000 €
– Zugewinnausgleich	300 000 €
zu versteuern	144 000 €

Hätten die Eheleute im Güterstand der Gütertrennung gelebt, wäre der besondere Freibetrag des Zugewinnausgleichs entfallen. Dann hätte Herr Koch einen Erwerb von 444 000 € mit 15 Prozent versteuern müssen, es wären 66 600 € an Erbschaftsteuer zu zahlen gewesen. Der besondere Freibetrag wegen des Zugewinns spart also 50 760 € an Erbschaftsteuern. Bleibt nach Abzug der persönlichen und sachlichen Freibeträge noch ein zu versteuernder Nachlass übrig, müssen Sie prüfen, ob Ihnen ein Zugewinnausgleichsanspruch zusteht, den Sie steuerlich als besonderen Freibetrag geltend machen können.

Bei der Ermittlung der konkreten Zugewinnausgleichsforderung für den besonderen Freibetrag ist noch zu beachten: Das Finanzamt berücksichtigt den Kaufkraftschwund des Anfangsvermögens. Es gilt dafür folgende Formel:

$$\frac{\text{Anfangsvermögen} \times \text{Verbraucherpreisindex bei Erbfall}}{\text{Verbraucherpreisindex bei Beginn der Zugewinngemeinschaft}} = \text{zu berücksichtigendes Anfangsvermögen.}$$

Beispiel: Bei Eheschließung 1968 verfügte Frau Jessen über ein Anfangsvermögen von umgerechnet 500 000 €, Herr Jessen war mittellos.

Das Ehepaar lebt in Zugewinngemeinschaft. 2002 hinterließ Frau Jessen ihrem immer noch mittellosen Mann als Alleinerben ein Vermögen von 1 600 000 €. Das Anfangsvermögen beläuft sich nach obiger Formel auf:

$$\frac{500\,000\ € \times 104{,}5}{36{,}1} = 1\,447\,000\ €$$

Der Zugewinn von Frau Jessen beträgt damit anstelle von rechnerischen 1 100 000 € nur 153 000 €. Herrn Jessen steht die Hälfte davon als Zugewinnausgleich zu. Das sind 76 500 €. Dieser Betrag ist der zusätzliche Freibetrag.

ERBSCHAFTSTEUERSÄTZE BIS 31. DEZEMBER 2008

Steuerpflichtiger Erwerb *) bis €	Prozent in der Steuerklasse		
	I	II	III
52 000	7	12	17
256 000	11	17	23
512 000	15	22	29
5 113 000	19	27	35
12 783 000	23	32	41
25 565 000	27	37	47
über 25 565 000	30	40	50

*) § 10 ErbStG

Steuersätze und ihre Folgen

§ 19 ErbStG regelt die Steuersätze mit Wirkung ab 1. Januar 2009. Der Wert des steuerpflichtigen Erwerbs ist in einzelnen Tarifstufen begradigt und angehoben worden. Die Steuersätze für Erben der Steuerklasse I, zu denen Ehegatten, Kinder, Enkel und im Erbfall auch Eltern, Groß- und Urgroßeltern gehören, sind gleich geblieben.

Kombiniert mit höheren Freibeträgen (siehe Seite 274), kann für Ehegatten und Kinder eine Steuerentlastung eintreten. Dies gilt insbesondere dann, wenn zum Nachlass eine steuerbefreite Immobilie, das selbst bewohnte Haus, gehört. Alle nicht zur Kernfamilie – so der neu geschaffene Begriff – gehörenden Erben, wie Geschwister, Neffen und Nichten, entferntere Verwandte, Freunde, nichteheliche Lebensgefährten und andere Dritte, werden höhere Erbschaftsteuer zahlen.

Die Gleichsetzung von nahen Verwandten (Steuerklasse II) und familienfremden Dritten (Steuerklasse III) ist in der Vergangenheit auch im Hinblick auf den besonderen Grundrechtsschutz der Familie kritisiert worden. Zum 1. Januar 2010 sind die Steuersätze in der Steuerklasse II gesenkt worden, allerdings nicht ganz auf das vor dem 1. Januar 2009 bestehende Niveau.

Der Eingangsteuersatz der Steuerklassen II und III betrug bis zum 31.12.2008 12 beziehungsweise 17 Prozent und stieg über sechs Stufen auf 40 beziehungsweise 50 Prozent an. Für die Zeit vom 1. Januar 2009 bis zum 31. Dezember 2009 gab es für die Steuerklassen II und III nur noch zwei Stufen. Mit dem Eingangs-

INFO Die Jahre 2007 und 2008

Für Erbfälle in den Jahren 2007 und 2008 bestand ein Wahlrecht zur Anwendung des neuen Erbschaftsteuerrechts (siehe Seite 255).

Wurde das neue Recht gewählt, finden auch die neuen Steuersätze Anwendung (siehe Tabelle oben), nur die Freibeträge bleiben die alten.

Wurde von dem Wahlrecht kein Gebrauch gemacht, gelten für Erbfälle bis zum 31. Dezember 2008 die obenstehenden Steuersätze.

ERBSCHAFTSTEUERSÄTZE AB 1. JANUAR 2009/2010

Steuerpflichtiger Erwerb *) bis €	Prozent in der Steuerklasse			
	I ab 1.1.2009	II 1.1.–31.12.2009	II ab 1.1.2010	III ab 1.1.2009
75 000	7	30	15	30
300 000	11	30	20	30
600 000	15	30	25	30
6 000 000	19	30	30	30
13 000 000	23	50	35	50
26 000 000	27	50	40	50
über 26 000 000	30	50	43	50

*) § 10 ErbStG

steuersatz von 30 Prozent ist das ererbte Vermögen, wenn der persönliche Freibetrag von 20 000 € abgezogen ist, zu versteuern. Wer in den Klassen II und III mehr als 6 000 000 € zu versteuern hat, zahlt bei Erbfällen im Jahr 2009 dafür 50 Prozent an Erbschaftsteuer.

Eine Unterscheidung zwischen mit dem Erblasser verwandten Erben und familienfremden Dritten wird nicht mehr gemacht (siehe Seite 253 f.). Das hat sich in der Steuerklasse II für alle Erbfälle ab 1. Januar 2010 wieder geändert. Der Eingangssteuersatz beträgt jetzt 15 Prozent und steigt in Stufen bis auf 43 Prozent an (siehe Tabelle auf Seite 281).

Wenn Sie die für Sie geltende Steuerklasse herausgefunden und alle möglichen Freibeträge von dem auf Sie entfallenden Nachlassanteil abgesetzt haben, können Sie den Steuersatz, mit dem der Erwerb zu versteuern ist, aus der Tabelle ablesen und die Erbschaftsteuer berechnen.

Schwiegerkinder

Schwiegersohn oder Schwiegertochter steht in Steuerklasse II zwar ein Freibetrag von 20 000 € zu, Kinder aber erhalten immerhin bis zu 400 000 € steuerfrei. Schenken Sie daher Ihr Vermögen Ihren Kindern, und nicht deren Ehepartnern. Verteilen Sie entsprechend der Freibeträge.

Nachfolgende Berechnungsbeispiele zeigen Ihnen die Unterschiede zwischen alten und neuen Besteuerungsgrundsätzen auf:

Der Nachlass besteht aus einem selbst genutzten 130 Quadratmeter großen Einfamilienhaus im Grundbesitzwert von 350 000 € und im Verkehrswert von 500 000 €, einer als Praxis vermieteten Eigentumswohnung im Grundbesitzwert von 70 000 € und im Verkehrswert von 100 000 € sowie sonstigem Vermögen mit einem Verkehrswert von 150 000 €. Bis zum 31. Dezember 2008 belief sich der Nachlasswert auf 570 000 €. Aufgrund der Änderungen der Bewertungsvorschriften stieg der Nachlasswert zum 1. Januar 2009 auf 750 000 €, weil sowohl das Haus als auch die vermietete Eigentumswohnung mit ihren Verkehrswerten anzusetzen sind. Es werden in der untenstehenden Berechnung (Info-Kasten) nur die persönlichen Freibeträge steuermindernd berücksichtigt.

Nutzt der Ehegatte das Einfamilienhaus nach dem Erbfall nicht selbst weiter, ent-

INFO Was zahlt der Ehegatte 2008 und 2009

Erbe		Nachlasswert 2008	Nachlasswert 2009
		570 000 €	750 000 €
Ehegatte	– Familienheim	entfällt	500 000 €
	– Freibetrag	307 000 €	500 000 €
	zu versteuern	263 000 €	0
Steuern 15 Prozent		39 450 €	0

fällt die Steuerbefreiung. Der Nachlasswert beträgt nach Abzug des persönlichen Freibetrags von 500 000 € 250 000 € und ist mit 11 Prozent zu versteuern. Das sind 27 500 €. Der Ehegatte zahlt in beiden Alternativen nach dem neuen Recht weniger Erbschaftsteuer.

Beispiel: Das Kind Felix erbt von seinem Vater obiges Vermögen. Nach dem alten Recht fallen nach Abzug des Freibetrags von 205 000 € auf die restlichen 365 000 € 15 Prozent Erbschaftsteuern an, mithin muss das Kind 54 750 € zahlen.

Nach neuem Steuerrecht ist zu unterscheiden: Wird das Kind das Familienheim als seine Wohnung nutzen und das die nächsten zehn Jahre durchhalten? Dann kann es sie steuerfrei erwerben, denn im Beispielfall hat das Haus nur eine Wohnfläche von 130 Quadratmetern. Von dem Nachlasswert 2009 sind dann ohne das Familienwohnhaus nur 250 000 € zu versteuern. Da der Kinderfreibetrag pro Kind auf 400 000 € erhöht worden ist, braucht Felix im Beispiel gar keine Steuern zahlen. Er könnte sogar noch zusätzlich Vermögen im Wert von 150 000 € steuerfrei von seinem Vater erben, erst dann wäre der Freibetrag von 400 000 € verbraucht.

Anders sieht die Rechnung aus, wenn Felix das Elternhaus, das 450 km weit von seinem Arbeitsort weg auf dem Lande liegt, nicht selbst bewohnen will. Dann muss er nach Abzug seines mit der Reform 2009 von 205 000 € auf 400 000 € gestiegenen Freibetrags die Erbschaft nach seinem Vater versteuern: Der Nachlasswert von 750 000 € wird um den Freibetrag von 400 000 € vermindert, der Rest von 350 000 € ist mit 15 Prozent zu versteuern. Felix zahlt 52 500 € an Steuern. Dies entspricht nahezu dem nach altem Recht zu zahlenden Betrag von 54 750 € (siehe oben).

Weitere Beispiele: Die verwitwete Inge Neu setzt ihren einzigen Neffen Max zu ihrem Erben ein. Ist sie vor dem 31. Dezember 2008 gestorben, zahlt Max auf das nach dem alten Recht mit 570 000 € bewerte Nachlassvermögen nach Abzug eines Freibetrags von 10 300 € 27 Prozent Steuern auf 559 700 €. Die Erbschaftsteuer beträgt 151 119 €. Beim Eintritt des Erbfalls im Jahr 2009 sieht das anders aus. Dasselbe Vermögen wird mit 750 000 € bewertet. Nach Abzug des Freibetrag von jetzt 20 000 € sind 730 000 € mit 30 Prozent zu versteuern. Dies ergibt einen Betrag von 219 000 € und damit sind 67 881 € mehr als nach der alten Rechtslage zu zahlen. Stirbt Inge Neu erst im Jahre 2010, ändert sich die Höhe der Erbschaftsteuer für den Neffen Max nicht. Der Erwerb von Vermögen über 600 000 € wird nach wie vor mit 30 Prozent besteuert.

INFO **Wer muss die Erklärung abgeben?**

Das Finanzamt kann jeden, der an einem Erbfall beteiligt ist, auffordern, eine Erbschaftsteuererklärung abzugeben. Mehrere Erben können gemeinsam erklären. Es ist das amtliche Formular zu verwenden. Die vom Finanzamt gesetzte Frist beträgt mindestens einen Monat. Ist Testamentsvollstreckung, Nachlassverwaltung oder Nachlasspflegschaft angeordnet, ist der Testamentsvollstrecker, der Nachlassverwalter oder Nachlasspfleger zur Abgabe der Erbschaftsteuererklärung verpflichtet.

NICHTEHELICHE LEBENSGEMEINSCHAFTEN

Partner nichtehelicher Lebensgemeinschaften fallen – auch nach der Neuordnung – in die ungünstigste Steuerklasse und zahlen den höchsten Steuersatz. Das lässt sich nach wie vor nur durch eine Heirat ändern!

Sie sehen: Die Gesetzesänderungen können in der engsten Familie und bei eingetragenen Lebenspartnerschaften zu erheblichen steuerlichen Entlastungen führen. Aber außerhalb der engsten Familie muss unter Berücksichtigung der steuerlichen Folgen die Verteilung des Vermögens für den Erbfall vorausschauend und sorgfältig geplant werden.

Härtefallregelung

Wie Sie aus der Tabelle (siehe Seite 281) ersehen, gibt es starre Grenzen für den Beginn des jeweils höheren Steuersatzes. Schon die Überschreitung des steuerpflichtigen Erwerbs um nur 1 € führt zu einem anderen Steuersatz, und der Mehrerwerb könnte durch diesen höheren Steuersatz völlig aufgezehrt werden, wäre da nicht § 19 Abs. 3 ErbStG, der für diese Fälle einen Härteausgleich vorsieht:

Beispiel: Anke hat 2009 als Vermächtnis von ihrer Großmutter Wertpapiere im Wert von 501 000 € erhalten. Da ihre Eltern noch leben, hat Anke in der Steuerklasse I einen Freibetrag von 200 000 €. 301 000 € sind zu versteuern. Für einen steuerpflichtigen Erwerb von über 300 000 € beträgt der Steuersatz in Steuerklasse I 15 Prozent, die Steuer somit 45 150 €. Hätte Anke nur 300 000 € zu versteuern, beliefe sich der Steuersatz auf 11 Prozent, es fielen an Erbschaftsteuern nur 33 000 € an. Für einen Mehrerwerb von 1 000 € würden bei strikter Anwendung der Tabelle 12 150 € an Steuern anfallen. Hier greift der Härteausgleich ein. Die Mehrsteuern werden reduziert auf die Hälfte des Mehrerwerbs, mithin auf 500 €. Anke zahlt 33 000 € zuzüglich 500 €, das heißt insgesamt 33 500 € statt 45 150 €.

Der Härteausgleich ist je nach Steuersatz gestaffelt (§ 19 Abs. 3 ErbStG).

Unbeschränkte oder beschränkte Steuerpflicht

Der gesamte Nachlass ist der deutschen Erbschaftsteuer unterworfen, wenn entweder der Erblasser oder der Erwerber (Erbe, Vermächtnisnehmer) Inländer gemäß § 2 ErbStG ist.
Inländer sind Personen, die in der Bundesrepublik Deutschland ihren Wohnsitz oder ihren gewöhnlichen Aufenthalt haben. Diese Inländereigenschaft ist unabhängig von der Staatsbürgerschaft. Die unbeschränkte Steuerpflicht nach deutschem Erbschaftsteuerrecht trifft damit auch Ausländer, die in der Bundesrepublik Deutschland ihren Wohnsitz oder ständigen Aufenthalt haben.

Aber auch deutsche Staatsangehörige, die sich vor dem Todesfall nicht länger als fünf Jahre im Ausland aufgehalten haben, bleiben Inländer, auch wenn sie keinen inländischen Wohnsitz haben.

Inländer sind unbeschränkt steuerpflichtig. Dies bedeutet, dass auch das ererbte Vermögen, das sich im Ausland befindet, der deutschen Erbschaftsteuer unterworfen wird. Daneben kann, zum Beispiel bei ausländischen Grundstücken, je nach Landesrecht der Erwerb auch dort noch einmal steuerpflichtig sein. Der Erbe läuft damit unter Umständen Gefahr, zweimal zur Kasse gebeten zu werden (siehe Seite 308).

Zwischen einigen Ländern existieren Doppelbesteuerungsabkommen, es gibt aber auch die Möglichkeit, dass die im Ausland gezahlte Steuer auf die deutsche Erbschaftsteuer gemäß § 21 ErbStG angerechnet wird (siehe Seite 308 f.). Ist weder der Erblasser noch der Erwerber Inländer, unterliegt nur das in der Bundesrepublik Deutschland befindliche Vermögen der deutschen Erbschaftsteuer und auch dies nur mit den sich aus § 121 BewG ergebenden Einschränkungen (beschränkte Steuerpflicht). Auch in diesen speziellen Fällen müssen Sie fachlichen Rat einholen.

FAZIT: BERATUNG IST DAS A UND O

Fällt im Ausland gelegenes Vermögen in die Erbschaft, ist eine frühzeitige Beratung auch im Hinblick auf die steuerlichen Folgen notwendig.

Nur die konkrete Prüfung unter Berücksichtigung des ausländischen Steuerrechts und eventuell bestehender Doppelbesteuerungsabkommen kann mögliche finanzielle Probleme aufdecken.

Sind weder der Erblasser noch der Erbe Inländer, dann fällt deutsche Erbschaftsteuer nur für das in Deutschland vorhandene Vermögen an. Für diesen Fall der beschränkten Steuerpflicht sieht § 16 ErbStG vor, das anstelle des üblichen Freibetrags (siehe Seite 274) nur ein Freibetrag in Höhe von 2 000 € gewährt wird.

Beispiel: Mutter und Tochter, beide deutsche Staatsangehörige, leben seit 50 bzw. 35 Jahren in den Niederlanden. Die Mutter schenkt der Tochter 2009 ihr in Düsseldorf gelegenes Grundstück mit einem Steuerwert von 650 000 €. Das Finanzamt berücksichtigt den Freibetrag von 2 000 € und verlangt Erbschaftsteuer in Höhe von 123 120 € (19 Prozent auf 648 000 €). Die Tochter will den Erwerb nach Abzug des Freibetrags von 400 000 €, mithin 250 000 € mit 11 Prozent versteuern und nur 27 500 € zahlen.

Der Europäische Gerichtshof hat am 22. April 2010 (AZ C-510/08) zur Frage der unterschiedlichen Freibeträge bei unbeschränkter und beschränkter Steuerpflicht entschieden, dass die deutsche Regelung als Beschränkung des freien Kapitalverkehrs gegen Europäisches Recht verstößt. Der Gesetzgeber hat daraufhin § 2 Abs.3 ErbStG eingeführt. Der beschränkt steuerpflichtige Erbe oder Beschenkte kann, wenn er in den Genuss der höheren Freibeträge kommen will, die Anwendung des Erbschaftsteuerrechts für Inländer wählen (fiktive unbeschränkte Steuerpflicht). Diese Wahl gilt dann aber mit allen Konsequenzen. Ihm werden nicht nur die höheren Freibeträge gewährt, er muss auch den gesamten Vermögenserwerb nach inländischem Recht versteuern, unabhängig davon, ob das Vermögen im Inland oder im Ausland belegen ist.

Auch die Vorschriften über die Zusammenrechnung von Erwerben innerhalb von 10 Jahren kommen zum Zuge. Diese Wahlmöglichkeit ist für Deutsche wie für Ausländer eröffnet, wenn sie im EU-Ausland oder in Norwegen, Island oder Liechtenstein leben. Sie ist eröffnet für Erwerbe ab 14. Dezember 2011, für frühere Erwerbe nur, wenn der Steuerbescheid noch nicht bestandskräftig ist.

ANTRAGSTELLUNG NUR NACH BERATUNG

Kommt eine Antragstellung für Sie in Frage, müssen Sie sich kompetent beraten lassen. Es muss dabei geklärt werden, welche Lösung im Ergebnis für Sie mehr bringt. Dazu brauchen Sie einen im Erbschaftsteuerrecht erfahrenen Berater oder eine Beraterin.

Schuldner der Erbschaftsteuer

Die Pflicht, Erbschaftsteuer zu zahlen, trifft den Erwerber. Das sind der oder die Erben, der Vermächtnisnehmer, der Pflichtteilsberechtigte, wenn er seine Ansprüche geltend macht. Jeder hat das, was er erhält, zu versteuern. Anders kann dies allerdings bei der Erbengemeinschaft sein (siehe Seite 288). Bis zur Teilung des Nachlasses haftet der gesamte Nachlass für alle Erbschaftsteuerverbindlichkeiten.

Anzeigepflichten

Im Erbfall kommt so manches ans Licht. Damit das Finanzamt die Erbschaftsteuer richtig ermitteln kann, bestehen umfangreiche Anzeigepflichten nicht nur für die Beteiligten, sondern auch für Banken und Versicherungen.

... des Erwerbers

Jeder, der aufgrund eines Erbfalls aus dem Nachlass eine Zuwendung erhält, die der Erbschaftsteuer unterliegt, hat die Pflicht, dies innerhalb von drei Monaten nach Anfall dem Finanzamt anzuzeigen. Die Anzeige ist nur dann entbehrlich, wenn ein Testament eröffnet worden ist und sich daraus das Verhältnis zwischen Erwerber und Erblasser (zum Beispiel das Verwandtschaftsverhältnis) eindeutig ergibt. Aber selbst anzeigepflichtig bleibt, wer Grundstücke, Betriebsvermögen oder Auslandsvermögen erbt.

... von Behörden, Gerichten und Notaren

Standesämter haben jeden Sterbefall dem Finanzamt zu melden. Die Nachlassgerichte und Notare sind ebenfalls anzeigepflichtig für alles, was mit einem Erbfall zusammenhängt:

INFO Mehrfacher Erwerb desselben Nachlassvermögens

Wird dasselbe Vermögen innerhalb von zehn Jahren von verschiedenen zur Steuerklasse I gehörenden Personen nacheinander erworben, kann im zweiten Erbfall eine Steuerermäßigung beantragt werden, die aber höchstens die Hälfte der im ersten Erwerbsfall gezahlten Erbschaft- oder Schenkungsteuer ausmachen wird. Damit soll eine übermäßige Besteuerung eines Familienvermögens innerhalb von zehn Jahren vermieden werden.
Die Berechnung müssen Sie von einem Steuerberater oder einer Steuerberaterin vornehmen lassen.

- Eröffnung einer Verfügung von Todes wegen
- Abwicklung eines Erbauseinandersetzungsvertrags
- Erteilung eines Erbscheins
- Erteilung eines Testamentsvollstreckerzeugnisses
- Anordnung von Nachlasspflegschaften und Nachlassverwaltungen.

... von Banken

Alle Kreditinstitute (Banken, Sparkassen) sind verpflichtet, dem Finanzamt innerhalb eines Monats nach Kenntnis des Sterbefalls anzuzeigen, welche Vermögenswerte für den Erblasser verwahrt werden und welche Forderungen er gegen das Kreditinstitut hat. Diese Mitteilungspflicht gilt bei Werten von über 5 000 €. Im Einzelnen geht es dabei um:

- Kontenstände mit den Werten vom Morgen des Todestages
- Schließfächer – gemeldet wird nur, wo und welche Schließfächer vom Erblasser unterhalten werden. Den Inhalt kennt das Kreditinstitut dagegen nicht.
- Wertpapierdepots.

So ist das Finanzamt schon bestens informiert. Hat der Erblasser jetzt gemeldete Vermögenswerte bislang verschwiegen, hat dies Konsequenzen und führt zu entsprechenden Nachbelastungen (siehe oben).

... von Versicherungsgesellschaften

Vor Auszahlung einer Versicherungssumme oder einer Leibrente an einen anderen als den Versicherungsnehmer hat die Versicherungsgesellschaft darüber Anzeige zu erstatten. War also der Erblasser nicht der Versicherungsnehmer, ist auch keine Anzeige notwendig (siehe Seite 87).

Verschweigen von Einkünften

Das Erbschaftsteuerfinanzamt informiert das für den Erblasser zuständige Finanzamt über die Vermögenswerte des Erblassers, und zwar dann, wenn ein Kapitalvermögen, etwa Wertpapiere, von mehr als 50 000 € vorhanden ist oder der Nachlass einen Wert von mehr als 250 000 € hat. Und das Finanzamt bleibt am Ball: Es wird auch in Zukunft prüfen, wie Sie das geerbte Vermögen versteuern.

Das Einkommensteuerfinanzamt wird nun prüfen, ob die Vermögenswerte einschließlich der Zinsen in den letzten zehn Jahren vor dem Erbfall auch ordnungsgemäß versteuert worden sind. Ist dies nicht der Fall, sind die hinterzogenen Beträge vom Erben nachzuzahlen. Zusätzlich werden Hinterziehungszinsen in Höhe von 0,5 Prozent für jeden Monat der Hinterziehung erhoben. Beides zusammen kann sich zu erheblichen Beträgen summieren, die nachgezahlt werden müssen. Der Erblasser hat sich durch die Hinterziehung von Einkünften strafbar gemacht.

INFO **Steuerfreibetrag nur einmal**

Der Nacherbe kann den persönlichen Freibetrag nur einmal beanspruchen. Wird das Verhältnis zum Erblasser zugrunde gelegt, ist auch der entsprechende Freibetrag nur einmal anzusetzen. Ist aufgrund des Nachlasswertes der Freibetrag noch nicht verbraucht, wird der restliche Freibetrag auf den vom Vorerben erworbenen Nachlass angerechnet.

Die Konsequenzen treffen aber nicht seine Erben.

Vor- und Nacherben: Besonderes

Erbrechtlich ist der Nacherbe bei Eintritt des Nacherbfalls Erbe des Erblassers (siehe Seite 105). Für die Erbschaftsteuer hingegen gilt nur der Vorerbe als Erbe des Erblassers (§ 6 ErbStG). Der Nacherbe wird als Erbe des Vorerben eingestuft. Er kann aber beantragen, dass der Versteuerung das Verhältnis zum Erblasser zugrunde gelegt wird, was für die Steuerklasse und für den Steuersatz des Nacherben günstiger sein kann.

Beispiel: Lisa Bunt setzt ihren kinderlosen Sohn Klaus zum Vorerben und ihre Tochter Katharina zur Nacherbin ein. 2010 tritt der Nacherbfall mit dem Tod von Klaus ein. Zu versteuern ist ein Nachlass von 450 000 €.

Katharina wird steuerlich erst einmal so behandelt, als erbe sie das Vermögen ihrer Mutter von ihrem Bruder Klaus. Damit fällt sie in die Steuerklasse II: Nach Abzug des Freibetrags von 20 000 € hätte sie dann bei einem Steuersatz von 25 Prozent 107 500 € zu zahlen. Katharina beantragt, der Besteuerung das Verwandtschafts-

INFO **Nacherbschaft steuerlich ungünstig**

Aus steuerlichen Gründen ist die Anordnung von Vor- und Nacherbschaft nicht zu empfehlen, da ein Freibetrag nur einmal gewährt wird. Dies fällt insbesondere ungünstig ins Gewicht, wenn Ehepartner sich gegenseitig zu Vorerben einsetzen und ihre Kinder zu Nacherben und Erben des Längstlebenden. Jedem Kind steht der Freibetrag von 400 000 € nur einmal zu. Das Vermögen wird zweimal versteuert – einmal vom Vorerben, einmal vom Nacherben.
Als steuersparende Alternative bietet sich die Einsetzung der Kinder als Erben verbunden mit einem Nießbrauchvermächtnis des Ehepartners an (siehe Seite 264 ff.).

INFO **Keine Grunderwerbsteuer**

Gehören zum Nachlass Grundstücke, fällt für die Erben neben der Erbschaftsteuer keine Grunderwerbsteuer an. Auch die Übertragung im Wege der Erbauseinandersetzung auf einen der Miterben ist grunderwerbsteuerfrei.

verhältnis zur Erblasserin – also ihrer Mutter – zugrunde zu legen. Nun fällt Katharina in die Steuerklasse I mit einem Freibetrag von 400 000 €. Bei einem Steuersatz von 7 Prozent zahlt sie nur noch 3 500 € Erbschaftsteuer, spart also 104 000 €.

Ist Katharina auch die Erbin ihres Bruders, kann sie aber nicht noch einmal den Freibetrag nach Steuerklasse II im Verhältnis zu ihrem Bruder in Anspruch nehmen.

Ist für den Erwerb vom Vorerben eine andere Steuerklasse als für den Erwerb vom Erblasser maßgeblich, wird für jeden Erbfall die Steuer nach den Steuerklassen getrennt berechnet. Die Höhe des Steuersatzes bestimmt sich aber nach dem Gesamtwert beider Nachlässe. Den Steuerfreibetrag gibt es dagegen – wie erwähnt – nur einmal.

Tritt der Nacherbfall nicht durch den Tod des Vorerben, sondern aufgrund anderer Umstände ein, gilt für die Besteuerung Folgendes: Zunächst versteuert der Vorerbe den Erwerb. Tritt der Nacherbfall ein und hat der Vorerbe die Erbschaft an den Nacherben herauszugeben, wird der Erwerb beim Nacherben ebenfalls voll besteuert, die vom Vorerben gezahlte Steuer aber anteilig angerechnet. Wie hoch der anzurechnende Anteil ist, muss im Einzelfall anhand der dem Vorerben verbliebenen Bereicherung berechnet werden. Dazu brauchen Sie fachlichen Rat.

Vermächtnis: Besonderes

Setzen Eltern sich gegenseitig zu Alleinerben ein und ihre Kinder zu Schlusserben, wird der Freibetrag des Kindes wie bei der Vor- und Nacherbschaft nach einem Elternteil „verschenkt". Ordnen sie dann für den ersten Erbfall Vermächtnisse zugunsten der Kinder an und werden diese bei Eintritt des Erbfalls auch erfüllt, können die Kinder ihre Freibeträge zumindest teilweise auch im ersten Erbfall in Anspruch nehmen. Wird die Fälligkeit des Vermächtnisses aber auf den Tod des längstlebenden Elternteils hinausgeschoben, so gilt dies nicht. Dann fällt der steuerliche Erwerb erst im zweiten Erbfall an und wird auch erst dann versteuert, und zwar als Erwerb vom letztversterbenden Elternteil. Folglich kann der Freibetrag bei dieser Gestaltung nur einmal in Anspruch genommen werden.
Der Vermächtnisnehmer kann beantragen, den Erwerb als vom Erblasser kommend zu versteuern, was bei unterschiedlich hohen Freibeträgen sinnvoll sein kann. Wie im Nacherbfall erhält der Erbe aber den Freibetrag auch dann nur einmal.

Erbengemeinschaft: Besonderes

Gibt es mehrere Erben, wird der Erwerb jeweils nach der Höhe der Erbquote besteuert, also nach dem Bruchteil – einhalb, ein Drittel –, mit dem der Erbe am Nachlass beteiligt ist. Eine Teilungsanordnung des Erblassers oder der Erblasserin ist zwar nach dem Erbrecht für die Erben erst einmal bindend, für die Erbschaftsteuer wird sie jedoch nicht beachtet.

Ist dagegen die Teilungsanordnung mit einem Vorausvermächtnis zugunsten eines der Erben verbunden, um eine Ausgleichspflicht bei der Auseinandersetzung zu vermeiden (siehe Seite 102), hat der begünstigte Erbe diesen zusätzlich erhaltenen Nachlasswert allein zu versteuern, nur der Rest wird nach den Erbquoten aufgeteilt.

Erbauseinandersetzung und Abfindungen

Nehmen die Erben eine Teilung des Nachlasses vor, indem sie entsprechend der Erbquoten einzelne Nachlassgegenstände unter sich aufteilen, fallen dadurch keine weiteren Steuern an.

Abfindungen

Wenn ein Erbe eine Abfindung an einen anderen Erben als Wertausgleich zahlt, weil er einen höheren Anteil am Nachlass erhalten hat, kann dies in bestimmten Fällen zu zusätzlichen Steuern führen. Die Abfindung ist für den Erben, der sie erhält, dann einkommensteuerpflichtig, wenn sie sich auf den Ausgleich von Betriebsvermögen bezieht. Der Erbe, der sie auszuzahlen hat, hat dagegen steuerliche Vorteile durch erhöhte Abschreibungsmöglichkeiten. Bei Abfindungszahlungen im privaten Bereich entstehen grundsätzlich keine zusätzlichen Einkommensteuern.

BERATUNG UND GUTE PLANUNG

Erbauseinandersetzungen mit Abfindungszahlungen können unvorhersehbare steuerliche Folgen haben. Sie müssen sich vor der Durchführung steuerlich beraten lassen.
Einkommensteuerliche Auswirkungen der Erbauseinandersetzung sollten schon bei der Gestaltung des Testaments berücksichtigt werden. Vermeiden Sie Erbengemeinschaften und Ausgleichspflichten.

Stundung der Erbschaftsteuer

Unter bestimmten Umständen kann ein Erbe bei Erbfällen ab dem 1. Januar 2009 einen Antrag auf Stundung der Erbschaftsteuer stellen. Das ist sinnvoll, wenn zum Erbe Grundbesitz gehört und der Erbe die fällige Steuer nur durch einen Verkauf der Immobilie aufbringen könnte. Dazu soll niemand gezwungen werden. Für vermieteten Grundbesitz wird die fällige Erbschaftsteuer für einen Zeitraum von maximal zehn Jahren gestundet. Nutzt der Erbe ein ererbtes Ein- oder Zweifamilienhaus oder eine Eigentumswohnung zu eigenen Wohnzwecken, wird die Stundung sogar für einen längeren Zeitraum ermöglicht – längstens bis zur Beendigung der Eigennutzung. Dem Erben wird so die Möglichkeit eingeräumt, den ererbten Immobilienbesitz dauerhaft zu behalten. Wird die Immobilie im Anschluss an die Selbstnutzung aber vermietet, verlängert das Finanzamt die Stundung für maximal weitere zehn Jahre. Wird die betreffende Immobilie zwischenzeitlich verkauft oder weiterverschenkt, hebt das Finanzamt die gewährte Stundung jedoch auf und fordert die Steuerzahlung ein.

GEGEN ERBSCHAFTSTEUER VERSICHERN?

Die anfallenden Erbschaftsteuern können, wenn der Nachlass aus Grundstücken und anderen nicht so einfach zu veräußernden Sachwerten besteht und vielleicht noch zusätzlich Nachlassverbindlichkeiten oder Pflichtteilsansprüche zu begleichen sind, zu finanziellen Engpässen beim Erben führen. Die Möglichkeit, sich gegen diese Risiken zu versichern, besteht nicht. Einen Ausweg gibt es nur, wenn der künftige Erbe eine Lebensversicherung (LV) auf das Leben des Erblassers abschließt. Versicherungsnehmer und Bezugsberechtigter muss der Erbe sein, damit die LV-Summe im Erbfall nicht in den Nachlass fällt und weder für die Berechnung von Erbschaftsteuern, noch von Pflichtteilsansprüchen herangezogen werden kann. Es muss also eine eigene Versicherung des Erben sein.

Spekulationsfristen

Grundsätzlich sind Veräußerungsgewinne im privaten Vermögensbereich steuerfrei. Allerdings: Zwischen Erwerb und Wiederveräußerung müssen bestimmte Fristen liegen. Diese betragen für Grundstücke zehn Jahre. Ist diese Spekulationsfrist bereits für den Erblasser abgelaufen, kann der Erbe ohne Gefahr veräußern. Mit Anfall der Erbschaft beginnt also für den Erben keine neue Spekulationsfrist.

Beispiel: Hans Schnell erbt von seinem Vater am 2. Januar 2009 ein Grundstück. Der Vater hat dieses am 1. Februar 2005 für einen Kaufpreis von umgerechnet 200 000 € erworben. Hans Schnell möchte das Grundstück im April 2009 für 300 000 € veräußern.

Die Spekulationsfrist läuft erst nach dem 1. Februar 2015 ab. Will Hans Schnell keine Einkommensteuer auf den Veräußerungsgewinn von 100 000 € zahlen, muss er sich mit dem Verkauf noch bis dahin gedulden.

Spekulationsfristen gibt es für ab 1. Januar 2009 erworbene Wertpapiere nicht mehr. Stattdessen sind für diese Papiere alle Veräußerungsgewinne zu versteuern. Die alten Regeln gelten aber noch für Wertpapiere, die bis zum 31. Dezember 2008 erworben worden sind. Diese können frühestens erst ab einem Jahr nach dem Erwerb einkommensteuerfrei vom Erben veräußert werden.

SCHENKUNGSTEUER

Die Schenkungsteuer ist ebenfalls im ErbStG geregelt. Es gelten dieselben Grundsätze wie für die Erbschaftsteuer und die Vorschriften für Steuerklassen, Steuersätze, Bewertungen, Steuerfreibeträge und Steuerpflicht sind ebenfalls dieselben. Was eine Schenkung ist, ist im Kapitel: Schenken statt vererben, siehe Seite 131 ff. erläutert. Steuerpflichtig ist die „Bereicherung" des Beschenkten. Die Steuer wird fällig, wenn die Schenkung vollzogen ist.

Gelegenheitsgeschenke

Gelegenheitsgeschenke sind steuerfrei (§ 13 Abs. 1 Nr. 14 ErbStG). Geschenke zu Weihnachten, zum Geburtstag, zum Jubiläum, zur Hochzeit und zu ähnlichen Anlässen sind also grundsätzlich nicht zu versteuern. Dies gilt aber nur dann, wenn der Wert der Gelegenheitsgeschenke das Übliche nicht überschreitet – und bei eben dieser Auslegung fangen bereits die Schwierigkeiten an.

Was üblich ist, lässt sich aus Gründen der Steuergerechtigkeit kaum nach den individuellen Verhältnissen des Schenkers, sondern nur nach dem Bevölkerungsdurchschnitt beurteilen. Ein Geldgeschenk von wenigen tausend Euro oder ein Kleinwagen zum bestandenen Examen dürften noch üblich sein, die Schenkung von Wertpapieren im Wert von 50 000 € und mehr dagegen nicht. Die Grenzen sind fließend. Zum Teil wird versucht, die Beträge für Steuerbefreiungen bei Hausrat und anderen beweglichen Gegenständen (siehe Seite 270 f.) als Obergrenze heranzuziehen.

Die Frage, ob steuerbefreite Gelegenheitsgeschenke vorliegen oder nicht, kann wegen der Zusammenrechnung aller Geschenke innerhalb des Zehnjahresrhythmus für die Höhe der Schenkung- bzw. Erbschaftsteuer durchaus von Belang sein.

Zugewinnausgleich statt Schenkung

Sie haben bereits auf Seite 277 ff. gelesen, dass der Zugewinnausgleich nicht der Erbschaftsteuer unterworfen ist. Dasselbe gilt für die Durchführung des Zugewinnausgleichs unter Lebenden, etwa im Fall der Scheidung, oder bei Vereinbarung der Gütertrennung während der Ehe.

Will ein Ehepartner den anderen zu Lebzeiten an seinem Vermögen beteiligen, so kann mit der Beendigung des Güterstands der Zugewinngemeinschaft und Vereinbarung der Gütertrennung Vermögen als Zugewinnausgleich schenkungsteuerfrei auf den anderen Ehepartner übertragen werden. Der Zugewinnausgleich statt Schenkung kann dann in Betracht kommen, wenn der Ehegattenfreibetrag von 500 000 € schon verbraucht oder aber für die Vermögensübertragung nicht ausreichend ist. Über die Voraussetzungen und die Gestaltung, die rechtlichen und steuerlichen Konsequenzen müssen Sie sich fachkundig und ausführlich beraten lassen.

Schenkung des Familienheims an Ehepartner

Im Erbfall können Ehepartner und Kinder das Familienheim steuerfrei erwerben (siehe Seite 266 ff.) Zu Lebzeiten kann ein Ehegatte dem anderen das Familienheim steuerfrei schenken. Für eine Schenkung an Kinder gibt es diese Möglichkeit nicht. Gegenüber dem Erwerb von Todes wegen hat eine lebzeitige Schenkung an den Ehepartner einige Vorteile:

Voraussetzung für die Steuerbefreiung ist, dass die Immobilie zum Zeitpunkt der Schenkung von den Eheleuten als Familienheim benutzt wird.

Leben die Ehepartner getrennt, reicht es nach der Rechtsprechung des BFH aus, wenn der beschenkte Ehegatte, gegebenenfalls mit den Kindern dort wohnt (BFH FamRZ 2009, 879). Die Steuerbefreiung ist nicht davon abhängig, wie lange der Ehepartner das Familienheim bewohnt. Eine Zehnjahresfrist wie im Erbfall gibt es nicht. Der Ehepartner kann das Familienheim später veräußern, ohne dass die Steuerbefreiung entfiele. Auch eine mehrfache Schenkung eines Familienheims z. B. nach Wohnsitzwechsel ist möglich.

Wie im Erbfall gibt es weder eine Wohnflächen- noch eine Wertbegrenzung. Auch die Frage, wann bei gemischter Nutzung eines Gebäudes ein Familienheim vorliegt, ist im Erb- und Schenkungsfall gleich geregelt (siehe Seite 266 ff.).

Zehnjahresfrist nutzen!

Wollen und können Sie schon zu Lebzeiten Vermögensgegenstände übertragen, dann tun Sie dies gestaffelt nach den Freibeträgen und im Zehnjahresrhythmus. Wenn Sie rechtzeitig beginnen, können Sie im Lauf der Zeit auf Ihre Kinder erhebliche Beträge steuerfrei übertragen. Zu frühes Schenken führt dagegen zu Schenkungsteuer.

Beispiel: Jens Klein schenkt seiner Tochter Frieda 2001 eine Eigentumswohnung im Steuerwert von 300 000 €. Im Jahre 2010 schenkt er ihr Aktien im Kurswert von 300 000 €.

Für die erste Schenkung 2001 hat Frieda nach Abzug des Freibetrags von 205 000 € den restlichen Grundstückswert von 95 000 € mit 11 Prozent zu versteuern. Das sind 10 450 €. Die zweite Schenkung erfolgt 2010 und damit binnen neun Jahren nach der Schenkung der Eigentumswohnung. Da die Zehnjahresfrist noch nicht abgelaufen ist, berechnet das Finanzamt die jetzt zu erhebende Schenkungssteuer folgendermaßen:

Schenkung 2001	300 000 €
Schenkung 2010	300 000 €
Insgesamt geschenkt	600 000 €
– Freibetrag	400 000 €
zu versteuern mit 11 %	200 000 €

Von der zu zahlenden Steuer von 22 000 € sind die 2001 gezahlten 10 450 € abzuziehen, sodass jetzt noch 11 550 € zu entrichten sind (zur Begrenzung des Abzugs lesen Sie bitte auf Seite 275). Hätte Jens Klein seiner Tochter den Betrag erst ein Jahr später geschenkt, wäre keine Schenkungsteuer angefallen.

BEWERTUNG UND FRIST

Frühere niedrigere Bewertungen, z. B. von Grundstücken, bleiben bestehen. Nur die Berechnung des gesamten Steuerbetrags der Schenkungen erfolgt nach neuem Recht (siehe Seite 275 f.).
Lassen Sie bei mehreren Schenkungen stets prüfen, wann die Zehnjahresfrist abläuft und wie Sie steuerfrei schenken können.

Gemischte Schenkung und Schenkung unter Auflagen

Sie schenken zwar, aber der Beschenkte muss seinerseits entweder eine Gegenleistung erbringen und/oder zum Beispiel dulden, dass die geschenkten Gegenstände weiter von Ihnen genutzt werden (Nießbrauch). Wenn Sie eine solche Schenkung vorhaben, müssen Sie sich beraten lassen, um die für die Schenkungsteuer günstigste Gestaltung zu wählen.

Kettenschenkungen

Der Freibetrag von 400 000 € steht einem Kind gegenüber jedem Elternteil gesondert zu. Beide Elternteile können daher jedem Kind jeweils 400 000 € steuerfrei schenken.

Die Schenkung setzt aber voraus, dass beide Elternteile nachweisbar auch jeweils eigenes Vermögen besitzen, über das sie frei zugunsten ihrer Kinder verfügen können. Eine steuerlich dagegen nicht anerkannte Ausnutzung der doppelten Freibeträge stellt folgende Variante dar:

Beispiel: Herr Peters will seinem Sohn 650 000 € schenken. Er schenkt ihm 400 000 €. Damit ist der Freibetrag verbraucht. Am selben Tag schenkt er seiner Frau weitere 350 000 € und bestimmt dabei, dass sie ihrerseits 250 000 € an den Sohn weiterverschenkt.

Dem Sohn steht ein zweiter Freibetrag in diesem Fall nicht zu. Die sogenannte Kettenschenkung wird steuerlich nicht aner-

INFO Wann liegt eine Kettenschenkung vor?

Eine Kettenschenkung liegt vor, wenn der Schenker den zunächst Beschenkten verpflichtet, das Geschenk sogleich weiterzuschenken. Aus dieser Bestimmung und dem zeitlichen Zusammenhang wird auf die steuerlich nicht zulässige Umgehung geschlossen.

kannt, der Sohn muss für die Schenkung seiner Mutter Schenkungsteuer zahlen.

Lebensversicherung

Hat der Erblasser eine Lebensversicherung abgeschlossen, ist unter steuerlichen Gesichtspunkten zu unterscheiden:

Die Versicherungsleistung fällt dann in den Nachlass, wenn der Erblasser keinen Bezugsberechtigten für den Fall seines Todes benannt hat. Die Erben zahlen dafür Erbschaftsteuern.

Hat der Erblasser der Versicherungsgesellschaft einen Bezugsberechtigten benannt oder ihn, soweit dies nach den Versicherungsbestimmungen zulässig ist, anderweitig bezeichnet, fällt die Versicherungsleistung beim Tod des Erblassers nicht in den Nachlass. Der Bezugsberechtigte erwirbt im Erbfall direkt einen Anspruch gegen die Versicherungsgesellschaft auf Auszahlung der Versicherungsleistung. Es handelt sich um einen Vertrag zugunsten Dritter. Der Bezugsberechtigte zahlt auf die Versicherungsleistung Erbschaftsteuern.

Schenkung einer Versicherung zu Lebzeiten

Will der Erblasser einem Dritten die Lebensversicherung vorzeitig zuwenden, muss er ihm seine Rechte und Ansprüche aus dem Versicherungsvertrag schenken (siehe Seite 147). Mit Vollzug der Schenkung fällt Schenkungsteuer an, berechnet nach dem Rückkaufswert der Lebensversicherung zum Zeitpunkt der Schenkung.

Damit ist der Erwerb zu einem frühen Zeitpunkt nicht mit so hohen Steuern belastet, aber der Erblasser ist die Versicherung mit der Übertragung auch endgültig los und der Beschenkte ist verpflichtet, die zukünftig fällig werdenden Prämien zu zahlen.

Schenken Sie die Schenkungsteuer

Beispiel: Frank Roth will seine Lebensgefährtin Elke Sturm für ihr Alter absichern. Nach Abzug der Steuer soll sie ein Vermögen von ca. 500 000 € erhalten. Er schenkt ihr 730 000 €. Nach Abzug des Freibetrags von 20 000 € zahlt sie in der Steuerklasse III bei einem Steuersatz von 30 Prozent 213 000 € an Schenkungsteuer, 497 000 € verbleiben ihr.

Hätte Frank Roth auch die Schenkungsteuer geschenkt, sähe die Rechnung günstiger aus:

Nach Abzug des Freibetrag von 20 000 € müssen dann auf 477 000 € 30 Prozent Schenkungsteuer gezahlt werden. Dies ergibt einen geschenkten Gesamtbetrag von 477 000 € plus 143 000 € für die Steuer, die Herr Roth ja auch schenken will. Aber auch auf diesen Gesamtbetrag muss wiederum Schenkungsteuer – denn in dieser Alternative wird ja mehr geschenkt – berechnet werden. 30 Prozent auf 620 000 € sind 186 000 €.

Für das geschenkte Geld in Höhe von 497 000 € zahlt Frank Roth zusätzlich 186 000 € Schenkungsteuer. Bei der Schenkung auch der Schenkungsteuer werden

TIPP **Tipps für zum Steuersparen**

- Sie können durch rechtzeitige Schenkungen Steuern sparen, indem Sie Freibeträge und die Zehnjahresfrist ausnutzen.
- Was Sie verschenkt haben, ist weg. Verschenken Sie Vermögen also nur dann, wenn Sie es sich leisten können und für Ihre Lebensgestaltung darauf nicht – auch später nicht – angewiesen sind.
- Vermeiden Sie Erbengemeinschaften, aber verteilen Sie Ihr Vermögen durch Anordnung von Vermächtnissen unter Ausnutzung der steuerlichen Freibeträge auf mehrere Personen. So vermeiden Sie Streit.
- Die Nachteile eines Berliner Testaments können Sie mindern, wenn Sie für den ersten Erbfall bereits Vermächtnisse zugunsten der Schlusserben anordnen und so auch die Freibeträge im ersten Erbfall nutzen.
- Prüfen Sie, ob Sie statt Vor- und Nacherbschaft nicht die steuerlich günstigere Variante des Nießbrauchs für Ihren „Vorerben" und die direkte Erbeinsetzung Ihrer „Nacherben" wählen können.
- Nutzen Sie den Güterstand der Zugewinngemeinschaft für den Erbfall aus. Sie können ja für den Fall der Scheidung den Zugewinnausgleich durch Vertrag ausschließen.

im Beispiel 47 000 € gespart, denn Elke Sturm hätte auf den geschenkten Betrag 213 000 € an Schenkungsteuer zahlen müssen.

Dieser Spareffekt tritt immer dann auf, wenn in höheren Steuerklassen hohe Steuersätze anfallen. Bei Zuwendungen an nichteheliche Lebensgefährten sollte vorher gerechnet werden!

ERBFÄLLE MIT AUSLANDSBEZUG

Deutsche erwerben Ferienhäuser und Alterssitze im sonnigen Süden Europas oder in den USA, verlegen ihren Wohnsitz ins Ausland oder legen dort ihr Vermögen an. Ausländische Staatsbürger leben und arbeiten in Deutschland, heiraten hier und erwerben Vermögen. Welches Recht gilt, wenn der Erbfall eintritt? Und in welchem Staat muss die Erbschaftsteuer gezahlt werden?

ERBEN IM AUSLAND UND AUSLÄNDISCHE ERBEN

Erbfälle mit Auslandsbezug können für alle Beteiligten zu Überraschungen und ungeahnten Konsequenzen führen. Das deutsche Erbrecht, so wie es in diesem Buch dargestellt ist, gilt uneingeschränkt nur dann, wenn Sie als Erblasser

- die deutsche Staatsbürgerschaft besitzen,
- in Deutschland Ihren Wohnsitz haben,
- Ihr gesamtes Vermögen sich in Deutschland befindet.

Wenn eine oder mehrere dieser Bedingungen nicht erfüllt sind, ist fraglich, inwieweit deutsches und/oder ausländisches Erbrecht gilt. Und dann kann es aus mehreren Gründen kompliziert werden.

Erbfälle mit Auslandsbezug oder internationale Erbfälle liegen vor, wenn

- ein Deutscher im Ausland seinen Wohnsitz hat,
- ein Deutscher Vermögen im Ausland hat,
- ein Ausländer in Deutschland seinen Wohnsitz hat,
- ein Ausländer Vermögen in Deutschland hat und
- bei gemischt-nationalen Ehen und Familien

Und solche Fälle sind gar nicht selten: Allein in Deutschland leben ca. 2,5 Millionen EU-Bürger mit ausländischem Pass. Rund 700 000 Deutsche leben in anderen EU-Ländern, andere erwerben Häuser und Wohnungen außerhalb Deutschlands und legen ihr Geldvermögen bei ausländischen Banken an.

Die Europäische Kommission geht von 450 000 Erbfällen mit Auslandsbezug mit einem Wert von 120 Mrd. € pro Jahr aus. Und ein jeder, der schon einmal in einen internationalen Erbfall verwickelt war, wird Ihnen berichten, dass diese Abwicklung zusätzliche Zeit sowie viel Geld verschlingt und Jahre vergehen können, bevor ein solcher Fall abgewickelt ist.

Welches Recht gilt im Erbfall?

Staaten bestimmen in ihrem Internationalen Privatrecht (IPR), welches Recht bei grenzüberschreitenden Erbfällen Anwendung findet, das eigene oder das eines anderen Staates. In Deutschland ist dies im EGBGB geregelt.

Beispiel: Der Deutsche Max Linde lebt und stirbt in Italien. Er hat ein Haus in Würzburg und eine Ferienwohnung in Pisa. Welches Recht gilt für seinen Nachlass in Deutschland und in Italien?

Nach deutschem Recht bestimmt sich dies nach der Staatsangehörigkeit des Erblassers zum Zeitpunkt seines Todes (Art. 25 EGBGB).

Dieses Prinzip gilt auch in Italien (Art. 46 Abs. 1 IPRG). Beide Rechtsordnungen wenden deutsches Recht für den Nachlass eines deutschen Staatsbürgers an. Für einen in Deutschland verstorbenen italienischen Staatsbürger gilt dementsprechend nach beiden Rechtsordnungen italienisches Erbrecht.

Die Staatsangehörigkeit bestimmt das Erbrecht

Nach diesem Prinzip – das anwendbare Erbrecht folgt der Staatsangehörigkeit des Erblassers – verfahren u. a. folgende Länder:

- Deutschland
- Griechenland
- Italien
- Österreich
- Polen
- Portugal
- Schweden
- Slowakei
- Spanien
- Tschechien
- Ungarn

Die Türkei folgt grundsätzlich dem Staatsangehörigkeitsprinzip, im Verhältnis zu Deutschland gilt jedoch für unbeweglich es Vermögen (Grundstücke, Eigentumswohnungen) das Recht des Staates, in demsich das Grundstück befindet. Handelt es sich um Grundstücke eines türkischen Erblassers in Deutschland, richtet sich ihre Vererbung nach deutschem Recht, das übrige bewegliche Vermögen wird dann nach türkischem Recht vererbt.

Welches Recht gilt bei mehrfacher Staatsangehörigkeit? Es kommt vor, dass Menschen zwei oder mehr Staatsbürgerschaften haben, aber nur eine davon kann das anwendbare Erbrecht bestimmen. In solchen Fällen wird geprüft, zu welchem der Staaten der engste Bezug besteht, und dessen Staatsangehörigkeit ist dann maßgeblich. Das wird zumeist die Staatsangehörigkeit des Landes sein, in dem sich der Wohnsitz oder der gewöhnliche Aufenthaltsort befindet. Hier hat der Doppelstaater in der Regel seinen Lebensmittelpunkt. Für einen deutschen Staatsbürger gilt in Deutschland immer deutsch es Recht, unabhängig davon, welche anderen Staatsangehörigkeiten noch für ihn bestehen. Das handhaben auch andere Staaten für ihre Staatsangehörigen so.

Wenn der Wohnsitz maßgeblich ist

Manche Staaten bestimmen das anwendbare Recht nach dem Ort, in dem der Erblasser lebt. Anknüpfungspunkt ist dann je nach Land der Wohnsitz, der gewöhnliche Aufenthalt oder das Domizil: so in Estland, Dänemark, Norwegen. Für die Schweiz gilt der Wohnsitz mit der Möglichkeit ausländischer Staatsbürger, ihr Heimatrecht zu wählen. Lebt ein Schweizer im Ausland, so bestimmt das ausländische internationale Privatrecht das anzuwendende Recht.

Beispiel: Ein Schweizer lebt in München in seinem eigenen Haus. Er stirbt. Am Wohnsitz gilt nach deutschem IPR das Staatsangehörigkeitsprinzip, der Schweizer wird in Deutschland nach Schweizer Recht beerbt.

Die Niederlande wenden das Wohnsitzrecht an, wenn der Erblasser seinen gewöhnlichen Aufenthalt seit mehr als fünf Jahren in diesem Staat hatte, sonst ist die Staatsangehörigkeit maßgeblich. Dies ist auch in Finnland so geregelt.

Unterschiedliches Recht für bewegliche und unbewegliche Gegenstände: Viele Staaten wenden auf das bewegliche Vermögen (Geld, Wertpapiere, Kontoguthaben, Kunstgegenstände, Möbel, Auto usw.) das am gewöhnlichen Aufenthaltsort geltende Erbrecht an und für das unbewegliche Vermögen (bebaute und unbebaute Grundstücke, Eigentumswohnungen) das Recht des Staates, in dem sich dieses Vermögen befindet.

Beispiel: Der Franzose Julien Maux lebt in Paris und hat neben seinem Vermögen in Frankreich ein Mietshaus in Brüssel. Er stirbt. Welches Erbrecht gilt?

Frankreich bestimmt das anwendbare Erbrecht nach dem gewöhnlichen Aufenthaltsort des Erblassers, wendet aber auf zum Nachlass gehörende Grundstücke das Erbrecht des Staates an, in dem das Grundstück belegen ist. Belgien geht nach demselben Prinzip vor. Beide Länder kommen damit zu demselben Ergebnis: Auf den Nachlass des in Paris lebenden Franzosen wird französisches Erbrecht angewandt mit Ausnahme des Mietshauses in Brüssel. Hier richtet sich die Erbfolge nach belgischem Recht. Auf den Nachlass einer Person finden damit zwei Rechtsordnungen Anwendung, der Nachlass wird nicht

INFO **Wichtig: Erbrechte der US-Bundesstaaten**

In den verschiedenen US-Bundesstaaten gilt unterschiedliches Erbrecht. Es gibt also kein einheitliches Erbrecht in den USA. Es muss in jedem Einzelfall geprüft werden, welcher US-Bundesstaat an dem Erbfall beteiligt ist, und dann das entsprechende Erbrecht geprüft werden. In aller Regel gilt im IPR der Bundesstaaten für Immobilien das Recht des Bundesstaates, in dem sich das Grundstück befindet. Für das übrige Vermögen gilt meistens das Recht des Domizils.

einheitlich behandelt. Das nennen Juristen Nachlassspaltung.

Nach diesem System, Anknüpfung an den Lageort bei unbeweglichem Vermögen und dem Recht des gewöhnlichen Aufenthalts oder Domizils beim sonstigen Vermögen, gehen folgende Länder vor:

- Belgien
- Bulgarien
- Frankreich
- Irland
- Litauen
- Luxemburg
- Malta
- USA
- Vereinigtes Königreich von Großbritannien und Nordirland
- Zypern

Kollision der Erbrechte verschiedener Staaten

Für deutsche Staatsangehörige gilt nach deutschem IPR immer deutsches Erbrecht. Das akzeptieren aber andere Staaten nicht, die für unbewegliches Vermögen, zum Beispiel Grundstücke, immer das Erbrecht anwenden, das am Ort der Immobilie gilt. Es kommt zu einer Kollision der verschiedenen Rechte. Das deutsche IPR löst dieses Aufeinandertreffen zweier Erbrechte folgendermaßen:

Beispiel: Der deutsche Jens Baum wohnt in Leipzig und hat sein Vermögen in verschiedenen europäischen Ländern angelegt: ein Bauernhaus in England, eine Segeljacht und eine Ferienwohnung in Frankreich, ein Bankkonto in Luxemburg. Er stirbt in Leipzig. Nach welchem Recht wird sein Vermögen vererbt?

Nach deutschem IPR ist die Staatsbürgerschaft maßgeblich, und zwar für die gesamte Erbschaft unabhängig davon, wo sich Nachlassvermögen befindet und um welche Gegenstände es sich handelt. Danach regelt sich der Nachlass des Jens Baum nach deutschem Recht. Das sehen aber andere Staaten anders, und dort befinden sich Teile des Vermögens.

In England wird der Bauernhof nach englischem Erbrecht vererbt, in Frankreich wird das dortige Recht für die Ferienwohnung angewandt, denn beide Länder wenden bei unbeweglichem Vermögen das Recht des Lageortes an. Das deutsche IPR löst diesen Konflikt, indem es anerkennt, dass andere Staaten ihr eigenes Erbrecht für bestimmte Vermögensteile, hier für das unbewegliche Vermögen, anwenden. Folglich akzeptiert das deutsche Recht, dass sowohl das französische als auch das englische Recht die Vererbung von unbeweglichem Vermögen ihren eigenen Erbrechtsvorschriften unterstellen. Das ist ein Fall der Nachlassspaltung. Beim Segelboot in Frankreich und dem Bankkonto in Luxemburg sind sich die drei Staaten im Ergebnis einig, diese Nachlassteile werden ebenso wie das in Deutschland belegene Vermögen nach deutschem Recht vererbt.

Sie sehen, diese Nachlassabwicklung wird kompliziert und es wird einige Zeit dauern, bis die Erben tatsächlich über das im Ausland geerbte Vermögen auch verfügen können.

Wann das deutsche Staatsangehörigkeitsprinzip nicht weiterführt

Der deutsche Grundsatz, dass das Erbrecht sich nach der Staatsbürgerschaft des Erblassers richtet, kann auch in anderen Fällen durchbrochen werden:

Beispiel: Der Franzose Jean Clément ist mit der Deutschen Lena Stein verheiratet und lebt seit 20 Jahren in Köln. Sein Vermögen befindet sich in Deutschland. Er stirbt. Welches Recht gilt für seinen Nachlass?

Das deutsche IPR knüpft an die Staatsangehörigkeit an und verweist auf französisches Recht. Das französische Recht verweist seinerseits auf das Recht am Ort des ständigen Aufenthalts und damit auf deutsches Recht. Die deutsche Rechtsordnung nimmt diese Rückverweisung an und regelt den Nachlass des in Deutschland lebenden Franzosen Jean Clément nach deutschem Recht.

Wenn zwei Staaten ein und denselben Nachlass regeln wollen

Beispiel: Eva Sommer ist nach ihrer Pensionierung in ihr Ferienhaus am Genfer See gezogen. Sie hat ihre deutsche Staatsangehörigkeit behalten, besucht von Zeit zu Zeit ihre Kinder und Enkelkinder in Berlin, lebt aber ständig in der Schweiz und hat auch keinen Wohnsitz in Deutschland mehr. Sie stirbt. Nach welchem Recht erben ihre Kinder?

Nach Schweizer Recht gilt das Wohnsitzprinzip, also schweizerisches Recht. Das deutsche Recht knüpft an der Staatsangehörigkeit des Erblassers an und kommt hier zur Anwendung des deutschen Erbrechts. Es kommt nun darauf an, in welchem Land die Erben ihr Erbrecht geltend machen und welches Gericht zuerst entscheidet und ob die Entscheidung auch in dem anderen Staat anerkannt wird. Und was dann letztlich herauskommt, muss nicht dem Willen des Erblassers und dem Wunsch der Erben entsprechen.

Ausländisches Recht kontra deutsche Rechtsordnung

Wenn deutsche Gerichte ausländisches Recht anwenden müssen, dann wird geprüft, ob diese Regelungen nicht gegen wesentliche Grundsätze des deutschen Rechts, insbesondere gegen das Grundgesetz verstoßen. Bei einem solchen Verstoß gegen den Ordre Public (Art. 6 EGBGB) wird die ausländische Vorschrift nicht angewandt. Entsprechend gehen andere Staaten auch vor.

So wird der Ausschluss eines Erben wegen Religionsverschiedenheit, wie dies islamische Rechtsordnungen vorsehen, ebenso wenig vor deutschen Gerichten Bestand haben wie ein Erbrechtsausschluss nichtehelicher Kinder oder die Diskriminierung von Adoptivkindern. Der vollständige Ausschluss des Pflichtteilanspruchs von Kindern verstieß nach der älteren Rechtsprechung nicht gegen den Ordre Public. Ob dies so bleibt, ist fraglich.

Das BVerfG hat 2005 festgestellt, dass das Pflichtteilsrecht von Kindern eine grundsätzlich unentziehbare Mindestbeteiligung am Nachlass ihrer Eltern ist, die unter die Erbrechtsgarantie des Grundgesetzes fällt. Dann müsste der Ausschluss ein Verstoß gegen die deutsche Rechtsordnung sein und nicht anerkannt werden.

Auch bei der Benachteiligung von Frauen beim gesetzlichen Erbrecht nach islamischen Rechtsordnungen neigt die neuere Rechtsprechung zur Annahme eines Verstoßes gegen den Ordre Public und wendet diese Regeln damit nicht an.

IHR TESTAMENT – INFORMATIONEN UND TIPPS

Wichtige Vorfrage: Welches Recht gilt für den Erbfall?

Sie sehen, bereits die Frage, welches Recht bei Erbfällen mit Auslandsbezug maßgeblich ist, ist schwierig zu klären. Dazu brauchen Sie wie auch bei der anschließenden Gestaltung Ihrer letztwilligen Verfügung unbedingt kompetenten Rechtsrat. Sie müssen wissen, welches Recht auf welche Vermögensteile Anwendung findet. Dann müssen Sie wissen, wie in diesem Erbrecht eines anderen Staates das gesetzliche Erbrecht aussieht und welche testamentarischen Gestaltungen zulässig sind.

Nur dann können Sie Lösungen für Form und Inhalt Ihres Testaments finden, die von den anderen Rechtsordnungen auch akzeptiert werden. Und dies ist Voraussetzung dafür, dass Ihr Vermögen auch wirklich nach Ihren Vorstellungen unter Ihren Erben verteilt wird.

TIPP **Rechtswahl möglich?**

Manche Staaten erlauben dem Erblasser auch die Wahl der Rechtsordnung, nach der der Nachlass geregelt werden soll. Zumeist ist die Möglichkeit der Wahl an gewisse Voraussetzungen geknüpft oder nur in engen Grenzen möglich. Nach deutschem IPR können ausländische Staatsangehörige für in Deutschland belegenen Grundbesitz die Geltung des deutschen Erbrechts bestimmen. In der Schweiz lebende Ausländer können anordnen, dass für ihren Nachlass das Recht des Staates gilt, dessen Staatsangehörigkeit sie besitzen. Im obigen Beispiel hätte Eva Sommer in einem Testament für ihr Schweizer Vermögen die Anwendung des deutschen Erbrechts vorschreiben können.

Die richtige Form für Ihr Testament

Steht nach dem IPR fest, welches Erbrecht oder welche verschiedenen Erbrechte für den Nachlass oder einzelne Nachlassteile gelten, dann müssen Sie zunächst wissen, in welcher Form Sie ein Testament verfassen können. Denn die erste Voraussetzung für eine wirksame Nachlassregelung ist ein formgültiges Testament, das in allen von dem Erbfall betroffenen Ländern anerkannt wird.

Hier gilt zunächst das Haager Übereinkommen über das auf die Form letztwilliger Verfügungen anzuwendende Recht. Dieses Abkommen aus dem Jahre 1961 gilt derzeit leider erst in einigen Mitgliedstaaten der EU: Belgien, Dänemark, Deutschland, Estland, Finnland, Frankreich, Griechenland, Irland, Luxemburg, Niederlande, Österreich, Polen, Portugal, Schweden, Slowenien, Spanien und dem Vereinigten Königreich von Großbritannien; außerdem gilt es in den Nicht-EU-Ländern Norwegen, Schweiz und Türkei.

Alle diese genannten Länder erkennen ein Testament als formgültig an, wenn der Erblasser bei der Errichtung seiner letztwilligen Verfügung die Formvorschriften beachtet hat,

- die am Ort der Errichtung gelten,
- die nach seinem Heimatrecht Anwendung finden. Das Heimatrecht ist das Recht des Staates, dessen Staatsangehörigkeit der Erblasser zum Zeitpunkt der Errichtung besaß.

Beispiel: Ein deutscher Staatsbürger kann an einem beliebigen Ort auf der Welt sein Testament nach deutschen Formvorschriften errichten,

- die am Wohnsitz oder gewöhnlichen Aufenthaltsort des Erblassers zum Zeitpunkt der Errichtung oder zum Zeitpunkt seines Todes gelten,
- die bei unbeweglichem Vermögen dem Recht des Ortes entsprechen, in dem das unbewegliche Vermögen belegen ist.

TIPP **Machen Sie mehrere Einzeltestamente**

Wenn für Ihr ausländisches Vermögen auch das Recht des ausländischen Staates gilt, dann gehen Sie bei Ihrer Nachlassplanung folgendermaßen vor: Errichten Sie jeweils einzelne Testamente für jedes Land. Diese müssen den formellen und inhaltlichen Vorschriften des Erbrechts dieses ausländischen Staates entsprechen. In Ihrem deutschen Testament treffen Sie dann Ihre letztwilligen Anordnungen für das Vermögen, auf das deutsches Erbrecht angewandt wird.
Diese Aufteilung Ihres letzten Willens in mehrere aufeinander abgestimmte Testamente erleichtert die Anerkennung und Abwicklung in den vom Erbfall betroffenen Ländern.

Beispiel: Der deutsche Staatsbürger Jens Baum im Beispiel auf Seite 300 kann über sein Ferienhaus in Frankreich nach französischen Formvorschriften ein wirksamen Testament errichten.

WENN EIN STAAT DAS ABKOMMEN NICHT ANERKENNT

Haben Sie Vermögen in einem Staat, der das Haager Testamentsabkommen über die Form nicht anerkennt, dann gelten die oben dargestellten Möglichkeiten nicht. Dann müssen Sie herausfinden, ob dieser Staat die deutschen Formvorschriften anerkennt oder aber verlangt, dass über Vermögensteile in seinem Staatsgebiet nach den eigenen, also den ausländischen Formvorschriften verfügt werden muss. Dazu müssen Sie sich von einem im internationalen Erbrecht erfahrenen Rechtsanwalt oder einer Rechtsanwältin beraten lassen.

Wenn ausländisches Recht zur Anwendung kommt

Wenn Sie jetzt mit Ihrem Wissen um das deutsche Erbrecht Ihr Testament für Ihr Auslandsvermögen formulieren, dann – Sie ahnen es bereits – ist es fraglich, ob im Erbfall das Vermögen auch so verteilt wird, wie Sie es angeordnet haben. Andere Länder haben zum Teil ganz andere Regelungen und erkennen das, was bei uns üblich ist, nicht als wirksam an.

Nach dem auf den Erbfall oder einen Nachlassteil anzuwendenden Recht wird bestimmt,

- was zum Nachlass gehört,
- wie die Erbschaft angenommen oder ausgeschlagen wird,
- wer gesetzlicher Erbe zu welcher Quote wird, wenn kein wirksames Testament vorliegt,
- ob es ein Pflichtteilsrecht oder eine andere Mindestbeteiligung (= Noterbrecht) für bestimmte gesetzliche Erben gibt,

- wie der Erbe an die Erbschaft kommt – das Nachlassverfahren,
- wie der Erbe für Nachlassverbindlichkeiten haftet,
- welche Rechte und Pflichten der Erbe hat.

Sie sehen, bei Auslandsvermögen kommen eine ganze Menge zusätzlicher Fragen auf Sie zu.

ANDERE LÄNDER, ANDERE REGELUNGEN

Kommt ausländisches Recht zur Anwendung oder wollen Sie im Ausland belegenes Vermögen vererben, dann müssen Sie rechtzeitig und sorgfältig planen. Ohne fachlichen Rat geht das nicht. Dasselbe gilt, wenn Sie Erbe werden. Zur Vorbereitung finden Sie auf der Webseite www.erben-in-europa.at kurze Informationen über das Erbrecht in den EU-Mitgliedsstaaten in deutscher Sprache.

Europäische Erbrechtsverordnung kommt

Einige der dargestellten Schwierigkeiten bei grenzüberschreitenden Erbfällen in der EU werden durch die am 12. März 2012 im Europäischen Parlament verabschiedete Erbrechtsverordnung zukünftig entfallen. Die europäische Erbrechtsverordnung wird voraussichtlich ab Sommer 2015 gelten und die Abwicklung internationaler Erbfälle in der EU für Erblasser und Erben wesentlich erleichtern, beschleunigen, Kosten und Nerven sparen.

Was die Erbrechtsverordnung regelt

- Einheitliches Erbrecht für den ganzen Nachlass: Auf den Nachlass einer Person findet zukünftig nur noch das Erbrecht des EU-Mitgliedstaates Anwendung, in dem der Erblasser seinen gewöhnlichen Aufenthalt zum Zeitpunkt seines Todes hat. Der gewöhnliche Aufenthaltsort ist der Ort, wo der Erblasser längere Zeit lebt und wo er seinen Lebensmittelpunkt hat. Dieses Erbrecht gilt dann für den gesamten Erbfall, unabhängig davon, wo sich Vermögen des Erblassers befindet.
- Rechtswahl möglich: Der Erblasser kann aber durch eine ausdrückliche Anordnung in einer letztwilligen Verfügung bestimmen, dass auf den Erbfall sein Heimatrecht Anwendung findet. Das ist das Recht des Staates, dessen Staatsangehö-

TIPP **EU-Verordnung gilt nicht für alle Staaten**

Nach jetzigem Stand wird die EU-Verordnung in allen Mitgliedsstaaten der EU mit Ausnahme von Dänemark, Irland und dem Vereinigten Königreich von Großbritannien und Nordirland angewandt. Für diese Länder und andere Drittstaaten gelten bei Erbfällen dann die auf den Seiten 300 ff. dargestellten Grundsätze.

rigkeit er zum Zeitpunkt der Rechtswahl oder im Todeszeitpunkt besitzt. Deutsche, die ihren Wohnsitz ins EU-Ausland verlegt haben, müssen sich entscheiden und handeln. Soll deutsches Erbrecht für Ihren Nachlass gelten, dann müssen Sie dies testamentarisch bestimmen. Sonst gilt für Ihren Nachlass das Recht des ständigen Aufenthalts, und zwar unabhängig davon, wo sich das Vermögen befindet.

Beispiel: Der seit Jahren in Spanien lebende deutsche Staatsbürger Ben Blunk verstirbt 2016. Er hinterlässt zwei in Deutschland lebende Kinder und Immobilien in Deutschland und Spanien.

Da kein Testament vorliegt, gilt für seine Erbfolge nach der europäischen Erbrechtsverordnung einheitlich spanisches Recht.

Beispiel: Marie Mann lebt bei ihrer Tochter Lena in Worms. Sie stirbt 2016 und hinterlässt neben Vermögen in Deutschland eine Ferienwohnung in Frankreich.

Auf den Erbfall wird einheitlich deutsches Erbrecht angewandt, denn das ist das Recht am ständigen Aufenthaltsort der Erblasserin. Dies gilt auch für die in Frankreich gelegene Ferienwohnung. Anders als früher kommt es nicht mehr zur Anwendung verschiedener Rechte in einem Erbfall und damit nicht mehr zur Nachlassspaltung (siehe Seite 300 f.).

Was wird aus Testamenten, die vor Geltung der europäischen Erbrechtsverordnung errichtet worden sind?

Diese bleiben, anders als ursprünglich geplant, formell und materiell wirksam. Dies jedoch nur, wenn sie auch nach dem zur Zeit der Errichtung des Testaments geltenden Internationalen Privatrecht wirksam waren.

Ob Ihr altes Testament wirksam bleibt oder ob Sie unter Anwendung der EU-Erbrechtsverordnung besser ein neues Testament verfassen, sollten Sie bald mit einem im internationalen Erbrecht erfahrenen Berater klären. So können Sie rechtzeitig Zweifel am Bestand Ihrer Nachlassplanung ausräumen. Je nach Ihren Lebensumständen sollte sich die Beratung auch auf die Möglichkeiten und Konsequenzen einer zulässigen Rechtswahl beziehen.

Einheitliche Gerichtszuständigkeit

Für alle Rechtsstreitigkeiten über den Nachlass sind zukünftig die Gerichte des Staates zuständig, in dem der Erblasser seinen gewöhnlichen Aufenthaltsort hatte. Unter der Geltung der EU-Erbrechtsverordnung gibt es damit eine einheitliche Gerichtszuständigkeit; sich widersprechende Urteile verschiedener EU-Mitgliedsländer sollen dann der Vergangenheit angehören. Hat der Erblasser durch Rechtswahl die Anwendung seines Heimatrechts bestimmt, dann können seine Erben durch eine Gerichtsstandsvereinbarung die Zuständigkeit der Gerichte dieses Mitgliedsstaats vereinbaren.

Beispiel: Ben Blunk (siehe Beispiel Seite 306) hat in seinem Testament verfügt, dass für seinen Nachlass deutsches Recht gelten soll, und er hat seine Kinder als Erben zu 1/3 und zu 2/3 eingesetzt.

Streiten sich die in Deutschland lebenden Kinder über das Testament, können sie die Zuständigkeit deutscher Gerichte vereinbaren, da deutsches Recht für den Erbfall gilt. So müssen sie nicht einen Rechtsstreit über den Nachlass in Spanien führen.

Anerkennung und Vollstreckung von Entscheidungen

Entscheidungen wie Urteile und Beschlüsse, die in einem Mitgliedsstaat der EU ergangen sind, werden ohne besonderes Anerkennungsverfahren in allen anderen Mitgliedsstaaten der EU anerkannt. Erben sind damit zukünftig nicht mehr gezwungen, ihre Ansprüche vor Gerichten in verschiedenen EU-Ländern zu verfolgen. Sie können sich vielmehr in allen EU-Staaten auf ein einmal ergangenes Urteil berufen. Das wird Zeit und Geld bei der Abwicklung grenzüberschreitender Erbschaften sparen.

Aus diesem einen Urteil kann dann auch die Vollstreckung in allen EU-Mitgliedsstaaten betrieben werden. Dies setzt allerdings voraus, dass das Urteil in dem Staat, wo die Vollstreckung erfolgen soll, auch für vollstreckbar erklärt worden ist. Der Antrag, die Entscheidung für vollstreckbar zu erklären, kann nur zurückgewiesen werden, wenn Verstöße gegen die Ordre Public (siehe Seite 301) oder gegen die Gewährung rechtlichen Gehörs vorliegen oder in derselben Sache bereits eine andere Entscheidung ergangen ist.

Europäisches Nachlasszeugnis

In Deutschland weisen Sie sich als Erbe durch den Erbschein aus (siehe Seite 245 ff.). Der deutsche Erbschein hilft Erben im Ausland meistens nur wenig oder gar nicht weiter, um eine Erbenstellung dort nachzuweisen. Dafür wird mit der EU-Erbrechtsverordnung jetzt ein europäisches Nachlasszeugnis eingeführt. Der Antrag auf Erteilung des Zeugnisses ist bei dem Gericht zu stellen, das auch für Entscheidung bei Erbrechtsstreitigkeiten im konkreten Fall zuständig ist. Das europäische Nachlasszeugnis dient in allen EU-Mitgliedsstaaten zum Nachweis der Erbenstellung oder als Testamentsvollstreckerzeugnis. Seine Gültigkeit ist auf sechs Monate befristet, eine Verlängerung kann beantragt werden. Das europäische Nachlasszeugnis weist u.a. gegenüber Banken, Behörden, Registerstellen die Erbenstellung nach und ersetzt damit die bisher übliche kompliziertere Beweisführung im EU-Ausland.

Was sich nicht ändert

Jeder EU-Mitgliedsstaat behält sein eigenes Erbrecht und Erbschaftsteuerrecht.

Auf die Bereiche des materiellen Rechts und der Steuern für Erbschaften und Schenkungen hat die Verordnung keine Auswirkungen. Die europäische Erbrechtsverordnung wird aber, wenn sie ab Sommer 2015 zur Anwendung kommt, erhebliche Erleichterungen bei der Abwicklung grenzüberschreitender Erbfälle innerhalb der EU für Erblasser und Erben bringen, wenn auch leider einige Mitgliedsstaaten die Anwendung für sich ausgeschlossen haben.

DOPPELTE ERBSCHAFTSTEUER FÜR AUSLANDSVERMÖGEN?

Bei der Vererbung von Auslandsvermögen besteht die Gefahr doppelter Besteuerung. Deutsche Erbschaftsteuer wird vom Finanzamt in Deutschland gefordert,

- wenn der Erblasser seinen Wohnsitz oder gewöhnlichen Aufenthalt in Deutschland hat,
- wenn der Erblasser sich zwar im Ausland aufhält, den inländischen Wohnsitz in Deutschland aber vor weniger als 5 Jahren aufgegeben hat und deutscher Staatsangehöriger ist,
- wenn der Erbe bei Anfall des Erbes seinen Wohnsitz oder gewöhnlichen Aufenthalt in Deutschland hat.

Grundsätzlich zahlt der Erbe in diesen Fällen in Deutschland Erbschaftsteuer nach deutschem Recht auch für das gesamte ausländische Vermögen des Erblassers.

Beispiel: Neffe Kai beerbt seinen in Essen lebenden Onkel Knud. Die Erbschaft besteht aus Wertpapieren und Bankguthaben bei einer Bank in Essen und dem Ferienhaus an der spanischen Mittelmeerküste. Kai will das Geldvermögen in Deutschland und das Ferienhaus in Spanien versteuern. Das macht das Finanzamt nicht mit.

Da der Erbe in Deutschland lebt, muss er für den gesamten Nachlass seines Onkels Erbschaftsteuer nach deutschem Recht zahlen, unabhängig davon, ob der Onkel noch in Deutschland lebte oder nicht, und unabhängig davon, in welchem Land sich das Vermögen befindet.

Aber auch der ausländische – im Beispiel der spanische – Staat besteuert den Erbfall nach seinen Gesetzen. Der Erbe wird zunächst einmal von beiden Staaten in Anspruch genommen. Die doppelte Inanspruchnahme kann entfallen, wenn zwischen der Bundesrepublik Deutschland und dem ausländischen Staat ein Doppelbesteuerungsabkommen auf dem Gebiet des Erbschaftsteuerrechts besteht. Ein solches Abkommen gibt es nur mit wenigen Ländern, so mit der Schweiz, den USA, Griechenland, Dänemark, Schweden und seit dem 3. April 2009 auch mit Frankreich. Fehlt – wie in den meisten Fällen – ein Doppelbesteuerungsabkommen, dann sieht § 21 ErbStG die – teilweise – Anrechnung der ausländischen Erbschaftsteuer vor.

Die Anrechnungsvorschrift trifft unterschiedliche Regelungen, je nachdem, ob der Erblasser deutscher Staatsbürger war und wo er seinen Wohnsitz oder Aufenthalt hatte.

Im Beispiel lebte Knud in Essen, hatte damit einen inländischen Wohnsitz. Dann ist die Anrechnung der ausländischen Erbschaftsteuer nur bei bestimmten Vermögenswerten wie Grundvermögen (Grundstücke, Haus, Eigentumswohnung), bei Betriebsvermögen und gewissen Anteilen an Kapitalgesellschaften möglich. Im Beispiel wird die spanische Erbschaftsteuer berücksichtigt, aber eben nur anteilig. Ist das inländische Vermögen 100 000 € wert, das ausländische 300 000 €, werden drei Viertel der in Spanien gezahlten Steuer auf die deutsche angerechnet, da dies dem Verhältnis der beiden Erwerbe zum Gesamterwerb entspricht. Ist die gezahlte ausländische Steuer höher als die deutsche, erfolgt lediglich eine Anrechnung, also höchstens eine Reduzierung auf null, aber keine Rückzahlung.

Fallen in dem ausländischen Staat für den Vermögenserwerb neben der Erbschaftsteuer weitere Steuern an, so erfolgt ebenfalls keine Anrechnung. So kann der Neffe Kai die von ihm für das ererbte Haus an die Gemeinde zu zahlende Wertzuwachssteuer nicht von der deutschen Erbschaftsteuer absetzen.

Beispiel: Nina Beck ist Nichte und Alleinerbin ihrer Tante Luise. Das von beiden bewohnte Einfamilienhaus in Ulm gehört ebenso zum Nachlass wie mehrere Kontoguthaben bei einer spanischen Bank in Madrid. Nina Beck zahlt für die Bankguthaben in Spanien Erbschaftsteuer und verlangt die Anrechnung des dort gezahlten Betrags bei der Festsetzung der deutschen Erbschaftsteuer. Dies lehnt das Finanzamt ab. Zu Recht?

Das Finanzamt muss Erbschaftsteuer auf den gesamten Erwerb einschließlich der Auslandskonten festsetzen, ohne die in Spanien gezahlte Steuer zu berücksichtigen. Zum einen gibt es kein Doppelbesteuerungsabkommen zwischen Deutschland

INFO Anrechnung ausländischer Erbschaftsteuern

Die Anrechnung ausländischer Erbschaftsteuern nach § 21 ErbStG ist nur möglich, wenn ausländische und deutsche Steuern innerhalb eines Zeitraums von fünf Jahren entstanden sind, unabhängig davon, welche Steuern zuerst entstanden sind.

und Spanien. Zum anderen gehören Kontoguthaben nach dem ErbStG nicht zum anrechenbaren Auslandsvermögen, wenn der Erblasser in Deutschland gelebt hatte. Dies bedeutet, Nina Beck zahlt für einen Erwerb zweimal Erbschaftsteuer. Nach der Entscheidung des Europäischen Gerichtshofs in 2009 verstößt dieses Ergebnis nicht gegen das europäische Gemeinschaftsrecht.

Die Gefahr doppelter Inanspruchnahme für Auslandsvermögen ist immer dann gegeben, wenn der Erblasser Inländer ist und der deutsche und der ausländische Staat für den Vermögensteil nach ihren nationalen Rechten jeweils Erbschaftsteuer erheben.

Die im Ausland gezahlte Erbschaftsteuer wird, wie im Beispiel, dann nicht angerechnet, wenn der geerbte Vermögensteil nach deutschem Recht als Inlandsvermögen qualifiziert wird. Die im Ausland gezahlte Erbschaftsteuer vermindert aber als Nachlassverbindlichkeit die Bemessungsgrundlage für die deutsche Erbschaftsteuer, sodass diese zumindest etwas geringer ausfällt.

Anders kann die Rechtslage bei Auslandsvermögen dann sein, wenn der deutsche Erblasser zum Zeitpunkt des Erbfalls nach deutschem Recht kein Inländer war. Hatte der deutsche Staatsangehörige keinen Wohnsitz oder gewöhnlichen Aufenthalt in Deutschland und lebte er seit mehr als 5 Jahren im Ausland, dann wird das Auslandsvermögen in § 21 ErbStG enger definiert. Forderungen gegen ausländische Banken (zum Beispiel Guthaben auf Spar- und Girokonten) gelten dann als Auslandsvermögen. Folglich ist die Anrechnung der im Ausland darauf gezahlten Erbschaftsteuer für den inländischen Erben möglich.

Eine Doppelbesteuerung des Nachlasses wird dann vermieden, wenn zwischen Deutschland und dem anderen Staat ein entsprechendes Abkommen besteht.

Doppelbesteuerungsabkommen für Nachlässe und Erbschaften, die zum Teil auch für Schenkungen gelten, bestehen mit

- Griechenland,
- der Schweiz,
- den USA,
- Dänemark,
- Schweden
- und Frankreich (dieses ist hier erst seit dem 3. April 2009 in Kraft).

Sie regeln, wo welches Nachlassvermögen besteuert wird, und geben vor, wie durch Anrechnung oder sonstige Berücksichtigung eine doppelte Inanspruchnahme vermieden wird.

Die Sprache solcher Abkommen ist nicht gerade „benutzerfreundlich", und ohne Beratung durch im internationalen Erbschaftsteuerrecht erfahrene Fachleute kommen Sie in diesen Fällen nicht weiter!

Wird der Erwerb des ausländischen Vermögens aufgrund des Doppelbesteuerungsabkommens in Deutschland von der Erbschaftsteuer freigestellt, kann dies aber Auswirkungen auf den Steuersatz haben, nach dem der Erbe für den

TIPP **Freibeträge**

Zu den unterschiedlichen Freibeträgen für beschränkt und unbeschränkt steuerpflichtige Erben und deren Wahlmöglichkeit siehe Seite 283 ff.

deutschen Nachlass Erbschaftsteuer zu zahlen hat. Für den deutschen Nachlass wird die Erbschaftsteuer nach dem Steuersatz erhoben, der für den gesamten Erwerb gelten würde. Inländisches und ausländisches Vermögen werden also zusammengerechnet, und danach wird der Steuersatz bestimmt. Anschließend wird nach diesem (höheren) Steuersatz die Erbschaftsteuer für den inländischen Erwerb berechnet.

WICHTIG: RECHTZEITIG BERATEN LASSEN

Wenn Sie Vermögen im Ausland haben oder solches erben: Holen Sie rechtzeitig Rat von einem im internationalen Erb- und Steuerrecht erfahrenen Berater oder einer Beraterin ein. Nur so können Sie teure Überraschungen verhindern. Und am besten ist es, wenn Sie sich bereits vor dem Erwerb von Auslandsvermögen über die rechtlichen und steuerlichen Folgen beraten lassen, denn dann haben Sie es in der Hand, die Folgen des Vermögenserwerbs zu steuern.

CHECKLISTEN ZUR AUFSTELLUNG VON VERMÖGENSWERTEN UND SCHULDEN

Um eine Übersicht über vorhandene Vermögenswerte und noch offene Verpflichtungen zu gewinnen, sollten Sie sich eine Checkliste machen, die die folgenden Punkte berücksichtigt (siehe unten). Gehen Sie dabei sorgfältig vor, denn richtig planen können Sie nur mit einer vollständigen Übersicht.

Die Aufzählung allein bringt aber noch nicht die notwendige Übersicht! Ergänzen Sie deshalb für jeden Vermögensgegenstand, wo er sich befindet, wo und welche Unterlagen es dazu gibt und welche Schätzungen über ihren Wert Ihnen dazu vorliegen. Sammeln Sie so viele konkrete Angaben wie möglich, damit die Zusammensetzung des Vermögens nachvollziehbar und bezifferbar wird.

Von der Summe der Nachlasswerte ziehen Sie die Schulden des Erblassers und die Erbfallschulden ab. Was übrig bleibt, ergibt den voraussichtlichen Nettonachlasswert, also das, was Ihnen aus dem Nachlass verbleibt.

CHECKLISTE: Vermögenswerte

- ☐ Grundstücke (bebaute und unbebaute) und Eigentumswohnungen
- ☐ Anteile an geschlossenen und offenen Immobilienfonds
- ☐ Betriebe und Beteiligungen an Gesellschaften
- ☐ Aktien und sonstige Wertpapiere
- ☐ Guthaben auf Konten
- ☐ Versicherungen
- ☐ Bausparverträge
- ☐ Gegenstände, wie Kunstobjekte, Antiquitäten, Schmuck, Hausrat, Bücher, Musikinstrumente, Autos, Boote und Sonstiges
- ☐ Forderungen, zum Beispiel aus Darlehen, oder Rückgabe verliehener Gegenstände
- ☐ Sterbekassen
- ☐ Sonstiges

CHECKLISTE: Schulden

Nach demselben Prinzip fertigen Sie dann eine Aufstellung über die Schulden an, wie zum Beispiel:

- ☐ Verbindlichkeiten auf Girokonten
- ☐ langfristige Bankschulden
- ☐ Verbindlichkeiten aus Kaufverträgen
- ☐ rückständige Prämien aus Versicherungsverträgen
- ☐ Mietschulden
- ☐ Steuerschulden
- ☐ sonstige Verbindlichkeiten

CHECKLISTE: Erbfallschulden

Jetzt ermitteln Sie die mit dem Erbfall entstehenden Verbindlichkeiten (Erbfallschulden) und notieren Sie sich jeweils, wo sich dazu die entsprechenden Unterlagen befinden und wer die oder der Berechtigte ist:

- ☐ Dreißigster
- ☐ Voraus
- ☐ Ausbildungsanspruch von Stiefkindern
- ☐ Unterhaltsanspruch geschiedener Ehegatten
- ☐ Unterhaltsanspruch der werdenden Mutter
- ☐ Pflichtteilsansprüche
- ☐ Zusatzpflichtteilsansprüche und Pflichtteilsergänzungsansprüche
- ☐ Ausgleichsansprüche
- ☐ Vermächtnisse
- ☐ Auflagen
- ☐ Kosten der Bestattung
- ☐ Kosten der Testamentseröffnung, Nachlasssicherung, Verwaltung
- ☐ Testamentsvollstreckerhonorar
- ☐ Erbschaftsteuer

CHECKLISTE: Und: Wo ist was zu finden?

Erleichtern Sie die Übersicht, indem Sie eine Aufstellung machen, wo sich zum Beispiel folgende Unterlagen befinden:

- ☐ Testament oder Erbvertrag
- ☐ Bankunterlagen
- ☐ Anordnung für die Bestattung
- ☐ Banksafe/Schlüssel
- ☐ Bankvollmacht
- ☐ sonstige Vollmachten
- ☐ Unterlagen über Versicherungen
- ☐ Mietverträge
- ☐ Mitgliedschaften in Vereinen
- ☐ Sonstige

GEBÜHREN UND KOSTEN

In diesem Ratgeber wird immer wieder darauf hingewiesen, dass Rechtsanwälte, Notare und auch Gerichte Kosten berechnen. Rechtsanwälte rechnen seit dem 1. Juli 2004 nach dem Rechtsanwaltsvergütungsgesetz ab, Gerichte und Notare nach der Kostenordnung.

Seit dem 1. Juli 2004 gilt sowohl in den alten als auch in den neuen Bundesländern ein einheitliches Gebührenrecht. Die Höhe dieser Kosten können Sie anhand von Tabellen schätzen. Dazu müssen Sie wissen, wie hoch der Gegenstandswert ist, nach dem die Gebühren berechnet werden. Dafür gibt es viele Vorschriften, von denen nur einige wenige in ihren Grundzügen hier dargestellt werden können.

Für die Tätigkeit der Notare ist bei Testamenten und Erbverträgen der Wert des vorhandenen Vermögens unter Abzug der bestehenden Schulden zum Zeitpunkt der Beurkundung maßgeblich (§ 46 Abs. 4 KostO). Anders ist dies, wenn nur ein Vermächtnis beurkundet wird. Dann gibt es keinen Abzug von Verbindlichkeiten.

Für die Verwahrung einer letztwilligen Verfügung und ihre Eröffnung durch das Nachlassgericht gilt dasselbe, aber bezo-

ÜBERSICHT ÜBER ANFALLENDE GEBÜHREN

Beurkundung eines notariellen Einzeltestaments	1/1 Gebühr
Beurkundung eines Erbvertrags	2/1 Gebühr
Beurkundung eines gemeinschaftlichen Testaments	2/1 Gebühr
Widerruf eines gemeinschaftlichen Testaments	1/2 Gebühr
Aufhebung eines Erbvertrags durch den Erblasser	1/2 Gebühr
Rücktritt vom Erbvertrag	1/2 Gebühr
Beurkundung eines Erbverzichts	2/1 Gebühr
Ausschlagung der Erbschaft	1/4 Gebühr
Anfechtung der Annahme der Erbschaft	1/4 Gebühr
Anfechtung eines Testaments oder Erbvertrags	1/4 Gebühr
Nachlasssicherung	1/1 Gebühr
Inventarerrichtung	1/2 Gebühr
Aufgebotsverfahren	1/2 Gebühr
Mitteilung des Nacherbfalls	1/4 Gebühr
Auseinandersetzung der Nacherben	2/1 Gebühr
Erbscheinantrag (eidesstattliche Versicherung)	1/1 Gebühr
Erbschein	1/1 Gebühr
Testamentsverwahrung	1/4 Gebühr
Testamentseröffnung	1/2 Gebühr
Testamentsvollstreckerzeugnis	1/1 Gebühr
Schenkungsvertrag	2/1 Gebühr
Genehmigung einer Familienstiftung	1/1 Gebühr

gen auf die Verhältnisse zum Zeitpunkt der Tätigkeit des Nachlassgerichts (§ 103 Abs. 1 KostO). Abgezogen werden also nur die Verbindlichkeiten des Erblassers, nicht aber die erst mit dem Erbfall entstehenden Schulden, die den Erben treffen.

Anders ist dies bei der Berechnung des Werts für die Beurkundung der eidesstattlichen Versicherung und die Erteilung des Erbscheins: Hier wird der Wert des Nachlasses nach Abzug der Nachlassverbindlichkeiten zugrunde gelegt. Es werden also auch die Erbfallschulden vom Nachlasswert abgezogen (§ 107 Abs. 2 KostO). Die Erbschaftsteuer, die eine persönliche Schuld der Erben ist, wird nicht abgezogen.

Für Erklärungen gegenüber dem Nachlassgericht – Ausschlagung der Erbschaft, Anfechtung der Annahme der Erbschaft oder eines Testaments – gilt: Der Wert wird nach den betroffenen Vermögenswerten abzüglich der Schulden berechnet (§ 112 Abs. 2 KostO). Bei einem überschuldeten Nachlass beträgt die Mindestgebühr 10 €. Die Übersicht auf Seite 314 soll Ihnen helfen, die Gebühren für die einzelnen Tätigkeiten zu ermitteln.

Beratung durch Anwalt oder Notar

Entwirft ein Notar Ihr Testament oder Ihren Erbvertrag, so entstehen Gebühren nach der Kostenordnung. Beratungsgebühren gibt es daneben nicht. Die Kosten eines Anwalts bestimmen sich für Tätigkeiten ab dem 1. Juli 2004 nach dem Rechtsanwaltsvergütungsgesetz (RVG). Ausführliche Tabellen dazu finden Sie unter www.test.de/notargebuehren.de.

Beratungshonorare müssen vereinbart werden. Für Vertretungen, etwa Schreiben an einen Gegner oder vor Gericht, gelten die Gebühren des RVG. Die Vereinbarung eines höheren als des gesetzlichen Honorars ist zulässig. Fragen Sie Ihren Rechtsanwalt oder Ihre Rechtsanwältin vor Beginn der Beratung nach den voraussichtlichen Kosten. Hinweise zu Kosten finden Sie unter www.brak.de/fuer-verbraucher/kosten.

KOSTENPAUSCHALEN UND MEHRWERTSTEUER

Bedenken Sie auch, dass Rechtsanwälte und Notare zusätzlich Kostenpauschalen berechnen und auf die Gebühren die gesetzliche Mehrwertsteuer erheben. Gerichte tun das nicht. So kann es zum Beispiel günstiger sein, einen Erbschein direkt beim Nachlassgericht zu beantragen.

HILFREICHE INTERNETADRESSEN

Notarsuche in Deutschland

Über die Bundesnotarkammer finden Sie einen Notar in Ihrer Nähe: www.bnotk.de, Rubrik „Bürgerservice", „Notarsuche". Hier wählen Sie unter der Rubrik „Adressen" je nach Bedarf aus zwischen der Deutschen Notarauskunft (der Online-Suche im Deutschen Notarverzeichnis der Bundesnotarkammer) und den regional bezogenen Notarverzeichnissen der einzelnen Notarkammern. Die Deutsche Notarauskunft ermöglicht eine bundesweite Suche nach Notaren. Die einzelnen Notarkammerverzeichnisse bieten ergänzende Informationen.

Noch ein Surftipp: Auf der Homepage des Deutschen Notarinstituts lassen sich ferner Informationen zur aktuellen Rechtsprechung abrufen: www.dnoti.de.

Anwaltssuche

Im Internet werden zahlreiche kostenlose Anwalt-Suchmaschinen angeboten. Per Mausklick kann nach Kanzlei-Lage und Rechtsgebiet gestöbert werden, über Namenseingaben lassen sich auch bestimmte Anwälte finden.

Hat die gefundene Kanzlei eine Homepage, können sich Interessenten einen ersten Eindruck vom möglichen Rechtsbeistand verschaffen.

Wichtiges Gütezeichen für eine Suchmaschine ist, dass möglichst viele Anwälte eingetragen sind. Manche „Daten-

INFO Abkürzungen

Abs.	Absatz	ff.	folgende
AO	Abgabenordnung	FGB	Familiengesetzbuch der DDR
Art.	Artikel	GG	Grundgesetz
BewG	Bewertungsgesetz	GKG	Gerichtskostengesetz
BFH	Bundesfinanzhof	IPR	Internationales Privatrecht
BGB	Bürgerliches Gesetzbuch	KostO	Kostenordnung
BGH	Bundesgerichtshof	LPartG	Lebenspartnerschaftsgesetz
BVerfG	Bundesverfassungsgericht	n.F.	neue Fassung
EGBGB	Einführungsgesetz zum Bürgerlichen Gesetzbuch	RVG	Rechtsanwaltsvergütungsgesetz
EMRK	Europäische Menschenrechtskonventionen	SGB	Sozialgesetzbuch
ErbStG	Erbschaft- und Schenkungsteuergesetz	ZGB	Zivilgesetzbuch der DDR
EuGHMR	Europäischer Gerichtshof für Menschenrechte	ZPO	Zivilprozessordnung
		§	Paragraf

bank" bietet nur ein müdes Dutzend Kanzleien. Vorsicht ist auch bei solchen Angeboten geboten, die vorgeben, nur überprüfte oder gar besonders gute Kanzleien aufzuführen.

Den größten Adressbestand bietet:

- www.anwaltsauskunft.de

Die Deutsche Anwaltauskunft, also das Mitgliederverzeichnis des Deutschen Anwaltvereins, wird monatlich aktualisiert und bietet Ihnen vielfältige Suchmöglichkeiten.

- www.anwalt-suchservice.de

Suchdienst des Kölner Otto-Schmidt-Verlags mit 8 500 eingetragenen Anwältinnen und Anwälten, die für ihren Eintrag eine Gebühr bezahlt haben.

Mediation (eine Auswahl)

- Bundesverband für Mediation: www.bmev.de
- Deutsche Gesellschaft für Mediation: www.dgm-web.de
- AG Mediation im Deutschen Anwaltverein: http://mediation.anwaltverein.de/

Literaturempfehlungen

- Fröhlich, Hans W.: Steuererklärung Rentner, Pensionäre 2012|2013. Stiftung Warentest, Berlin 2012 (in Vorbereitung; wird jährlich aktualisiert).
- Patientenverfügung, Vorsorgevollmacht und Betreuungsverfügung. 14. Auflage, Verbraucherzentrale Nordrhein-Westfalen, Düsseldorf 2011.

REGISTER

Stiftung Warentest

IMPRESSUM

9. Auflage, komplett überarbeiteten Auflage

Stiftung Warentest
Lützowplatz 11–13
10785 Berlin
Telefon 0 30/26 31–0
Fax 0 30/26 31–25 25
www.test.de

Vorstand: Hubertus Primus
Weiteres Mitglied der Geschäftsleitung:
Dr. Holger Brackemann
(Bereichsleiter Untersuchungen)

Programmleitung: Niclas Dewitz

Autorin: RA'in Dr. jur. Beate Backhaus, Hamburg
Koordination: Heike Plank
Lektorat: Heike Plank, Dr. Brigitte Schöning
Fachliche Beratung: Dipl.-Finanzwirt (FH) Michael Degethof, Oberweser

Titelentwurf: Susann Unger, Berlin
Layout: Pauline Schimmelpenninck Büro für Gestaltung, Berlin
Grafik und Satz: Oxana Rödel, Absatz DTP-Service, Berlin
Verlagsherstellung: Rita Brosius (Ltg.), Susanne Beeh
Produktion: Catrin Knaak, Yuen Men Cheung
Illustrationen: Philipp Heinisch, Berlin
Titelfoto: T-Pool
Litho: tiff.any GmbH, Berlin
Druck: Grafisches Centrum Cuno GmbH & Co. KG, Calbe

Einzelbestellung:
Stiftung Warentest
Telefon: 0 180 5/00 24 67
Fax: 0 180 5/00 24 68
(je 14 Cent pro Minute aus dem Festnetz, maximal 42 Cent pro Minute aus dem Mobilfunknetz)
www.test.de

Redaktionsschluss: Mai 2012

ISBN: 978-3-86851-343-1